"十三五"职业教育国家规划教材

新商科"课、岗、赛、训"新形态一体化教材

商务数据分析与应用

主　编　吴洪贵

副主编　顾锦江　白　洁　贺红燕

高等教育出版社·北京

内容简介

本书是"十三五"职业教育国家规划教材，是国家精品在线开放课程"商务数据分析与应用"的配套教材、也是新商科"课、岗、赛、训"新形态一体化教材。

本书立足商务数据分析与应用的业务实践，分为商务数据分析基础知识和商务数据分析内容实践两大部分。商务数据分析基础知识部分从商务数据分析的基础、商务数据分析工作流程、数据分析方法与工具三个方面介绍了数据分析的基本概念、常用分析指标、分析方法、分析工具和分析流程；商务数据分析内容实践部分从商务运营分析、商品销售分析、营销活动分析、经营环境分析、客户分析、服务分析六个方面，以理论联系实际的方式培养读者的商务数据分析与应用的实践能力。本书结构清晰，内容简明扼要，从基础知识到实战应用，力求理论联系实际，具有非常强的实用性，突出了新商科"课、岗、赛、训"融合的教材开发理念。

本书可作为职业院校电子商务类、市场营销类工商管理类等商科类专业的学生用书，也可作为商务数据分析与应用从业人员的自学参考用书。

与本书配套的在线开放课程"商务数据分析与应用"，可通过登录"爱课程（中国大学MOOC）"平台在线学习。"商务数据分析与应用"在线开放课程建设了PPT课件、微课、动画、数据素材等类型丰富的数字化教学资源，精选其中具有典型性、实用性的资源以二维码方式标注在教材边白，供读者即扫即用。其他数字资源的获取方式见书后"郑重声明"页的资源服务提示。

图书在版编目（CIP）数据

商务数据分析与应用 / 吴洪贵主编 . -- 北京：高等教育出版社，2019.8（2023.1 重印）
ISBN 978-7-04-052150-4

Ⅰ.①商… Ⅱ.①吴… Ⅲ.①商业统计－统计数据－统计分析 Ⅳ.①F712.3

中国版本图书馆 CIP 数据核字 (2019) 第 129992 号

商务数据分析与应用
Shangwu Shuju Fenxi yu Yingyong

策划编辑	康　蓉　王　沛	责任编辑	王　沛	封面设计	赵　阳	版式设计	赵　阳
插图绘制	于　博	责任校对	张　薇	责任印制	存　怡		

出版发行	高等教育出版社	网　　址	http://www.hep.edu.cn
社　　址	北京市西城区德外大街4号		http://www.hep.com.cn
邮政编码	100120	网上订购	http://www.hepmall.com.cn
印　　刷	大厂益利印刷有限公司		http://www.hepmall.com
开　　本	787mm×1092mm 1/16		http://www.hepmall.cn
印　　张	24.5		
字　　数	470千字		
插　　页	1	版　　次	2019 年8月第1版
购书热线	010-58581118	印　　次	2023 年1月第9次印刷
咨询电话	400-810-0598	定　　价	49.80 元

本书如有缺页、倒页、脱页等质量问题，请到所购图书销售部门联系调换
版权所有　侵权必究
物 料 号　52150-B0

出版说明

2019年1月24日，国务院印发了《国家职业教育改革实施方案》（简称"职教20条"），它是新时代职业教育改革的纲领性文件，是全面深化职业教育改革的顶层设计和施工蓝图。"职教20条"明确提出：遴选认定一大批职业教育在线精品课程，建设一大批校企"双元"合作开发的国家规划教材，倡导使用新型活页式、工作手册式教材并配套开发信息化资源。每3年修订1次教材，其中专业教材随信息技术发展和产业升级情况及时动态更新。

2019年1月1日起《中华人民共和国电子商务法》正式实施，标志着我国以互联网、人工智能、大数据、云计算等新技术为背景的新商业走向成熟。面对新的法制环境、商业模式和商业规律，电子商务、市场营销、物流管理、经济贸易等商科类专业界限越来越模糊，反映产业转型升级的跨界融合的新专业、新课程层出不穷。2019年7月教育部发布的《高等职业学校专业教学标准》，也将商务数据分析与应用、新媒体营销、跨境电子商务、网店运营管理等新课程纳入商科类专业的新专标中，新商科人才培养理念得到广泛认同。

来自新商业环境的新商科类课程在实现从无到有的过程中，面临着两个突出的困惑和难题：一是如何构建科学合理的核心知识技能体系，解决新课程在实现"从无到有"过程中的逻辑构建和内容取舍的困惑和难题；二是如何使课程内容符合教学传播需求和人才培养需求，解决互联网特色鲜明的课程内容从逻辑松散化、碎片化、随意化，向逻辑严谨化、系统化、规范化转化的困惑和难题。

为了应对新时代职业教育的新要求，解决新商科类课程的困惑和难题，高等教育出版社组织全国近30所高等职业院校和中教畅享（北京）科技有限公司等企业，以"校企合作、双元开发"的方式，运用现代信息技术，历时一年半，联合开发了反映新商业时代产业转型升级的新商科"课、岗、赛、训"新形态一体化教材。本系列教材突出体现以下特色：

1. 探索从思政课程到课程思政的转换，建立健全新商科课程的知识体系和价值体系

本系列教材以习近平新时代中国特色社会主义思想为指导，坚持正确的政治方向、舆论导向和价值取向，落实立德树人的根本任务。本系列教材通过知识目标、能力目

标、素养目标三维学习目标的构建，"素养园地"等课程思政类栏目的开发，以社会主义核心价值观为指导对相关内容和案例进行符合教学传播需求的改写，课后引入思政考核等内容，完成知识体系和价值体系的双轨并建，系统体现课程思政特色，实现对新商科人才进行社会主义核心价值观、职业道德、法律意识与专业素质全方位综合培养的人才培养目标。

2. 实现"从无到有"，开发跨界融合特色鲜明的新商科课程的配套教材，重点课程实现了在线开放课程和新形态一体化教材的"互联网+"式互动

根据新专标、新法规、新大赛和新商科人才培养需求，开发了《商务数据分析与应用》《新媒体营销》《移动营销》《跨境电子商务进出口实务》《跨境电子商务推广》《网店运营管理》《网店视觉营销》《网店客户管理》等教材。"商务数据分析与应用""新媒体营销""移动营销""网店运营管理""网店视觉营销"等重点课程同步开发了在线开放课程，建设了微课、动画、视频、课件等类型丰富的数字化教学资源，实现了在线开放课程和新形态一体化教材的"互联网+"式互动。其中，"商务数据分析与应用"已被认定为2018年国家精品在线开放课程，"移动营销"已被认定为2020年国家精品在线开放课程；《商务数据分析与应用》和《网店运营管理》被评为"十三五"职业教育国家规划教材。

3. 构建科学合理的核心知识技能体系，解决课程在实现"从无到有"过程中的逻辑构建与内容取舍的困惑和难题

课程能否具有生命力，核心知识技能体系的确立是根本。由于新商科跨界融合的特色鲜明，课程的逻辑构建与内容取舍既要具有独立性，可以自成体系，又要具有兼容性，可以跨界融合。本系列教材核心知识技能体系的构建，是由院校和企业共同组成的作者团队通过多次审稿会议反复论证、修改而最终确定的。每门课程横向章节的构建和纵向章节的深入，力求体系健全、逻辑严谨、重点突出、详略得当，兼具独立性和兼容性，既能满足教学需求，又能准确对接职业需求。

4. 新商科"课""岗""赛""训"融合的特色鲜明

本系列教材在对重点课程实现了在线开放课程与新形态一体化教材的"互联网+"互动的基础上，对接岗位需求，开发了"行业观察""直通职场""匠心网商人""跨境

电子商务风险提示"等栏目，搭建了"课""岗"连通的桥梁；对接电子商务大赛，设计了"大赛直通车"等栏目，同步开发数字化教学资源，实现以赛促教、以赛促学；强化实训建设，针对重要技能点设计综合实训，配套开发实训类数字化教学资源，实现教学做一体化。

在教育信息化2.0新时代，高等教育出版社作为国家教学资源库平台建设和资源运营机构、国家精品在线开放课程项目优质平台"智慧职教"（www.icve.com.cn）和"爱课程"（www.icourses.cn）的提供者，将继续以"互联网+"出版的新形式，推出一系列运用现代化信息技术、反映产业转型升级的在线开放课程和新形态一体化教材，为推动信息技术与教育教学的深度融合，深化教学改革，提高教学质量，培养新时代人才提供有力支撑。

高等教育出版社

2019年7月

前　言
Foreword

一、缘起

本书编写团队从2017年开始参加江苏省教育厅立项的"商务数据分析与应用"省级在线开放课程建设项目。该课程2018年通过了教育部国家精品在线开放课程的认定。本书是上述省级、国家级精品在线开放课程的配套教材，主编吴洪贵教授是该课程的负责人。

数据驱动的业务在各个行业蓬勃发展，同时对数据分析结果的全面性、准确性、及时性、可预测性提出了更高的要求。这就要求数据分析从业人员只有具备良好的业务认知能力、数据分析能力、数据处理能力、工具运用能力，才能胜任数据驱动业务发展的工作要求。职业学校培养新商科数据分析人才，需要紧跟市场发展需要。基于职业院校商务数据分析人才培养的现状，以新商科人才培养理念为指导，围绕"课、岗、赛、训"融合的思路，在全国电子商务职业教育教学指导委员会的指导下，在众多院校实践调研的基础上，江苏经贸职业技术学院等多所院校商务数据分析专业的一线教师和上海环鸣信息技术有限公司等知名数据分析企业专家共同编写了本书。

二、开发背景

随着互联网下的大数据的快速发展，以数据驱动业务发展的理念正被越来越多企业所推崇，并成为企业的核心竞争力之一。一线企业都在强化数据化管理，数据分析正发挥着不可替代的作用。企业经营过程中产生的数据信息已经成为企业的重要资产，这些数据信息中蕴藏着对企业经营发展至关重要的信息和情报，通过对这些数据信息进行分析和挖掘，能够帮助企业制定宏观和微观的决策策略，指导企业的日常经营和管理，提高企业的核心竞争力。

商务数据分析已经形成了一整套电子商务数据分析的方法、指标和工具，建立了数据驱动的业务模式，从企业的竞争战略、经营环境、市场营销、客户管理，到商品销售、客户服务、物流仓储，无不依靠数据驱动业务运行，企业的战略决策和日常经营已经完全建立在数据分析基础上。从传统商业企业到电子商务企业，数据分析的核心作用正得到越来越多的认同。在新零售领域，数据分析同样起到至关重要的作用。近年来，新零售快速发展，包括无人零售、智能售货机、传统门店的智能化都必然要依靠数据分析的支撑才能有效地经营和运转。以无人零售为代表的新零售，需要对选址、客流、商品、客户、销售、物流进行数据分析，从而制定性价比较高的销售策略。传统的门店零售，通过智能化改造，能够像网店一样获取客户行为、商品销售、营销活动、物流配送、服务评价、用户反馈等各类经营数据信息，对这些数据需要进行分析挖掘，使其产生对门店和企业有价值的信息，从而进行决策并驱动经营活动。可以说，如果无人零售和新零售没有数据分析作为支撑，就无法进行有效的经营。

商务数据分析在新零售、传统商业企业中得到了广泛的应用，也导致目前商务数据分析人才紧缺，特别是基础知识扎实、熟悉数据分析方法和业务、掌握商务数据分析实战技能等数据分析人才的紧缺。在此背景下，全国诸多职业院校纷纷开设商务数据分析专业和课程。由于目前相关院校在商务数据分析人才培养中普遍面临没有体现企业应用内容的课程与教材、教学与实际脱节、辅助教学资源匮乏等难题，因此，开发一本高质量的商务数据分析课程教材，成为职业院校数据分析人才培养工作中的当务之急。

三、教材特色

1. 弘扬社会主义核心价值观，课程思政贯穿于任务学习全过程

商务数据分析作为企业运营过程中的灵魂，从业者的思想道德、价值取向、法律意识等将会极大地影响企业发展。为此，本书以习近平新时代中国特色社会主义思想为指导，落实立德树人的根本任务。在每个学习单元开端除设置了"知识目标""能力目标"外，还新增了"素养目标"，并在内容上开设了"素养园地"，旨在通过学习知识与技能的同时讲政治讲思想，培养学生掌握相关岗位技能操作中必备的思政元素，践行社会主义核心价值观。与此同时，本书精心选取相关案例，将先进文化融入教材，贯穿于本书的每一个任务中，致力于培养社会主义建设者和接班人。例如，在数据采集与处理过程中将不危害国家安全、不侵犯他人知识产权等思想政治教育内化于教学内容中。

2. 将真实的产业一线运行数据与技术体现于每个学习单元的任务中

本书依托国家精品在线开放课程。该课程建设伊始即实施了产教融合、校企共同设计与开发的路径，课程和教材注重与企业实际工作过程相对接，期间与淘宝、京东等代

表性企业合作，从教材顶层设计到分步实施，每一个学习单元都与归纳出的企业实际典型工作任务对接。本书采纳企业真实运营数据，并对这些数据进行清洗和脱敏后，形成符合企业实际逻辑关系的教学内容。分析工具与方法既关注统计、运营的理论，也重点突出了企业应用的实际。由于新零售已把所有场景数据通过新一代信息技术进行数据化，数据分析驱动了全渠道新零售变革，因此，本书内容将大数据技术、数据清洗与处理技术、数据可视化技术灵活运用于电子商务运营与评估中，将新技术应用贯穿于各学习单元，使学生能够掌握产业急需的数据运营技能。

3. 体现O2O模式下的"教、学、做一体化"改革

鉴于本书有国家精品在线开放课程的支撑，因此能够支持适合新学情的O2O混合式教学模式。以MOOC教学平台为基础，结合导学、在线讨论、在线答疑、在线测试等环节，以线上线下相融合的教学方法进行授课，实现了以学习者为主体的"教、学、做一体化"。教材与在线开放课程结合，能够有效督促、辅导、掌控学生的碎片化学习，推动学生学习方式的变革。

四、教材内容

本书是依据真实的电商企业运营数据，集大数据与新商业运营相结合、实践性强的新商科类专业新形态一体化教材，与国家精品在线开放课程教学资源无缝衔接，主要开课平台为爱课程（中国大学MOOC），旨在培养学生运用大数据思维和分析工具进行互联网环境下商务数据分析与应用的企业急需的实际能力。本书主要面向职业院校新商科类专业在校学生、教师、社会学习者及企业人员。针对不同的学习对象构建多层次的资源，使各类用户都能各取所需，实现"量体裁衣"。本书融入了最新的商务数据分析岗位标准和技能要求，结合职业院校实训教学要求，书中每个任务对应知识点都设置了实训案例，突出了教材实战特色，同时对接技能大赛，使读者在学习理论知识的同时，能够开展实战操作和演练，实现了以教材为主线的"课、岗、赛、训"一体化融合。同时，本教材不但有纸质媒体，而且同步配套了大量的商务数据分析的教学资源，包括拓展阅读资料、课件、视频、文档、图像、动画等，扫描封面二维码即可访问在线开放课程，书中大量的实训内容可以在学校配套采购的数据分析平台上基于海量真实数据实战演练。本书可用作课堂理论教学、翻转课堂、自学实战、实训教学的指导教材，能够实现立体化、多维度教学。

本书系统性地讲解了商务数据分析基础知识、基本技能，以及商务数据分析的指标、工具、方法、流程和实战应用场景，全书共9个学习单元。学习单元1让读者初步认知数据、数据结构与算法、数据分析指标维度和体系，熟悉数据分析和挖掘的发展与

算法，使读者初步了解商务数据分析；学习单元2详细讲解了从数据分析准备、数据采集、数据处理到数据建模、分析展现、分析报告撰写的完整的商务数据分析的工作流程和内容；学习单元3详细介绍了数据分析的常用方法论、基本分析方法、高级分析方法，以及数据分析和数据挖掘的工具，让读者能够掌握和熟练运用数据分析方法和工具。学习单元4至学习单元9详细讲解了电商企业的运营分析、商品销售分析、营销活动分析、经营环境分析、客户分析、服务分析等实战化的分析内容。

本书教学建议为：对每个学习单元的教学，建议先了解"知识目标、技能目标、思政目标"，然后鸟瞰"思维导图"，了解"导入案例"。对于每一个学习任务，建议先讲解"知识准备"，"知识准备"给出了任务实施所需要学习和掌握的相关知识；"任务实施"通过实际项目，要求学生在课堂内同步完成相关数据分析的数据采集、数据挖掘，并选取数据分析工具、确定数据分析方法，完成相关数据分析，根据分析结果进行恰当的可视化及结果分析，训练学生的综合职业素养。

五、资源使用

本书依托"商务数据分析与应用"国家精品在线开放课程，开发了丰富的数字化教学资源，如下表所示。

类别	资源名称	资源类型	资源数
课程设计	说课视频	MP4视频	1个
	课程标准	Word文档	3个
	学期授课计划	Word文档	3个
	电子教案	Word文档	3个
教学内容	电子教材	PDF文档	1个
	教学课件	PPT文档	30个
	综合案例	PDF文档	18个
	动画	MP4视频	17个
	教学视频	MP4视频	21个
	拓展资源	Word文档	60个
工作过程	企业培训视频	MP4视频	7个
	学生实训视频	MP4视频	5个
课程评价	智能题库	Word文档	370个
	在线考试试卷	Word文档	5套
总计			144

使用本书的教师可发送邮件至编辑邮箱（24682385@qq.com），获取基本教学资源。

六、编写分工

本书由多年从事商务数据分析与应用的教师吴洪贵（国家骨干校重点建设电子商务专业带头人、江苏省有突出贡献的中青年专家、国家职业教育移动商务专业教学资源库执行主持人、国家高等职业学校移动商务专业标准执笔人、国家级精品在线开放课程"商务数据分析与应用"负责人）、顾锦江（国家职业教育移动商务专业教学资源库子项目负责人、江苏高校品牌专业一期建设工程A类项目—电子商务专业子项目负责人、国家精品在线开放课程主要建设人、校级在线开放课程负责人）、白洁（天津市"十三五"提升办学能力建设项目电子商务优质骨干专业带头人、国家职业教育移动商务专业教学资源库子项目课程负责人、国家精品课程主讲教师、国家精品资源共享课程主讲教师）和贺红燕（电商行指委商务数据分析与应用骨干专业承接项目负责人、河北省商务厅专家、商务部物流标准化试点项目评审专家）等组成的团队共同编写。每一个单元、每一项任务都是教师与企业工程师按照实际工程，共同研讨、共同编写的，每个章节都反复推敲、数易其稿，力求使这本教材真正体现商务数据分析与应用产业一线实际。

七、致谢

在本书的编写过程中，特别感谢全国电子商务职业教育教学指导委员会副主任陆春阳悉心指导。此外，感谢合作企业——上海环鸣信息科技有限公司联合创始人吕军青在本书撰写过程中的大力支持；感谢中教畅享（北京）科技有限公司给予支持，并向高等教育出版社的编辑们致以真诚的感谢！

商务数据分析与应用的技术正以前所未有的速度发展，其所涉及的知识与技能具有较强的前瞻性与时效性，加之编者水平有限，疏漏之处在所难免，敬请广大读者批评指正。

编者

2019年7月

目 录
Contents

学习单元1
商务数据分析的基础

- ⏵ 数据与数据结构认知
- ⏵ 数据挖掘
- ⏵ 商务数据分析认知

学习目标

知识目标
- 掌握数据的概念、分类和结构。
- 掌握数据挖掘的方法和应用场景。
- 熟悉商务数据分析的价值与应用。

技能目标
- 理解数据如何分类和数据结构。
- 理解不同机器学习算法及算法应用场景。
- 掌握数据分析对商务过程中的价值。

素养目标
- 熟悉国家新颁布的《电子商务法》相关内容。
- 熟悉国家对农村电商相关政策。

思维导图

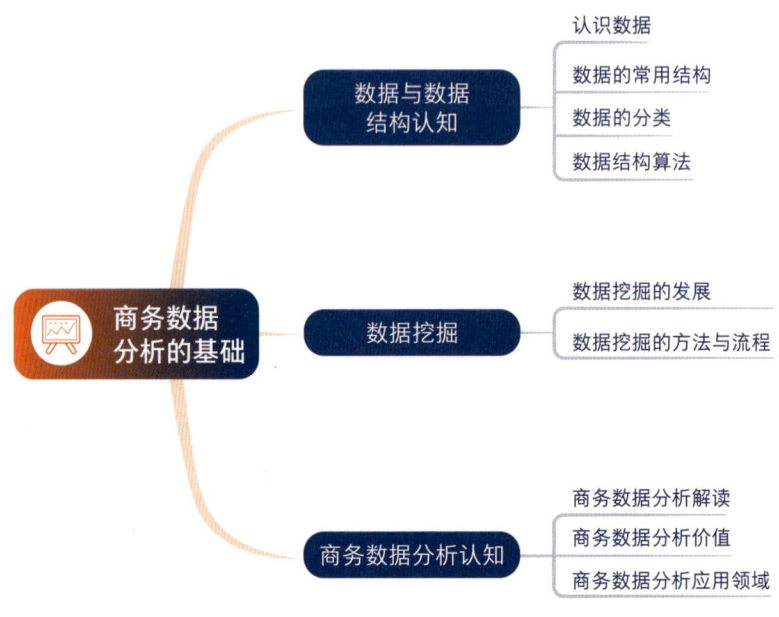

```
                                              认识数据
                        ┌──────────────┐      数据的常用结构
                        │ 数据与数据    │──────数据的分类
                        │ 结构认知      │
                        └──────────────┘      数据结构算法

┌──────────────┐                              数据挖掘的发展
│ 商务数据      │        ┌──────────────┐──────
│ 分析的基础    │────────│ 数据挖掘      │      数据挖掘的方法与流程
└──────────────┘        └──────────────┘

                                              商务数据分析解读
                        ┌──────────────┐      商务数据分析价值
                        │ 商务数据分析认知│────
                        └──────────────┘      商务数据分析应用领域
```

导入案例
电商运营新挑战

　　现在很多电商运营团队缺少精细化运营和数据驱动的经验和意识，但是电商运营正在成为电商自身成长越来越重要的因素。近几年，电商行业的各大平台纷纷通过降价、促销等方式来吸引用户，KPCB（Kleiner Perkins Caufield & Byers）的调查报告显示，2009—2019年，全球移动端新用户的增长率持续下滑。这意味人口增长带来的流量红利正在逐渐消退，用户增长将更加乏力。那么，通过单纯的价格战来吸引新用户的方式还可行吗？

案例思考：

　　1. 通过降价促销可以带来订单数的增长，但是这样的活动吸引来的真是你的目标用户吗？

　　2. 现在很多电商运营团队缺少精细化运营和数据驱动的经验和意识，依靠价格战这种野蛮生长的方式，一旦团队面临增长困境，又该如何应对？

【知识准备】

任务1-1　数据与数据结构认知

一、认识数据

（一）数据的定义

数据是指对客观事件进行记录并可以鉴别的符号，是对客观事物的性质、状态以及相互关系等进行记载的物理符号或这些物理符号的组合。它是可识别的、抽象的符号。数据是通过科学实验、检验、统计等所获得的并可用于科学研究、技术设计、查证、决策等的数值。

微课：数据
分析认知

数据不仅指狭义上的数字，还可以是具有一定意义的文字、字母、数字符号的组合、图形、图像、视频、音频等，也是客观事物的属性、数量、位置及其相互关系的抽象表示。例如，"0、1、2……""阴、雨、下降、气温""学生的档案记录、货物的运输情况"等都是数据。数据经过加工后就成为信息。

计算机数据是指计算机中能被识别和处理的物理符号，如数字符号、图形、图像、声音等。数据分为数值型数据和非数值型数据，数据是信息的表现形式。

（二）信息的定义

信息与数据既有联系，又有区别。数据是信息的表现形式和载体，可以是符号、文字、数字、语音、图像、视频等；而信息是数据的内涵，信息是加载于数据之上，对数据做出具有含义的解释。数据和信息是不可分离的，信息依赖数据来表达，数据则生动具体地表达出信息。数据是符号，是物理性的，信息是对数据进行加工处理之后所得到的并对决策产生影响的数据，是逻辑性和观念性的；数据是信息的表现形式，信息是对数据有意义的表示。数据是信息的表达、载体，信息是数据的内涵，是形与质的关系。数据本身没有意义，数据只有对实体行为产生影响时才成为信息。

 **拓展资源**
关于《电子商务法》的实施

2019年1月1日，《中华人民共和国电子商务法》（以下简称《电子商务法》）正式实施。关于电商，其一直因为不用上税而使得自身商品能够以比线下商店便宜许多的价格进行销售，并以此博得了广大消费者的青睐。但是，电商的长期发展，一直都没有专门的法规对其进行监控，也使得电商行业滋生出了许多乱象。此次《电子商务法》的实施，正是为了对电商行业进行严格的管控而出台的。

2018年12月3日，国家市场监督管理局就已印发了《关于做好电子商务经营者登记工作的意见》。该意见指出，为了进一步深化商事制度改革，包括微商在内的网商应当依法办理市场主体登记。也就是说，以后想要做微商和网商，就必须去办理正式的营业执照了。

目前，在国内，主流的不外乎QQ和微信两款社交APP。随之而来的，是传统的实体经济已经不能满足人们的需要，微商应运而生。

《电子商务法》规定，今后微商、代购也需要登记和纳税，朋友圈卖货也被纳入监管范围。

此法规出台之后，在短短的48小时内，就有代购因为在朋友圈发广告而被封号。但是，仍在从事代购和微商的人们则"八仙过海，各显神通"。他们或者选择以涨价来应对风险，或者用手绘的方式来代替产品图，甚至连产品名字都换掉，以此来避开监管。

而对于淘宝、京东等电商平台，人们则有望能见到更多的商家能够以一个崭新的面貌出现。

《电子商务法》中明确禁止电商平台"大数据杀熟"、删差评刷好评等，如果有捆绑搭售必须明示，并要求平台需及时退还押金。

针对"大数据杀熟"，《电子商务法》亦作出明确规定。商家不能仅根据消费者的消费习惯来推介商品，也应向其提供更多元的选项，尊重并保护消费者的权益。如若商家出现通过大数据"杀熟"的情况，最高可对其处以50万 ~ 200万元的罚款。

以前，消费者判断一个商品是否存在差评，可以通过在商品评价处查看此商品是否存在"差评"的标签。如果存在差评标签但显示为"差评0"，即证明此商品存在差评并存在删差评的行为；只有商品在其评价处无"差评"标签，才表示此商品无差评。有人甚至还通过计算商品的销售量与评价数来判定有无差评，以及差评的数量。

然而，面对新出台的《电子商务法》，广大消费者将不再需要用此种手段来与商家斗智斗勇。也有电商表示，此法的推广，将会使电商重新转向"以商品竞争"的良好趋势。

（三）数据的特点

1. 变异性

数据的变异性包括以下两方面的含义。一方面是指一组数据的多数取值是不相同的。因为数据是用来描述事物的量化特征的，世界上不同的事物大都具有不同的特征，因此，其数量表现也是不同的。另一方面是指在不同的时间、不同地点测量同一事物的数量特征也可能得出不同的结果，特别是在对人的精神属性的测量方面。例如，不同的时间测试同样的课程，学生的得分可能不一样。

2. 规律性

虽然数据具有变异性，初看起来一组数据往往是杂乱无章的，但统计学的研究表明，一组大样本的数据其实是具有一定的规律的。寻找这种规律就是研究目的之一。正因为数据具有变异性，对数据的研究才有必要，如果都是相同的，数据也就没有研究的必要了。正因为数据具有规律性，对其进行研究才有可能。

二、数据的常用结构

（一）数据结构的定义

数据结构是一种具有一定逻辑关系，在计算机中应用某种存储结构，并且封装了相应操作的数据元素的集合。它包含三方面的内容：逻辑关系、存储关系以及操作。

（二）数据的常用结构

数据的常用结构分别为逻辑结构、存储结构（物理结构）。

1. 逻辑结构

逻辑结构反映数据元素之间的逻辑关系，其中的逻辑关系是指数据元素之间的前后关系，而与它们在计算机中的存储位置无关。它是从具体问题抽象出来的数学模型，是用来描述数据元素及其关系的数学特性的。

（1）集合：数据结构中的元素之间除了"同属一个集合"的相互关系外，别无其他关系。

（2）线性结构：数据结构中的元素存在一对一的相互关系。

（3）树形结构：数据结构中的元素存在一对多的相互关系。

（4）图形结构：数据结构中的元素存在多对多的相互关系。

2. 物理结构（存储结构）

它是指数据的逻辑结构在计算机存储空间的存放形式，数据的物理结构是数据结构在计算机中的表示（又称映像），它包括数据元素的机内表示和关系的机内表示。由于具体实现的方法有顺序、链接、索引、散列等多种方法，所以，一种数据结构可表示成一种或多种存储结构。数据元素之间的关系有两种不同的表示方法：顺序映象和非顺序映象，并由此得到两种不同的存储结构：顺序存储结构和链式存储结构。存储结构储存方法分别为顺序存储方法、链接存储方法、索引存储方法、散列存储方法。

（1）顺序存储方法。它是把逻辑上相邻的结点存储在物理位置相邻的存储单元里，结点间的逻辑关系由存储单元的邻接关系来体现，由此得到的存储表示称为顺序存储结构。顺序存储结构是一种最基本的存储表示方法，通常借助于程序设计语言中的数组来实现。

（2）链接存储方法。它不要求逻辑上相邻的结点在物理位置上亦相邻，结点间的逻辑关系是由附加的指针字段表示的。由此得到的存储表示称为链式存储结构，链式存储结构通常借助于程序设计语言中的指针类型来实现。

（3）索引存储方法。除建立存储节点信息外，还建立附加的索引表来标识结点的地址。

（4）散列存储方法。就是根据结点的关键字直接计算出该结点的存储地址。

3. 常用的数据结构

计算机解决一个具体问题时，大致需要经过下列几个步骤：首先要从具体问题中抽象出一个适当的数学模型，其次设计一个解此数学模型的算法（Algorithm），最后编制程序、进行测试、调整直至得到最终解答。

（1）数组。在程序设计中，为了处理方便，把具有相同类型的若干变量按有序的形式组织起来。这些按序排列的同类数据元素的集合称为数组。在C语言中，数组属于构造数据类型。一个数组可以分解为多个数组元素，这些数组元素可以是基本数据类型或是构造类型。因此，按数组元素的类型不同，数组又可分为数值数组、字符数组、指针数组、结构数组等各种类别。

（2）栈。栈是只能在某一端插入和删除的特殊线性表。它按照先进后出的原则存储数据，先进入的数据被压入栈底，最后的数据在栈顶，需要读数据的时候从栈顶开始弹出数据。

（3）队列。队列是一种特殊的线性表，它只允许在表的前端（front）进行删除操作，而在表的后端（rear）进行插入操作。进行插入操作的端称为队尾，进行删除操作的端称为队头。队列是按照"先进先出"或"后进后出"的原则组织数据的。队列中没有元素时，称为空队列。

（4）链表。链表是一种物理存储单元上非连续、非顺序的存储结构，它既可以用于表示线性结构，也可以用于表示非线性结构，数据元素的逻辑顺序是通过链表中的指针链接次序实现的。链表由一系列结点（链表中每一个元素称为结点）组成，结点可以在运行时动态生成。每个结点包括两个部分：一个是存储数据元素的数据域，另一个是存储下一个结点地址的指针域。

（5）树。数是包含n（$n>0$）个结点的有穷集合K，且在K中定义了一个关系N，N满足以下条件：

① 有且仅有一个结点$K0$，它对于关系N来说没有前驱，称$K0$为树的根结点。

② 除$K0$外，K中的每个结点，对于关系N来说有且仅有一个前驱。

③ K中各结点，对关系N来说可以有m个后继（$m \geqslant 0$）。

（6）图。图是由结点的有穷集合V和边的集合E组成。其中，为了与树形结构加以区别，在图结构中常常将结点称为顶点，边是顶点的有序偶对，若两个顶点之间存在一条边，就表示这两个顶点具有相邻关系。

（7）堆。在计算机科学中，堆是一种特殊的树形数据结构，每个结点都有一个值。通常人们所说的堆的数据结构，是指二叉堆。堆的特点是根结点的值最小（或最大），且根结点的两个子树也是一个堆。

（8）散列表。若结构中存在关键字和 K 相等的记录，则必定在 f（K）的存储位置上。由此，不需比较便可直接取得所查记录。称这个对应关系 f 为散列函数（Hash Function），按这个思想建立的表为散列表。

三、数据的分类

（一）数据分类的定义

数据分类就是把具有某种共同属性或特征的数据归并在一起，通过其类别的属性或特征来对数据进行区别。为了实现数据共享和提高处理效率，必须遵循约定的分类原则和方法，按照信息的内涵、性质及管理的要求，将系统内所有信息按一定的结构体系分为不同的集合，使得每个信息在相应的分类体系中都有一个对应位置。换句话说，就是将相同内容、相同性质的信息以及要求统一管理的信息集合在一起，而把相异的和需要分别管理的信息区分开来，然后确定各个集合之间的关系，形成一个有条理的分类系统。

（二）数据分类的原则

数据分类的基本原则主要有以下五点：

1. 稳定性

依据分类的目的，选择分类对象的最稳定的本质特性作为分类的基础和依据，以确保由此产生的分类结果最稳定。因此，在分类过程中，首先应明确界定分类对象最稳定、最本质的特征。

2. 系统性

将选定的分类对象的特征（或特性）按其内在规律系统化进行排列，形成一个逻辑层次清晰、结构合理、类目明确的分类体系。

3. 可扩充性

在类目的设置或层级的划分上，留有适当的余地，以保证分类对象增加时，不会打乱已经建立的分类体系。

4. 综合实用性

从实际需求出发，综合各种因素来确定具体的分类原则，使得由此产生的分类结果总体是最优、符合需求、综合实用和便于操作的。

5. 兼容性

有相关的国家标准则应执行国家标准，若没有相关的国家标准，则执行相关的行业标准；若二者均不存在，则应参照相关的国际标准。这样才能尽可能保证不同分类体系间的协调一致和转换。

（三）分类的方法

1. 按性质分类

（1）定位数据，如各种坐标数据；

（2）定性数据，如表示事物属性的数据；

（3）定量数据，是指反映事物数量特征的数据；

（4）定时数据，是指反映事物时间特性的数据。

2. 按表现形式分类

（1）数字数据，如各种统计或量测数据，数字数据在某个区间内是离散的值。

（2）模拟数据，由连续函数组成，是指在某个区间连续变化的物理量，又可以分为图形数据（如点、线、面）、符号数据、文字数据和图像数据等，如声音的大小和温度的变化等。

3. 按记录方式

按记录方式可分为地图、表格、影像、磁带、纸带等形式的数据。

4. 按数字化方式

按数字化方式可分为矢量数据、格网数据等。在地理信息系统中，数据的选择、类型、数量、采集方法、详细程度、可信度等，取决于系统应用目标、功能、结构和数据处理、管理与分析的要求。

5. 按照数据的计量层次

按照数据的计量层次，可以将统计数据分为定类数据、定序数据、定距数据与定比数据。

（1）定类数据。这是数据的最低层。它将数据按照类别属性进行分类，各类别之间是平等并列关系。这种数据不带数量信息，并且不能在各类别间进行排序。例如，某商场将顾客所喜爱的服装颜色分为红色、白色、黄色等，红色、白色、黄色即为定类数据。又如，人类按性别分为男性和女性，这也属于定类数据。虽然定类数据表现为类别，但为了便于统计处理，可以对不同的类别用不同的数字或编码来表示。如1表示女性，2表示男性，但这些数字不代表其可以用来区分大小或进行数学运算。不论用何种编码，其所包含的信息都没有任何损失。对定类数据执行的主要数值运算是计算每一类别中的项目的频数和频率。

（2）定序数据。这是数据的中间级别。定序数据不仅可以将数据分成不同的类别，而且各类别之间还可以通过排序来比较优劣。也就是说，定序数据与定类数据最主要的区别是定序数据之间还是可以比较顺序的。例如，人的受教育程度就属于定序数据。我们仍可以采用数字编码表示不同的类别：文盲半文盲=1，小学=2，初中=3，高中=4，大学=5，硕士=6，博士=7。通过将编码进行排序，可以明显地表示出受教育程度之间的高低差异。虽然这种差异程度不能通过编码之间的差异进行准确的度量，但是可以确定其高低顺序，即可以通过编码数值进行不等式的运算。

（3）定距数据。定距数据是具有一定单位的实际测量值（如摄氏温度、考试成绩等）。此时不仅可以知道两个变量之间存在差异，还可以通过加法、减法运算准确地计算出各变量之间的实际差距。可以说，定距数据的精确性比定类数据和定序数据前进了一大步，它可以对事物类别或次序之间的实际距离进行测量。例如，甲的英语成绩为80分，乙的英语成绩为85分，可知乙的英语成绩比甲的高5分。

（4）定比数据。这是数据的最高等级。它的数据表现形式同定距数据一样，均为实际的测量值。定比数据与定距数据唯一的区别是：在定比数据中是存在绝对零点的，而定距数据中是不存在绝对零点的（零点是人为制定的）。因此，定比数据间不仅可以比较大小，进行加减运算，还可以进行乘除运算。

6. 按来源分类

数据的来源主要有两种渠道：一种是通过直接的调查获得的原始数据，一般称为第一手或直接的统计数据；另一种是别人调查的数据，并将这些数据进行加工和汇总后公布的数据，通常称之为第二手或间接的统计数据。

7. 按时间状况分类

（1）时间序列数据：它是指在不同的时间上搜集到的数据，反映现象随时间变化的情况。

（2）截面型数据：它是指在相同的或近似的时间点上搜集到的数据，描述现象在某一时刻的变化情况。

四、数据结构算法

（一）算法的定义

算法是对特定问题求解步骤的描述，在计算机中表现为指令的有限序列。数据结构只是静态地描述了数据元素之间的关系。高效的程序需要在数据结构的基础上设计和选择算法。

（二）算法的特性

（1）输入：算法具有0个或多个输入。

（2）输出：算法至少有1个或多个输出。

（3）有穷性：算法在有限的步骤之后会自动结束而不会无限循环。

（4）确定性：算法中的每一步都有确定的含义，不会出现二义性。

（5）可行性：算法的每一步都是可行的。

（三）算法设计的准则

1. 正确性

算法对于合法数据必须能够得到满足要求的结果。算法必须能够处理非法输入，并得到合理的结果。算法尽量对于边界数据和压力数据都能得到满足要求的结果，但是几乎不能完全达到这点，在极端的情况下，算法无法满足。

2. 可读性

算法要方便阅读、理解和交流。

3. 健壮性

算法不应该产生莫名其妙的结果。

4. 高性价比

利用最少的时间和资源得到满足要求的结果。

（四）算法设计的基本方法及要求

（1）算法设计的基本方法：穷举法、动态规划、贪心法、回溯法、递推法、递归法、分治法、散列法、分支限界法。

（2）算法设计的要求：正确性、可读性、健壮性、效率与低存储量需求。

（3）算法的基本结构：顺序、循环、选择。

素养园地
电商用户数据泄露事件

中国电子商务研究中心发布了《2016年度中国电子商务用户体验与投诉监测报告》。报告通过对淘宝/天猫、京东、苏宁易购、唯品会、国美在线、亚马逊中国、拼多多、聚美优品、当当网、1号店等数百家主流电商进行全年用户维权大数据统计，发货问题、物流问题、客户服务、退款问题、退换货难、虚假促销、商品质量、疑似售假、货不对板、信息泄露为"2016年度零售电商十大热点被投诉问题"。

从中国电子商务投诉与维权公共服务平台专家处获悉，用户信息泄露是指消费者在电商平台购物后，由于购物信息泄露发生被欺诈，诈骗产生精神、经济等损失的现象，信息泄露在电商市场比较普遍等。

据中国电子商务研究中心此前对1 000位用户在线调查显示，21.7%的用户曾因网购、论坛、微信等遭遇过信息泄露，并且11.2%的用户接到过疑似的诈骗电话；56.8%的用户表示对互联网信息安全担忧，并会对需要填写个人信息的互联网游戏、注册等保留一定的戒心，而仍有43.2%的用户认为互联网信息泄露与个人无关，不太关注。

另据中国电子商务投诉与维权公共服务平台（www.100ec.cn/zt/315/）近年来接到的类似用户投诉案例表明，近年来互联网/电商行业"泄密"事件频频出现，其重大典型的包括：5173中国网络服务网数次被"盗钱"，当当网多次用户账户遭盗刷，1号店员工内外勾结泄露客户信息，支付宝漏洞致用户信息泄露，如家、七天的开房信息泄密，腾讯7 000多万个QQ群遭泄露，携程技术漏洞导致用户个人信息、银行卡信息等泄露，微信朋友圈小游戏窃取用户信息等。

据中国电子商务研究中心监测诸多案例获悉，绝大多数新型的网络骗术都与个人信息的泄漏有关，不法分子或者是充分利用已经窃取到的受害者个人信息实施网络诈骗，或者就是以受害者的个人信息为网络诈骗的攻击目标，个人信息的非法交易也恰恰是造成网络诈骗犯罪泛滥的根本原因。

任务1-2　数据挖掘

一、数据挖掘的发展

（一）数据挖掘的进化

近年来，数据挖掘引起了信息产业界的极大关注，其主要原因是存在大量数据可以被广泛使用，并且迫切需要将这些数据转换成有用的信息和知识。获取的信息和知识可以广泛用于各种领域，包括商务管理、生产控制、市场分析、工程设计和科学探索等。

视频："环鸣杯"商务数据分析赛项分析

数据挖掘利用了如下一些领域的思想：

（1）来自统计学的抽样、估计和假设检验；

（2）来自于人工智能、模式识别和机器学习的搜索算法、建模技术和学习理论。

微课：数据分析认知

在商业数据到商业信息的进化过程中，每前进一步都是建立在上一步的基础之上的。从表1-1可见，第四步进化是革命性的，因为从用户的角度来看，这一阶段的数据库技术已经可以快速地回答商业上的很多问题了。

数据挖掘的核心模块技术历经了数十年的发展，其中包括数理统计、人工智能、机器学习。今天，这些成熟的技术，加上高性能的关系数据库引擎以及广泛的数据集成，让数据挖掘技术在当前的数据仓库环境中进入了实用的阶段。

表1-1　商业数据进化进程

进化阶段	商业问题	支持技术	产品厂家	产品特点
数据搜集（20世纪60年代）	过去五年中我的总收入是多少？	计算机、磁带和磁盘	IBM、CDC	提供历史性的、静态的数据信息
数据访问（20世纪80年代）	新英格兰分部去年三月的销售额是多少？	关系数据库（RDBMS）、结构化查询语言（SQL）、ODBC Oracle、Sybase、Informix、IBM、Microsoft	Oracle、Sybase、Informix、IBM、Microsoft	在记录级提供历史性的、动态数据信息
数据仓库；决策支持（20世纪90年代）	新英格兰分部去年三月的销售额是多少？波士顿据此可得出什么结论？	联机分析处理（OLAP）、多维数据库、数据仓库	Pilot、Comshare、Arbor、Cognos、Microstrategy	在各种层次上提供可回溯的、动态的数据信息
数据挖掘	下个月波士顿的销售情况会怎么样？为什么？	高级算法、多处理器计算机、海量数据库	Pilot、Lockheed、IBM、SGI及其他	提供预测性的信息

（二）数据挖掘的定义

数据挖掘又称数据库中的知识发现（Knowledge Discover in Database，KDD），是目前人工智能和数据库领域研究的热点问题。所谓数据挖掘，是指从数据库的大量数据中揭示出隐含的、先前未知的并有潜在价值的信息的非平凡过程。数据挖掘是一种决策支持过程，它主要基于人工智能、机器学习、模式识别、统计学、数据库、可视化技术等，高度自动化地分析企业的数据，做出归纳性的推理，从中挖掘出潜在的模式，帮助决策者调整市场策略，减少风险，做出正确的决策。

1. 技术上的定义及含义

数据挖掘（Data Mining）就是从大量的、不完全的、有噪声的、模糊的、随机的实际应用数据中，提取隐含在其中的、人们事先不知道，但又是潜在有用的信息和知识的过程。这个定义包括几层含义：数据源必须是真实的、大量的、含噪声的；发现的是用户感兴趣的知识；发现的知识要可接受、可理解、可运用；并不要求发现放之四海皆准的知识，仅支持特定的发现问题。

与数据挖掘相近的同义词有数据融合、人工智能、商务智能、模式识别、机器学习、知识发现、数据分析和决策支持等。

2. 商业角度的定义

数据挖掘是一种新的商业信息处理技术，其主要特点是对商业数据库中的大量业务数据进行抽取、转换、分析和其他模型化处理，从中提取辅助商业决策的关键性数据。

简而言之，数据挖掘其实是一类深层次的数据分析方法。数据分析本身已经有很多年的历史，只不过在过去数据收集和分析的目的是用于科学研究。另外，由于当时计算能力的限制，对大数据量进行分析的复杂数据分析方法受到很大限制。现在，由于各行业业务自动化的实现，商业领域产生了大量的业务数据，这些数据不再是为了分析的目的而收集的，而是由于纯机会的（Opportunistic）商业运作而产生。分析这些数据也不再是单纯为了研究的需要，更主要是为商业决策提供真正有价值的信息，进而获得利润。但所有企业面临的一个共同问题是：企业数据量非常大，而其中真正有价值的信息却很少，因此从大量的数据中经过深层分析，获得有利于商业运作、提高竞争力的信息，就像从矿石中淘金一样，数据挖掘也因此而得名。

因此，数据挖掘可以被描述为：按企业既定业务目标，对大量的企业数据进行探索和分析，揭示隐藏的、未知的或验证已知的规律性，并进一步将其模型化的先进有效的方法。

二、数据挖掘的方法与流程

（一）数据挖掘的方法

利用数据挖掘进行数据分析常用的方法主要有分类、回归分析、聚类、关联规则、特征、变化和偏差分析、Web页挖掘等，它们分别从不同的角度对数据进行挖掘。

1. 分类

分类是找出数据库中一组数据对象的共同特点并按照分类模式将其划分为不同的类，其目的是通过分类模型，将数据库中的数据项映射到某个给定的类别。它可以应用到客户的分类、客户的属性和特征分析、客户满意度分析、客户的购买趋势预测等。例如，一个汽车零售商将客户按照对汽车的喜好划分成不同的类，这样营销人员就可以将新型汽车的广告手册直接邮寄到有这种喜好的客户手中，从而大大增加了商业机会。

2. 回归分析

回归分析反映的是事务数据库中属性值在时间上的特征，产生一个将数据项映射到一个实值预测变量的函数，发现变量或属性间的依赖关系，其主要研究问题包括数据序列的趋势特征、数据序列的预测以及数据间的相关关系等。它可以被用于市场营销的各个方面，如客户寻求、保持和预防客户流失活动、产品生命周期分析、销售趋势预测及有针对性的促销活动等。

3. 聚类

聚类是把一组数据按照相似性和差异性分为几个类别，其目的是使得属于同一类别的数据间的相似性尽可能大，不同类别中的数据间的相似性尽可能小。它可以被用于客户群体的分类、客户背景分析、客户购买趋势预测、市场的细分等。

4. 关联规则

关联规则是描述数据库中数据项之间所存在的关系的规则，即根据一个事务中某些项的出现可导致另一些项在同一事务中也出现，即隐藏在数据间的关联或相互关系。在客户关系管理中，通过对企业的客户数据库里的大量数据进行挖掘，可以从大量的记录中发现有趣的关联关系，找出影响市场营销效果的关键因素，为产品定位、定价与定制客户群，客户寻求、细分与保持，市场营销与推销，营销风险评估和诈骗预测等决策支持提供参考依据。

5. 特征分析

特征分析是从数据库中的一组数据中提取出关于这些数据的特征式，这些特征式表达了该数据集的总体特征。如营销人员通过对客户流失因素的特征提取，可以得到导致客户流失的一系列原因和主要特征，利用这些特征可以有效地预防客户的流失。

6. 变化和偏差分析

偏差包括很大一类潜在有趣的知识，如分类中的反常实例、模式的例外、观察结果对期望的偏差等，其目的是寻找观察结果与参照量之间有意义的差别。在企业危机管理及其预警中，管理者更感兴趣的是那些意外规则。对意外规则的挖掘可以被用于各种异常信息的发现、分析、识别、评价和预警等方面。

7. Web的挖掘

随着Internet的迅速发展及Web的全球普及，Web上的信息量无比丰富，通过对Web的挖掘，可以利用Web的海量数据进行分析，收集政治、经济、政策、科技、金融、各种市场、竞争对手、供求信息、客户等有关的信息，集中精力分析和处理那些对企业有重大或潜在重大影响的外部环境信息和内部经营信息，并根据分析结果找出企业管理过程中出现的各种问题和可能引起危机的先兆，对这些信息进行分析和处理，以便识别、分析、评价和管理危机。

（二）数据挖掘的流程

1. 数据挖掘环境

数据挖掘是一个完整的过程，该过程从大型数据库中挖掘先前未知的、有效的、可实用的信息，并使用这些信息做出决策或丰富知识。

2. 数据挖掘过程图

图1-1描述了数据挖掘的基本过程和主要步骤。

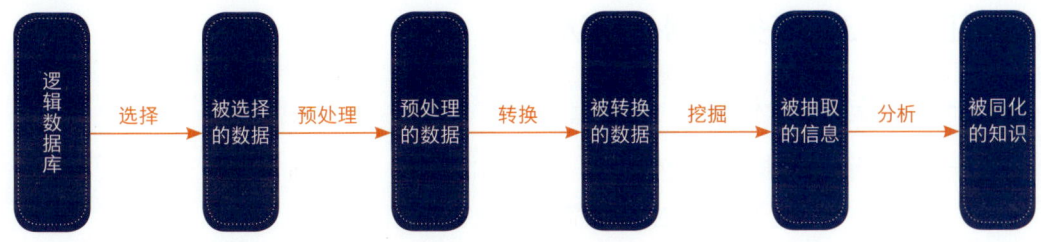

图1-1　数据挖掘的主要步骤

3. 数据挖掘过程简介

数据挖掘过程中各步骤的大体内容如下：

（1）确定业务对象。清晰地定义出业务问题，认清数据挖掘的目的是数据挖掘的重要一步。数据挖掘的最后结构是不可预测的，但要探索的问题应是有预见的，为了数据挖掘而数据挖掘则带有盲目性，是不会成功的。

（2）数据准备。

① 数据的选择：搜索所有与业务对象有关的内部和外部数据信息，并从中选择出适用于数据挖掘应用的数据；

② 数据的预处理：研究数据的质量，为进一步的分析做准备，并确定将要进行的挖掘操作的类型；

③ 数据的转换：将数据转换成一个分析模型，这个分析模型是针对挖掘算法建立的，建立一个真正适合挖掘算法的分析模型是数据挖掘成功的关键；

④ 数据挖掘：对所得到的经过转换的数据进行挖掘，除了完善合适的挖掘算法外，其余一切工作都能自动地完成；

⑤ 结果分析：解释并评估结果，其使用的分析方法一般应视数据挖掘操作而定，通常会用到可视化技术；

⑥ 知识的同化：将分析所得到的知识集成到业务信息系统的组织结构中去。

4. 数据挖掘需要的人员

数据挖掘过程要分步实现，不同的步骤需要有不同专长的人员，他们大体可以分为三类。

（1）业务分析人员：要求精通业务，能够解释业务对象，并根据各业务对象确定出用于数据定义和挖掘算法的业务需求。

（2）数据分析人员：精通数据分析技术，并能较熟练地掌握统计学知识，有能力把业务需求转化为数据挖掘的各步操作，并为每步操作选择合适的技术。

（3）数据管理人员：精通数据管理技术，并从数据库或数据仓库中收集数据。

任务1-3　商务数据分析认知

一、商务数据分析解读

（一）电子商务数据分析七个要素

1. 电子商务数据分析需要商业敏感

动画：数据分析的发展趋势

电子商务公司的数据分析师必须具备从枯燥的数据中揭开市场规律的能力。比如，具有商业意识的数据分析师发现，网站上的婴儿车的销售量增加了，那么，他基本可以预测奶粉的销量也会跟上去。再比如，网站上的产品发挥的作用并不一样，有的产品是为了赚钱，有的产品是为了促销，有的产品是为了吸引流量，不同的产品在网站上摆放的位置是不一样的。

一个商业敏感的数据分析师，应该懂得用什么样的数据实现公司的目标。比如，乐酷天与淘宝竞争，它们重点看的不是交易量，而是流量：每天有多少新的卖家进来，卖了多少商品。因为此阶段竞争最核心的因素就是人气，而非实质交易量。如果新来的卖家进来卖不出东西，只有老卖家的交易量在增长，即使最后每天的交易量都增长，也还是存在问题。

2. 电商网站转化率是关键，ROI是最终的目标

电子商务B2B网站平台的宗旨就是为企业服务，让买家与卖家的市场销售成本降低，交易成本降低，提高订单利润。因此，电子商务的网站转化率是关键，必须关注一个重要的指标——投资回报率（Return On Investment，ROI）。投资回报率是指通过投资而应返回的价值，它涵盖了企业的获利目标。利润和投入的经营所必备的财产相关，因为管理人员必须通过投资和现有财产获得利润。投资回报率又称会计收益率、投资利润率，其计算公式为：

投资回报率（ROI）=（年利润或年均利润/投资总额）×100%

投资回报率的优点是计算简单；缺点是没有考虑资金时间价值因素，不能正确反映建设期长短及投资方式不同和回收额的有无等条件对项目的影响，分子、分母计算口径的可比性较差，无法直接利用净现金流量信息。只有投资利润率指标大于或等于无风险投资利润率的投资项目才具有财务可行性。

投资回报率往往具有时效性，回报通常是基于某些特定年份。

3. 电子商务数据分析衡量指标的设定

指标是让我们更好地从数据量化的层面来了解运营的状况，PV、UV、转化率等是运营监督的指标；网站分析采用的指标可能是各种各样的，根据网站的目标和网站的客户不同，可以用许多不同的指标来衡量。常用的网站分析指标有内容指标和商业指标，内容指标是指衡量访问者的活动的指标，商业指标是指衡量访问者活动转化为商业利润

的指标。

电子商务的数据可分为两类：前端行为数据和后端商业数据。前端行为数据指访问量、浏览量、点击流及站内搜索等反应用户行为的数据；而后端数据更侧重商业数据，比如交易量、投资回报率，以及全生命周期管理等。

4. 某些指标异常变化的原因分析

网站的某些指标的异常变化是对外界市场一些变化的客观反映，网站的数据分析人员一定要重点关注。例如PV减少（异常），此时就要分析用户是搜索来源减少还是直接访问减少。若是搜索来源减少，则需要观察用户的关键字、搜索引擎等。

5. 利用数据分析用户的行为习惯

数据分析是在揣测用户的心理和一些习惯，最真实的是让用户告诉你需要什么，这些可以利用投票调查及问题提交等来实现。当然，利用数据整合分析也是必然的，然后做出来分析报告来权衡利弊，用来对用户体验进行改善，并进行一些基本的产品定位及活动。

网站数据分析应该包括两个层次。第一，网站数据分析，这是针对产品来说的，就围绕产品如何运转，做封闭路径的分析，得出产品的点击是否顺畅、功能展现是否完美。第二，研究客户的访问焦点，挖掘客户潜在需求。如果是以交易为导向的电子商务网站，就是要研究如何高效地促成交易，是否能出现联单。

6. 客户的购买行为分析

当用户在电子商务网站上有了购买行为之后，就从潜在客户变成了网站的现实客户，电子商务网站一般都会将用户的交易信息，包括购买时间、购买商品、购买数量、支付金额等信息保存在自己的数据库里面。因此，对于这些用户，可以基于网站的运营数据对他们的交易行为进行分析，以估计每位客户的价值，及针对每位客户进行扩展营销的可能性。

客户的购买行为分析，如传统的RFM模型、会员聚类、会员的生命周期分析、活跃度分析，这些都对精准运营是非常重要的。

7. 电子商务数据分析需注重实战经验

电子商务数据分析更多的是用于实战，网站数据分析的本质是在了解用户需求、行为的基础上，为改善用户体验开发良好的功能与服务，制定扩展营销的策略及附加功能的推广服务等。

随着全球互联网普及率不断提高，行业的增长速度也变得越来越快，"做生意"比以往任何时候都更容易。那么，这一领域里有哪些趋势将会成为人们关注的焦点呢？下面，就让我们一起来看看最值得关注的六大电商发展趋势吧。

1. 全渠道——无缝的用户体验

通过实施全渠道方式为客户提供服务、产品销售和营销，能够让他们在线上和线下获得统一且互联的用户体验。无论客户身在何处，或是以什么方式与企业建立联系，都可以创建全渠道用户体验。如今，大多数知名品牌商都开始为客户创建全渠道体验，统一的品牌形象将确保消费者获得统一的体验，继而为电商带来更好的销售业绩。

2. 社交电商——汇合点

社交电商是社交媒体和电子商务的一个"汇合点"，研究发现，现代消费者在做出购买决策的过程中，社交媒体发挥了很大的作用，而且还可以改善整体用户体验——通过在社交媒体平台发布可直接购买商品的文章内容，并且附上购买链接（或按键）。毫无疑问，社交电商将会成为品牌有效利用的社交媒体，并将用户参与度转化为直接业务的最佳选择。

3. 物联网——提升效率

物联网设备将会占据中心位置，有的可能会提供智能按键服务，有的则支持语音启用功能，物联网技术还将会大幅提升库存管理和供应链管理效率。

4. 区块链——专为电商设计

区块链将成为电商行业的"自然选择"，因为该技术能够高效存储交易数据，也是更快速、更安全的电商交易支付解决方案。不仅如此，区块链还能应用于订单处理和货物追踪，全球各国不少电商行业领导者都已经开始探索区块链贸易平台了。

5. 人工智能——机器学习

人工智能无疑是如今"最时髦"的技术之一，它不仅可以帮助电子商务公司完善推荐引擎、聊天机器人、虚拟助手和自动化仓库运营，还能够结合大数据了解消费者行为和购买模式。不仅如此，基于人工智能的电商分析还可以更准确地预测行业发展趋势，更好地满足消费者需求，提供更具个性化的客户体验。

6. 无人机——无人机速递

无人机的商业化应用时代其实已经到来了。与传统物流速递交付模式相比，无人机更具成本效益，而且速度更快。在不久的将来，人们也许会看到无人机像送货卡车一样有规律地运营。

无人机快递，即通过利用无线电摇控设备和自备的程序控制装置操纵的无人机驾驶的俯空飞行器运载包裹。

（二）电子商务数据分析指标与维度

1. 指标与维度

指标与维度是数据分析中最常用到的术语，它们是非常基础但是又很重要的两个概念。

（1）指标。指标是用于衡量事物发展程度的单位或方法，它还有个IT领域常用的名字，也就是度量。例如，人口数、GDP、收入、用户数、利润率、留存率、覆盖率等，都是指标。很多公司都有自己的KPI指标体系，就是通过几个关键指标来衡量公司业务运营情况的好坏。

指标需要经过加和、平均等计算方式得到，并且需要在一定的前提条件下进行汇总计算，如时间、地点、范围等，也就是我们常说的统计口径与范围。

指标可以分为绝对数指标和相对数指标。绝对数指标反映的是规模大小的指标，如人口数、GDP、收入、用户数；而相对数指标是主要用来反映质量好坏的指标，如利润率、留存率、覆盖率等。分析一个事物发展程度，就可以从数量跟质量两个角度入手分析，以全面衡量事物发展程度。

（2）维度。维度是事物或现象的某种特征，如性别、地区、时间等都是维度。其中，时间是一种常用、特殊的维度，通过时间前后的对比，就可以知道事物的发展是好还是坏。如用户数环比上月增长10%、同比上年增长20%，这就是时间上的对比，也称为纵比。

另一个比较就是横比。例如，不同国家人口数、GDP的比较，不同省份收入、用户数的比较；不同公司、不同部门之间的比较。这些都是同级单位之间的比较，简称横比。

根据数据类型来划分，维度可以分为定性维度和定量维度。数据类型为字符型（文本型）数据的，就是定性维度，如地区、性别都是定性维度；数据类型为数值型数据的，就为定量维度，如收入、年龄、消费等。一般对定量维度需要做数值分组处理，也就是数值型数据离散化，这样做的目的是使规律更加明显，因为分组越细，规律就越不明显，最后细化成最原始的流水数据，那就无规律可循。

只有通过事物发展的数量、质量两大方面，从横比、纵比角度进行全方位的比较，才能够全面地了解事物发展的趋势。

2. 电商数据指标详解

可以将电商数据分析所采集的指标与维度按照用户指标、APP指标、商品指标、销售指标、市场竞争指标、电商总体运营指标进行解读，详见表1-2至表1-7。

微课：商务数据分析指标体系

表1-2 用 户 指 标

类别		定义	分析维度	通常的体现指标	适用图表
用广基础指标	总用户数	访问过平台的用户的总数	统计周期、用户来源、用户群体等	截至2019年1月1日总用户数等	线形图等
	新增用户数	首次访问平台的用户数	统计周期（日、月、季度等）、渠道等	今日新增用户数、本月新增用户数、APP新增用户数等	线形图等
	总注册用户数	在平台注册的用户总数	统计周期、注册渠道、用户群体等	截至2019年1月1日总注册用户数等	线形图等
	新增注册用户数	平台新注册的用户数	统计周期（日、月、季度等）、渠道等	今日新增注册用户数、本月新增注册用户数、APP新增注册用户数等	线形图等
	总购买用户数	所有有购买行为的用户数量	渠道、人员性别、用户群体、购买次数等	APP总购买用户数、女性总购买用户数、青年总购买用户数等	线形图等
	新增购买用户数	首次进行购买行为的用户数	统计周期（日、月、季度等）、购买次数、渠道、人员性别、用户群体、订单状态等	当日新增购买用户数、当日女性新增购买用户数等	线形图等
	复购用户数	统计周期内产生多次购买的用户数	购买次数、渠道、人员性别、用户群体等	1次复购用户数、5次复购用户数、10次复购用户数、10次+复购用户数等	柱状图等
	老用户数	非首次来访的用户	注册时间段、用户来源、用户群体等	2010—2015年注册的老用户数等	饼图等
	活跃用户数	指经常访问平台，并为平台带来一些价值的用户	统计周期（日、周、月等）、渠道、人员、性别、用户群体等	DAU、WAU、MAU等	线形图等
	流失用户数	那些曾经下单或者做过有效操作（分享商品、拉新用户等），但由于对平台失去兴趣等种种原因，不再使用的用户	用户群体等	青年群体流失用户数等	柱状图等
	留存用户数	在某段时间使用过产品，过了一段时间后仍旧继续使用的用户，被称为留存用户	统计周期（3日、7日、30日等）、渠道、人员性别、用户群体等	3日留存、7日留存、30日留存等	线形图、散点图等

类别		定义	分析维度	通常的体现指标	适用图表
用户基础指标	回访用户数	指那些之前已经流失，但之后又重新访问平台的用户	营销活动种类、统计周期等	满减活动的回访用户数等	线形图等
	回访率	回访率＝回访用户数/总用户数	营销活动种类、统计周期等	满减活动的回访率	线形图等
	沉睡用户数	注册后统计周期内无任何行为记录，或活跃一段时间后，长时间无任何行为记录的用户	用户群体等	青年群体沉睡用户数等	柱状图等
拉新提标	APP下载安装数	APP的下载安装次数，是衡量拉新效果的结果指标	统计周期、下载渠道	每日下载量、应用宝下载量等	线形图
	拉新用户数	下载并不是意味着就是用户，对于用户的界定，每个产品不一样的，大部分的产品是用户注册了APP，就被定义为用户了	统计周期、拉新活动种类等	满减活动每日拉新用户数	线形图
	获取成本	获取用户所需的费用	获取用户类别等	CPM（千次曝光成本）、CPC（单次点击成本）、CPA（单次获客成本）等	线形图等
活跃指标	活跃用户数	某统计周期内访问过平台的用户数	统计周期、渠道、人员性别、用户群体等	DAU、WAU、MAU等	
	日活跃用户数量	DAU（Daily Active User）：日活跃用户数量，就是指每日访问用户数（去重）	——	——	——
	周活跃用户数量	WAU（Weekly Active User）：是周活跃用户数量，就是指每周访问用户数（去重）	——	——	——
	月活跃用户数量	MAU（Monthly Active User）：月活跃用户数量，就是指每月访问用户数（去重）	——	——	——

类别		定义	分析维度	通常的体现指标	适用图表
活跃指标	活跃率	活跃率是某一时间段内活跃用户在总用户量的占比	统计周期、渠道、人员性别、用户群体等	月活跃率、年活跃率	线形图等
	用户价值	用户价值=利润/用户数	用户分类等	年用户价值	线形图等
	用户停留时间	用户在平台停留的时间长度	时间段、用户群体等	用户平均在线时长、最长在线时长等	线形图等
留存指标	启动次数	它体现的是用户的使用频率	统计周期（3日、7日、30日等）、手机操作系统、人员性别、用户群体等	日均启动次数、Android启动次数、青年用户启动次数等	线形图等
	PV	即Page View，也叫作页面访问量，用户每1次对网站/APP中的每个页面访问均被记录1次。用户对同一页面的多次访问，访问量累计	统计周期	每日PV	线形图等
	UV	即Unique Visitor，也叫作独立访客数，是指访问电商平台的不重复用户数。00：00—24：00内相同的客户端只被计算一次	用户群体等	青年女性类UV	线形图、柱状图、饼图等
转化指标	留存率	留存率=留存用户数/当时新增用户数的比例（这里当时即首次使用网站或APP的时间点）	统计周期（次日、3日、7日等）等	次日留存率、3日留存率、7日留存率	线形图等
	用户留存率	不同用户渠道的用户留存率	统计周期、渠道分类等	促销渠道获取用户留存率	线形图等
	用户流失率	用户流失率和留存率恰好相反，如果某产品新用户的次日留存为30%，那么反过来说明有70%的用户流失了	统计周期、用户群体等	青年群体用户流失率等	线形图等

类别		定义	分析维度	通常的体现指标	适用图表
转化指标	GMV	GMV（Gross Merchandise Volume）：总成交额，它是一个虚荣指标，只要用户下单，生成订单号，便可以算在GMV里，不管用户是否真的购买了，京东在"双11"对外发布的战报是GMV	统计周期等	——	——
	成交金额	成交金额指的是用户付款的实际流水，是用户购买后的消费金额，天猫在"双11"对外发布的战报是成交额	统计周期、设备分类、人员性别、用户群体等	每日成交额等	线形图等
	销售收入	它指的是成交金额减去退款后剩余的金额，属于内部机密数据	统计周期、设备分类、人员性别、用户群体等	每日销售收入等	线形图等
	购买用户数	在产品里边产生过交易行为的用户总量。同基础指标里面的购买用户一致	购买次数（第一次消费，N次购买）等	每日购买用户等	线形图等

表1-3　APP指标

类别	定义	分析维度	通常体现指标	适用图表
APP下载数	APP被下载的次数	统计周期（每日、连续7日、连续一个月）、下载渠道等	每日APP下载数	线形图等
APP安装数	APP被安装的次数	统计周期（每日、连续7日、连续一个月）等	每日APP安装数	线形图
APP安装留存率	用户在初始安装后，在特定时间范围内，返回到APP的用户所占的比率	统计周期等	7日安装留存率	线形图等
APP启动次数	APP被启动的次数	用户、统计周期等	每日人均APP的启动总次数	线形图

类别	定义	分析维度	通常体现指标	适用图表
APP出错次数	用户在打开和使用过程中APP出现问题的次数	用户的浏览路径	启动出错次数、登录页出错次数、下单页出错次数等	柱状图、散点图
APP启动用户数	启动APP的用户数	统计周期、设备、人群等	（每日、7日、30日）启动APP的用户数	线形图
APP新增用户数	统计周期内第一次访问此APP的用户的数量，用户去重。	统计周期、促销活动等	每日APP新增用户数、满减活动APP新增用户数等	线形图
APP新增商品数	统计周期内新增商品数量	统计周期、商品类别结构、品牌结构、价格结构、毛利结构、结算方式结构、产地结构等	每日APP新增商品数	线形图等

表1-4 商品指标

	类别	定义	分析维度	通常的体现指标	适用图表
商品基础指标	累计商品发布数	从平台成立之初截至当前发布的商品时的总数	商品类别结构、品牌结构、价格结构、毛利结构、结算方式结构、产地结构、厂商结构等	母婴类商品总数量、某品牌的商品总数量等	柱状图等
	当前在线商品数	当前在线的商品数量	类别结构、品牌结构、价格结构、毛利结构、结算方式结构、产地结构、厂商结构等	母婴类商品在线数量、某品牌的商品在线数量等	柱状图等
	商品集中度	表示的销售额或者销售量之中，占比80%（具体数字可以自行约定）的商品数量或者比例	——	——	——
	商品动销率	商品动销率=（动销品品种数/店铺经营总品种数）×100%，动销品品种数：店铺里有销售的商品种类总数	——	——	——

类别		定义	分析维度	通常的体现指标	适用图表
商品基础指标	库销比	库销比＝店铺即时库存或期末库存周期内总销售数量	——	——	——
	促销次数	促销次数有宏观概念上的，也有微观概念上的。宏观上，是指一个销售单位中一段时间内发动促销的次数，或某个供应商的商品在一段时间内参与促销的次数；微观层面上，是表示一个单品在一段时间内参与促销的次数	——	——	——
	SKU（Stock Keeping Unit）	定义为保存库存控制的最小可用单位，例如，纺织品中一个SKU通常表示一个规格，颜色，款式，即货号，例如：AMF80570-1	——	——	——
	促销商品	是指促销活动期间指定的商品，其价格低于市场同类的商品。包括DM商品、开店促销商品、普通促销货（特价）、不包含正常降价商品	促销活动、统计周期等	满减活动促销商品等	柱状图等
产品总数指标	SKU数	是指库存进出计量的基本单元，可以是以件、盒、托盘等为单位	统计周期、商品状态等	2019年第一季度SKU数等	柱状图等
	SPU（Standard Product Unit）数	SPU是商品信息聚合的最小单位，是一组可复用、易检索的标准化信息的集合，该集合描述了一个产品的特性，即属性值、特性相同的商品就可以称为一个SPU	统计周期、商品状态等	2019年第一季度SKU数等	柱状图等
	在线SPU数	平台在售的SPU数	统计周期等	每日上架SKU数等	线性图等
品牌存量	品牌数	库存商品的品牌数量	统计周期等	2019年第一季度品牌数等	线性图、柱状图等
	在线品牌数	平台在售的商品的品牌数量	统计周期等	2019年第一季度在线品牌数等	线性图、柱状图等

表1-5 销 售 指 标

类别		分析维度	通常的体现指标	适用图表	公式
下单类指标	订单总数量	统计周期、订单状态等	每日订单数量、每日付款失败订单数量等	线形图、柱状图等	——
	下单买家数	用户群体、统计周期等	每日下单买家数等	每日下单买家数等	——
	浏览下单转化率	统计周期等	每日浏览下单转化率等	线形图、柱状图等	浏览下单转化率=下单用户数/浏览用户数×100%
支付类指标	付款商品销售数量	统计周期、销售渠道、用户群体、商品类别结构、品牌结构、价格结构、毛利结构、结算方式结构、产地结构、厂商结构等	月销量、季度销量等	线形图、柱状图等	——
	付款订单数	统计周期、销售渠道、类别结构、品牌结构、价格结构、毛利结构、结算方式结构、产地结构、厂商结构等	年度第一季度订单数量等	线型图、饼图、柱状图等	——
	付款订单率	用户群体、统计周期等	中年男性的付款订单率，每日凌晨0：00—3：00的付款订单率等	线型图、饼图、柱状图、散点图等	付款订单率=付款订单数/生成订单数×100%
	含税销售额	统计周期（会计年度或者商品的销售年度）、销售渠道、类别结构、品牌结构、价格结构、毛利结构、结算方式结构、产地结构、厂商结构等	累计含税销售额、母婴类商品累计含税销售额、第一季度母婴类商品累计含税销售额等	线型图、散点图、面积图等	销售额=买家数×客单价
	客单价	用户群体、商品类别结构、品牌结构、价格结构、毛利结构、结算方式结构、产地结构、厂商结构等	北京市用户客单价等	线形图、柱状图等	客单价=销售总额（除去打折等优惠之后的销售额）/顾客总数

类别	分析维度	通常的体现指标	适用图表	公式
支付类指标				
付款订单均价	统计周期、销售渠道、用户群体、商品类别结构、品牌结构、价格结构、毛利结构、结算方式结构、产地结构、厂商结构等	年度的付款订单均价等	线形图、柱状图等	订单均价=销售额 / 付款订单数
商品平均单价	统计周期、销售渠道、用户群体、商品类别结构、品牌结构、价格结构、毛利结构、结算方式结构、产地结构、厂商结构等	母婴类商品平均单价等	线形图、柱状图、饼图等	商品平均销售价格=销售额 / 销售的商品数量
订单平均单价	统计周期、销售渠道、用户群体、商品类别结构、品牌结构、价格结构、毛利结构、结算方式结构、产地结构、厂商结构等	年度的付款订单均价等	线形图、柱状图等	订单均价=销售额 / 付款订单数
毛利	统计周期、销售渠道、用户群体、商品类别结构、品牌结构、价格结构、毛利结构、结算方式结构、产地结构、厂商结构等	年度每季度毛利等	线形图、柱状图、饼图等	毛利=实际销售额 - 成本
净利	统计周期、销售渠道、用户群体、商品类别结构、品牌结构、价格结构、毛利结构、结算方式结构、产地结构、厂商结构等	年度净利等	线形图、柱状图、饼图等	净利=去税销售额 - 去税成本
毛利率	统计周期、销售渠道、用户群体、商品类别结构、品牌结构、价格结构、毛利结构、结算方式结构、产地结构、厂商结构等	本月毛利率等	线形图等	毛利率=（毛利/实际销售额）×100%

类别		分析维度	通常的体现指标	适用图表	公式
支付类指标	浏览支付用户转化率	统计周期等	每日浏览支付用户转化率等	线形图、柱状图等	浏览支付用户转化率=支付用户数/浏览用户数×100%
	下单支付订单转化率	统计周期等	每日下单支付转化率等	线形图、柱状图等	下单支付转化率=成功支付订单数/订单总数量×100%
	下单支付买家转化率	统计周期等	每日下单支付买家转化率等	线形图、柱状图等	下单支付买家转化率=成功支付订单买家数/订单总买家数×100%
	下单支付金额转化率	统计周期等	每日下单支付金额转化率等	线形图、柱状图等	——
	下单支付时长	用户分类、用户群体、统计周期等	新用户下单支付时长等	线形图、柱状图等	——
购物车类指标	购入购物车次数	用户群体、统计周期等	加入购物车青年用户数占比等	线形图、柱状图等	加入购物车次数=加入购物车人数/总买家人数
	加入购物车用户数	用户群体、统计周期等	加入购物车青年用户数等	线形图、柱状图等	——
	加入购物车人数占比	用户群体、统计周期等	加入购物车青年用户数占比等	线形图、柱状图等	加入购物车人数占比=加入购物车人数/总买家人数×100%
	加入购物车商品数	类别结构、品牌结构、价格结构、毛利结构、结算方式结构、产地结构等	加入购物母婴类商品数等	线形图、柱状图等	——
	购物车支付转化率	统计周期等	年度购物车支付转化率等	线形图、柱状图等	——
其他指标	妥投率	物流公司等	顺丰物流的妥投率等	线形图、柱状图等	妥投率=成功派送订单数/总投递订单数×100%

类别		分析维度	通常的体现指标	适用图表	公式
其他指标	平均折扣	统计周期、销售渠道、用户群体、商品类别结构、品牌结构、价格结构、毛利结构、结算方式结构、产地结构、厂商结构等	母婴类商品的平均折扣	线形图、柱状图、饼图等	平均折扣＝商品实际支付金额/商品原价金额
	周转率	统计周期等	年度周转率	线形图、柱状图、饼图等	周转率＝（销售吊牌额/库存金额）×100%
	退货率	统计周期、销售渠道、用户群体、商品类别结构、品牌结构、价格结构、毛利结构、结算方式结构、产地结构、厂商结构等	年度退货率	线形图、柱状图、饼图等	退货率＝退货金额/进货金额（一段时间）×100%
	售罄率	统计周期、销售渠道、用户群体、商品类别结构、品牌结构、价格结构、毛利结构、结算方式结构、产地结构、厂商结构等	年度退货率	线形图、柱状图、饼图等	售罄率＝销售数量/进货数量×100%
	连带率	—	—	—	连带率＝销售数量/交易次数×100%
	复购率	统计周期、销售渠道、用户群体、商品类别结构、品牌结构等	母婴类产品的复购率等	线形图、柱状图、饼图等	复购率＝购买两次或两次以上的会员人数/购买的总人数×100%

表1-6　市场竞争指标

类别		定义	分析维度	通常的体现指标	适用图表
市场份额相关	市场占有率	指电商平台交易额占同期所有同类型电商平台整体交易额的比重	统计周期等	年度市场占有率等	线形图、柱状图、饼图等

类别		定义	分析维度	通常的体现指标	适用图表
市场份额相关	市场扩大率	购物平台占有率较上一个统计周期增长的百分比	统计周期等	年第一季度市场扩大率	线形图、柱状图、饼图等
	用户份额	指购物平台独立访问用户数占同期所有购物平台合计独立访问用户数的比例	统计周期等	年度用户份额等	通常的体现指标：线形图、柱状图、饼图等
平台排名	交易额排名	指电商交易额在所有同类电商中的排名	统计周期等	年度交易额排名等	线形图、柱状图、饼图等
	流量排名	——	指电商独立访客数量在所有同类电商中的排名	统计周期等	2018年度流量排名等

表1-7　电商总体运营指标

类别		定义	分析维度	通常的体现指标	适用图表	公式
流量类指标	UV	即独立访客数，指访问电商平台的不重复用户数。00：00-24：00内相同的客户端只被计算一次	用户群体等	青年女性类UV	线形图、柱状图、饼图等	——
	PV	即Page View，也叫做页面访问量，用户每次对网站/APP中的每个页面访问均被记录一次。用户对同一页面的多次访问，访问量累计	统计周期等	每日PV等	线形图等	——
	转化次数	潜在用户在平台上完成一次我们期望的行为，就叫做一次转化	统计周期、用户群体等	青年用户转化次数等	线形图等	——

类别	定义	分析维度	通常的体现指标	适用图表	公式
流量类指标					
转化率	是指产生购买行为的客户人数与所有到达平台的访客人数的比率	统计周期、用户群体等	青年用户的转化率等	线形图等	转化率=（产生购买行为的客户人数／所有到达平台的访客人数）×100%
人均页面访问数	是指每个人平均访问页面的次数	统计周期、用户群体等	青年用户的人均页面访问数等	线形图等	人均页面访问数=页面访问数（PV）／独立访客数（UV）
平均访问时长	平均访问时长是用户访问平台的平均停留时间	用户群体、设备类型等	青年用户的平均访问时长等	线形图等	平均访问时长=总访问时长/访问次数
跳出率	是指访问一个页面后离开平台的次数与总访问次数的比率	用户群体、设备类型等	青年用户的跳出率等	线形图等	跳出率=访问一个页面后离开平台的次数/总访问次数×100%
访问深度	用户在一次浏览某网站的过程中所访问的页面数	用户群体、设备类型等	青年用户的访问深度等	列表等	访问深度=页面浏览量/访问次数
UV价值	即每个独立访客所产生的销售额	用户群体、设备类型等	青年用户的UV价值等	线形图、散点图等	UV价值=销售额／UV
订单转化率	即访客转化成网站的消费用户的比率	用户群体、设备类型等	青年用户的订单转化率等	线形图、散点图等	订单转化率=付款订单数／UV×100%
购买转化率	即购买用户数占全体访客数的比率	用户群体、设备类型等	青年用户的购买转化率等	线形图、散点图等	购买转化率=购买用户数／UV×100%
用户行为路径	用户访问平台内容的顺序	用户群体、用户来源等	通常的体现指标：青年用户的行为路径等	列表等	——
着陆页	用户进入后第一个访问的页面	用户群体、统计周期、用户来源等	某登录页的青年用户数	线形图、柱状图等	——

	类别	定义	分析维度	通常的体现指标	适用图表	公式
订单产生效率指标	总订单数量	即访客完成网上下单的订单数之和	统计周期等	"双11"天猫的GMV	线形图、柱状图等	——
	从访问到下单的转化率	即电商平台下单的次数与访问该平台的次数之比	统计周期、用户群体等	青年用户的访问到下单的转化率	线形图、柱状图等	从访问到下单的转化率=电商下单的次数/访问该平台的次数×100%
总体销售业绩指标	平台成交额（GMV）	电商成交金额，即只要网民下单，生成订单号，便可以计算在GMV里面	统计周期等	双"11"天猫的GMV	线形图、柱状图等	——
	销售金额	销售金额是货品出售的金额总额	用户群体、商品类别结构、品牌结构、价格结构、毛利结构、结算方式结构、产地结构、厂商结构等	北京市用户客单价等	线形图、柱状图等	——
	客单价	每一个顾客平均购买商品的金额	用户群体等	北京市用户客单价等	线形图，柱状图等	客单价=销售总额（除去打折等优惠之后的算下来的钱）/顾客总数
整体指标	销售毛利	商品销售收入（售价）减去商品原进价后的余额	统计周期、销售渠道、用户群体、商品类别结构、品牌结构、价格结构、毛利结构、结算方式结构、产地结构、厂商结构等	母婴类商品销售毛利等	柱状图等	毛利=实际销售额－成本
	毛利率	是衡量电商企业盈利能力的指标，是销售毛利与销售收入的比值	统计周期，销售渠道，用户群体、商品类别结构、品牌结构、价格结构、毛利结构、结算方式结构、产地结构、厂商结构等	本月毛利率等	线形图、柱状图、饼图等	毛利率=（毛利/实际销售额）×100%

二、商务数据分析价值

1. 提供给公司或者雇主更多的利润

电商商家势必想让更多的客户进入店铺消费，以增长销售业绩、获取更多的利润。而对于新创业的公司来说，当然是想扩大公司知名度，让更多想购买公司商品的客户了解公司。那么，如何寻找到用户，并将其推荐给合适的商家呢？

动画：数据分析的意义——智能穿戴

通过视频广告中的点击通过率（Click-Through-Rate，CTR）、美团的首页商家推荐、苏宁用户聚宝盆、小区潜力、阿里的用户数据魔方、滴滴出行的首屏精准营销等工具，一方面可以收集用户的行为偏好、行为轨迹、兴趣爱好等数据，另一方面可以运用大数据，指导企业精准定位客群、开展精准营销。

2. 提供给用户更优秀更便捷的体验

如果在携程、飞猪、途牛等平台上订票，其中最关键一个步骤是选票，图1-2所示为在某订票平台上选取从南京至广州的飞机票的界面，一般情况下，常规界面按价格排序或按时间排序。

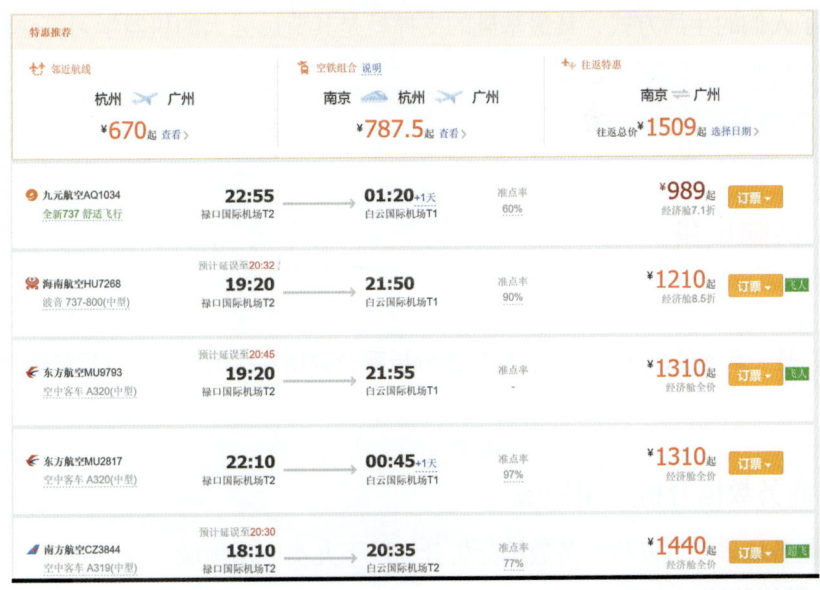

图1-2　某订票平台的选票界面

程序员认为，按照时间排序比较好，这样数据从数据库取过来后直接展示，不用写代码重新排序。

运营专员认为，针对于每次都买高价格机票的客户，应该按机票价格从高到低排序，如此可以提升公司的KPI值。

产品经理则认为，用户体验才是产品的灵魂。应该按照用户的既往出行时间排列机票，如某个客户经常晚上出行，则应该将晚上的机票放在最上面。

其实，以上几种机票的排列顺序都没有问题。在当前互联网中，几乎每家公司都有其中任意一种展示结果。那么，能不能针对不同的用户，为其提供更合适的呈现方式？

通过数据分析，可以判断用户是不是因为是商旅用户才购买高价机票，也可以通过数据研究用户是不是每次出行时间固定，分析是不是因为周五上班晚上回家，所以才每次选择如此固定的行为模式，当下次周五有促销优惠票的时候，就可以优先推送给固定用户。诸如此类的用户体验场景的发现，通过聚类分析、特征分析、用户分群等均可实现。

3. 拓宽了行业更多的可能性

若干年以前，人们通过线下实体店租赁车辆，用户取车很不方便，需要身份证、信用卡，还要签一堆合同，实体店也需要承担水电费、房租以及庞大的人力开支费用。现如今，很多网络平台也开始开展车辆租赁业务，用户只需要具备良好的社会信用，即可网络下单租车，省时省力。

再比如，摩拜单车等的车辆投放策略、美团或大众点评的最佳路径推荐等，都在无形中改变了人们的生活方式，其最基础的支撑就是其背后强大的机器学习算法及业务数据分析。

头脑风暴

假如你是一家网站店铺的店长，应当去分析哪些数据并给出相应的分析策略？

三、商务数据分析应用领域

根据业务场景，可以将商务数据分析分为以下九类应用领域。

（一）数据监控与诊断

通过数据分析，可以帮助企业快速发现经营问题，以便早发现早解决。整体数据监控的仪表盘是必不可少的，如图1-3所示。

如图1-4所示，是流量从7号的4 900人变化成8号14 300人的过程。通过这个过程可以找到问题的关键原因，毋庸置疑"淘宝首页"是"罪魁祸首"。

动画：数据分析的应用领域

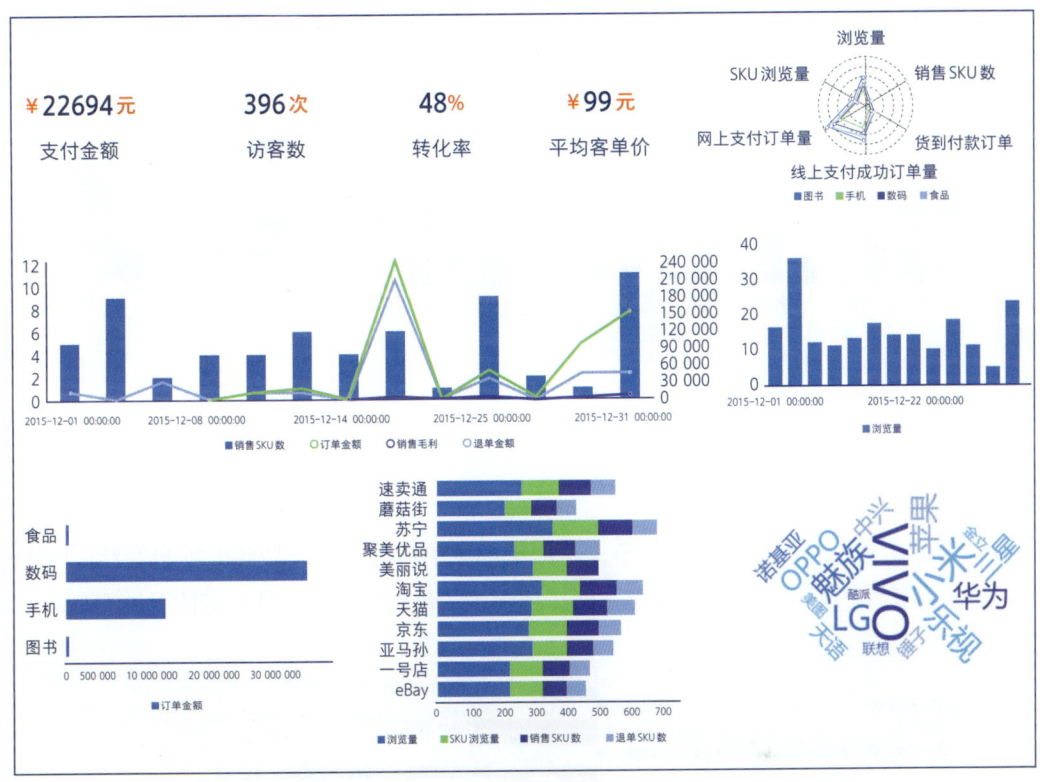

图1-3　数据监控仪表盘

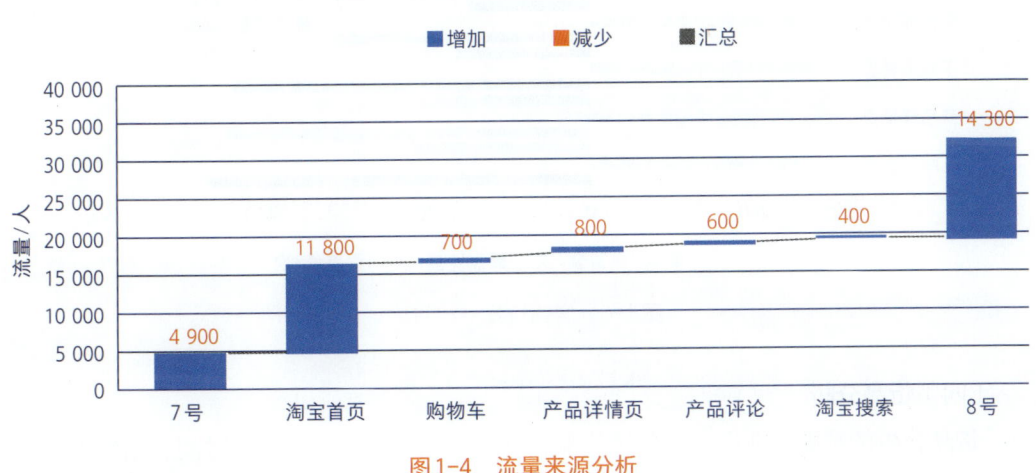

图1-4　流量来源分析

（二）市场分析

市场分析可以帮助企业占领市场，掌握市场并预测市场行情，以便于及时有效地调整市场或品牌战略。图1-5是各品牌手机的销售情况，通过对相关数据的分析，企业可以了解市场结构，随势而动，获得最大经济收益。

商品流量及转化率分析

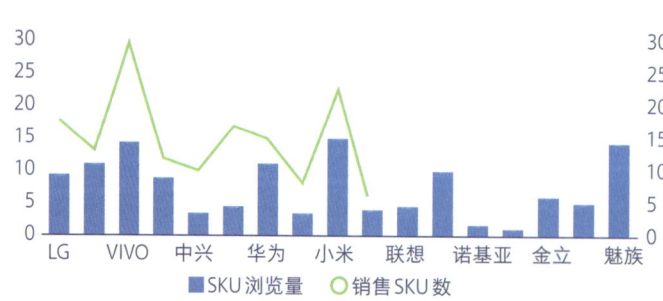

各品牌手机销售额占比

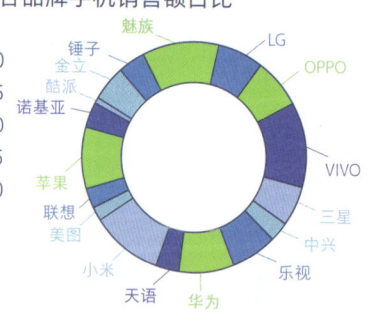

图1-5　各品牌手机销售情况

（三）竞争分析

竞争分析可以帮助企业赢得竞争，掌握市场竞争情况以及产品与市场的差异，优化企业在竞争策略方面的决策。图1-6是两个店铺的流量结构对比，其优劣情况尽收眼底。

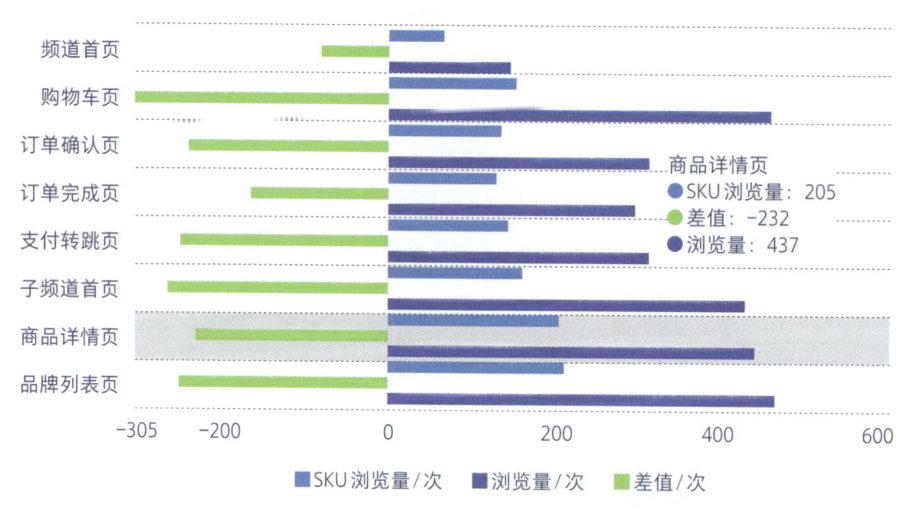

图1-6　店铺流量结构对比

（四）货品分析

货品分析能帮助企业提高产品销售额，针对产品的销售、渠道、时间、结构等维度对产品的销售情况进行分析，更好地优化产品营销策略。图1-7是某种产品的销售数据分析。

如图1-8所示，该图可用于洞察产品SKU之间的关联情况，通过商品品类、商品品牌分析不同手机商品在天猫店铺中浏览量、SKU浏览量、销售SKU数、退单SKU数之间的关系。

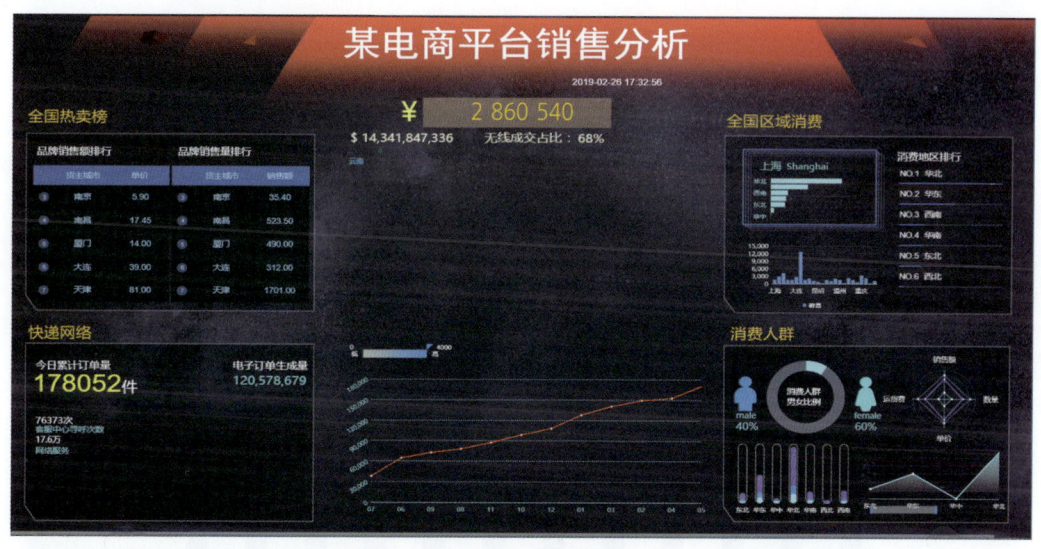

图1-7　某产品的销售数据分析

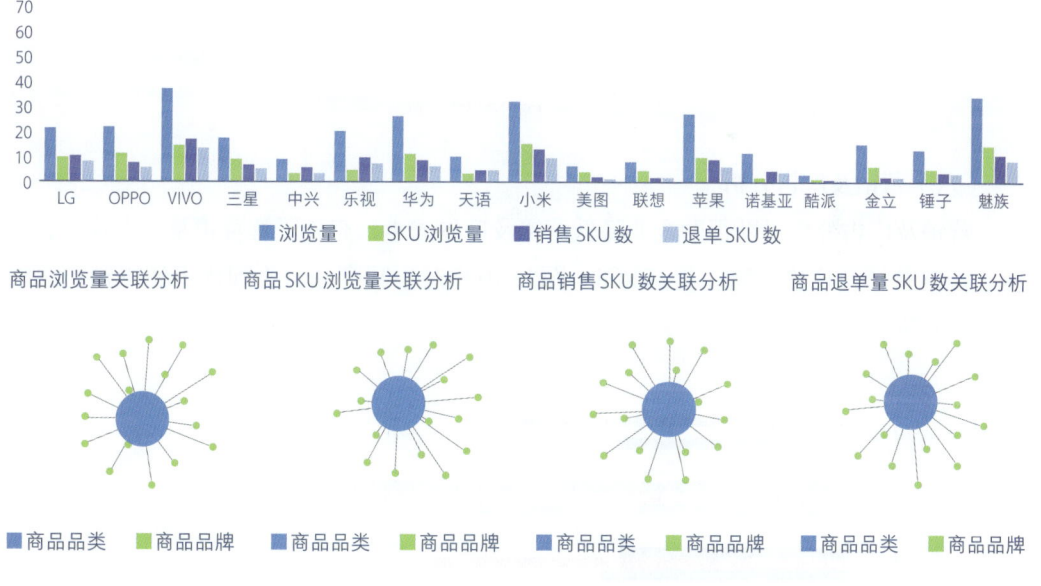

图1-8　产品SKU关联情况

头脑风暴

分组讨论国内各大电商平台热销商品销售情况，得出不同类别爆款商品各项数据，数量多者为胜。

（五）客户分析

客户分析可以帮助企业盘活客户群体，让客户产生价值，减少客户流失，提高客户留存率。如图1-9所示，在现有的老客户中，有80%以上是5个月内回购的，超过5个月流失率就会增大，通过该图可知，对老客户营销的最佳时间是前5个月。

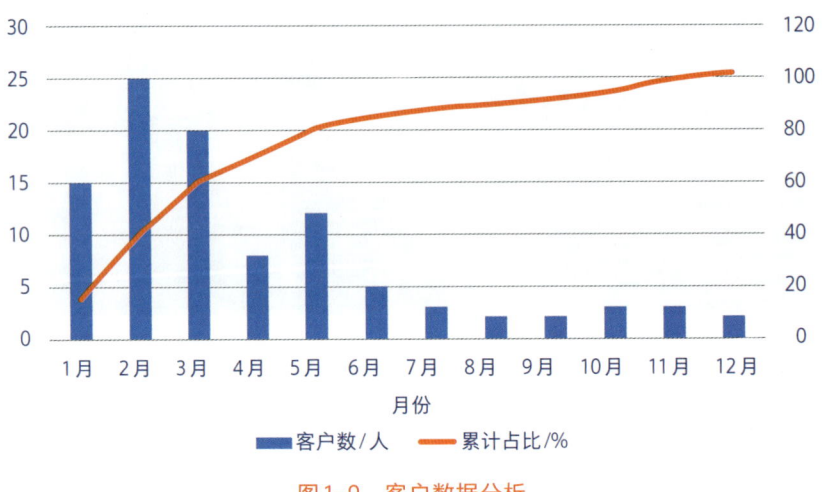

图1-9　客户数据分析

（六）营销及广告分析

营销及广告分析可以帮助企业降低营销及广告成本，充分了解营销及广告效果，以便于调整营销及广告策略，提高ROI。图1-10是对不同产品、不同优惠使用销售策略的情况分析。

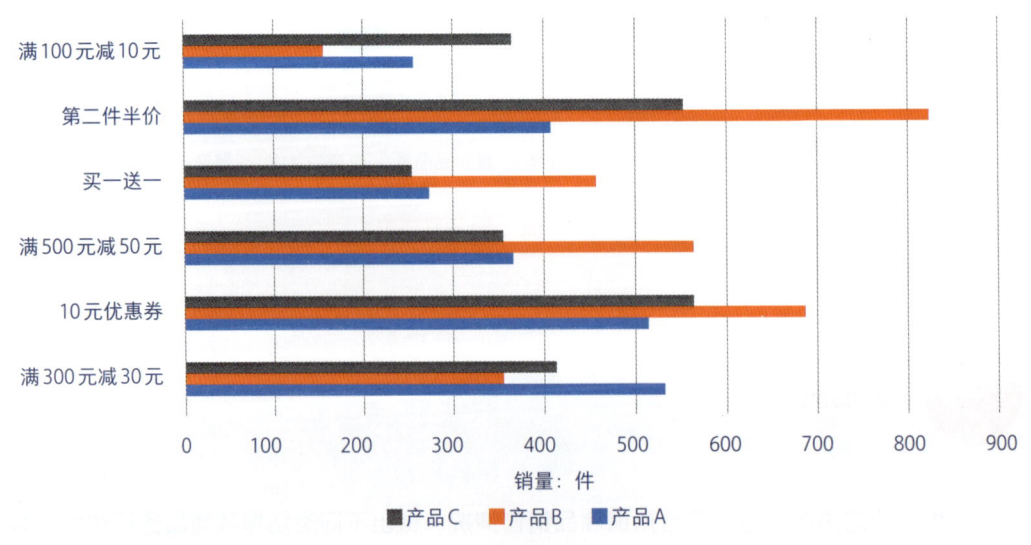

图1-10　不同产品优惠使用情况分析

（七）库存分析

库存分析可以帮助企业减少不良库存，针对库存的动销分析、补货预测等进行分析，避免库存堆积产生不良库存。如图1-11所示，圈中的是补货点，红色直线是安全库存，超过红线就需要补充库存了。

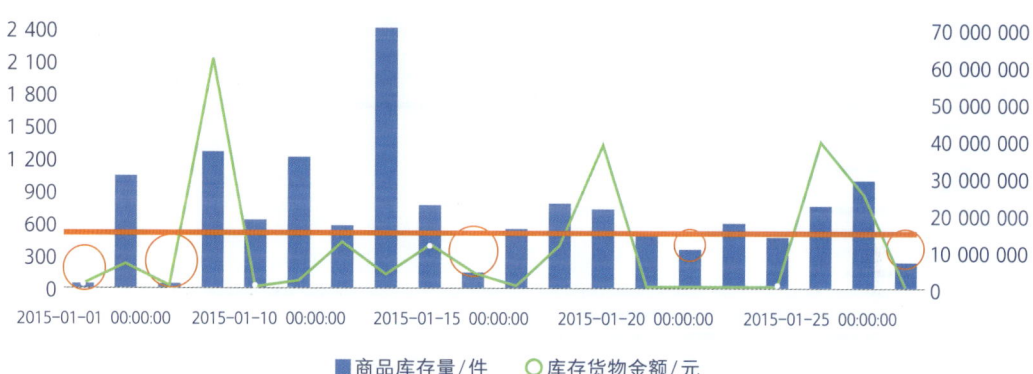

图1-11　库存数据分析

（八）流量渠道分析

流量渠道分析可以帮助企业提高流量获取能力，通过对各个流量渠道的特征分析可以有效地分配渠道资源，如图1-12所示。

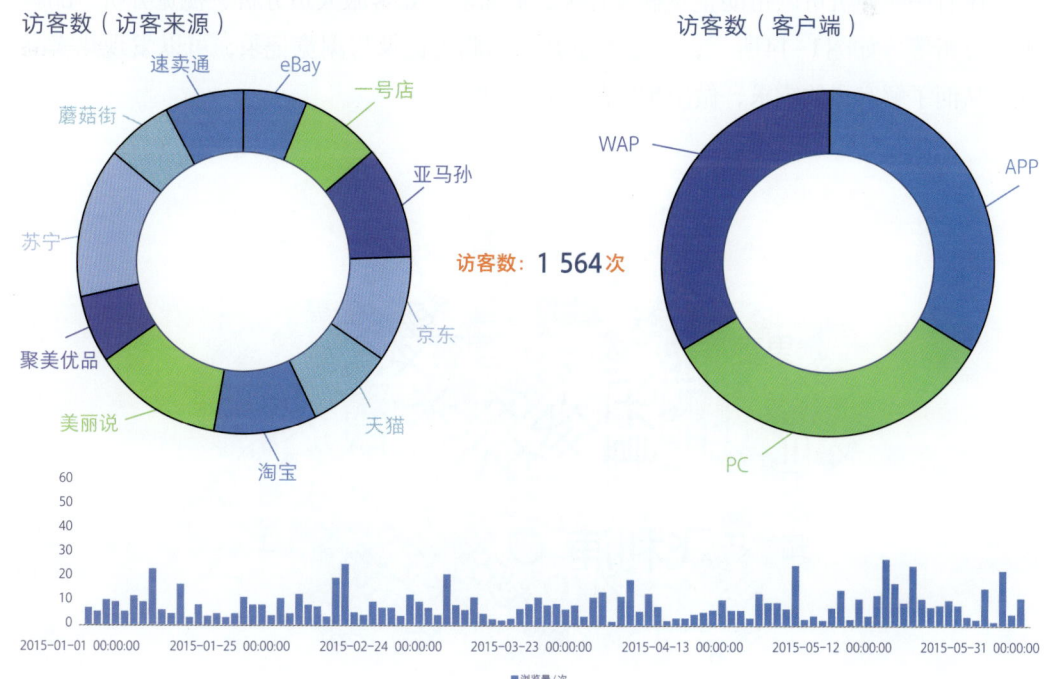

图1-12　流量渠道分析

（九）财务分析

财务分析可帮助企业理清财务，如图1-13所示，展现不同产品的销售额和优惠金额（领券、满减等）。

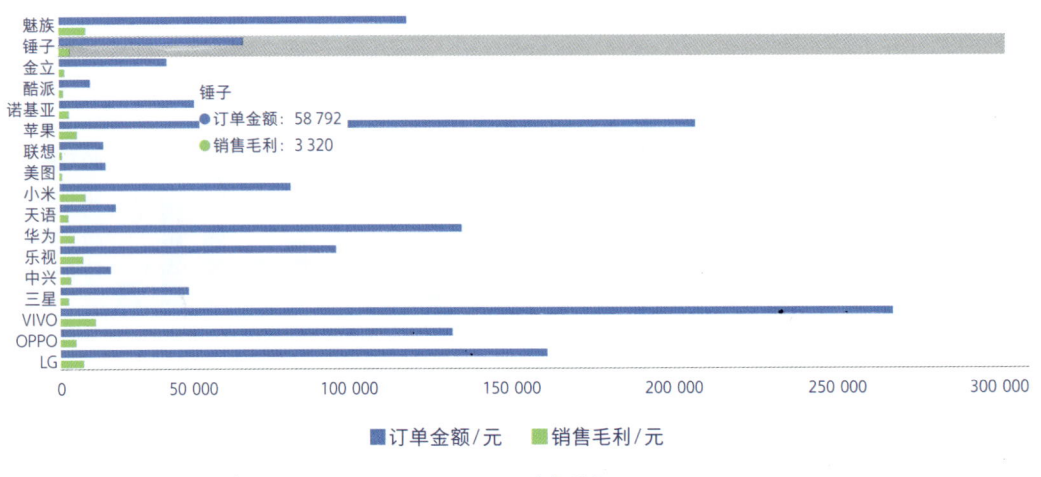

图1-13　财务分析

（十）其他

还有一些分析可以帮助企业解决各种数据需求，如客服人员分析、视觉分析、品牌舆情分析等。如图1-14所示，通过大量客户的购买记录与浏览记录，可以发现热卖品牌，从而了解客户的需求，做出相应的促销活动。

图1-14　商品热卖分析

商务数据分析就是结合业务通过技术手段，帮助企业解决现实经营问题，降低企业经营成本，提高企业经营收入的一系列过程。在这个过程中，只有分析师和决策者共同努力，才可以让数据产生价值。这要求分析师具有很强的业务能力，掌握数据分析方法并能熟练运用数据分析工具，否则无法完成任何一个任务；要求决策者能客观对待数据分析结果，基于分析结果做出决策，并落地执行。

大赛直通车
高职组商务数据分析赛项规程

1. 竞赛名称
赛项名称：商务数据分析。

赛项组别：高职。

2. 竞赛目的
大数据经济时代，数据分析支持企业决策，数据分析产品层出不穷，数据分析技术与行业应用渐成各行业追逐热点。金融、制造、交通、能源、医疗、政企等行业中，有越来越多的企业开始通过大数据挖掘企业价值，以此促进企业的创新与发展。

商务数据分析赛项，重点考察参赛选手精细化运营和数据驱动的能力和意识，旨在推动数据分析、数据可视化分析技术发展和行业应用；培养学生团队管理和协调能力；提高学生职业素质，提升教学环境与产业环境之间的契合度。

3. 竞赛内容
本次竞赛为命题竞赛。竞赛当天会发布具体赛题信息，提供赛题数据。选手根据设置的问题，展开思路，发挥想象力，进行商务数据分析的创意展现。需要提交的作品包括：商务数据分析业务场景可视化图表、报告以及设计作品。

本次技能竞赛以学生对商务数据分析的理解运用、关键任务完成质量作为竞赛内容，全面考察选手从多维度分析数据、掌握数据分析的方法，通过数据分析，培养选手思维的灵活性以及对于数据的理解和数据深层价值挖掘的能力。参赛队根据所提供的数据及要求，通过商务智能数据分析平台对数据进行关联分析，并设计出完整的分析图表。图表中包含所有事件的相关信息，也要完整展示数据分析的过程和数据链走向。竞赛内容与知识技能要求如表1-8所示。

4. 评分标准
竞赛的各项评分细则如表1-9所示。

表1-8　竞赛内容与知识、技能

竞赛模块	竞赛内容	知识	技能
技能操作	商务智能数据分析平台	通过平台对数据进行抽取、清洗、转换、装载及可视化分析展现	数据处理的能力
商务数据分析	电子商务运营分析	通过对主题指标进行分析，充分理解和掌握业务场景以及设计思路的可行性及前瞻性	利用数据分析平台软件实现商务数据分析
	商务数据分析报告	可视化设计能力、创新能力	

表1-9　各项评分细则

项目	内容	评分细则	分数
数据处理	ETL	通过商务智能数据分析平台对EXCEL的数据进行抽取、清洗、转换、装载将数据导入到平台中	8
电子商务运营主题分析	电商平台总体运营分析	能够充分运用总订单数量、访问到下单转化率、销售金额、销售毛利、商品库存量等指标进行分析，要求采用雷达图、仪表盘、柱状图、饼图、漏斗图、双指标柱线图、瀑布图等图表，通过销售概况、访问概况、支付概况等分析方向准确、清晰地反映整体运营情况，并给出结论	20
	销售主题分析	包含但不限于：能够充分运用加入购物车次数、购物车支付转化率、下单笔数/金额、交易成功单数/金额/买家数、退款金额、退款率等指标进行销售主题分析，要求采用漏斗图、关系图、饼图、柱状图、散点图、地图等图表，通过订单漏斗分析、转化率分析、订单流程分析等分析方向准确、清晰地反映店铺销售情况，并给出结论	18
	商品主题分析	能够充分运用上架SKU数、总共SKU数、商品库存量、商品品牌/品类等指标进行商品主题分析，要求采用双指标柱线图、饼图、雷达图等图表，通过商品销售概况、商品销售及库存趋势、商品销售来源等分析方向，准确、清晰地反映不同商品的销售及库存情况，并给出结论	10
	用户价值分析	能够充分运用访客人数、购买人数、购买次数、购买产品结构、回购率分析等指标进行用户价值分析及消费情况，要求采用字符云、饼图、漏斗图、线型图、矩阵树等图表，通过顾客分类、顾客搜索喜好、顾客转化等分析方向准确、清晰地反映不同用户的消费情况，并给出结论	10

项目	内容	评分细则	分数
电子商务运营主题分析	dashboard	内容充实完整，各主题报告至少包含10张以上图表	5
		展现形式多样，含平台中至少十种类型（柱状图、饼状图、折线图等）	5
		图表的选择合理、恰当，能明确表达数据内容，图片与名称相搭	5
		排版整齐，具有美观性	3
		图表分组呈现，相互关联逻辑清晰	2
创新	创新型数据分析	结合给出的数据，结合业务的关联关系进行创新分析。用图文报告的形式对结果进行总结	5
		创新分析思路是否具有前瞻性、实用性以及推广性	4
		能否真正应用在实际场景中，并在未来做出持续改善	3
	设计	考查创新分析报告美观度以及图标搭配的合理性	2

直通职场
数据分析师

某企业对数据分析师的职位要求如图1-15所示。

数据分析师

12k-20k / 上海 / 经验1-3年 / 学历不限 / 全职

电商　BI　可视化　数据分析　数据运营

图1-15　某企业数据分析师职位要求

一、职位描述

（1）根据各类业务需求和具体问题，进行数据提取、汇总和统计以及数据报表编制等；

（2）快速响应上级的数据及分析需求，高效取数、定位问题、分析问题，并给出完整的分析结论；

（3）通过网站流量、用户和交易等数据，挖掘用户行为特征、评估产品质量，通过数据洞察业务拓宽产品的改善空间；

（4）与数据及研发等相关部门沟通，梳理业务需求，跨部门推动数据业务的持续进行；

（5）通过外部数据挖掘和校验，对行业价值数据进行跟踪和分析，为业务或战略提供数据咨询和决策支持。

二、任职要求

（1）大专及以上学历，统计学、数学、计算机、经济学等相关专业优先；

（2）熟练掌握SQL、EXCEL、PPT，有优秀的可视化能力，有Tableau使用经验优先；

（3）熟悉电商互联网数据分析的主要方法和思路，有1年以上互联网数据分析背景者优先；

（4）能快速理解问题并把握业务需求，善于发现问题，通过数据分析界定问题并推动解决；

（5）有较强的数据敏感度，善于通过各种手段和途径获取内外部数据，并对数据进行对比、分析和价值挖掘；

（6）有独立的课题分析能力，具备较强的逻辑思维能力、对内外沟通能力、执行能力和团队精神，善于分享和承担，勇于探索与创新。

任务实施
电商平台运营数据分析案例

1. 分析目标

电商平台运营数据分析的目的是使用可视化的方法和技术手段，对电商平台中商家的整体运营状况进行分析，以支持平台商家更好地开展经营活动。要求分析结果为一份可用的、能够直观展现商家当前运行状况的分析报表，展现形式以图形为主，表格、文字为辅，对版式没有固定要求，可以是展示大屏显示的内容，也可以是图文结合的分析报告，只要能够达到业务分析要求即可。

2. 分析原理

能够充分运用总订单数量、访问到下单转化率、销售金额、销售毛利、商品库存量等指标进行分析，要求采用雷达图、仪表盘、柱状图、饼图、漏斗图、双指标柱线图、瀑布图等图表，通过销售概况、访问概况、支付概况等分析方向，准确、清晰地反映整体运营情况，并给出结论。

3. 实施准备

数据采用从京东网站爬取的数据，使用环鸣数据分析平台工具进行分析。

4. 分析过程

（1）数据接入。点击【添加】—【EXCEL数据】（见图1-16），导入EXCEL数据（见图1-17）并保存。

图1-16　添加EXCEL数据源对话框

图1-17　"导入EXCEL数据源"界面

（2）数据选择。点击【添加】按钮，进入"快速BI"或"智能BI"模块，如图1-18所示，此处以"智能BI"为例。

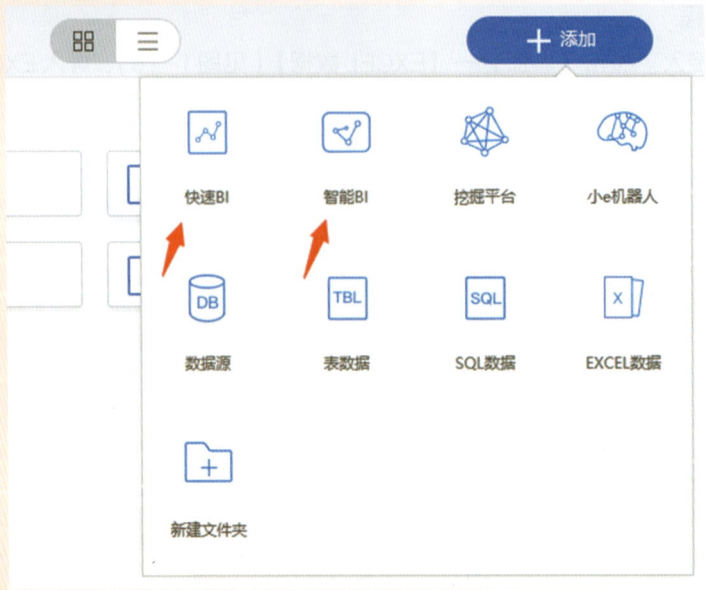

图1-18　添加智能BI界面

点击【折线图】，如图1-19所示，并拖拽到如图1-20所示的页面。

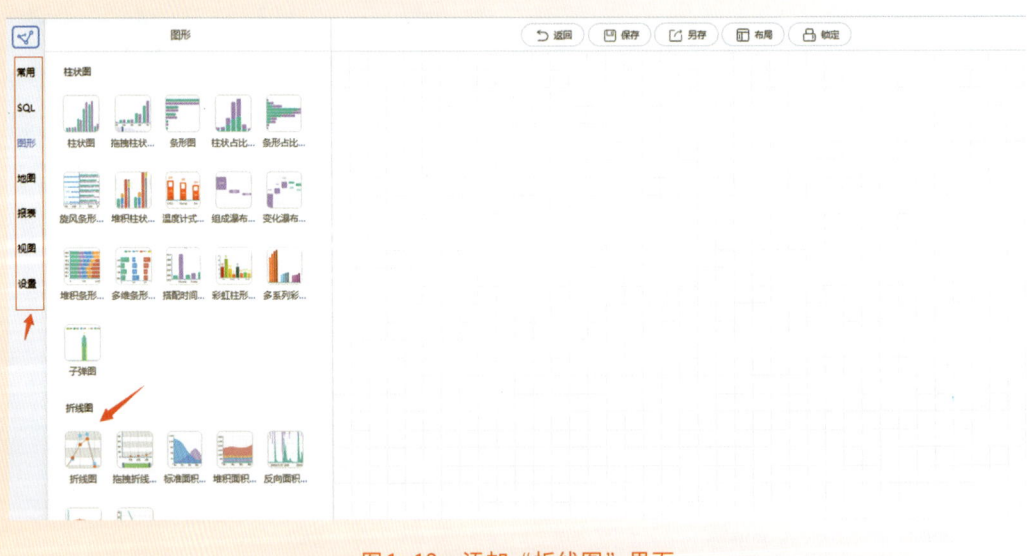

图1-19　添加"折线图"界面

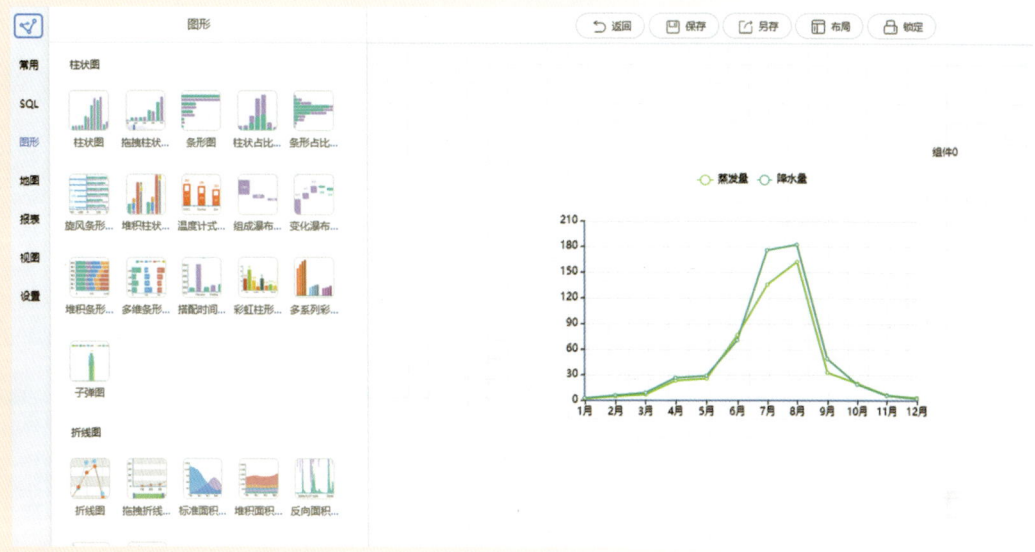

图1-20　拖拽折线图至绘图区

点击图形的任意位置，进入图形编辑模式，如图1-21所示。

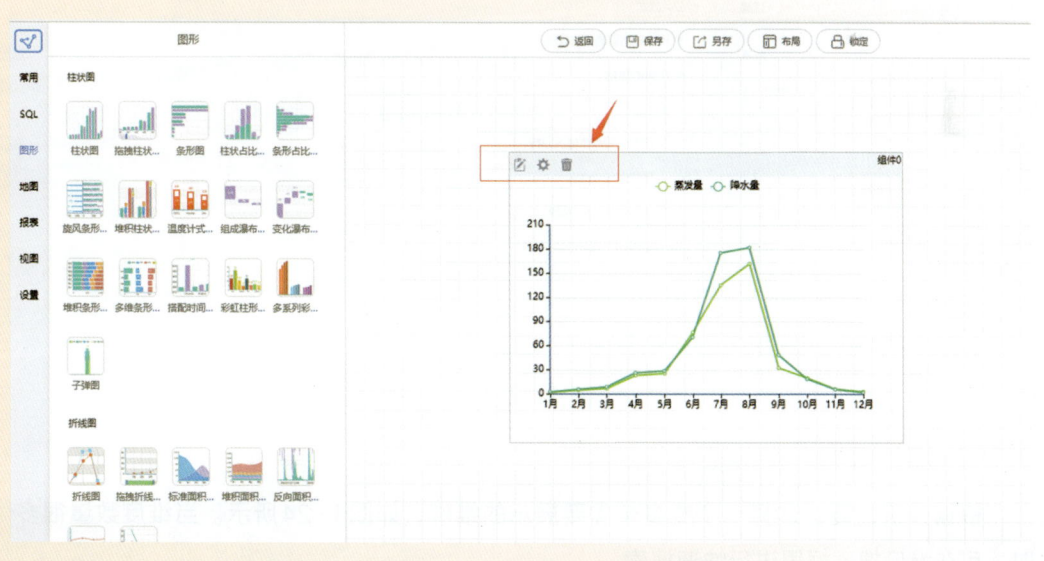

图1-21　图形设置区域

点击第一个按钮，进入"数据选择"，如图1-22所示。

选择上一步保存的EXCEL数据的文件名，如图1-23所示。

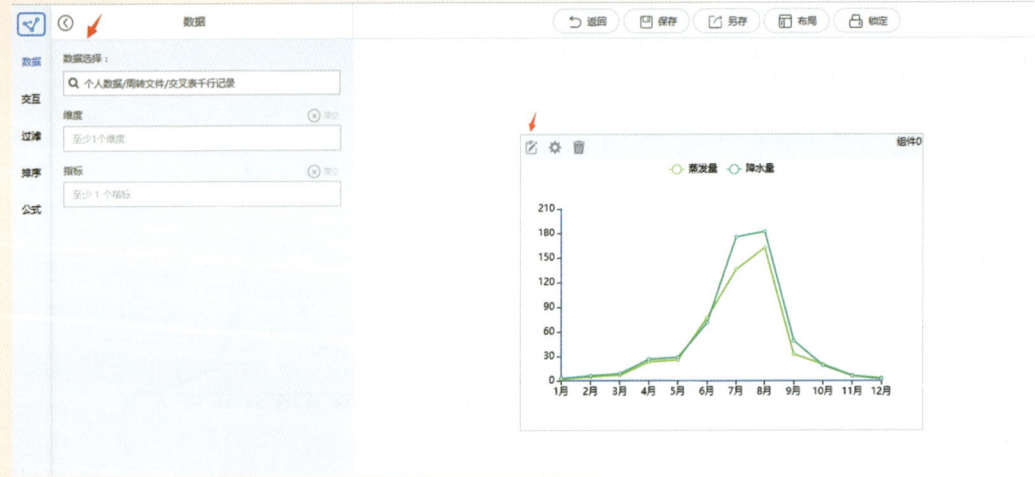

图1-22　图形设置界面

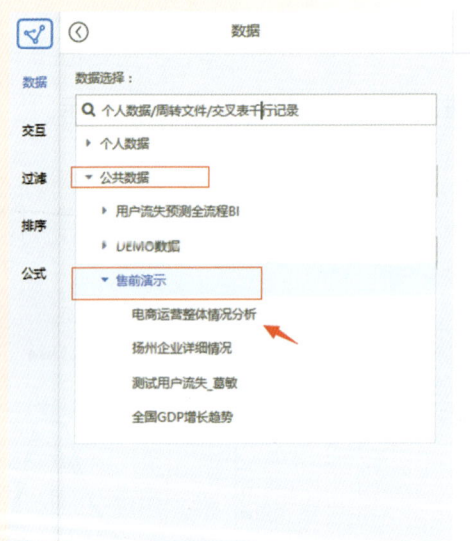

图1-23　选择数据源

　　根据分析需要，选择一个或多个需要展示的维度，如图1-24所示。当维度数量很多时，可在维度搜索框里进行快速搜索。

　　根据分析需要，选择一个或多个指标，如图1-25所示。当指标数量很多时，可在指标搜索框里进行快速搜索。

　　数据、维度、指标选择后，点击【应用】按钮，默认的图形随即发生变化，如图1-26所示。

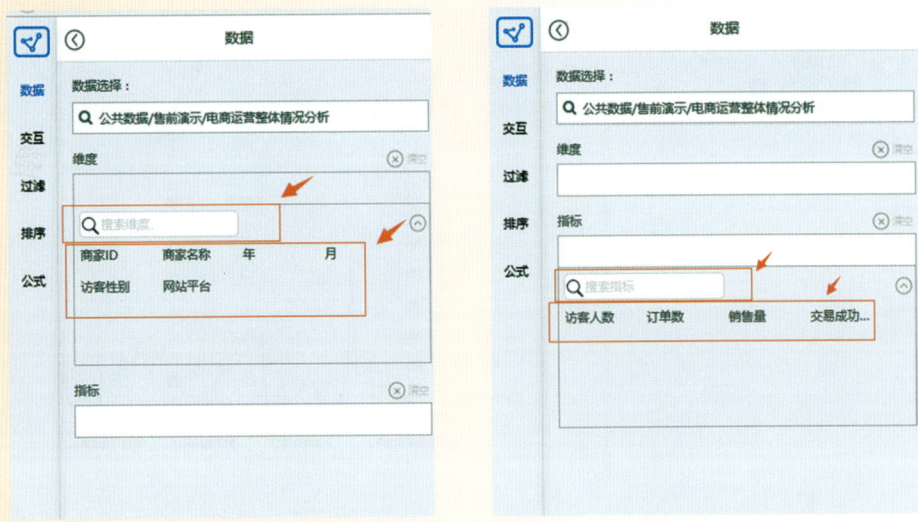

图1-24　维度选择界面　　　　　　　　图1-25　指标选择界面

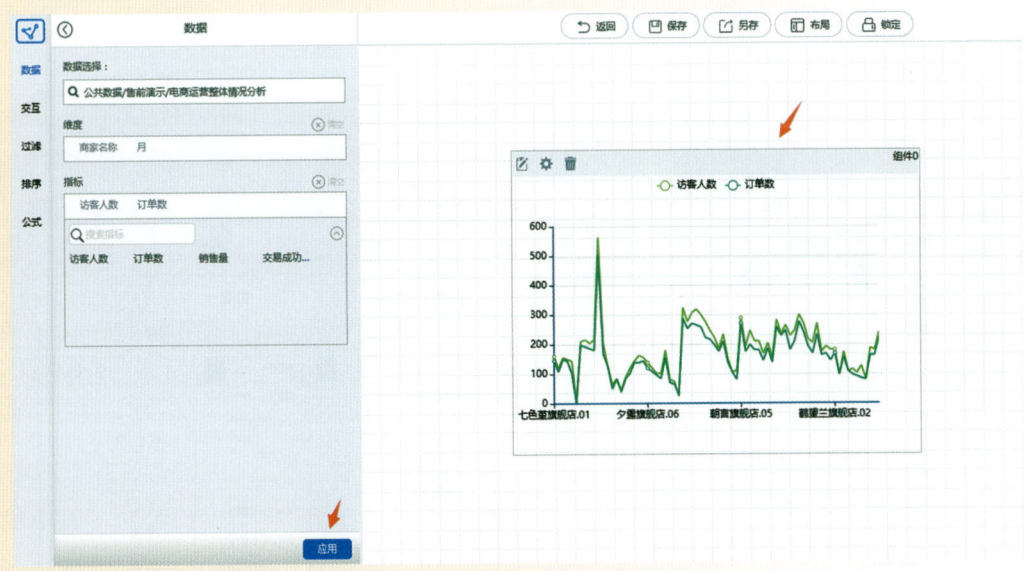

图1-26　图形预览界面

5. 可视化展示与结果分析

进行数据选择后，图形展示结果或许和分析需求还有差距，需要进一步优化。此处以分析某一商家月度访客数和订单数的趋势分析为例。

由图1-27看出，商家很多，而且月份不连续，因此需要进行商家过滤。选择"过滤"，出现字段名、比较符、条件值设置框，如图1-28所示。

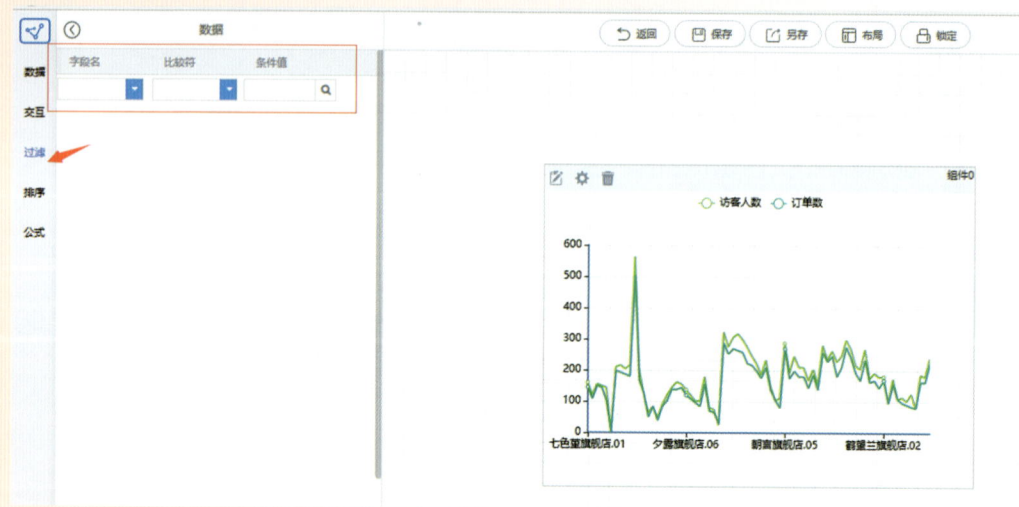

图1-27　字段过滤设置界面

字段选择里，选择需要过滤的字段。这里选择"商家名称"，如图1-28所示。
比较符选择"等于"，如图1-29所示。

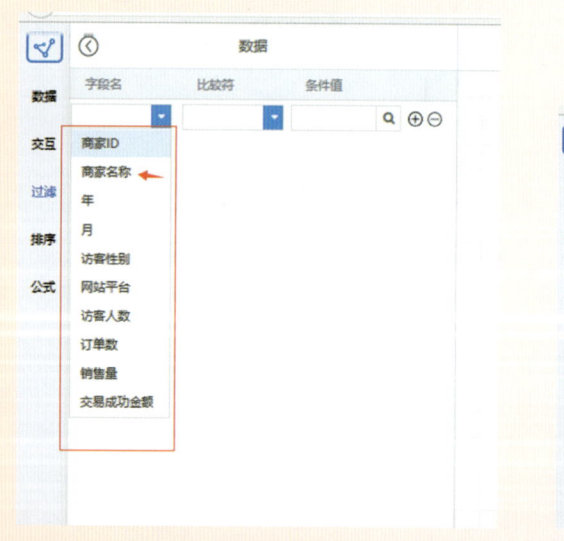

图1-28　设置字段名

图1-29　比较符设置界面

条件值选择需要的对应字段的条件值，此处选择"文竹旗舰店"，如图1-30所示。

过滤条件可以是多个，可点击条件值后的【+】或【-】增加或减少条件数，如图1-31所示。

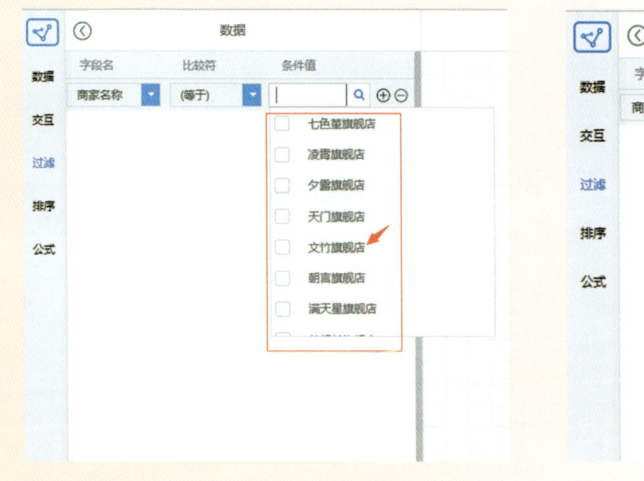

图1-30 条件值设置界面　　　　　　　　图1-31 增加或减少条件界面

设置好过滤条件后，点击【应用】按钮。图形发生了变化，只显示一个商家名称，但没有完全显示月份，如图1-32所示，因此需要继续优化。

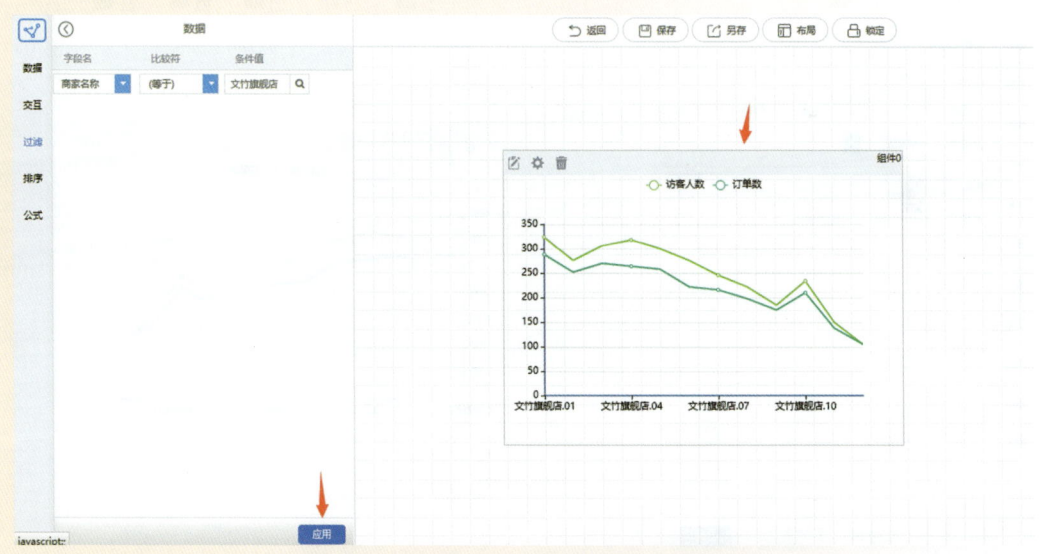

图1-32 设置商家名称过滤后的图形预览界面

由图1-32看出，图形横轴显示的月份是1月、4月、7月、10月，为什么其他月份不显示呢？再观察下，会发现图形宽度不够，横轴文字太多，因此需要设置图形宽度。点击【设置】按钮，进入设置模块，如图1-33所示。

点击【样式】，出现位置设置部分，如图1-34所示。此时，可以设置图形的高和宽等参数。

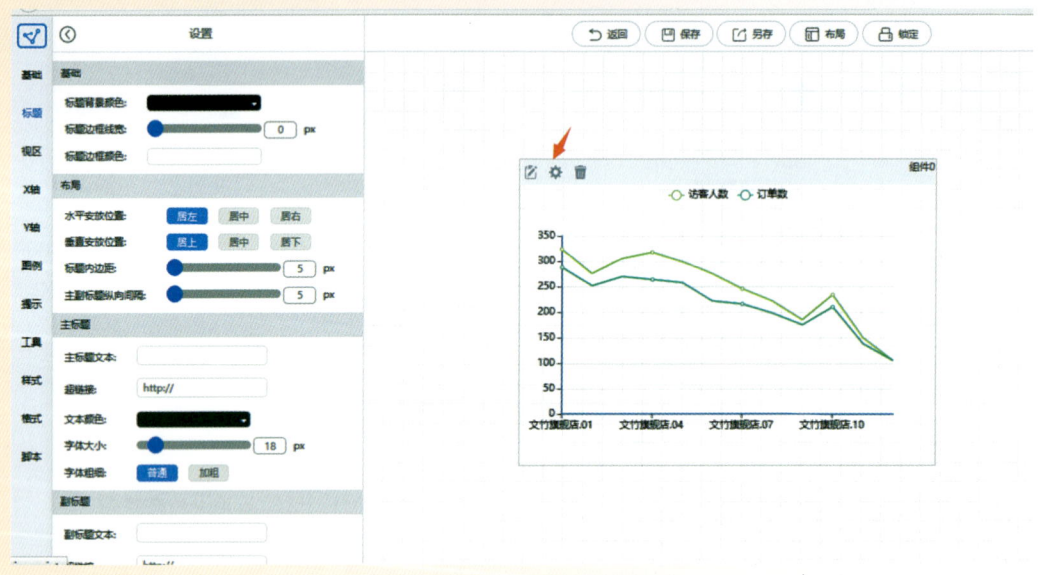

图1-33　图形设置界面

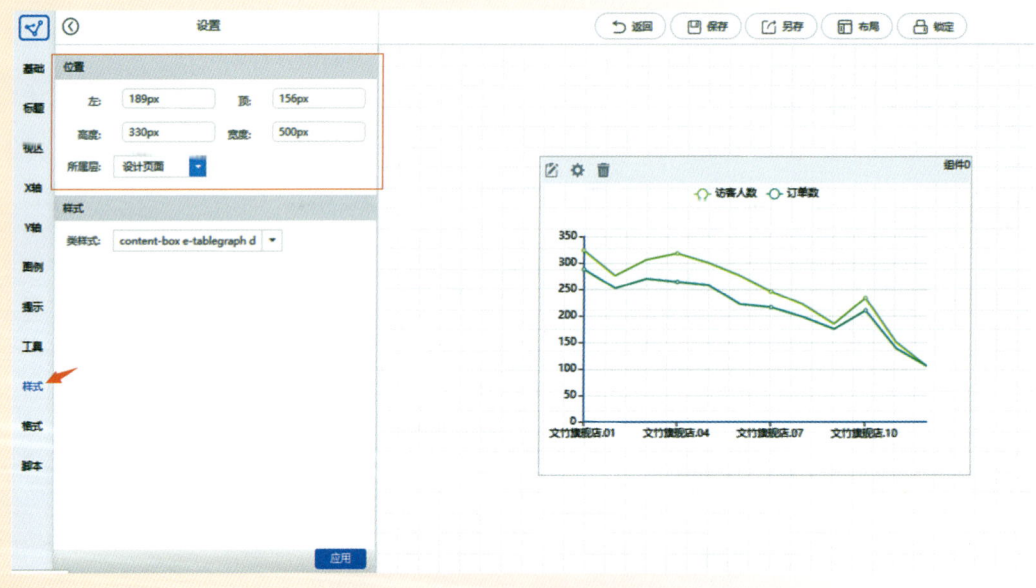

图1-34　图形样式设置界面

　　宽度由原来的500px增加至800px后，点击【应用】按钮，图形发生变化，如图1-35所示。

　　观察图1-35，发现仍不满足可视化显示要求，X轴文字太多，继续优化。

　　点击【X轴】，进入X轴设置界面，如图1-36所示。

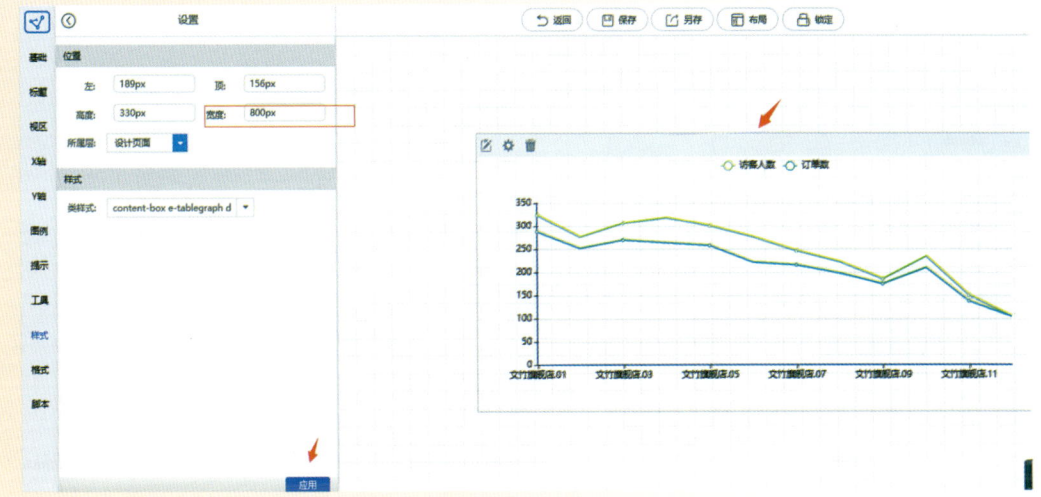

图1-35　设置样式后，图形预览效果图

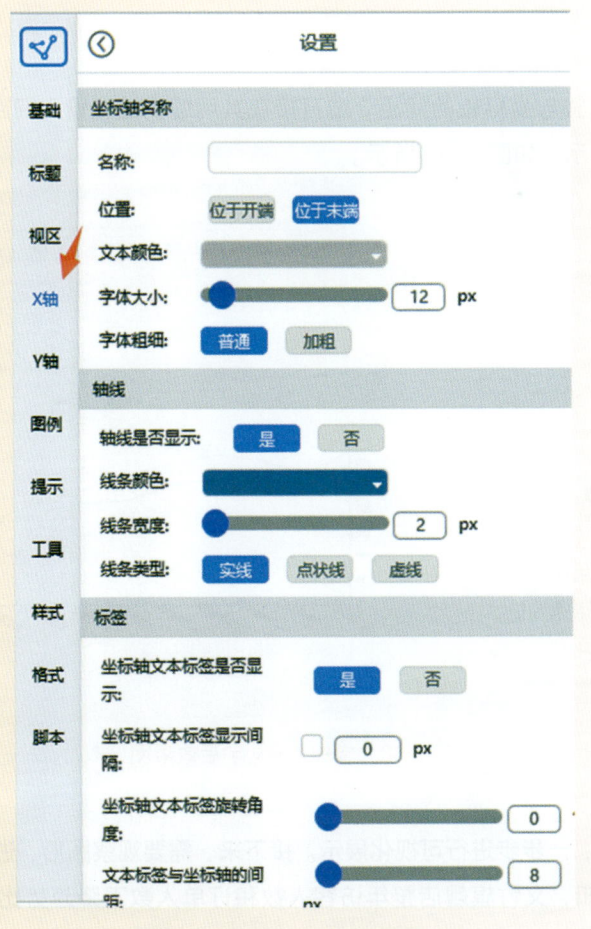

图1-36　X轴格式设置界面

在"坐标轴文本标签显示间隔"处，勾选此项设置，图形随机发生变化，如图1-37所示。

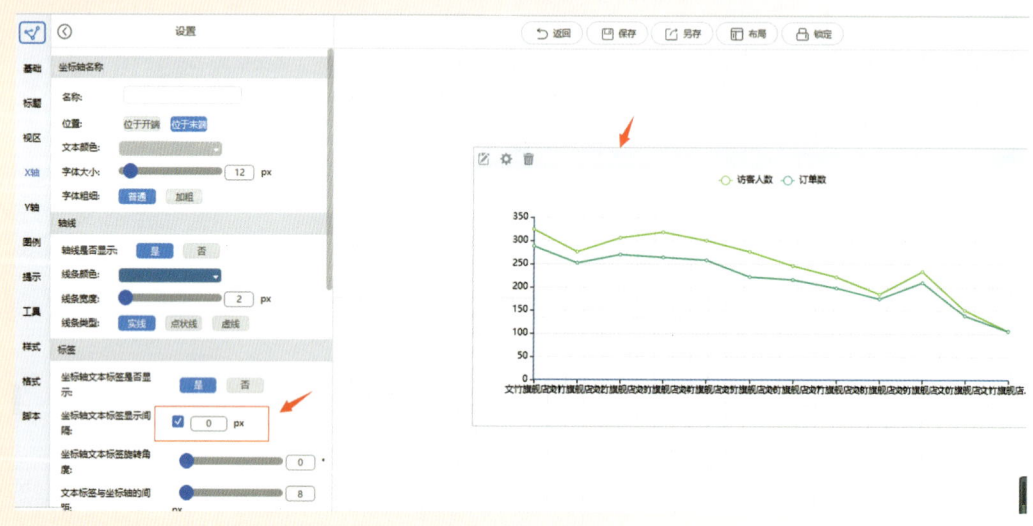

图1-37　设置"坐标轴文本标签显示间隔"后效果图

拖拽"文本标签与坐标轴的间距"或直接在其后编辑框里输入间距值，以旋转X轴文字，完成可视化展示，如图1-38所示。

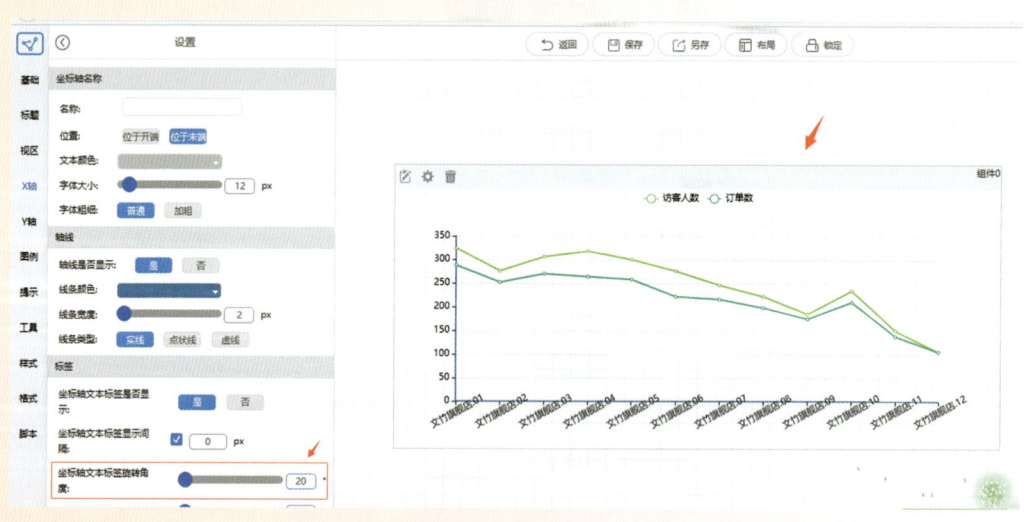

图1-38　旋转X轴文字后效果图

根据分析需求，一步步进行可视化展示。接下来，需要观察图形，进行必要的分析。

由图1-39可知，文竹旗舰店整年访客人数和订单人数下降趋势比较明显，上升幅度略小，访客人数和订单数呈明显的正比关系，可得出如下结论：

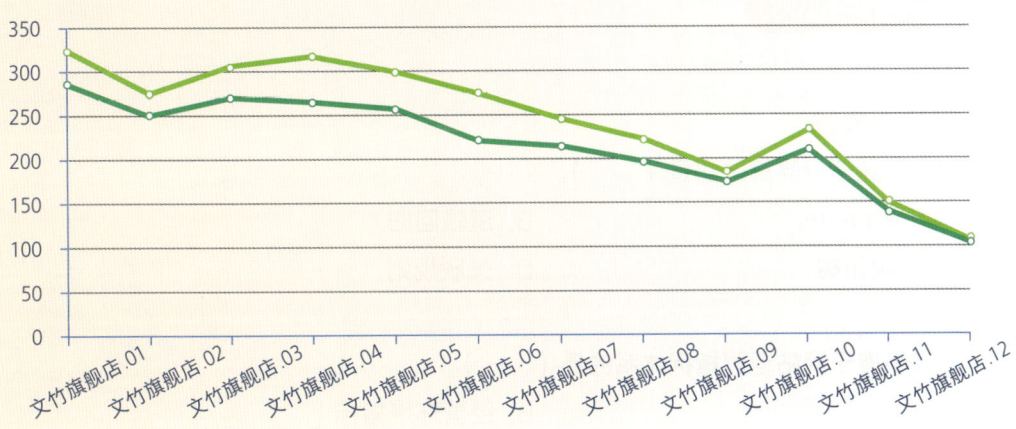

图1-39　可视化分析展示图

（1）文竹旗舰店1—2月访客人数和订单人数都呈微降趋势；

（2）文竹旗舰店3—4月访客人数和订单人数都呈微升趋势；

（3）文竹旗舰店5—9月访客人数和订单人数呈现大幅下降趋势；

（4）文竹旗舰店10月访客人数和订单人数短暂上升，继而在11—12月骤降。

 **同步训练任务书**

请根据以上内容填写如表1-10所示的同步训练任务书。

表1-10　同步训练任务书

实训要求	分析结果
企业拥有哪些数据	
企业是如何建立数据分析指标体系的	
企业是如何利用数据分析运营的	
总结	

一、单项选择题

1. 下面属于分类算法的是（　　　）。
   A. kmeans
   B. 逻辑回归
   C. 决策树
   D. 关联规则

2. 以下属于网站运营指标体系的是（　　　）。
   A. 网站流量指标
   B. 经营环境指标
   C. 销售业绩指标
   D. 营销活动指标

3. 以下不属于销售业绩指标的是（　　　）。
   A. 总销售额
   B. 毛利率
   C. 浏览量
   D. 总订单

4. 以下不属于供应链指标的是（　　　）。
   A. COD 比率
   B. 限时上架完成率
   C. 出库率
   D. 转化率

5. 下面不属于数据挖掘方法的是（　　　）。
   A. 分类分析
   B. 回归分析
   C. 聚类分析
   D. 销售分析

二、多项选择题

1. 下面是常用的数据结构的是（　　　）。
   A. 逻辑结构
   B. 存储结构
   C. 计算结构
   D. 顺序结构

2. 下面属于数据分类的原则的是（　　　）。
   A. 稳定性
   B. 系统性
   C. 兼容性
   D. 可扩充性
   E. 综合实用性

3. 下面属于算法设计原则的是（　　　　　）。

   A. 正确性　　　　　　　　　　　B. 可读性

   C. 健壮性　　　　　　　　　　　D. 高性价比

4. 下面是数据的特性的是（　　　　　）。

   A. 变异性　　　　　　　　　　　B. 规律性

   C. 实效性　　　　　　　　　　　D. 唯一性

5. 客户价值由下面（　　　　　）部分组成。

   A. 历史价值　　　　　　　　　　B. 附加价值

   C. 潜在价值　　　　　　　　　　D. 有效价值

三、判断题

1. 数据挖掘（Data Mining）就是从大量的、不完全的、有噪声的、模糊的、随机的实际应用数据中，提取隐含在其中的、人们事先不知道的，但又是潜在有用的信息和知识的过程。（　　　）

2. 关联规则是描述数据库中数据项之间所存在的关系的规则，即根据一个事务中某些项的出现可导出另一些项在同一事务中也出现，即隐藏在数据间的关联或相互关系。（　　　）

3. 数据是指对客观事件进行记录并可以鉴别的符号，是对客观事物的性质、状态以及相互关系等进行记载的物理符号或这些物理符号的组合。（　　　）

4. 总销售额、品牌类目销售额、总订单、有效订单属于经营环境指标。（　　　）

5. 商品类目指标可以用来衡量网站商品正常运营水平。（　　　）

学习单元2
商务数据分析工作流程

- 数据分析准备
- 数据采集
- 数据处理
- 数据展现
- 撰写报告

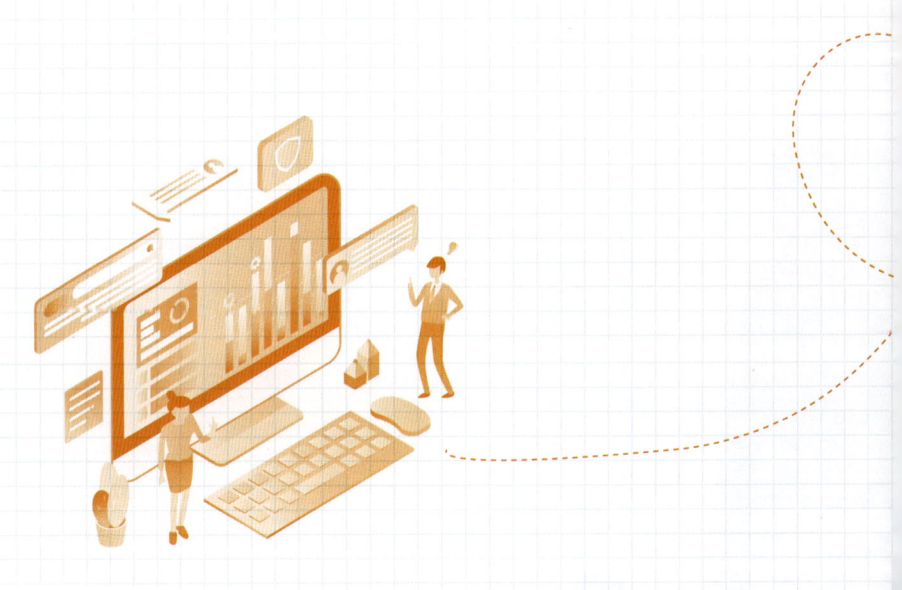

学习目标

知识目标

- 了解数据采集规则，掌握数据采集方式。
- 了解数据模型的原理和类型，掌握数据分析思路、方法和意义。
- 掌握商务数据展现形式，熟悉数据图表类型、作用及制作方法。
- 了解报告撰写种类和作用，掌握分析报告写作原则和结构，熟悉撰写报告注意事项。

技能目标

- 能利用多种数据采集方式进行数据采集，并遵守数据采集规则。
- 能利用多种数据分析方法和思路进行数据分析，得出结论。
- 能利用多种图表制作方法制作图表，采用适当的图表类型进行商务数据展现。
- 能够熟练撰写分析报告，报告内容和形式符合要求，客观真实。

素养目标

- 了解我国如何实施国家大数据战略、发展理念和战略布局。
- 具备法律意识，能遵守个人隐私、数据保护等法律法规，不侵权，不犯法。

思维导图

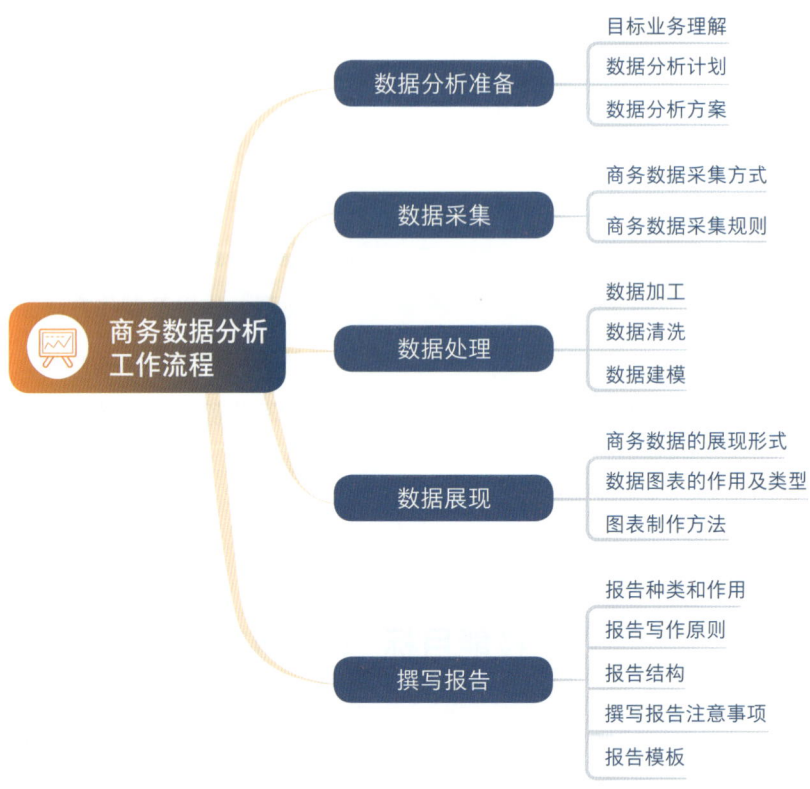

商务数据分析
工作流程

- 数据分析准备
  - 目标业务理解
  - 数据分析计划
  - 数据分析方案
- 数据采集
  - 商务数据采集方式
  - 商务数据采集规则
- 数据处理
  - 数据加工
  - 数据清洗
  - 数据建模
- 数据展现
  - 商务数据的展现形式
  - 数据图表的作用及类型
  - 图表制作方法
- 撰写报告
  - 报告种类和作用
  - 报告写作原则
  - 报告结构
  - 撰写报告注意事项
  - 报告模板

导入案例
虎嗅网的商务数据分析

微课：数据
分析工作流
程分析

　　虎嗅网创办于2012年5月，是一个聚合优质创新信息与人群的新媒体平台。该平台专注于贡献原创、深度、犀利优质的商业资讯，围绕创新创业的观点进行剖析与交流。虎嗅网的核心是关注互联网及传统产业的融合、一系列明星公司的起落轨迹、产业潮汐的动力与趋势。因此，对该平台上的发布内容进行分析，对于研究互联网的发展进程和现状有一定的实际价值。

　　从图2-1可以看出，在2012年5月—2017年11月期间，以季度为单位，主页的发文数量起伏波动不大，在均值1 800篇上下波动，进入2016年后，发文数量有明显提升。

　　此外，2012年第二季和2017年第四季因为统计不完全，所以发文数量较小。

　　虎嗅网发文数量变化走势如图2-1所示。

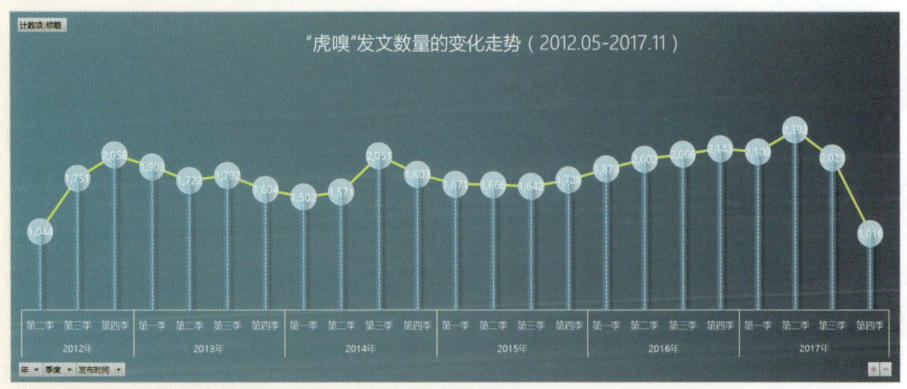

图2-1　发文数量变化走势

图2-2则显示了该时间段内收藏量和评论量的变化情况，评论量的变化不愠不火，起伏不大，但收藏量一直在攀升中，尤其是在2017年的第二季达到峰值。收藏量在一定程度上反映了文章的干货程度和价值性，有价值的文章才会被保留和收藏、反复阅读，这说明虎嗅网的文章质量在不断提高或者读者的数量在不断增长。

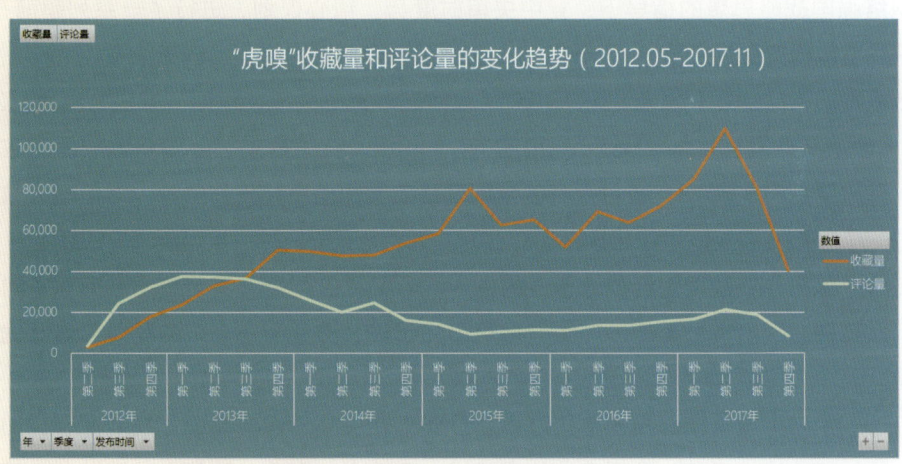

图2-2　收藏量和评论量变化趋势

案例启示：

1. 掌握数据分析商务分析工作流程，对虎嗅网内容运营方面进行若干分析，主要是对发文量、收藏量、评论量等方面的描述性分析。

2. 通过文本分析，对互联网行业的一些人、企业和细分领域进行有趣味性的分析。

3. 展现文本挖掘在数据分析领域的实用价值。

4. 将杂芜无序的结构化数据和非结构化数据进行可视化分析，展现数据之美。

素养园地
我国全面实施国家大数据战略

2018年中国国际大数据产业博览会5月26日在贵阳开幕，国家主席习近平向会议致贺信。习主席在贺信中指出，中国高度重视大数据发展。"我们秉持创新、协调、绿色、开放、共享的发展理念，围绕建设网络强国、数字中国、智慧社会，全面实施国家大数据战略，助力中国经济从高速增长转向高质量发展。"

习主席在贺信中，强调了国家大数据战略对于中国经济社会发展的重要地位和时代意义，指明了中国大数据发展的科学理念和战略布局，充分表达了我国与各国积极合作共同推进大数据技术和产业发展的真诚意愿和大国担当。

人类文明的进步总是以科技的突破性成就为标志。19世纪，蒸汽机引领世界；20世纪，石油和电力担当主角；21世纪，伴随着信息技术和互联网的爆发式发展，人类进入大数据时代，数据已然成为当今世界的基础性战略资源。

作为世界上最大的互联网市场，我国的大数据发展日新月异。党的十八大以来，在习近平网络强国战略思想的指导下，党中央审时度势，精心谋划，进行了一系列超前布局，大数据产业取得突破性发展。2015年，十八届五中全会首次提出"国家大数据战略"，《促进大数据发展行动纲要》发布；2016年，《政务信息资源共享管理暂行办法》出台；2017年，《大数据产业发展规划（2016—2020年）》实施；按照规划，我国将建成国家政府数据统一开放平台……2018年4月召开的全国网络安全和信息化工作会议，对包括大数据产业在内的信息化发展战略进行全面部署。

在信息化时代，数据已经成为重要的生产要素和社会财富，甚至是国家间竞争的关键资源。从某种意义上说，谁能下好大数据这盘先手棋，谁就能在未来的竞争中占据优势掌握主动。

习近平主席指出，核心技术是国之重器。要下定决心、保持恒心、找准重心，加速推动信息领域核心技术突破。要抓产业体系建设，在技术、产业、政策上共同发力。信息化为中华民族带来了千载难逢的机遇。能不能抓住机遇实现突破，关键是要规划落实好国家大数据战略，下决心突破核心技术，不断推动大数据技术产业创新发展，构建以数据为关键要素的数字经济，夯实网络强国的基础，培育中国经济发展的新引擎，更好服务我国经济社会发展和人民生活改善。

今天，我国已具备实现从网络大国向网络强国华丽转身的诸多条件。我们要以习近平网络强国战略思想武装头脑、指导实践，全面实施国家大数据战略，将推进经济数字化作为实现创新发展的重要动能，奋力引领大数据革命浪潮。

（资料来源：央视网，http://news.cctv.com）

【知识准备】

任务2-1　数据分析准备

一、目标业务理解

在数据分析前，需要有一个合理的数据分析思路，明确业务场景及业务需求。针对数据分析的内容，确定分析目标，构建分析体系，梳理核心业务指标。通过查阅相关资料，了解业务部门的相关流程，深度思考业务分析需求的原因。

动画：如何建立数据分析思路

二、数据分析计划

项目实施前期，需要明确项目目标，并通过数据分析计划表等，将项目按最终目标划分成不同的节点和时间段，如图2-3所示。把握好项目节奏，可以减少项目风险，有规划、有条理地进行数据分析工作，使项目顺利按计划完成。

12月	Today	Week1							Week2								Week3			End		
任务/天	05	06	07	08	09	10	11	12	13	14	15	16	17	18	19	20	21	22	23		
项目启动	■																			DP1 5%	
需求确认		■	■																	DP2 15%	
平台部署			■ 1																		
数据建模				1	2															DP3 50%	
报表开发						1	2	3	4	5					6	7					
上线校验																	1			DP4 20%	
系统上线																		1			
项目验收																			1	DP5 10%	

图2-3　数据分析计划表

三、数据分析方案

数据分析方案是一个长期积累的过程，由于不同的企业都有不同的业务场景，所以针对不同的业务场景，需设计不同的解决方案。在日常生活中，通过搜集企业案例，尽可能了解不同的业务结构及工作内容。明确处理业务的方法，有利于针对业务问题找到相应的解决方案，提高业务水平，规避风险。

分小组搜集针对不同行业、不同业务的商务数据分析方案，并互相交流探讨。

任务 2-2　数据采集

一、商务数据采集方式

动画：数据
采集——数
据采集方法

数据源是数据分析的基础，准确的数据源是管理者的决策保证。因此，数据采集的准确性直接关系到数据分析结果的价值。数据采集包括结构化数据采集和非结构化数据采集，针对不同类型的数据，获取数据的方式亦不同。比如，公司的销售数据、用户数据等，可以直接从企业数据库调取，因此，在数据采集时，对数据库管理的技能有一定要求。对于科研机构、企业、政府等对外开放的公开数据集，这些数据集通常比较完善，质量相对较高，虽然这些数据发布得比较滞后，但是数据具有客观性、权威性，因此，这些数据依然具有很大的价值。当然，也可以通过编写网页爬虫去收集互联网上的数据。

商务数据采集方式主要有日志采集和网络爬虫两种方式。日志文件数据一般由数据源系统产生，用于记录数据源执行的各种操作活动，比如，网络监控的流量管理、金融应用的股票记账和Web服务器记录的用户访问行为等。很多互联网企业都有自己的海量数据采集工具，多用于系统日志采集，如Hadoop的Chukwa、Cloudera的Flume、Facebook的Scribe等，这些工具均采用分布式架构，能满足每秒数百兆的日志数据采集和传输需求。

网络爬虫是指为搜索引擎下载并存储网页的程序，是搜索引擎和Web缓存的主要数据采集方式。通过网络爬虫或网站公开API等方式从网站上获取数据信息。该方法可以将非结构化数据从网页中抽取出来，将其存储为统一的本地数据文件，并以结构化的方式存储。它支持图片、音频、视频等文件或附件的采集，附件与正文可以自动关联。

二、商务数据采集规则

（一）真实性

在不同领域，根据数据源的物理性质及数据分析的目标，要采取不同的数据采集方法。但在数据采集过程中，数据的取得必须是客观真实的，不能是伪造的，这样才能保证数据分析的价值性，所采集的数据量必须足以支撑分析需求。不同应用领域的大数据特点、数据量、用户群体均不相同，有些行业对数据的实效性要求比较高，所以还要考虑数据的及时性。

（二）多维性

数据更重要的是能满足分析需求。灵活、快速、自定义数据的多种属性和不同类型，能够满足不同的分析目标。比如"查看商品详情"这一行为，通过多维数据，企业才能知道用户查看的商品价格、类型等多个属性，从而知道用户看过哪些商品、什么类型的商品被查看得多、某一个商品被查看了多少次。最后需要统计这一行为在某一时段触发的人数、次数、人均次数、活跃比等，而不仅仅是知道用户浏览了商品详情页。

（三）高效性

高效性包含技术执行的高效性、团队内部成员协同的高效性以及数据分析需求和目标实现的高效性。也就是说，采集数据一定要明确采集目的，带着问题收集信息，使信息采集更高效、更有针对性。可以对收集数据的内容渠道方法进行策划，策划时应考虑将识别的需求转化为具体的要求，将不确定的相关数据明确，并详细制订采集计划，具体到人和时间、地点，确定通过何种渠道和方法收集数据。对采集结果及时记录，采取有效措施，防止数据丢失和虚假数据对系统的干扰。

行业观察
大数据共享

数据已经成为新的生产要素，它不仅是基础性资源和战略性资源，更是重要的生产力，而且数据资源可以形成可"场景变现"的数据资产，特别是在"以消费者为中心"的时代，与客户相关的数据资产才是场景变现的核心价值。

数据共享是发展趋势。2015年9月国务院出台了《促进大数据发展行动纲要》，2016年12月工信部又出台了《大数据产业发展规划（2016—2020年）》，在国家层面上持续推动大数据技术创新，特别在政务信息上，以数据集中和共享为途径，打通信息壁垒，形成覆盖全国、统筹利用、统一接入的数据共享大平台，在政务信息共享上取得了一定的突破。

中国铁路总公司、中远海运等企业及海关总署和交通运输部等机构都在试图建立统一的数据共享平台，整合对方的数据，即让其他企业或组织数据放在自己控制的信息平台上共享，但按这种思路开发的数据共享的成功概率极低，运行的周期更是漫长无期。只有获取具有足够保密功能的技术支持，才能实现数据共享的突破。

即便是在可以保证数据安全的情况下，也很少有商业企业愿意将具有商业价值的自有数据资源拱手让出。因此，在数据共享之前，不仅要确认数据安全，还需要实现数据保密的过程，需要有效的数据保密技术支持。

任务2-3　数据处理

一、数据加工

微课：数据
处理的内容

　　　　数据是事实、概念或指令的一种表达形式，可由人工或自动化装置进行处理。数据的形式可以是数字、文字、图形或声音等。数据经过解释并被赋予一定的意义之后，便成为信息。数据处理是指对数据（包括数值的和非数值的）进行分析和加工的技术过程，也就是将数据转换为信息的过程。数据处理的基本目的是从大量的、可能是杂乱无章的、难以理解的数据中抽取并推导出对于某些特定的人们来说是有价值、有意义的数据。

　　数据加工离不开软件的支持，数据加工软件包括：用以书写处理程序的各种程序设计语言及其编译程序、管理数据的文件系统和数据库系统，以及各种数据处理方法的应用软件包。为了保证数据安全可靠，还要有一整套数据安全保密的技术，包括对各种原始数据进行整理、计算、编辑等的加工和处理技术。数据加工一般有以下几种形式：

（1）数据转换：把信息转换成机器能够接收的形式；

（2）数据分组：指定编码，对有关信息进行有效的分组；

（3）数据组织：整理数据或用某些方法安排数据，以便进行处理；

（4）数据计算：进行各种算术和逻辑运算，以便得到进一步的信息；

（5）数据存储：将原始数据或计算的结果保存起来，供以后使用；

（6）数据检索：按照用户的要求找出有用的信息；

（7）数据排序：把数据按一定要求排好次序。

二、数据清洗

动画：数据
清理的注意
事项

　　　　数据清洗是将重复、多余的数据筛选清除，将缺失的数据补充完整，将错误的数据纠正或者删除。在实际应用中，数据大体上都是不完整的，存在不一致的"脏"数据，无法直接进行数据分析，或分析结果差强人意。数据清洗是非常重要的，只有把影响分析的数据清洗好，才能获得更加精确的分析结果。数据清洗是发现并纠正数据文件中可识别的错误的最后一道程序，主要包括检查数据一致性、处理无效数据和缺失数据等。

图2-9　纵向对比分析图表展现

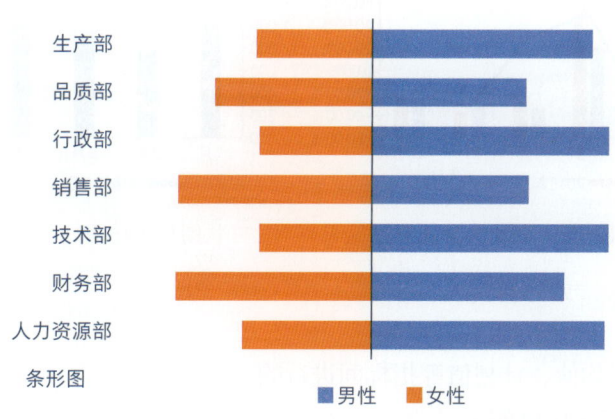

图2-10　横向对比分析图表展现之条形图

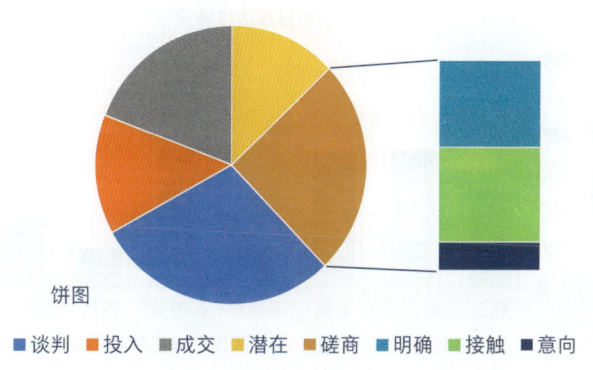

图2-11　横向对比分析图表展现之饼图

6. 同环比

同比为本期值与同期值之间的对比，环比为本期值与上期值之间的对比，如图2-12所示。可用图标集、柱形图、折线图等进行展现，如图2-13所示。

月份	2017年销售额/元	2018年销售额/元		同比增长率	月份	销售额/元		环比增长率
1月	1507	2389	⬆	58.53%	1月	1000	▭	0%
2月	1640	1023	⬇	-37.62%	2月	800	▼	-20.00%
3月	2312	3452	⬆	49.31%	3月	940	▲	17.50%
4月	765	985	⬆	28.76%	4月	1024	▲	8.94%
5月	987	654	⬇	-33.74%	5月	987	▭	-3.61%
6月	1254	1034	⬇	-17.54%	6月	1203	▲	21.88%

销售收入——同比分析展现　　销售收入——环比分析展现

图2-12　同比、环比分析图表展现之图标集

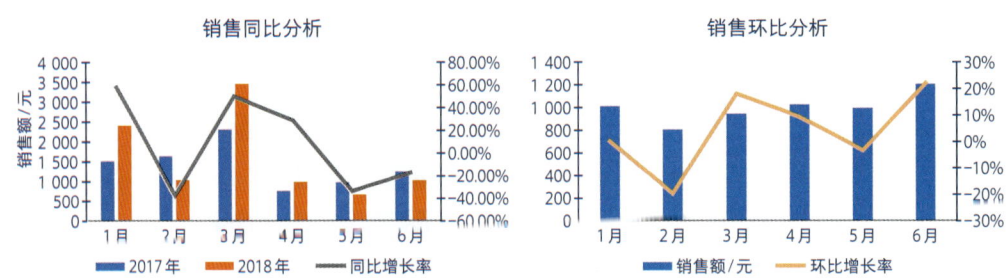

图2-13　同比、环比分析图表展现之柱状图与折线图的组合图

7. 其他对比

在标准值、平均值、计划值等指标间进行的对比，可用组合图、柱形图、子弹图等图表进行展示，如图2-14所示。

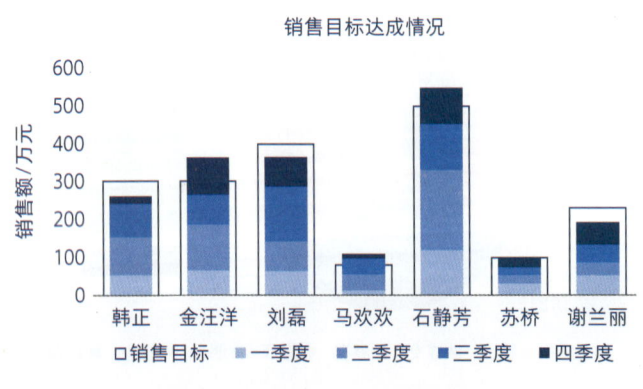

图2-14　其他对比分析图表展现

（二）结构分析

反映部分与整体、部分与部分间构成关系的分析方法，可以与对比分析方法混合使用。

1. 构成分析

可用漏斗图、瀑布图等展现体现部分与整体之间关系，如图2-15所示。

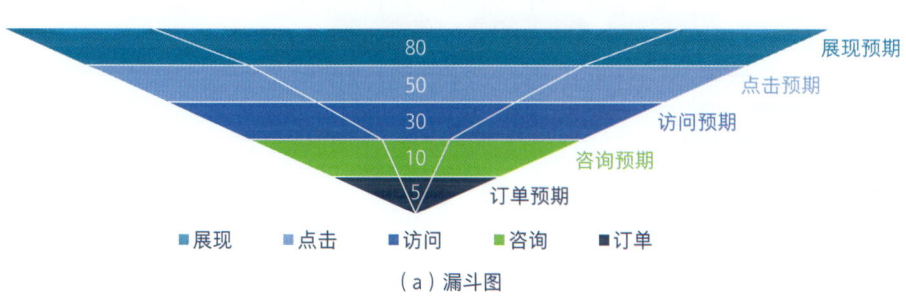

（a）漏斗图

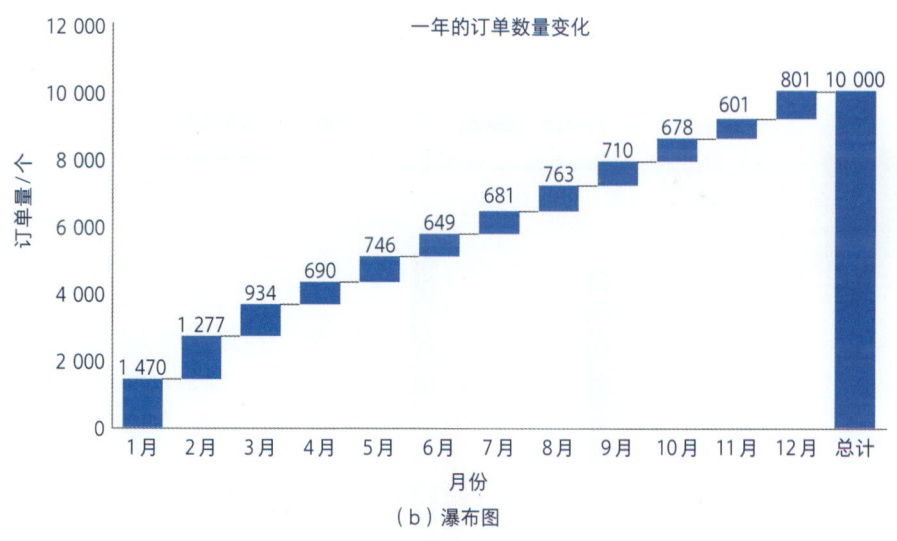

（b）瀑布图

图2-15　构成分析图表展现

2. 杜邦分析

可用杜邦图展现业务分析中各关键指标间的结构关系，如图2-16所示。

3. 数据透视分析

可用数据透视图表、切片器等功能对目标值进行多维度、多层次、多规则的分析观察，如图2-17所示。

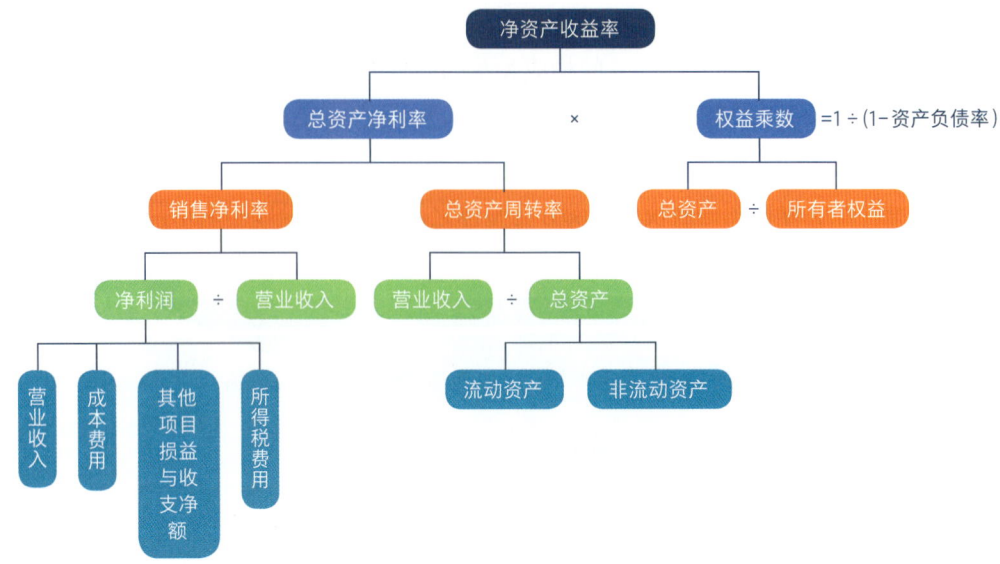

图2-16　杜邦分析图表展现

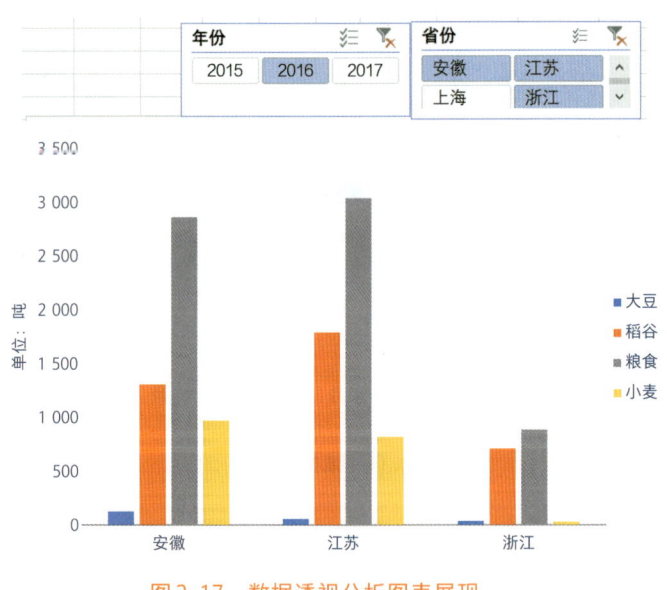

图2-17　数据透视分析图表展现

二、数据图表的作用及类型

（一）数据图表的作用

1. 数据图表能使表达形象化

使用数据图表可以使冗长的文字表达简洁化、抽象化，使深奥的内容形象化，使阅读者更容易理解你所要表达的主题及观点。

2. 数据图表便于突出重点

通过图表中数据的颜色和字体等信息的设置，可以把问题的重点有效地传达给阅读者。

3. 数据图表更能体现专业化

通过恰当、得体的图表，可传递出数据分析者专业、敬业、值得信赖的职业形象，专业的图表能极大地提升个人的职场竞争力。

（二）数据图表的类型

1. 柱状图

柱状图由一系列垂直条组成，通常用来比较一段时间中两个或多个项目的相对尺寸。例如，不同产品季度或年销售量对比、在几个项目中不同部门的经费分配情况、每年各类资料的数目等。

2. 折线图

折线图用来显示某个时期内的趋势变化状态。比如，数据在一段时间内是呈增长趋势的，在另一段时间内则处于下降趋势，可以通过折线图，对将来做出预测。例如，速度—时间曲线、推力—耗油量曲线、升力系数—马赫数曲线、压力—温度曲线、疲劳强度—转数曲线、转输功率代价—传输距离曲线等，都可以利用折线图来表示。

3. 饼图

饼图用于对比几个数据在其形成的总和中所占的百分比，整个饼代表总和，每一个数用一个薄片代表。如果要在同一饼图中显示两组数据，就需要用双层饼图展示。

4. 旋风图

旋风图通常是两组数据之间的对比，它的展示效果非常直白，两组数据孰强孰弱一眼就能看出来。

5. 瀑布图

瀑布图（Waterfall Plot）是由麦肯锡顾问公司所独创的一种图表类型，因为形似瀑布流水而得名，这种图表采用绝对值与相对值相结合的方式，适用于表达数个特定数值之间的数量变化关系。当用户想表达两个数据点之间数量的演变过程时，即可使用瀑布图。

6. 散点图

散点图是研究成对出现的变量间的相互关系的坐标图，通常用于显示和比较数值。

7. 漏斗图

漏斗图用来表示逐层分析的过程，这是一个从一个总值（最顶端），不断除去用户不关心的部分，最终得到用户关心的值的过程。多用于业务流程比较规范、周期长、环节多的流程分析，通过比较各个环节宽窄大小，能够直观地发现和说明问题。例如，通过转化率比较，能充分展示用户从进入网站到实现购买的最终转化率。

除了以上所列图表类型外，在商务数据分析过程中，可能还会根据场景用到其他类型图表，如KPI图、面积图、雷达图、箱形图、树状图等，在此不一一赘述。

三、图表制作方法

制作图表的工具有很多，如入门级的EXCEL、Tableau、Qlik，针对不同的工具，图表的制作方法不尽相同，下面以EXCEL为例讲解两类常见图表类型的制作方法。

（一）制作子母饼图

如图2-18所示为某花店2017年8月各类产品销售明细数据表，现需要通过饼图展示各类别销量及每一类别产品销售情况，如图2-19所示。操作步骤如下：

2017年8月小花匠多肉馆销售数据汇总表			
类别	销量/盆	名称	销量/盆
花盆	144	陶瓷花盆	52
多肉	286	铁艺花盆	63
营养土	18	木质花盆	29
		虹之玉	65
		玉露	78
		熊童子	83
		红宝石	60
		赤玉土	10
		鹿沼土	8

图2-18　产品销售数据表

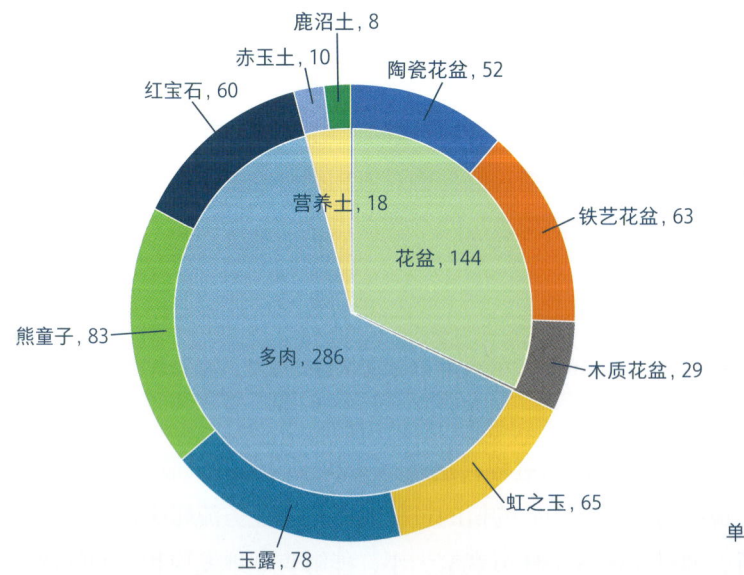

图2-19　产品销售情况展示

（1）将光标定位于工作表空白单元格内，鼠标单击"插入"→"图表"→"二维饼图"，插入一个空白饼图。

（2）在图表的空白区域，右击鼠标，在弹出的快捷菜单中选择"选择数据"，在"选择数据源"对话框中分别添加类别名称和系列名称，水平分类标签设置为名称区域，如图2-20所示，效果如图2-21所示，两个饼图完全重合在一起。

（3）选择类别饼图，右键单击鼠标，在弹出的快捷菜单中单击"设置数据系列格式"，设置系列绘制在"次坐标轴"，饼图分离程度为50%，如图2-22所示。

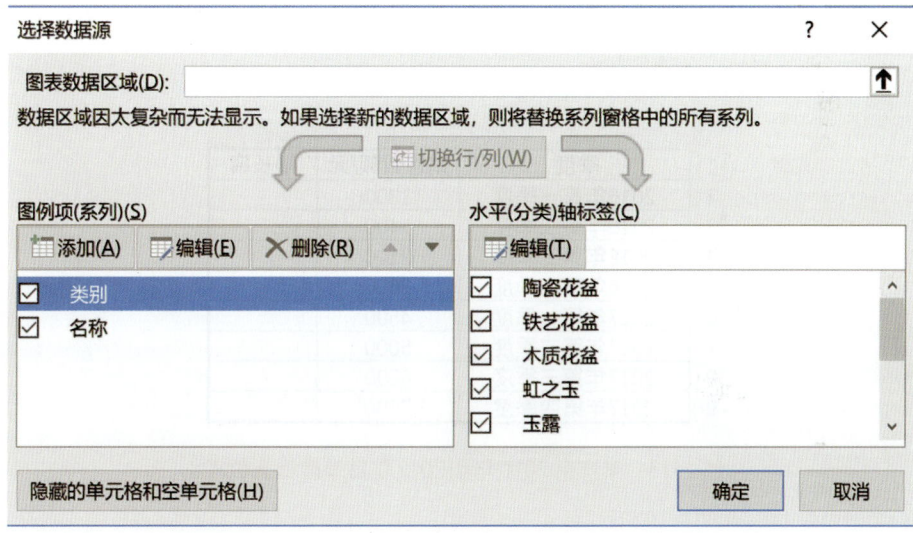

图2-20 "选择数据源"对话框

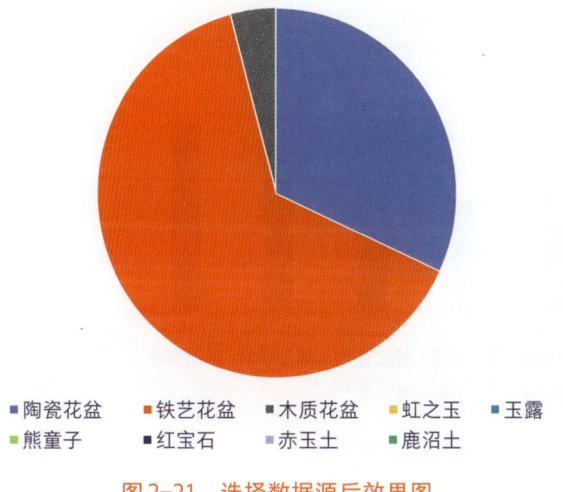

图2-21 选择数据源后效果图

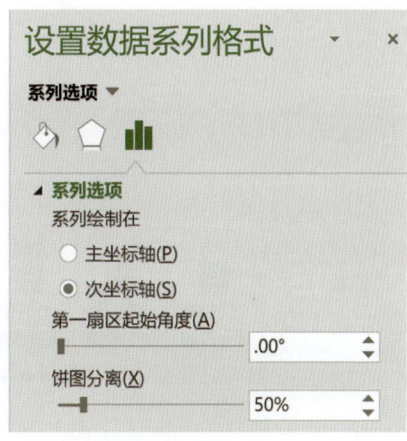

图2-22 "设置数据系列格式"对话框

（4）移动三块分离的类别饼图，同时添加数据标签，即可形成如图2-19所示的双层饼图。

（二）制作组合图

组合图是将两种或两种以上不同的图表类型组合在一起来表现数据的一种形式，最常见的组合图是折线图与柱状图的组合，这样表示出来的数据形式更为直观。例如，在图2-23所示的某产品2016年度和2017年度每季度销售额数据表中，需要根据销售额计算增长率，公式为：（下一季度销售数额－上一季度销售数额）/上一季度销售数额，并进行可视化展示，如图2-24所示。操作步骤如下：

（1）将表中的原始数据进行整理、计算，得到如图2-25所示的数据结果。

	A	B	C
1	季度	销售数额/元	增长率
2	2016年第一季度	1300	
3	2016年第二季度	1400	
4	2016年第三季度	2100	
5	2016年第四季度	3600	
6	2017年第一季度	4500	
7	2017年第二季度	5000	
8	2017年第三季度	6500	
9	2017年第四季度	7500	

图2-23　某产品2016年和2017年每季度销售数额

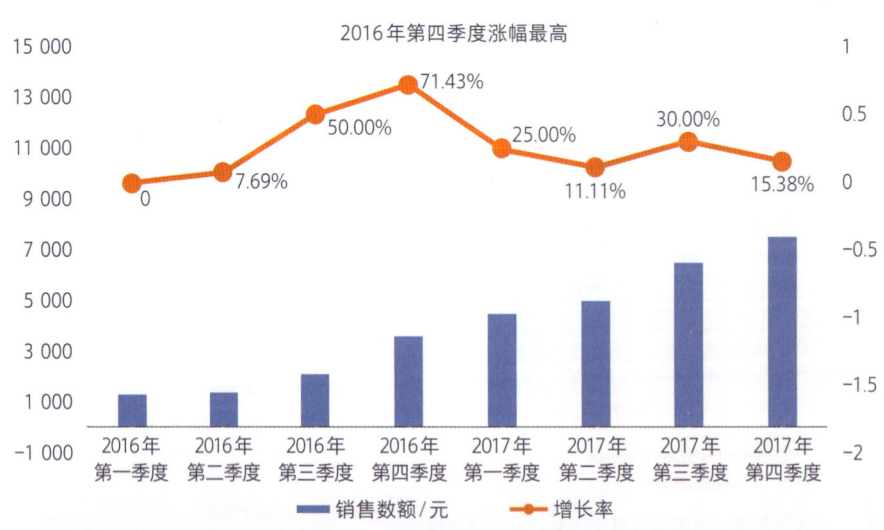

图2-24　销售额与增长率可视化展示

	A	B	C
1	季度	销售数额/元	增长率
2	2016年第一季度	1300	
3	2016年第二季度	1400	7.69%
4	2016年第三季度	2100	50.00%
5	2016年第四季度	3600	71.43%
6	2017年第一季度	4500	25.00%
7	2017年第二季度	5000	11.11%
8	2017年第三季度	6500	30.00%
9	2017年第四季度	7500	15.38%

图2-25 产品销售数额与增长率

（2）选中A1：C9单元格区域，鼠标单击"插入"→"图表"→"组合"，设置"增长率"的图表类型为"带标记的堆积折线图"，在"次坐标轴"，如图2-26所示，产生的组合图如图2-27所示。

（3）将柱形图与折线图分开显示。鼠标单击左侧主坐标轴，设置主坐标轴的最小值为–1 000，最大值为15 000，同理设置次坐标轴的最小值为–2，最大值为1，得到如图2-28所示的效果图。

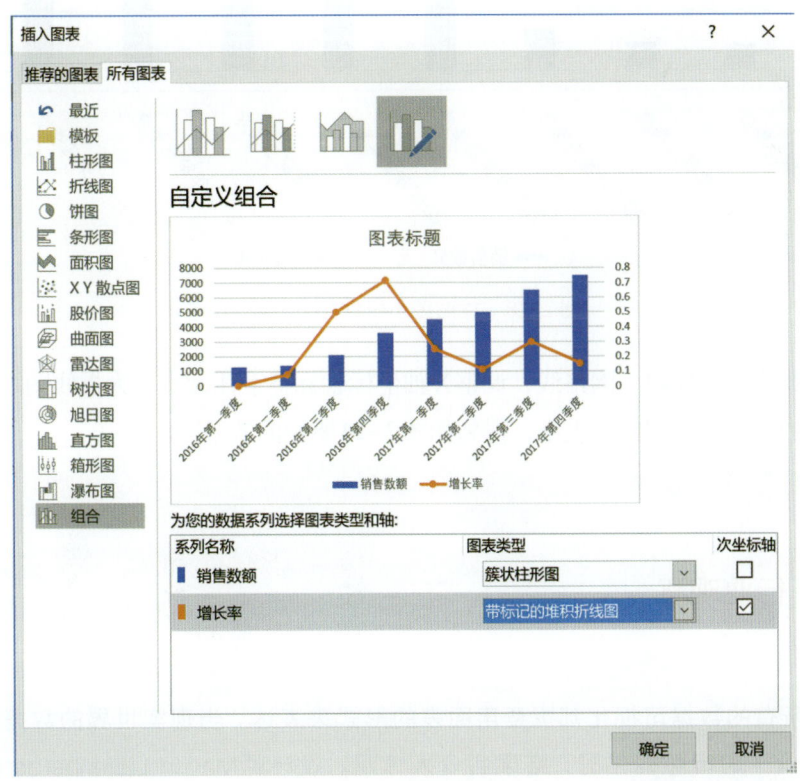

图2-26 插入"组合图"对话框

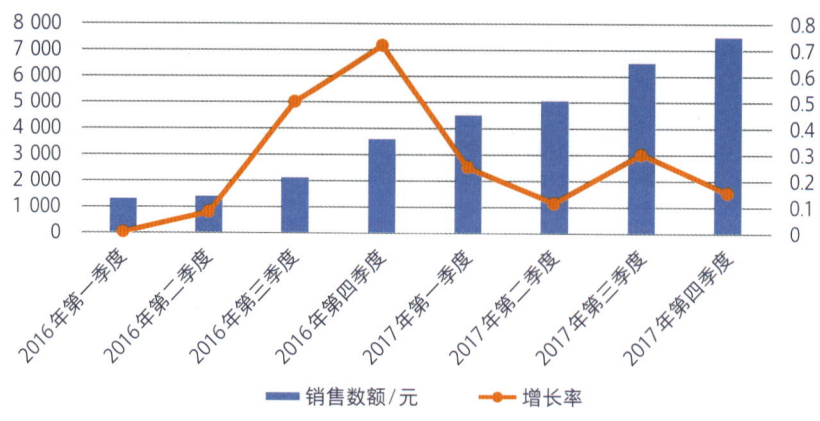

图2-27　柱形图与折线图的组合图

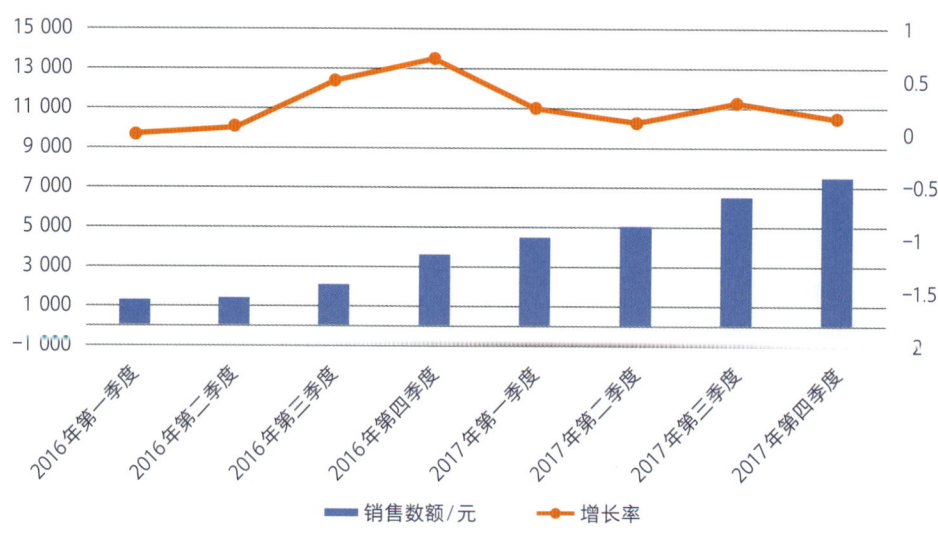

图2-28　柱形图与折线图分开显示

（4）删除图表标题、网格线，调整X轴坐标轴标签字体大小，为折线图添加数据标签，设置折线图的数据标记大小，得到如图2-24所示的效果图。

 **行业观察**

　　不是所有的数据可视化都需要用图表的形式来表达。当现实世界的数据通过现实生活中的例子进行可视化时，结果会令人惊叹。设计师Marion Luttenberger把包含在Kontakladen慈善年报中的数据以一种独特的方法表现出来。该组织为奥地利的相关人群提

供帮扶，所以该设计师的使命就是通过真实的视觉来宣传。如图2-29所示，这辆购物车形象地表现了受助者每一天可以负担得起多少生活必需品。

图2-29　以购物车形式可视化展示Kontakladen慈善年报数据

任务2-5　撰写报告

一、报告种类和作用

数据分析报告是根据数据分析原理和方法，运用数据来反映研究和分析某项事物的现状问题原因本质和规律，并得出结论，提出解决问题方法的一种分析应用文体。报告的种类分为专题分析报告、综合分析报告和日常数据通用报告。专题分析报告，针对单一专题进行深入分析；综合分析报告，体现了分析的全面性和联系性；日常数据通报，反映了日常进度。

数据报告展示了分析结果，并清晰展示结果，方便受众迅速理解、分析、研究问题的基本情况、结论与建议；验证了分析质量，通过对数据分析方法的描述、对数据结果的处理与分析等方面验证数据分析的质量；提供了决策依据，为决策者提供必要的决策支持；暴露了业务问题，规避了存在风险。

二、报告写作原则

（1）规范性：使用的名词术语一定要规范，标准统一，前后一致，要与业内公认的术语相一致。

（2）重要性：突出重点，选取关键指标，对问题的重要性排序后分级阐述。

（3）谨慎性：保证数据真实、完整，分析过程科学、合理、全面，分析结果可靠，内容实事求是。

（4）创新性：了解并应用新提出的研究模型或分析方法，在实践中验证和改进它。

三、报告结构

动画：数据报告的结构

　　（1）标题页：精简干练，在1～2行内完成，既要表现分析主题，又要激发读者阅读兴趣。

　　（2）目录：清晰展现报告内容。

　　（3）正文：系统全面地表述数据分析的过程与结果。

（4）结论与建议：对本次数据分析得出结论，并提出相关建议。

四、撰写报告注意事项

（1）结构合理，逻辑清晰。

（2）实事求是，反映真相。

（3）用词准确，避免含糊。

（4）篇幅适宜，简捷有效。

（5）结合业务，分析合理。

五、报告模板

电商数据分析报告

视频：电商数据分析大屏讲解

一、数据集介绍

　　该数据集来自总部位于上海的某垂直电商，由于业务能力的限制，主要针对包括中国香港和中国澳门在内的24个省市区进行礼品类商品的线上销售。数据集包含数据为包含2020年12月1日至2021年1月20日期间发生的在线业务交易。

二、字段介绍

（1）Invoice No：发票号码，为每笔交易分配唯一的6位整数，而退货订单的代码以字母c开头。

（2）Stock Code：产品代码，为每个不同的产品分配唯一的5位整数。

（3）Quantity：产品数量，每笔交易的每件产品的数量。

（4）Invoice Date：发票日期和时间，每笔交易发生的日期和时间。

（5）Unit Price：单价（人民币元），单位产品价格。

（6）CustomerID：顾客号码，为每个客户分配唯一的5位整数。

（7）Region：每个客户所在省市区的名称。

三、分析目标

通过销售数据可视化分析，了解业务销售情况并通过用户消费数据分析用户消费行为。主要分析平台消费情况、每日成交金额、每日销售商品数量、每日客单价、消费区域分布、用户消费次数、用户消费金额、用户购买产品数量等指标数据。

四、分析内容

（一）平台销售情况分析

1. 每日成交金额可视化分析

每日成交金额如图2-30所示。

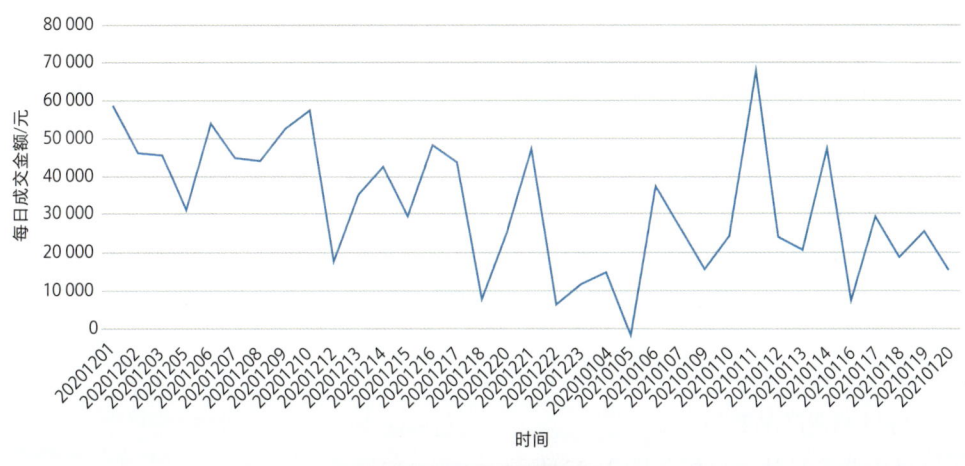

图2-30　每日成交金额

如图2-30所示，从2020年12月至2021年1月，每日成交金额波动剧烈，其中在2021年1月5日，成交金额为负，主要的原因之一为退货金额在当天入账，并且退货金额大于当天的成交金额。

2. 每日下单人数分析

每日下单人数如图2-31所示。

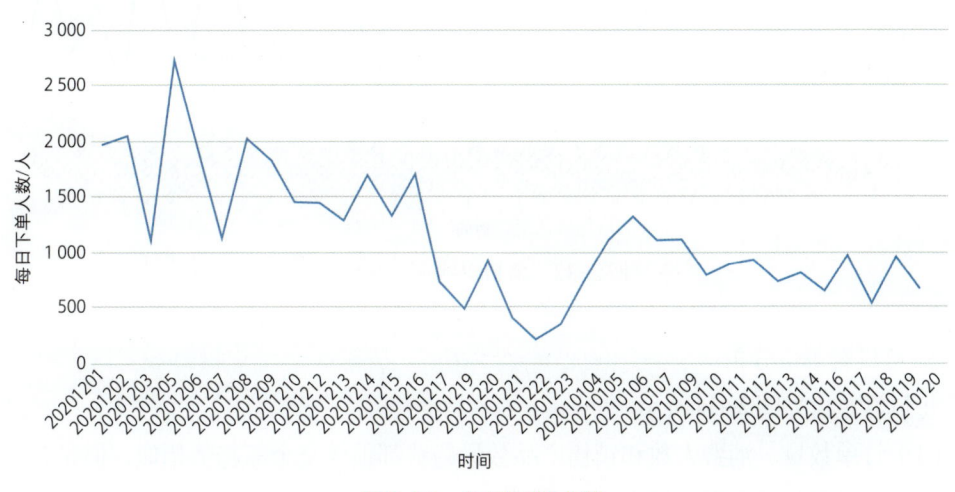

图2-31　每日下单人数

3. 每日订单数量分析

每日订单数量如图2-32所示。

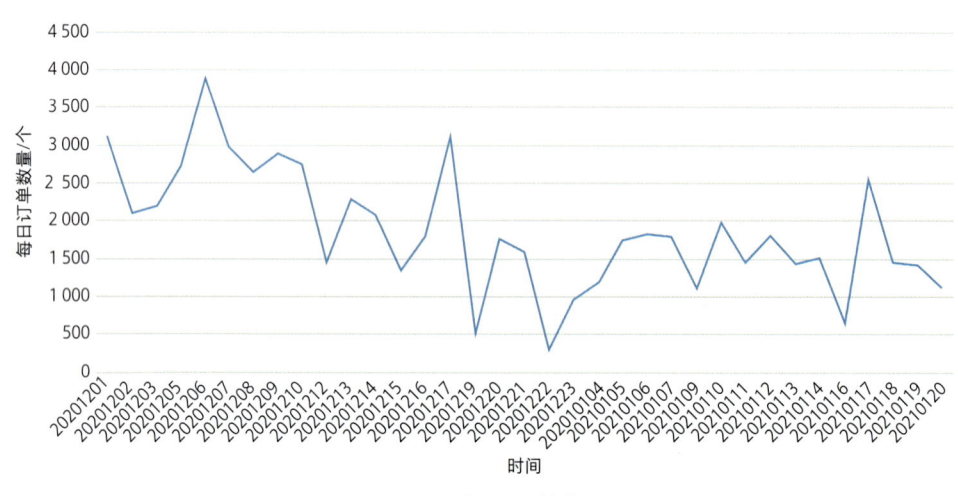

图2-32　每日订单数量

4. 每日消费产品数量分析

每日消费产品数量分析如图2-33所示。

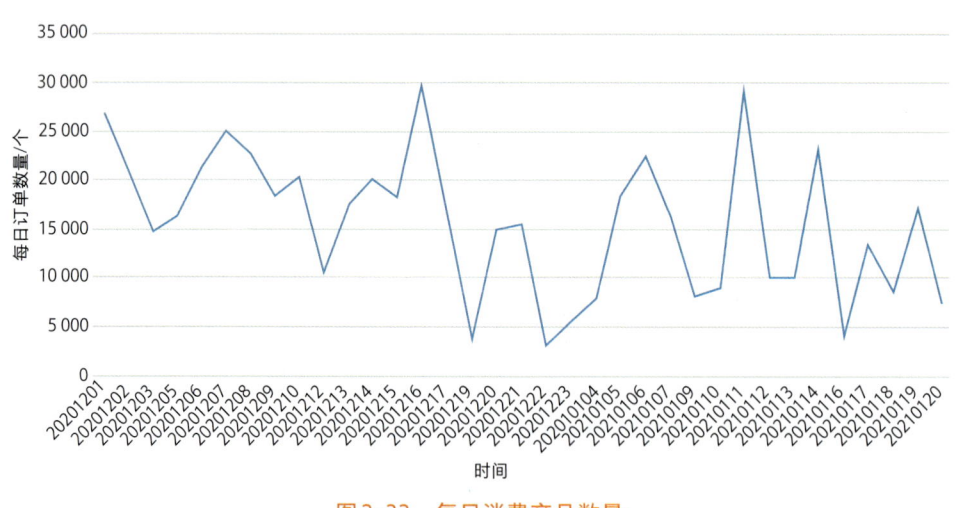

图2-33　每日消费产品数量

5. 每日客单价分析

每日客单价如图2-34所示。

（1）订单数量、消费人数和销售产品数量趋势都跟成交金额趋势相似，但是客单价趋势与成交金额趋势差别比较大。

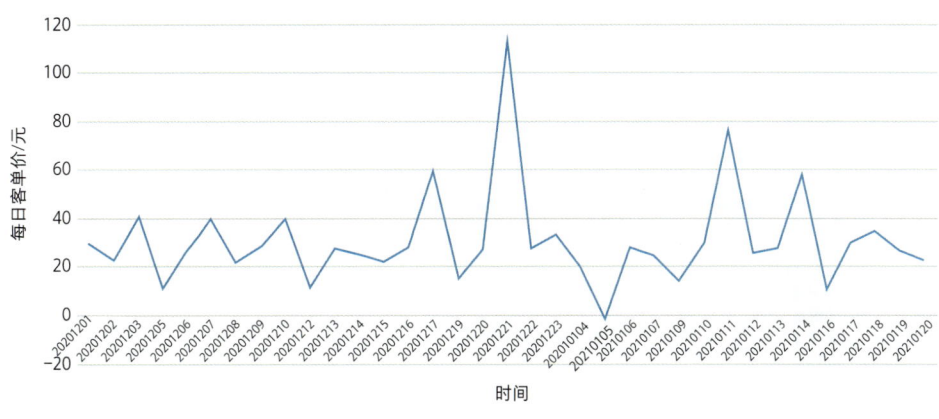

图2-34　每日客单价

（2）总体而言，2021年1月较2020年12月消费人数和订单数量下降，除了个别日期，销售产品数量和客单价变化不大。

（3）由于数据集中只有成交信息、产品信息、地区和时间，具体客单价上升或下降的原因没办法具体判断，推测可能是临近新年的促销活动引起的。

（4）客单价、销售数量和金额在特定日期为负值，主要原因是退货带来的逆向数据。

6. 消费地区分布分析各区域消费金额

各地区消费金额如图2-35所示。

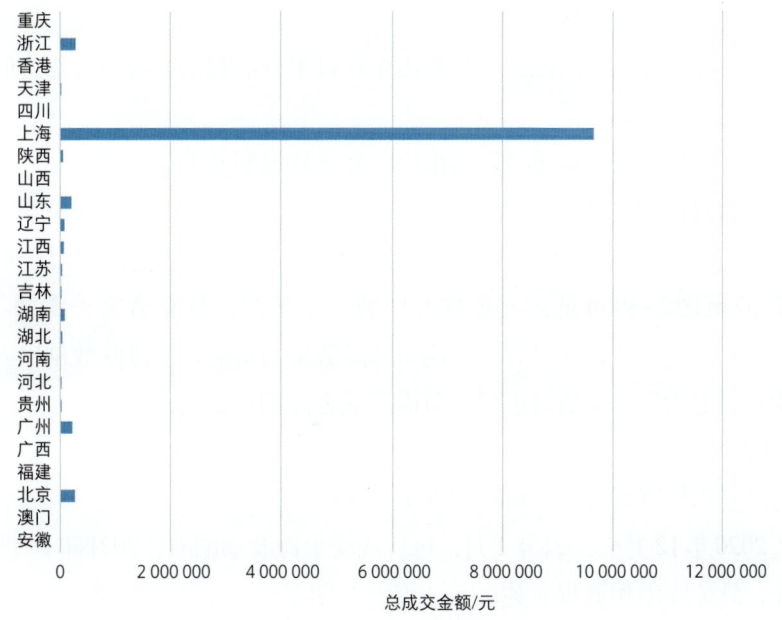

图2-35　各地区消费金额

各地区订单数据如图2-36所示。

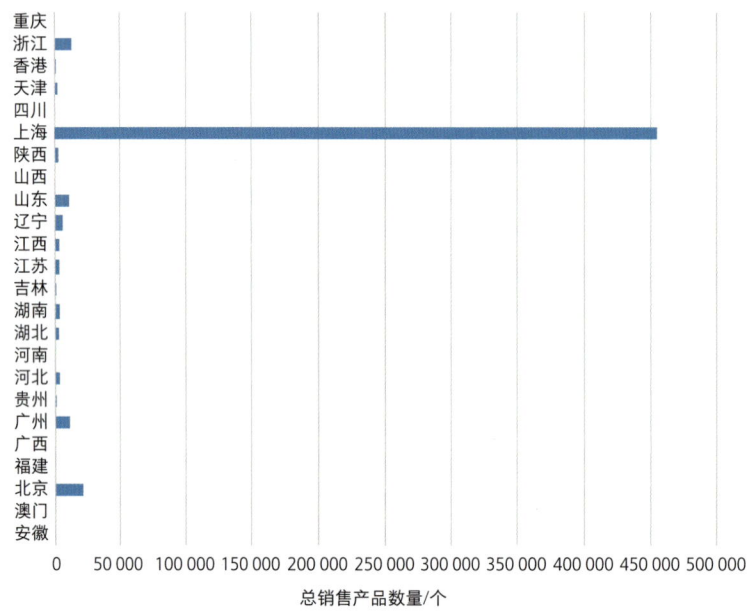

图2-36 各地区订单数据量

（1）因为该平台总部在上海，在上海的运营力度和成本具有先天优势，因此可以看到在客户数量、订单数量和成交金额方面，上海均远远超过其他地区，上海也是主要的客户来源地，属于重要价值区域。

（2）除上海外，北京、浙江、广州和山东在订单商品数量和成交金额方面都属于前5位，属于重点维持区域。

（3）对重点维持区域可以进行适当推广、完善物流服务等。

（二）用户消费行为分析

用户消费行为分析主要通过分析用户消费次数、用户消费金额、用户购买产品数量，由图2-37至图2-39可见，大多数客户消费了多次，甚至有客户消费了超过200次，属于非常忠诚的用户；并且有客户购买商品数量为负值，在排除数据输入质量问题之外，可能的原因为历史退货延迟到当前周期或者是测试数据。

（三）分析结论

通过对以上指标进行分析，可得出以下结论：

（1）从2020年12月至2021年1月，每日成交金额波动剧烈，2021年1月5日有一个明显的下降，具体原因和退货有关；

（2）总体而言，2021年1月较2020年12月消费人数和订单数量下降，除了个别日期，销售产品数量和客单价变化不大；

（3）由于数据集中只有成交信息、产品信息、地区和时间，具体客单价上升或下降的原因没办法具体判断，推测可能是新年前后的促销活动引起的；

（4）上海是主要的客户来源地区，而北京、浙江、广州、山东成交金额表现不错，可以尝试继续拓展这些区域的市场；

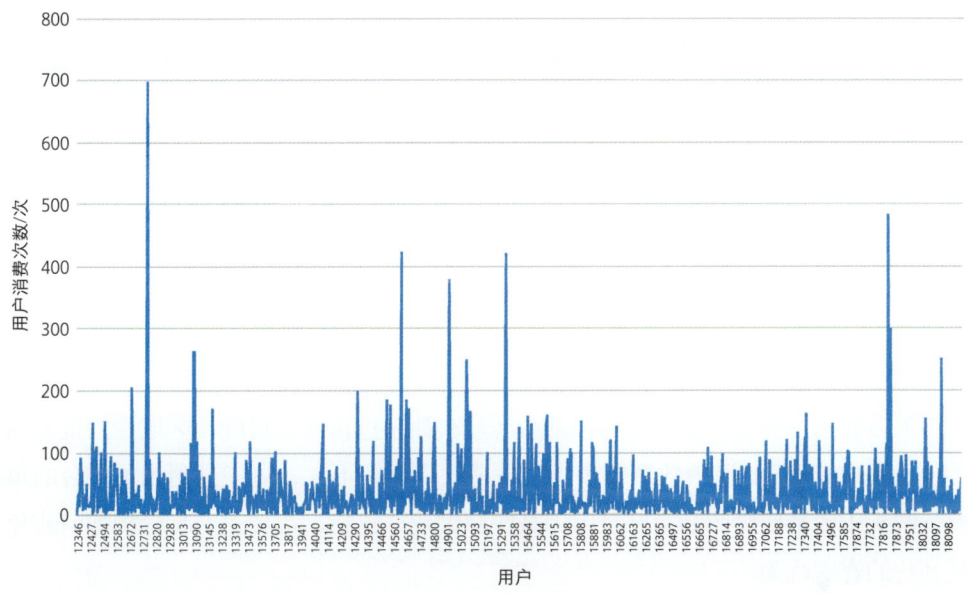

图2-37　用户消费次数

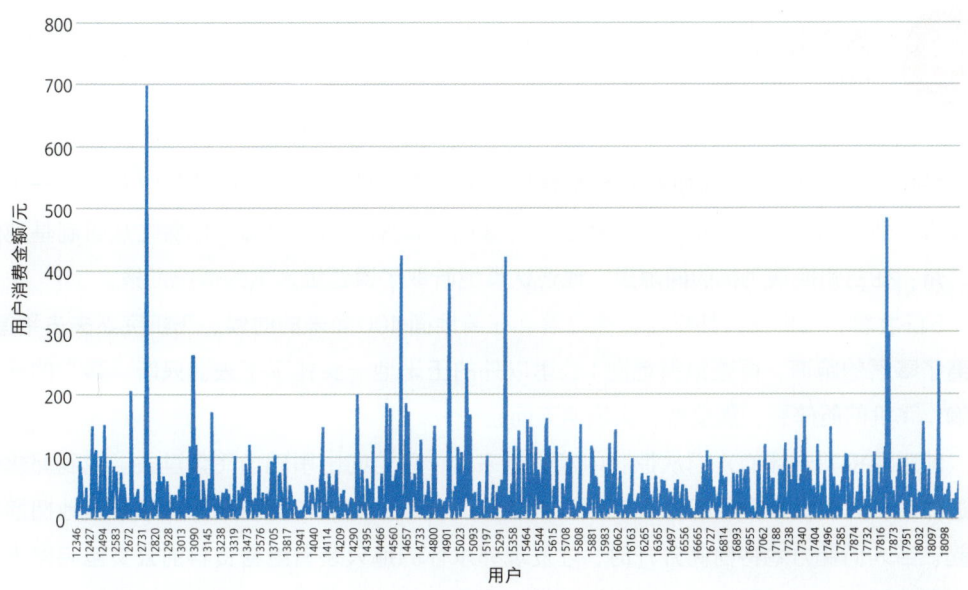

图2-38　用户消费金额

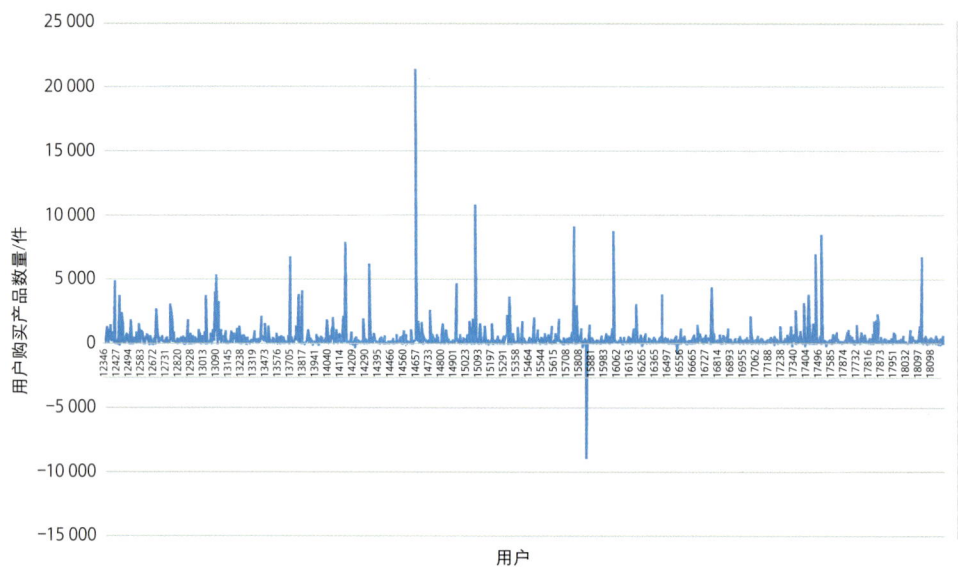

图2-39　用户购买产品数量

（5）多数用户消费了多次，其中某些客户次数超过常理，可能是区域性的批发商；

（6）客户15838的退货数量极多，但是总退货金额不大，可能是利用了平台的风控漏洞，购买了大量低价商品，并且因为某些原因统一退货，需要进一步分析如何避免非正常客户的有害行为。

素养园地
两弹一星功勋以命保护数据

1968年12月4日，在研制基地整整呆了两个多月的郭永怀，在试验中发现了一个重要线索。他要急着赶回北京，于是就让人抓紧时间联系飞机。然后，他匆忙从研制基地赶往兰州，在兰州换乘飞机的间隙里，他还认真地听取了课题组人员的情况汇报。

5日凌晨，飞机在首都机场徐徐降落，在离地面400多米的时候，飞机突然失去平衡，偏离了降落的跑道，歪歪斜斜地向1公里以外的玉米地一头扎了下去。只听"轰"的一声巨响，飞机前舱碎裂，紧接着，火焰冲天而起……

前来迎接郭永怀的人们从惊骇中清醒过来后，急忙向出事现场飞奔过去。找到郭永怀的遗体时，只见他常穿的那件夹克服已被烧焦了大半，而他和警卫员牟方东紧紧地拥抱在一起。当人们费力地将他俩分开时，才发现郭永怀的那只装有绝密资料的公文包完整无损地夹在他俩胸前……可以说，在飞机遇险、生命将尽的最后瞬间，郭永怀想到的只是用身体来保护对国家有重要价值的科技资料！

中央领导震惊了，整个科技界震惊了！周恩来得知郭永怀牺牲的消息，顿时流下了眼泪。钱学森更是伤感不已地叹息："一个全世界知名的优秀力学专家离开了人世！"

1999年国庆50周年前夕，中共中央、国务院、中央军委向23名科技工作者颁发了每枚由515克纯金制成的"两弹一星功勋奖章"。在被追授"两弹一星元勋奖章"的7名功臣中，有一个不为人熟知的名字——郭永怀。这颗科技之星不幸过早陨落，他的功绩和优秀品格却让后人永远怀念。

任务实施
数据分析五要素认知

一、任务概要

本次任务为数据分析五要素认知任务，学生按照实训步骤，以小组合作的形式完成对数据分析五要素的认知任务内容。通过对数据分析五要素的学习，熟知数据分析的流程、方法及展现形式，明确数据分析的重要意义。

二、任务内容

以小组为单位，在教师的指导下，找一家电子商务企业，分析企业运用何种数据分析方法，取得了怎样的成果，根据企业运营现状提出相应的数据分析策略，加深对数据分析工作流程的认知。

（一）数据分析工作流程

请在表2-1中填写商务数据分析工作流程。

表2-1　商务数据分析工作流程

企业名称	要求	分析结果
	企业运用的数据分析方法	
	经过数据分析后取得的成果	
	数据分析策略	

企业数据分析流程图	
截图	
总结	

（二）拓展任务

以小组为单位，从数据分析要素角度分析某企业的营销案例。

一、单项选择题

1. 关于数据分析的作用，以下描述有错误的是（　　）。

 A. 现状分析就是告诉你过去发生了什么

 B. 现状分析一般通过年报形式来完成

 C. 原因分析就是告诉你某一现状为什么发生

 D. 预测分析就是告诉你将来会发生什么

2. 关于平均分析法，下面描述不正确的是（　　）。

 A. 平均分析法是运用计算平均数的方法来反映总体在一定时间、地点条件下某一数量特征的一般水平

 B. 平均数是综合指标，它的特点是将总体内各单位的数量差异具体化

 C. 平均指标比总量指标更具有说服力

 D. 利用平均指标对比某些现象在不同历史时期的变化，更能说明其发展趋势和规律

3. 商务数据分析要分析的宏观内容包括行业趋势分析、行业现状分析和（　　）。

    A. 用户行为分析　　　　　　　　B. 行业内涵分析

    C. 行业周期分析　　　　　　　　D. 产品趋势分析

4. 描述性数据分析属于初级数据分析，常见的分析方法有（　　）、平均分析法、交叉分析法等。

    A. 对比分析法　　　　　　　　　B. 相关分析

    C. 因子分析　　　　　　　　　　D. 回归分析

5. 以下不属于日常数据通报特点的是（　　）。

    A. 进度性　　　　　　　　　　　B. 季节性

    C. 规范性　　　　　　　　　　　D. 时效性

二、多项选择题

1. 在统计学领域，学者们将数据分析划分为三类，它们是（　　　　）。

    A. 描述性数据分析　　　　　　　B. 探索性数据分析

    C. 验证性数据分析　　　　　　　D. 研究性数据分析

2. 常用的数据分析图表包括（　　　　）。

    A. 饼图　　　　　B. 柱形图　　　　　C. 条形图

    D. 折线图　　　　E. 雷达图

3. 以下属于定量分析方法的是（　　　　）。

    A. 实验法　　　　　　　　　　　B. 观察法

    C. 访谈法　　　　　　　　　　　D. 社会测量法

4. （　　　　）是综合评价分析法的主要特点。

    A. 评价过程不是逐个顺次完成的，而是通过一些特殊方法将多个指标的评价同时完成

    B. 在综合评价过程中，一般要根据指标的重要性进行加权处理

    C. 评价结果不再是具有具体含义的统计指标，而以指数或分值表示参评单位综合状况的排序

    D. 将数据按比例缩放，使之落入一个小的特定区间

学习目标

知识目标
- 理解数据分析方法论的概念和特征。
- 熟知数据分析方法的概念和特征。
- 了解数据分析工具的使用方法。

技能目标
- 能够针对不同的应用场景，使用不同的数据分析方法论。
- 熟练应用不同的数据分析方法对应用场景进行计算分析。
- 掌握不同数据分析工具的使用方法。

素养目标
- 了解国家大数据战略的新成效。
- 熟知政府数据政策发展、开放趋势及问题。
- 了解我国数据分析行业面临的机遇与挑战。

思维导图

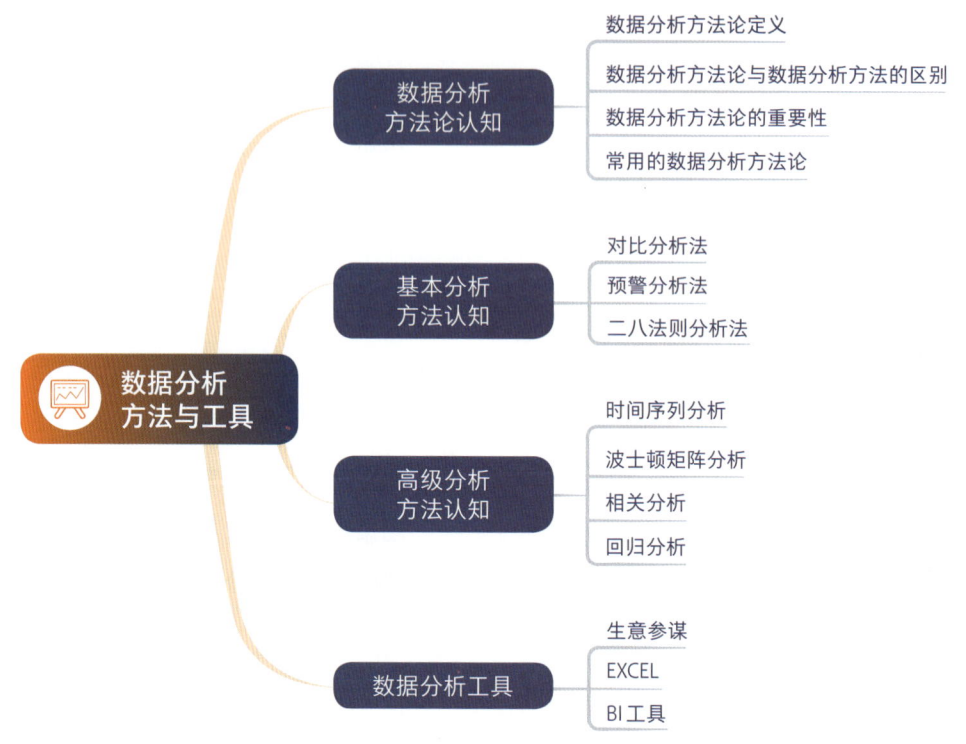

- 数据分析方法与工具
  - 数据分析方法论认知
    - 数据分析方法论定义
    - 数据分析方法论与数据分析方法的区别
    - 数据分析方法论的重要性
    - 常用的数据分析方法论
  - 基本分析方法认知
    - 对比分析法
    - 预警分析法
    - 二八法则分析法
  - 高级分析方法认知
    - 时间序列分析
    - 波士顿矩阵分析
    - 相关分析
    - 回归分析
  - 数据分析工具
    - 生意参谋
    - EXCEL
    - BI工具

导入案例
电商平台商品个性化推荐

微课：数据分析方法和工具运用

在电商领域，商品个性化推荐的价值在于挖掘用户潜在购买需求，缩短从用户到商品的距离，提升用户的购物体验。

京东推荐的演进史是不断进步的。京东的商品个性化推荐起步于2012年，当时的推荐产品甚至是基于规则匹配做的。整个推荐商品线组合就像一个个松散的原始部落一样，部落与部落之间没有任何工程、算法的交集。2013年，国内大数据时代到来，京东业务在这一年开始飞速发展，传统的方式已经跟不上业务的发展了，为此推荐团队专门设计了新的商品推荐系统。

随着业务的快速发展以及移动互联网的到来，多屏（京东APP、京东PC商城、M站、微信、QQ等）互通，推荐类型从传统的商品推荐，逐步扩展到其他类型的推荐，如活动、分类、优惠券、楼层、入口图、文章、清单、好货等。个性化推荐业务需求比较强烈，基于大数据和个性化推荐算法，致力于实现向不同用户展示不同内容的效果。

为此，团队于2015年年底再次升级推荐系统。2016年"6·18"期间，商品个性化推荐大放异彩，特别是团队开创的"智能卖场"，实现了活动会场的个性化分发，不仅带来GMV的明显提升，也大幅降低了人工成本，大大提高了流量效率和用户体验，从而达到商家和用户双赢。此产品获得了2016年度的集团优秀产品。为了更好地支撑多种个性化场景推荐业务，推荐系统一直在迭代优化升级，未来将朝着"满屏皆智能推荐"的方向发展。

案例思考：如何利用数据分析方法实现平台个性化推荐，成为各大平台下一步发展的重要一步。

案例启示：更好的用户体验，更精确的用户服务，是数据分析未来的发展趋势。

【知识准备】

任务 3-1　数据分析方法论认知

一、数据分析方法论定义

数据分析方法论可用于指导数据分析师进行一个完整的数据分析，它既是数据分析的思路，也是数据分析的前期规划，指导着后期数据分析工作的开展。数据分析需要以营销、管理等理论为指导，可以把这些跟数据分析相关的营销、管理等理论统称为数据分析方法论。在实践中，可以把方法论理解为指南，在方法论的指导下再去开展数据分析，这样得出的分析结果才具有指导意义，而不会出现南辕北辙的情况。

二、数据分析方法论与数据分析方法的区别

数据分析方法论主要从宏观角度指导人们进行数据分析，它更多的是指数据分析思路，比如：主要从哪几方面开展数据分析？各方面包含什么内容和指标？它就像是一个数据分析的前期规划，指导着后期数据分析工作的开展。

动画：数据分析方法论与数据分析法的区别

数据分析方法是指具体的分析方法和怎样进行数据处理，采用什么样的分析方法，它是整个数据分析项目中较为关键的因素，从微观角度指导人们进行数据分析。例如，常见的有对比分析法、交叉分析法、相关分析法、回归分析法、聚类分析法等数据分析法。

三、数据分析方法论的重要性

很多人在做数据分析时，经常遇到以下困惑：不知从哪些方面入手开展分析；分析

的内容和指标常常被质疑是否合理、完整，而自己也说不出个所以然来。对这些问题常常感到困扰。而数据分析方法论可以对以上问题做出解答。

数据分析方法论主要有以下几个作用：

（1）理顺分析思路，确保数据分析结构体系化。

（2）把问题分解成相关联的部分，并显示它们之间的关系。

（3）为后续数据分析的开展指明方向。

（4）确保分析结果的有效性及正确性。

直通职场
商务数据分析师岗位

一、岗位要求

（1）掌握市场调研的知识和方法，具有市场调研及分析能力。

（2）熟悉行业动态、公司业务发展情况及业务流程，明确数据分析的目的。

（3）熟悉主流的数据平台和其他电子商务平台。

（4）掌握数据分析的流程、数据分析的原理和方法，具有数据收集、整理、统计、储存、数据建模、数据分析、数据挖掘、数据管理、数据维护能力；具有数据可视化、数据报表制作与维护、提供数据查询，数据传播的能力。

（5）掌握数据分析技术和方法，能够挖掘数据隐藏的价值，具有一定的数据敏感性。

（6）拥有商业智能的背景，精通SPSS、R等数据统计分析工具，能够呈现数据背后所蕴含的信息，能够趋势预测，具有熟练应用统计分析工具的能力。

（7）具有较强的数据分析报告编写能力，能够撰写清晰的分析结论和高质量的分析报告。

（8）能够建立各项数据监控指标，负责数据监控和预警工作，具有帮助各业务部门及时发现问题、把握运营方向的能力。

（9）具有网络营销能力，可以推广网站及网上产品。

（10）掌握电子商务网上开店的流程，具有网店管理、运营、维护能力。

二、岗位技能

（1）具有较强的计算机应用能力，熟悉Office办公自动化软件。

（2）熟练掌握常用数据分析工具使用，如：EXCEL、R、SPSS、tableau等。

（3）熟练掌握常用数据库使用，如MYSQL、Oracle等。

（4）具备相关统计学、电子商务等学科知识。

（5）具有良好的口头和文字的表达能力，能准确进行商务活动、营销方案和交流。

（6）达到全国高校实用英语应用能力B级水平。

（7）具有良好的沟通、团队合作能力，目标感强、主动性强，愿意承担风险，具有良好的客户服务意识。

（8）掌握市场营销、企业管理等知识，能够应用理论指导数据的分析。

（9）熟悉客户关系管理理论、掌握维护客户关系的技术和方法，具有对网上客户进行维护与开发的能力。

四、常用的数据分析方法论

数据分析方法论分为营销分析方法论和统计分析方法论。营销分析方法论主要有PEST分析法、5W2H分析法、逻辑树分析法、4P营销理论、用户行为理论等；统计分析方法论主要包括描述统计、假设检验、相关分析、方差分析、回归分析、判别分析、主成分与因子分析、时间序列分析、决策树等，本次任务重点针对逻辑树分析法和用户行为理论进行学习。

（一）逻辑树分析法

逻辑树又称问题树、演绎树或分解树等，它是将问题的所有子问题分层罗列，从最高层开始，并逐步向下扩展。把一个已知问题当成树干，然后开始考虑这个问题和哪些相关问题有关。每想到一点，就给这个问题所在的"树干"上加一个"树枝"，并标明这个"树枝"代表什么问题。

逻辑树能保证解决问题的过程的完整性，它能将工作细分为便于操作的任务，确定各部分的优先顺序，明确地把责任落实到个人。逻辑树分析法的整体结构如图3-1所示。可以运用逻辑树分析公司利润大幅度下降的原因，如图3-2所示；也可以运用逻辑树分析如何解决客户流失问题，如图3-3所示。

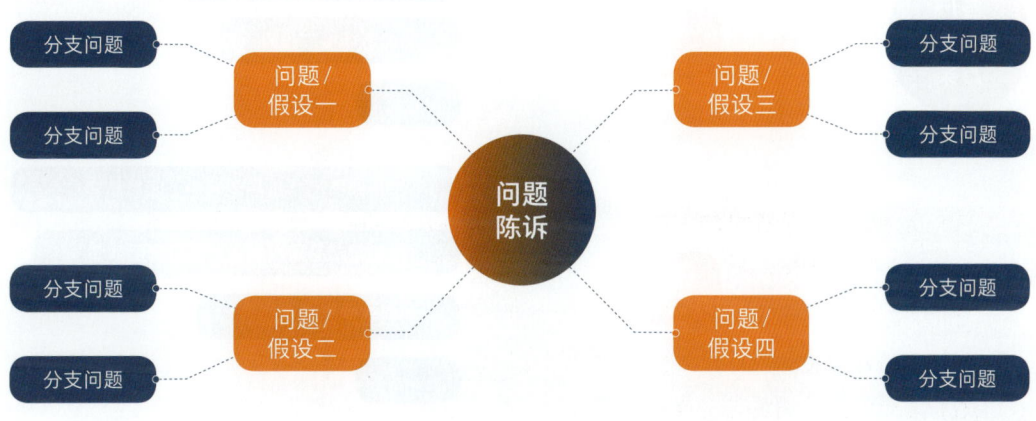

图3-1 逻辑树分析法

图3-2　分析公司利润同比大幅下降的原因

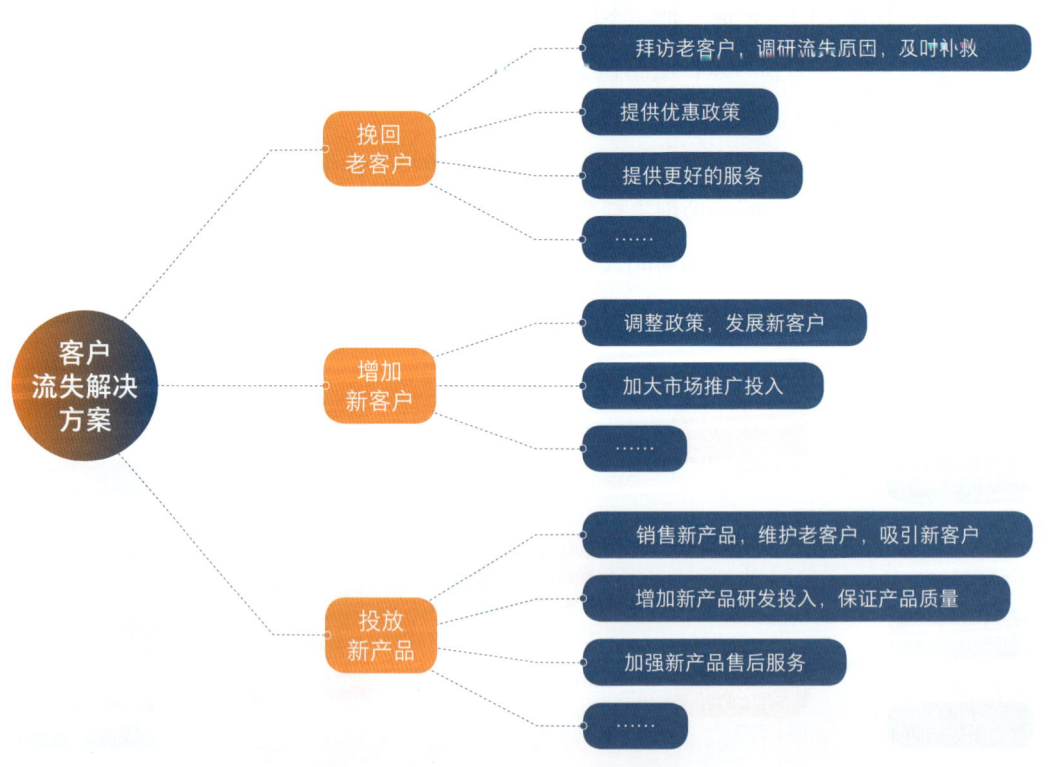

图3-3　针对客户流失的解决方案分析

（二）用户行为理论

用户行为分析，是指在获得网站访问量基本数据的情况下，对有关数据进行统计、分析，从中发现用户访问网站的规律，并将这些规律与网络营销策略等相结合，从而发现目前网络营销活动中可能存在的问题，并为进一步修正或重新制定网络营销策略提供依据。这是狭义的只指网络上的用户行为分析。

网站分析的发展已经具有一套成熟的分析指标，如IP、PV、页面停留时间、跳出率、回访者、新访问者、回访次数、回访相隔天数、流失率、关键词搜索、转化率、登录率等。面对如此多的指标，可以利用用户行为理论，梳理并分析网站各关键指标之间的逻辑关系，构建符合公司实际业务的网站分析指标体系，如图3-4所示。

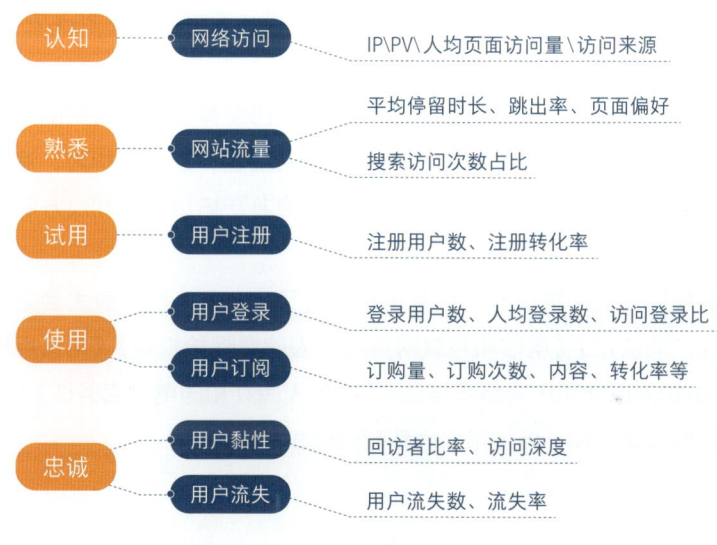

图3-4　网站用户行为分析体系

素养园地
我国实施国家大数据战略的新成效

近几年，在国家政策支持下，我国大数据战略取得多方面成效。

一是产业集聚效应初步显现。国家建设了八个大数据综合实验区，促成了具有地方特色的产业集聚。京津冀和珠三角跨区综合试验区，注重数据要素流通；上海、重庆、河南和沈阳试验区，注重数据资源统筹和产业集聚；内蒙古的基础设施统筹发展，充分发挥能源、气候等条件，加快实现大数据跨越式发展。

二是新业态、新模式不断涌现。我国在大数据应用方面位于世界前列，特别是在服务业领域，如基于大数据的互联网金融及精准营销迅速普及；在智慧物流交通领域，通过为货主、乘客与司机提供实时数据匹配，提升了物流交通效率。

三是与传统产业融合步伐加快。铁路、电力和制造业等加快了运用信息技术和大数据的步伐。高铁推出"高铁线上订餐"等服务，提升了乘客体验。电力企业推广智能电表，提高了企业利润。三一重工、航天科工、海尔等一批企业利用自身积累的智能制造能力，向广大中小企业输出解决方案，着手建设工业互联网平台。

四是技术创新取得显著进展。互联网龙头企业服务器单集群规模达到上万台，具备了建设和运维超大规模大数据平台的技术实力，并以云服务向外界开放自身技术服务能力和资源。在深度学习、人工智能、语音识别等前沿领域，我国企业积极布局，抢占技术制高点。

五是产业规模快速增长。2016年我国包括大数据核心软硬件产品和大数据服务在内的市场规模达到3 100亿元。未来2～3年市场规模的增长率将保持在35%左右。未来5年，年均增长率将超过50%。

六是一批企业快速成长。主要分为三类：一类是已经有获取大数据能力、具有一定国际影响力的公司，如百度、腾讯、阿里巴巴等互联网企业；二是以华为、浪潮、中兴、曙光、用友等为代表的电子信息通信厂商；三是以亿赞普、拓尔思、九次方等为代表的大数据服务新兴企业。

七是法治法规建设全面推进。先后制定和出台了《全国人民代表大会常务委员会关于加强网络信息保护的决定》《电信和互联网用户个人信息保护规定》《电话用户真实身份信息登记规定》《中华人民共和国网络安全法》《中华人民共和国电子商务法》《中华人民共和国数据安全法》等法律法规，保障用户隐私和合法权益。

任务3-2　基本分析方法认知

一、对比分析法

动画：数据分析常用指标

对比分析法是将两个或两个以上的数据进行对比，分析差异进而揭示这些数据所代表的规律。对比分析法包括横向比较及纵向比较。横向比较即同一时间下对不同总体指标的对比，如今日头条同领域作者文章阅读量对比、粉丝数对比等；纵向比较不同时间条件下对同一总体指标的对比，如将本月文章阅读量与上月阅读量进行对比、将本月粉丝增长数与上月增长数进行对比等。通过对比分析，可以直接观察到目前的运营水平，一方面可以找到当前已经处于优秀水平的方面，后续予以保持；另一方面可以及时发现当前的薄弱环节，重点突破。

对比分析是对一个孤立的指标找到一个参照系，否则一个孤立的指标其实没有任何实际的意义。常见对比分析方法有如下三个：

（一）同比分析

同比分析一般情况下是将今年第n月与上年第n月对比。同比发展速度主要是为了消除季节变动的影响，用以说明本期发展水平与上年同期发展水平对比而达到的相对发展速度。

（二）环比分析

环比分析是将报告期水平与前一时期水平做对比，表明现象逐期的发展速度。如计算一年内各月与其前一个月的对比。

（三）定比分析

公式如下：

同比 = 本期数据 / 上年同期数据

定比 = 本期数据 / 本年度的第一期数据

环比 = 本期数据 / 上期数据

同比增长率 =（本期数据 - 上年同期数据）/ 上年同期数据 ×100%

定比增长率 =（本期数据 - 本年度的第一期数据）/ 本年度第一期数据 × 100%

环比增长率 =（本期数据 - 上期数据）/ 上期数据 ×100%

式中，上期可以指上年、上季或上月。

举例来说，网站浏览情况原始数据如表3-1所示，该网站浏览次数同环比如表3-2所示，该网站浏览人数同环比如表3-3所示，该网站注册人数同环比如表3-4所示。

表3-1　网站浏览情况原始数据

日期	浏览次数 / 次	浏览人数 / 人	注册人数 / 人	日期	浏览次数 / 次	浏览人数 / 人	注册人数 / 人
20220101	1 446	231	48	20221201	4 914	588	98
20220102	1 017	398	30	20221202	2 451	409	65
20220103	1 338	350	17	20221203	3 155	565	18
20220104	1 532	365	41	20221204	3 993	451	50
20220105	2 513	239	22	20221205	4 124	594	61
20220106	1 700	317	46	20221206	2 577	407	63
20220107	1 479	223	45	20221207	3 330	530	76

表 3-2　网站浏览次数同环比

日期	浏览次数 / 次	同比 /%	环比 /%
20220101	4 759	33.380 04	−3.154 25
20220102	4 045	20.065 3	65.034 68
20220103	3 988	27.575 18	26.402 54
20220104	4 818	8.269 663	20.661 16
20220105	4 913	13.411 82	19.131 91
20220106	2 989	−16.227 6	15.987 58
20220107	3 802	72.504 54	14.174 17

表 3-3　网站浏览人数同环比

日期	浏览人数 / 人	同比 /%	环比 /%
20220101	539	133.333 3	−8.333 33
20220102	470	18.090 45	14.914 43
20220103	519	48.285 71	−8.141 59
20220104	541	48.219 18	19.955 65
20220105	402	12.921 35	−32.323 2
20220106	414	30.599 37	1.719 902
20220107	458	105.381 2	−13.584 9

表 3-4　网站注册人数同环比

日期	注册人数 / 人	同比 /%	环比 /%
20220101	98	104.166 7	−9.259 26
20220102	220	633.333 3	96.428 57
20220103	128	652.941 2	30.612 24
20220104	189	360.975 6	33.098 59
20220105	169	668.181 8	28.030 3
20220106	223	384.782 6	87.394 96
20220107	260	477.777 8	53.846 15

二、预警分析法

预警分析法是一种实现预测可能影响到企业竞争地位和财务状况的潜在因素，界定出一系列财务指标及相关因素的目标值、正常值和警戒值，将其与竞争对手指标进行比较，使管理者能在不利情况来临之前就采取防御措施，找到解决问题的办法。预警分析法可以使企业未雨绸缪、明察秋毫，把握企业内外动向，及时采取应对措施，保持企业长期发展能力。

预警分析法可以分为外部预警分析法和内部预警分析法。外部预警分析法主要分析市场状况、市场占有率、竞争对手情况等；内部预警分析法主要分析劳动生产率、机制运转率、职员队伍稳定性等。

预警分析法有定量分析法和定性分析法两种方法，在实践中这两种方法应结合使用。定量预警分析法可以将实际值与目标值进行对比，根据其差距发出不同程度的预警信息，或通过运用相应的数据图表分析来判断一些定量指标的变动趋势。定量预警分析法所得结论较精确，但可能不完整。定性预警分析法则通过实践调查来获取相关评价性指标，或者根据风险因素出现的概率来发出警报，在一定程度上弥补了定量预警分析法的不足。

三、"二八法则分析"法

"二八定律"又名帕累托定律，也叫巴莱多定律、80/20定律、最省力的法则、不平衡原则等，是19世纪末20世纪初意大利经济学家帕累托发现的。他认为：在任何一组东西中，最重要的只占其中一小部分，约20%，其余80%的尽管是多数，却是次要的，因此又称"二八法则"。

生活中普遍存在"二八法则"。商家80%的销售额来自20%的商品，80%的业务收入是由20%的客户创造的；在销售公司里，20%的推销员带回80%的新生意；等等。"二八法则"告诉我们，通常用80%的精力只会取得20%的成效。目前国内企业管理工作中的"管"与"理"普遍按照8∶2的比例，而世界经济发达国家的企业管理工作中的"管"与"理"却遵照2∶8的比例。

举例来说，对某网店商品销售额的"二八法则"分析如表3-5和图3-5所示。

表3-5　商品-销售额的"二八法则"分析

商品代码	销售额/元	累计销售额/元	累计比重/%
0001	29 988	29 988	6.805 2
0002	29 203	59 191	13.432 3
0003	28 677	87 868	19.940 0

商品代码	销售额 / 元	累计销售额 / 元	累计比重 /%
0004	27 669	115 537	26.218 9
0005	27 552	143 089	32.471 3
0006	26 888	169 977	38.573 0
0007	26 526	196 503	44.592 6
0008	25 556	222 059	50.392 0
0009	25 332	247 391	56.140 6
0010	25 124	272 515	61.842 0
0011	24 986	297 501	67.512 1
0012	22 001	319 502	72.504 8
0013	21 003	340 505	77.271 1
0014	19 888	360 393	81.784 3
......			
0060	2	440 663	100.000 0

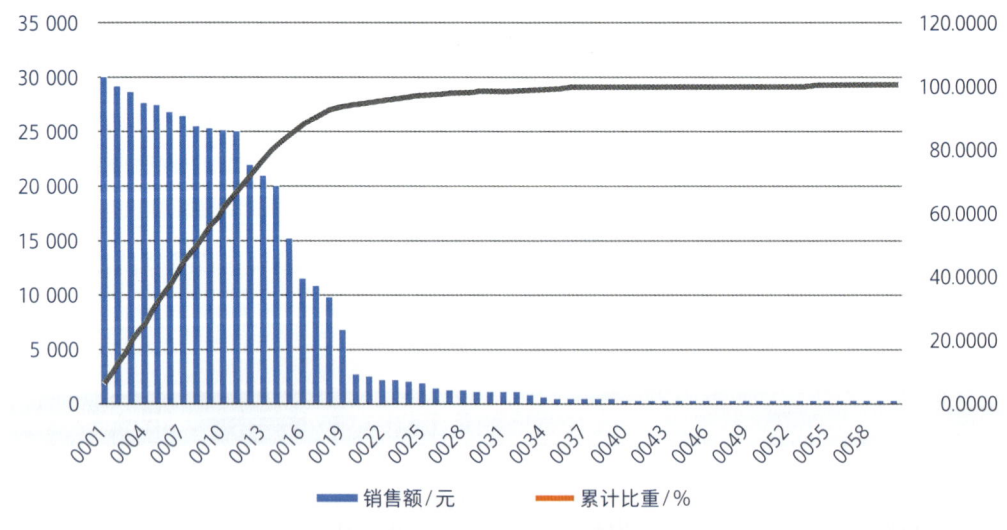

图 3-5 商品销售额的"二八法则"分析图

在技术方面，科学家们从现有层面上提出了各种新兴技术。比如，从数据处理角度，有分布式处理方法 MapReduce，较著名的应用工具有 Hadoop 和 DISCO。从数据库角度出发，在信息检索、流媒体存储等方面有 NOSQL 开发工具，以及对应超大规模和高并发的 SNS 类型的 Web2.0 纯动态网站而使用的非关系数据库高速发展，如 MongoDB、CouchDB。除了提取有价值的信息、处理底层的结构化技术支持外，数据挖掘算法，机器学习算法都是必不可少的。

在信息安全方面，大数据挖掘将成为信息安全发展的契机。如今，数据泛滥降低了自身信息的安全性。例如，存储于云端的大量数据，至今还没有形成有效的集中管理，而单独的管理用户信息无法一一分辨其是否合法，这就提高了非法入侵、篡改数据信息的危险性。对此，各种为信息安全服务的技术和产品成为大数据研究的方向和信息安全领域的首要问题。因此，保证数据产业链的安全对信息安全发展具有重要的意义。

在企业经营管理和产业服务方面，大数据挖掘将成为企业及服务机构等诸多行业的转折点。在大数据挖掘技术为企业管理带来经济效益的同时，也带来了管理模式的巨大改变。企业必须拥有三类人才：管理人才、分析人才及技术型人才。只有紧跟时代脉搏，从大数据中获得关键信息，及时调整企业产业规划，才能在时代变革中保持自身利益，求得生存。

在商业价值方面，大数据挖掘将成为创造价值的核心。大数据挖掘的发展时间虽短，但打开了一个新的时代，引领全球进入创新和发展的新的竞争模式。例如，美国医疗业因采用大数据技术而节省了 3 000 亿美元。此外，大数据中潜在的个人信息价值不可估量。世界各国政府都加大了对大数据发展的扶持力度，特别是发达国家，甚至将大数据发展上升到国家战略的高度。

我国正步入大数据发展的关键时期，展望未来，我国最终会利用纷繁复杂的大数据建立起人工智能的信息时代。但数据大并不等于大数据，当繁杂的价值低的信息数据堆现于眼前时，数据就是一个噩梦。人们无法回避对数据安全性、应用性及隐私保护的担忧。试想，放任软件继续在几何级递增的数据库上执行海量的科学计算，在此基础上进行科学、经济和军事安全等领域的决策制定，我们是不是过多地把权力交给了机器？这是研究大数据时需要注意的问题。

任务3-3　高级分析方法认知

一、时间序列分析

时间序列分析（Time Series Analysis）是一种动态数据处理的统计方法。该方法基于随机过程理论和数理统计学方法，研究随机数据序列所遵从的统计规律，以用于解决实际问题。时间序列构成要素是：现象所属的时间、反映现象发展水平的指标数值。

时间序列就是按照时间顺序排列的一组数据序列。时间序列分析就是发现这组数据的变动规律并将其用于预测的统计技术。该技术有以下三个基本特点：

（1）假设事物发展趋势会延伸到未来；

（2）预测所依据的数据具有不规则性；

（3）不考虑发展的事物之间的因果关系。

对时间序列进行分析的最终目的，是要通过分析序列进行合理预测，做到提前掌握其未来发展趋势，以此为业务决策提供依据。在实际进行时间序列预测时，遇到的数据会比较复杂，所以需要用到更专业的预测方法来对数据进行合理预测。

二、波士顿矩阵分析

波士顿矩阵（BCG Matrix）又称市场增长率—相对市场份额矩阵、四象限分析法、产品系列结构管理法等，是一种规划企业产品组合的方法。企业经常遇到的问题是如何使企业的产品品种及其结构适合市场需求的变化，只有解决了这个问题，企业的生产才有意义。波士顿矩阵是由全球性管理咨询公司BCG提出的，这个模型主要用来协助企业进行业务组合或投资组合。在矩阵坐标轴中的两个变量分别是业务单元所在市场的增长率和所占据的市场份额。每个象限中的企业处于不同的现金流位置，并且应用不同的方式加以管理，这样就引申出公司如何寻求其总体业务组合。

拓展资源
某公司品牌产品波士顿矩阵分析

某公司经营A、B、C、D、E、F、G 7个品牌产品，经过相关数据统计发现：

（1）A、B品牌业务量为总业务量的70%，两个品牌的利润占到总利润的75%，在本地市场占主导地位。但这两个品牌是经营了几年的老品牌，从去年开始，市场销售增长率已呈下降趋势，前半年甚至只能维持原来业务量。

（2）C、D、E三个品牌是新开辟的新品牌。其中C、D两个品牌前半年表现抢眼，C品牌销售增长了20%，D品牌销售增长了18%，且在本区域内尚是独家经营。E品牌是高档产品，利润率高，销售增长也超过了10%，但在本地竞争激烈，该品牌其他两家主要竞争对手所占市场比率达到70%，而该公司只占到10%左右。

（3）F、G两个品牌的市场销售下降严重，有被C、D品牌替代的趋势，且在竞争中处于下风，并出现了滞销和亏损现象。

针对上述情况，根据波士顿矩阵原理，采取如下措施：

（1）确认A、B品牌为金牛品牌，维持原来的资金投入，以保证市场占有率和公司的主要利润来源，同时也认识到A、B品牌已经出现了衰退现象，要认真找出原因，一方面寻找替代品牌，另一方面尽可能地延长其生命周期。

（2）确认C、D品牌为新星品牌，虽然目前不是公司的主要利润来源，但发展潜力很大，决定加大资金投放力度，加快发展步伐，扩大与竞争对手的差距，力争成为公司新的利润增长点。决定先期投入资金。

（3）对F、G品牌果断采取撤退战略，不再投入资金，着手清理库存，对滞销商品降价处理，尽快回笼资金。

（4）对E品牌投入研究力量，寻找竞争对手薄弱的方面，整合资源，争取扩大市场份额，使E品牌成为新星品牌。

三、相关分析

相关分析（Analysis of Correlation）是网站分析中经常使用的分析方法之一。相关分析通过对不同特征或数据间的关系进行分析，发现业务运营中的关键影响及驱动因素，并对业务的发展进行预测。此处介绍五种常用的分析方法，需要注意的是，相关关系不等于因果关系。

相关分析的方法很多，初级的方法可以快速发现数据之间的关系，如正相关、负相关或不相关；中级的方法可以对数据间关系的强弱进行度量，如完全相关、不完全相关等。高级的方法可以将数据间的关系转化为模型，并通过模型对未来的业务发展进行预测。下面以一组广告的成本数据和曝光量数据为例，对每一种相关分析方法进行介绍。

（一）图表相关分析

为了更清晰地对比这两组数据的变化和趋势，可以使用双坐标轴折线图，其中主坐标轴用来绘制广告曝光量数据，次坐标轴用来绘制费用成本的数据。通过如图3-6所示的折线图可以发现，费用成本和广告曝光量两组数据的变化和趋势大致相同，从整体的大趋势来看，费用成本和广告曝光量两组数据都呈现增长趋势。从规律性来看，费用成本和广告曝光量数据每次的最低点都出现在同一天。从细节来看，两组数据短期趋势的变化也基本一致。

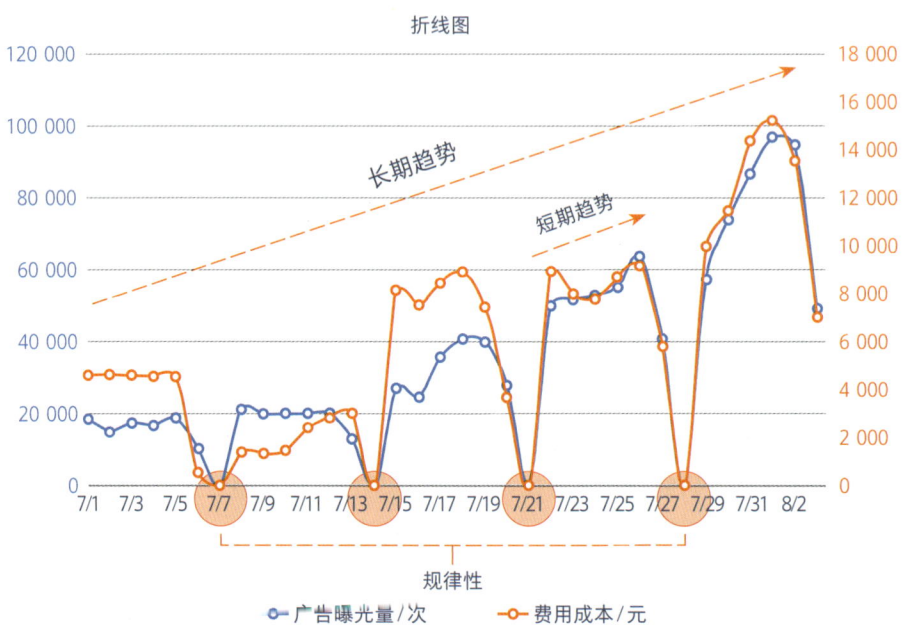

图3-6　用折线图展示广告曝光量和费用成本之间的相关关系

经过以上这些对比，说明广告曝光量和费用成本之间有一些相关关系，但这种方法在整个分析过程和解释上过于复杂，如果数据再复杂一点或者相关度较低的数据，就会出现很多问题。

比折线图更直观的是散点图。散点图去除了时间维度的影响，只关注广告曝光量和费用成本两组数据间的关系。在绘制散点图之前，将费用成本标识为x，也就是自变量，将广告曝光量标识为y，也就是因变量。图3-7是根据每天广告曝光量和费用成本数据绘制的散点图，x轴是自变量费用成本数据，y轴是因变量广告曝光量数据。从数据点的分布情况可以发现，自变量x和因变量y有着相同的变化趋势，当费用成本的增加后，广告曝光量也随之增加。

折线图和散点图都清晰地表示了广告曝光量和费用成本两组数据间的相关关系，优点是对相关关系的展现清晰，缺点是无法对相关关系进行准确的度量，缺乏说服力，而且当数据超过两组时，也无法完成各组数据间的相关分析。

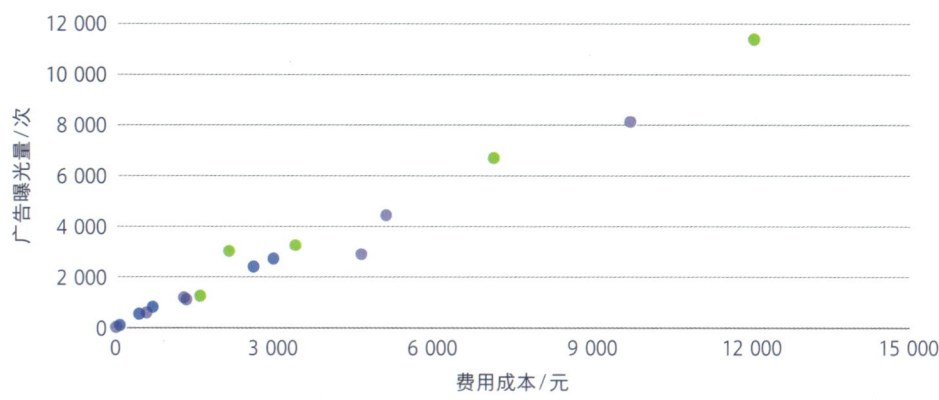

图 3-7　用散点图展示广告曝光量和费用成本之间的相关关系

（二）协方差及协方差矩阵

协方差用来衡量两个变量的总体误差。如果两个变量的变化趋势一致，协方差就是正值，说明两个变量正相关；如果两个变量的变化趋势相反，协方差就是负值，说明两个变量负相关。如果两个变量相互独立，那么协方差就是0，说明两个变量不相关，协方差的计算公式如下：

$$cov(X,\ Y)=\frac{\sum_{i=1}^{n}(X_i-\overline{X})(Y_i-\overline{Y})}{n-1}$$

图3-8是广告曝光量和费用成本间协方差的计算过程和结果，经过计算，得到了一个很大的正值，由此说明两组数据间是正相关的，广告曝光量随着费用成本的增长而增长。在实际工作中不需要按此方法来计算，可以通过EXCEL中COVAR（）函数直接获得两组数据的协方差值。

投放时间	广告曝光量(y)	费用成本(x)	$y_i-\overline{y}$	$x_i-\overline{x}$	$(x_i-\overline{x})(y_i-\overline{y})$
2021/7/1	18,481	4,616	-16,344	-1,283	20,966,307
2021/7/2	15,094	4,649	-19,731	-1,250	24,663,380
2021/7/3	17,619	4,600	-17,206	-1,299	22,350,167
2021/7/4	16,825	4,557	-18,000	-1,342	24,154,482
2021/7/5	18,811	4,541	-16,014	-1,358	21,741,416
2021/7/6	10,430	568	-24,395	-5,331	130,058,373
2021/7/7	18	-	-34,807	-5,899	205,327,475
2021/7/8	···	···	···	···	···
2021/7/9	···	···	···	···	···
均值：	34,825	5,899		求和：	3,508,979,770
				n=34	106,332,720

图3-8　广告曝光量和费用成本间协方差计算过程

协方差的优点是可以通过数字衡量变量间的相关性，正值表示正相关，负值表示负相关；缺点是无法对相关的密切程度进行度量。

（三）相关系数

相关系数（Correlation Coefficient）是反映变量之间关系密切程度的统计指标，相关系数的取值区间在1到−1之间。1表示两个变量完全正相关，−1表示两个变量完全负相关，0表示两个变量不相关。数据越趋近于0表示相关关系越弱。相关系数的计算公式如下所示：

$$\gamma_{xy}=\frac{s_{xy}}{s_x s_y}$$

式中，

$$s_{xy}=\sum_{i=1}^{n}\left(x_i-\overline{x}\right)\left(y_i-\overline{y}\right)$$

$$s_x=\sqrt{\sum_{i=1}^{n}\left(x_i-\overline{x}\right)^2}$$

$$s_y=\sqrt{\sum_{i=1}^{n}\left(y_i-\overline{y}\right)^2}$$

图3-9是计算相关系数的过程，分别计算了x、y变量的协方差以及各自的标准差，并求得相关系数值为0.93。0.93大于0，说明两个变量间正相关，同时0.93非常接近于1，说明两个变量间高度相关。

投放时间	广告曝光量(y)	费用成本(x)	$y_i-\overline{y}$	$x_i-\overline{x}$	$(x_i-\overline{x})(y_i-\overline{y})$	$(y_i-\overline{y})^2$	$(x_i-\overline{x})^2$
2021/7/1	18,481	4,616	-16,344	-1,283	20,966,307	267,109,992	1,645,712
2021/7/2	15,094	4,649	-19,731	-1,250	24,663,380	389,292,630	1,562,532
2021/7/3	17,619	4,600	-17,206	-1,299	22,350,167	296,029,230	1,687,435
2021/7/4	16,825	4,557	-18,000	-1,342	24,154,482	323,982,000	1,800,838
2021/7/5	18,811	4,541	-16,014	-1,358	21,741,416	256,432,182	1,843,330
2021/7/6	10,430	568	-24,395	-5,331	130,058,373	595,091,630	28,424,497
2021/7/7	18	-	-34,807	-5,899	205,327,475	1,211,492,442	34,799,533
2021/7/8	…	…	…	…	…	…	…
2021/7/9	…	…	…	…	…	…	…
$n=34$					s_{xy} 106,332,720	s_y 26,615	s_x 4,266
					r_{xy} 0.936447666		

图3-9　广告曝光量和费用成本相关系数计算过程

在实际工作中，不需要上面这么复杂的计算过程，在EXCEL的数据分析模块中选择相关系数功能，设置好x、y变量后可以自动求得相关系数的值。在图3-10中可以看到，广告曝光量和费用成本的相关系数与手动求解结果一致。

	广告曝光量（y）	费用成本（x）
广告曝光量（y）	1	
费用成本（x）	0.936447666	1

图3-10　广告曝光量和费用成本的相关系数

相关系数的优点是可以通过数字对变量的关系进行度量，并且带有方向性，1表示正相关，−1表示负相关，可以对变量关系的强弱进行度量，越靠近0相关性越弱；缺点是无法利用这种关系对数据进行预测，也就是没有对变量间的关系进行提炼和固化并形成模型。

（四）一元回归及多元回归

回归分析（Regression Analysis）是确定两组或两组以上变量间关系的统计方法。回归分析按照变量的数量可分为一元回归和多元回归。两个变量使用一元回归，两个以上变量使用多元回归。进行回归分析之前有两个准备工作，第一是确定变量的数量，第二是确定自变量和因变量。此处数据中只包含广告曝光量和费用成本两个变量，因此使用一元回归。根据经验，广告曝光量是随着费用成本的变化而改变的，因此将费用成本设置为自变量x，广告曝光量设置为因变量y。

以下是一元回归方程，其中y表示广告曝光量，x表示费用成本。b_0为方程的截距，b_1为斜率，同时也表示了两个变量间的关系，目标就是b_0和b_1的值以及变量间的关系，并且可以通过这个关系在已知成本费用的情况下预测广告曝光量。

$$y = b_0 + b_1 x$$

图3-11是通过最小二乘法计算b_1值的具体计算过程和结果，经计算，b_1的值为5.84，同时也获得了自变量和因变量的均值，通过这三个值可以计算出b_0的值。

投放时间	广告曝光量(y)	费用成本(x)	$y_i - \bar{y}$	$x_i - \bar{x}$	$(x_i - \bar{x})(y_i - \bar{y})$	$(x_i - \bar{x})^2$
2021/7/1	18,481	4,616	−16,344	−1,283	20,966,307	1,645,712
2021/7/2	15,094	4,649	−19,731	−1,250	24,663,380	1,562,532
2021/7/3	17,619	4,600	−17,206	−1,299	22,350,167	1,687,435
2021/7/4	16,825	4,557	−18,000	−1,342	24,154,482	1,800,838
2021/7/5	18,811	4,541	−16,014	−1,358	21,741,416	1,843,330
2021/7/6	10,430	568	−24,395	−5,331	130,058,373	28,424,497
2021/7/7	18	-	−34,807	−5,899	205,327,475	34,799,533
2021/7/8	...	...	...	...	...	...
2021/7/9	...	...	...	...	...	...
	$\bar{y}$	$\bar{x}$			$\sum(x_i - \bar{x})(y_i - \bar{y})$	$\sum(x_i - \bar{x})^2$
	34,825	5,899			3,508,979,770	600,651,674
					$b_1 =$ 5.841954536	

图3-11　b_1值的计算过程

（五）信息熵及互信息

在实际工作中，影响最终效果的因素可能有很多，并且不一定都是数值形式，如广告曝光量只是一个过程指标，最终要分析和关注的是用户是否购买的状态。而影响这个结果的因素也不仅仅是消费成本或其他数值化指标，也可能是一些特征值，如用户所在的城市、用户的性别、年龄区间分布，以及是否第一次到访网站等，这些都不能通过数字进行度量。

度量这些文本特征值之间相关关系的方法就是互信息。通过这种方法可以发现哪一类特征与最终的结果关系密切。图3-12中给出了一些模拟的用户特征和数据。这些数据忽略了之前的消费成本和广告曝光量数据，只关注特征与状态的关系。

城市	消费成本/元	广告曝光量/次	性别	新用户	年龄分布/岁	状态
杭州	13,588	78 844	男	是	25-34	未购买
杭州	20,738	120 473	男	否	25-34	未购买
北京	18,949	111 982	女	否	25-34	购买
上海	30,908	167 093	男	是	35-45	未购买
北京	27,822	167 897	男	否	<25	购买
北京	30,100	185 418	男	否	35-45	未购买
南京	23,317	129 550	女	是	25-34	未购买
广州	19,057	120 861	女	否	<25	未购买
北京	16,091	101 915	女	否	25-34	购买
…	…	…	…	…	…	…
…	…	…	…	…	…	…

图3-12　模拟的用户特征和数据

经过计算城市与购买状态的相关性最高，计算结果如图3-13所示，所在城市为北京的用户购买率较高。

特征	互信息	排名
城市	0.557727779	1
性别	0.072780226	4
新用户	0.251629167	2
年龄分布	0.156656615	3

图3-13　互信息计算结果

 案例分析

表3-6给出了每日广告曝光量和费用成本的数据，每一行代表一天中的花费和获得的广告曝光数量。凭经验判断，这两组数据间应该存在联系，但仅通过这两组数据既无法证明这种关系真实存在，也无法对这种关系的强度进行度量。因此，我们希望通过相关分析来找出这两组数据之间的关系，并对这种关系进度度量。

表3-6　每日广告曝光量和费用成本数据

投放时间	广告曝光量 / 次	费用成本 / 元
20220101	18 481	1 616
20220102	15 094	4 649
20220103	17 619	4 600
20220104	16 825	4 557
20220105	18 881	4 541
20220106	10 430	568
20220107	…	…
20220108	…	…
20220109	…	…
20220110	…	…

四、回归分析

回归分析是一种预测性的建模技术，它研究的是因变量（目标）和自变量（预测器）之间的关系。这种技术通常用于预测分析、时间序列模型以及发现变量之间的因果关系。例如，司机的鲁莽驾驶与道路交通事故数量之间的关系，最好的研究方法就是回归分析。

例如，在当前的经济条件下，要估计一家公司的销售额增长情况。公司的最新数据显示出销售额增长大约是经济增长的2.5倍。那么使用回归分析，就可以根据当前和过去的信息来预测未来公司的销售情况。

动画：什么是多渠道归因分析

回归分析也允许比较那些衡量不同尺度的变量之间的相互影响，如价格变动与促销活动数量之间联系。这些有利于帮助市场研究人员、数据分析人员以及数据科学家排除并估计出一组最佳的变量，用来构建预测模型。

2021年11月30日，工业和信息化部正式发布《"十四五"大数据产业发展规划》(以下简称《规划》)。

《规划》要求，到2025年，大数据产业测算规模突破3万亿元，年均复合增长率保持在25%左右，创新力强、附加值高、自主可控的现代化大数据产业体系基本形成。数据要素价值评估体系初步建立，要素价格由市场决定，数据流动自主有序，资源配置高效公平，培育一批较成熟的交易平台，市场机制基本形成。关键核心技术取得突破，标准引领作用显著增强，形成一批优质大数据开源项目，存储、计算、传输等基础设施达到国际先进水平。数据采集、标注、存储、传输、管理、应用、安全等全生命周期产业体系统筹发展，与创新链、价值链深度融合，新模式新业态不断涌现，形成一批技术领先、应用广泛的大数据产品和服务。社会对大数据认知水平不断提升，企业数据管理能力显著增强，发展环境持续优化，形成具有国际影响力的数字产业集群，国际交流合作全面深化。

统计显示，"十三五"时期，我国大数据产业规模年均复合增长率超过30%，2020年超过1万亿元。

任务3-4　数据分析工具

一、生意参谋

生意参谋集数据作战室、市场行情、装修分析、来源分析、竞争情报等数据产品于一体，既是商家统一数据产品平台，也是大数据时代下赋能商家的重要平台，其模块主要包括以下功能：

（1）首页。全面展示店铺经营全链路的各项核心数据，包括店铺实时数据、商品实时排行、店铺行业排名、店铺经营概况、流量分析、商品分析、交易分析、服务分析、营销分析和市场行情。

（2）实时直播。提供店铺实时流量交易数据、实时地域分布、流量来源分布、实时热门商品排行榜、实时催付榜单、实时客户访问等功能，还有先进的实时数据大屏模式，可以洞悉实时数据，抢占生意先机。

（3）经营分析。流量分析展现全店流量概况、流量来源及去向、访客分析及装修分析；商品分析提供店铺所有商品的详细效果数据，目前包括五大功能模块，即商品概况、商品效果、异常商品、分类分析、采购进货；交易分析包括交易概况和交易构成两大功能，可从店铺整体到不同颗粒度细分店铺交易情况，方便商家及时掌控店铺交易情况，同时提供资金回流行动点。营销推广包括营销工具、营销效果两大功能，可帮助商家精准营销，提升销量。

（4）市场行情。市场行情专业版目前包括三大功能，即行业洞察、搜索词分析、人群画像。行业洞察具备行业直播、行业大盘分析、品牌分析、产品分析、属性分析、商品店铺多维度排行等多个功能；搜索词分析可以查看行业热词榜，还能直接搜索某个关键词，获取其近期表现；人群画像直接监控三大人群，包括买家人群、卖家人群、搜索人群。

此外，市场行情的大部分指标可自由选择时间段，包括1天、7天、自然日、自然周、自然月或自定义时间；可选择的平台包括淘宝、天猫和全网其他平台，终端则包括PC端、无线端。

（5）专题工具。目前提供竞争情报、选词助手、行业排行、单品分析、商品温度计、销量预测等专项功能。竞争情报是一款提供给淘宝和天猫商家使用的用于分析竞争对手的工具，可精准定位竞争群体、分析竞争差距，并提供经营优化建议。选词助手从PC端和无线端出发，主要呈现店铺引流搜索词和行业相关搜索词的搜索情况及转化情况。行业排行主要展示六大排行榜，分别是热销商品榜、流量商品榜、热销店铺榜单、流量店铺榜、热门搜索词、飙升搜索词，所有无线端、PC端可分开查看。单品分析主要从来源去向、销售分析、访客分析、促销分析四个角度出发，对单品进行分析，商家可从中多角度了解商品表现情况，掌握商品实际销售效果。商品温度计提供商品转化效果的数据分析，同时可对影响商品转化的因素进行检测，检测指标包括页面性能、标题、价格、属性、促销导购、描述、评价等。销量预测可通过大数据分析，为商家推荐店内最具销售潜力的商品，并监控库存；同时，支持商家自定义监控规则、预估商品未来7天销量等。此外，可为商家提供商品定价参考。

行业观察
无人商店背后的黑科技

入局无人商店的京东、阿里巴巴、苏宁强调技术提高效率和便利购物体验优先，而实实在在撑起这些理念的则是人脸识别、移动支付、大数据、物联网等信息技术。

在无人商店的众多技术中，移动支付可以说是土生土长的中国智慧，"第三方平台软件＋一台移动终端"的便利支付方式令世界瞩目。目前，无论是Amazon Go、淘咖啡、京东X无人超市以及苏宁Biu店都需要完成与其相关账号绑定，而无人商店中人脸识别技术替代了移动终端，没有手机也可以"刷脸"买单。

进门"刷脸"、结账"刷脸"，人脸识别技术作为无人商店的最重要支撑技术之一，无论是成熟速度还是精准度都令人惊讶。自从2015年德国汉诺威消费电子、信息及通信博览会上展示的最新扫脸支付技术"Smile to Pay"开启国内人脸识别技术商用的大门以来，人脸识别技术已渗透到包括零售在内的金融、交通、娱乐等多个领域。根据场景的不同，人脸识别技术的精准率也有所不同，并不能保证100%的精准度。

目前，人脸识别技术已完全能够满足无人商店的要求：其精准度早已超过人眼，"毫秒级"解锁可实现非配合无感知，这意味着顾客无须停顿来配合镜头。与普通商店相比，京东和苏宁的无人商店随处可见运动传感器或摄像头，它们用于捕捉用户的消费行为以及进一步优化店面货品结构。苏宁表示通过记录用户拿起了什么商品，拿了多少次，方便了解哪些商品用户更感兴趣，哪些商品应该多备货，以及如何陈列等；除此之外，京东还利用摄像头实现门店图像无缝拼接，包括对商品的取放、对比、观察等，以提供便捷智能的服务。

如果说以上技术都是可视的，那么大数据技术在无人店的应用则相对隐蔽。据苏宁无人店项目负责人介绍，基于视频、物联网、大数据等技术，苏宁Biu店可以采集门店客流，跟踪用户行为和轨迹，结合各个应用的互动体验数据、门店订单、销售数据、会员数据等，实现区域性、本地化消费者大数据洞察，辅助门店运营优化提升，并能从商业上进行用户引流。

京东无人超市技术人员也表示，通过大数据分析，京东能绘制出极具个性的用户画像，除了用户喜好之外，还能分析出用户性别、年龄段、受教育程度，以及购物习惯和购物行为变化趋势，从而顺应趋势，以便未来提供前瞻性的精准服务。

二、EXCEL

EXCEL是 Microsoft Office System 中的电子表格程序。使用 EXCEL创建工作簿并设置工作簿格式，可分析数据和做出更明智的业务决策；可以使用 EXCEL跟踪数据，生成数据分析模型，编写公式以对数据进行计算，以多种方式透视数据，并以各种具有专业外观的图表来显示数据，EXCEL工作表可以满足大多数数据处理的业务需要；可将数据从纸上存入EXCEL 工作表中，使数据的处理和管理方式发生了质的变化，使数据从静态变成动态，能充分利用计算机自动、快速地进行处理。在EXCEL 中，不必进行编程就能对工作表中的数据进行检索、分类、排序、筛选等操作，利用系统提供的函数可完成各种数据的分析。

（一）EXCEL 数据管理

启动EXCEL之后，屏幕上显示由横竖线组成的空白表格，可以直接填入数据，就可形成现实生活中的各种表格。如学生登记表、考试成绩表、工资表、物价表等；而表中的不同栏目的数据有各种类型，EXCEL 会自动区分数字型、文本型、日期型、时间型、逻辑型等。对于表格的编辑也非常方便，可任意插入和删除表格的行、列或单元格；对数据进行字体、大小、颜色、底纹等修饰。如图3-14所示。

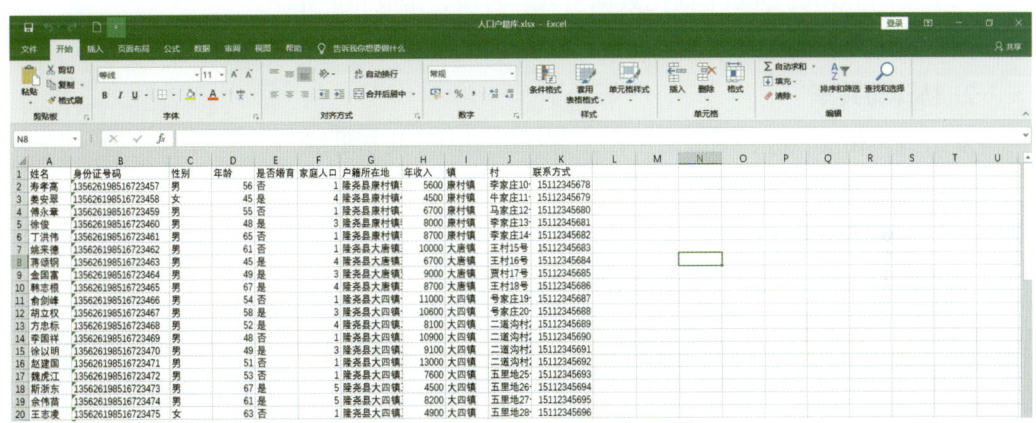

图3-14　EXCEL 数据

（二）制作图表

EXCEL提供了14类100多种基本的图表，包括柱形图、饼图、条形图、面积图、折线图、气泡图以及三维图。图表能直观地表示数据间的复杂关系，同一组数据可以用不同类型图表表示，对图表中的各种对象，如标题、坐标轴、网络线、图例、数据标志、背景等，能任意进行编辑，图表中可添加文字、图形、图像，精心设计的图表更具说服力，利用图表向导可方便、灵活地完成图表的制作。

（三）数据网上共享

EXCEL为用户提供了强大的网络功能，用户既可以创建超级链接获取互联网上的共享数据，也可将自己的工作簿设置成共享文件，保存在互联网的共享网站中，让世界上任何一个互联网用户分享。

三、BI工具

（一）Power BI

Power BI 是一种商业分析解决方案，可帮助对数据进行可视化、在组织中共享见解，或将见解嵌入应用或网站中。可连接数百个数据源，并使用实时仪表板和报表对让数据变得生动；可以全新的方式查看数据，快速做出明智决定；可使用可以协作、发布和共享的可视化报表来连接数据、对数据进行建模并浏览数据。Power BI 与 Microsoft EXCEL等其他工具集成，以便可以快速了解情况并使用现有解决方案无缝协作。

1. 创建

连接任何位置的数据，然后通过交互式可视化效果来浏览数据。

（1）使用 Power BI Desktop 可在几分钟内从数据中获得见解。

（2）连接本地和云中的数百个数据源。

（3）使用 Power Query 简化数据引入、转换、集成和扩充。

（4）使用内置视觉效果创建报表，或创建自己的自定义视觉对象。

2. 协作与共享

发布报表和仪表板、与团队协作，并在组织内外共享见解。

（1）使用 Power BI Pro 在组织中打造数据文化。

（2）与组织中处于每个角色的用户协作。

（3）发布用户可以在办公室或外出时访问的实时内容。

（4）集中管理组织的商业智能。

使用 Power BI Premium 可以分发报表，而无须购买个人许可证，其优势为：

（1）在组织内外广泛共享内容。

（2）准备就绪后进行扩展，甚至可以获得更多专门为你分配的容量。

（3）享受真正的 SaaS 服务，具有灵活性和易部署性。

3. 随时随地获取见解

采取措施从办公室无缝获取见解，或随时随地使用由 Microsoft、合作伙伴以及组织构建的 Power BI 应用进行无缝访问。

（1）使用 Power BI 移动版应用可随时随地查看最新的业务数据，并且设置有关重要见解的数据驱动型警报，以便可以立即采取措施。

（2）使用 Power BI Embedded 可将交互式报表嵌入当前版本中。

（二）Cognos BI

Cognos 是世界上最大的业务智能软件制造商之一，它能够帮助用户提取公司数据，然后分析并汇总得出报告。Cognos 有许多产品，但最为著名的还是它的 PowerPlay 联机分析处理（Online Analytical Processing，OLAP）工具，以及 Impromptu 报告和查询语言工具、Axiant 客户/服务器开发系统。在20世纪70年代晚期的 midrange 系统中，Cognos 公司的 PowerHouse 4GL（第四代语言）初次亮相。

Cognos 提供与 IBM DB2、Microsoft SQL Server 和 NCR Teradata 的整合数据库软件。公司同样与企业资源计划（Enterprise Resource Planning，ERP）供应商有合作，如 SAP、J.D. Edwards、Oracle、PeopleSoft 和 Baan。Cognos 最近的发展方向是提供更

多的基于互联网的软件版本，以及为无线设备提供解决方案。

大赛直通车
高职组商务数据分析赛项规程

一、竞赛名称

赛项名称：商务数据分析。

赛项组别：高职。

二、竞赛目的

随着云计算、物联网、社交网络等新兴服务的兴起，数据种类和规模正以前所未有的速度增长，大数据时代正式到来，数据从简单的处理对象转变为一种基础性资源，如何更好地管理和利用数据，从已有数据资源中挖掘更大的价值，实现数据资产的转变，成为每个行业的关注焦点。

视频："环鸣杯"商务数据分析比赛讲解

商务数据分析赛项，重点考察参赛选手对商务过程中结构化、非结构化数据的数据挖掘经验和意识，旨在推动数据挖掘分析技术发展和行业应用；培养学生团队管理和协调能力；增强学生职业素质，提升教学环境与产业环境之间的契合度。

三、竞赛内容

本次竞赛为命题竞赛。竞赛当天会发布具体赛题信息，提供赛题数据。选手根据设置的问题，展开思路，发挥想象力，进行商务数据分析的创意展现。需要提交的作品包括：商务数据分析业务场景数据挖掘模型、数据挖掘分析报告以及设计作品。

本次技能竞赛以学生对商务数据中数据挖掘分析的理解运用、关键任务完成质量作为竞赛内容，全面考察选手从历史数据分析出数据规律，预测未来数据，掌握数据挖掘分析的方法，通过数据挖掘分析，培养选手思维的灵活性以及对于数据的理解和数据深层价值挖掘的能力。参赛队根据所提供的数据及要求，通过商务智能数据分析平台对数据进行挖掘分析，并设计出完整的分析图表。图表中包含所有事件的相关信息，也完整展示数据分析的过程和数据链走向。

竞赛内容与岗位、知识、技能如表3-7所示。竞赛内容与分值、竞赛方式、竞赛时间如表3-8所示。

四、竞赛方式

（1）为提高各院校的学生参与度，综合考虑承办单位现有设备、竞赛准备时间和场地情况，比赛时间定为240分钟，凡报名成功的院校参赛队伍均可参加，未报名的队伍不能参加。

（2）每支参赛队由3名同一院校在籍学生组成，并从中指定队长1名。

表3-7　竞赛内容与岗位、知识、技能

竞赛模块	竞赛内容	知识	技能
技能操作	商务智能数据分析平台	通过平台对数据的理解、清洗、挖掘模型的选择、挖掘结果报告可视化分析展现	数据分析的能力
商务数据分析	电子商务运营分析	通过对各业务场景进行挖掘分析，充分理解和掌握业务场景以及设计思路的可行性及前瞻性	利用数据分析平台软件实现商务数据分析
	商务数据分析报告	数据挖掘分析报告设计能力、创新能力	

表3-8　竞赛内容与分值、竞赛方式、竞赛时间

竞赛阶段	竞赛内容	分值	竞赛方式	竞赛时间
第一阶段	数据处理	8分	团队协作完成	
第二阶段	电子商务数据挖掘主题分析	78分	团队协作完成	240分钟
第三阶段	创新设计	14分	团队协作完成	

（3）参赛选手在现场根据给定的项目任务，在规定时间内，相互配合在设备上完成竞赛试题中要求内容，最后以提交的可视化图表、分析报告为最终评分依据。

五、竞赛试题

如今，网上购物已成为大部分人的销售趋势与习惯，而在网上购物时经常会收到系统做出的个性化推荐，比如淘宝网会推荐客户可能会看到的商品；京东会根据客户的购买和浏览记录推荐其感兴趣的电子产品。而所有这些推荐结果都来自于各式各样的推荐系统，依靠计算机算法运行，根据顾客的浏览、搜索、购买、兴趣爱好，向客户个性化推荐其可能购买的商品，大大推动客户的购买概率，增加潜在的销售机会。

根据市场需求请思考：

（1）如何利用客户特征以及购买行为数据对客户进行聚类分析，实现客户等级划分？

（2）如何利用历史的订单购买信息，对商品进行关联规则分析，实现商品合理搭配并进行销售？

（3）如何通过客户特征和商品特征，实现客户个性化推荐？

（4）如何对客户的评论数据进行关键信息提取、情感分析，总结分析每个客户关注点和商品的优缺点？

本次竞赛提供某电商平台的客户会员信息数据、客户购买数据、订单数据、客户行为数据、商品信息数据、商品评论数据，要求学生通过这些数据完成竞赛题目。

任务实施
电商平台数据挖掘应用

一、电商平台用户聚类分析

（一）分析背景

根据用户的年龄、性别、所在地区、会员等级、爱好等基本信息和在电商平台的购买次数、购买产品种类等购买行为数据，利用数据挖掘聚类算法对用户进行聚类分析，得出用户等级分析报告。

（二）分析数据

用户信息数据、用户消费数据。

（三）分析目的

利用数据挖掘中k-means聚类算法，根据用户会员等级、用户爱好、购买频次、购买金额，对用户进行聚类分析，聚类数量为三类，分为重要用户、潜力用户和普通用户，对三类客户的特征进行分析，包括：年龄分布情况、性别占比情况、用户所在地区情况、会员等级情况、会员爱好分布情况、用户购买频次情况、用户消费金额分布情况等，如图3-15所示。

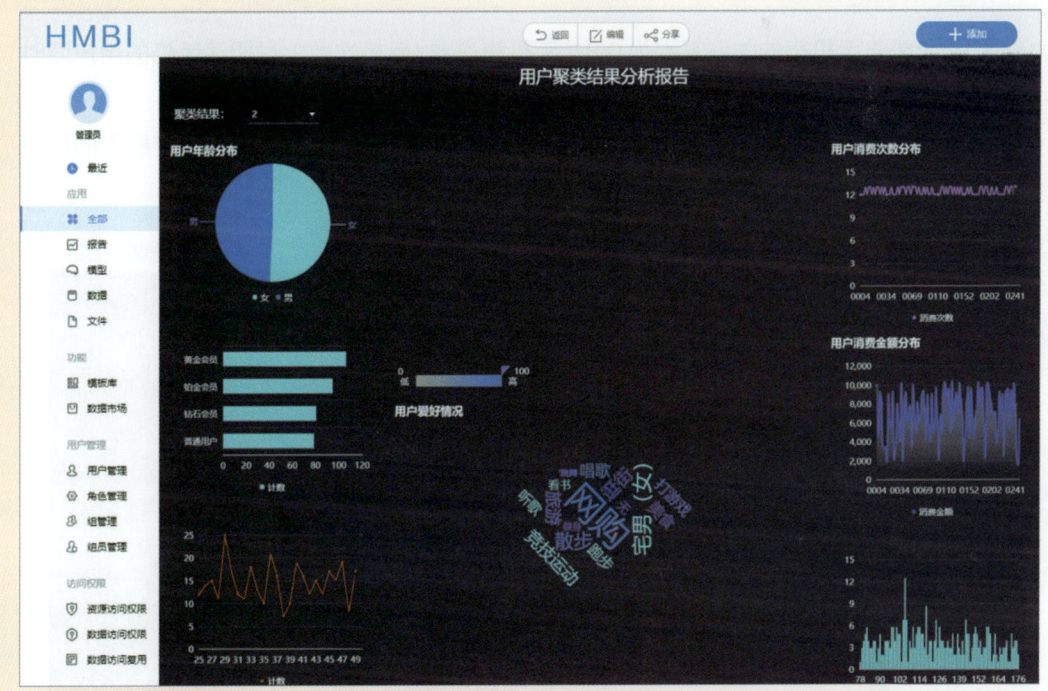

图3-15　用户聚类分析结果

二、电商平台商品关联分析

（一）分析背景

根据用户消费数据，进行商品关联规则分析。关联规则在于发现交易数据库中不同商品之间的联系，找出顾客购买行为模式（购买了某一商品对购买其他商品的影响）。通过分析不同商品之间的关联系数，得出商品之间的关联关系分析报告。

（二）分析数据

用户消费数据。

（三）分析目的

根据如表3-9所示的用户订购商品情况，利用分析平台，分析商品与商品之前的关联系数。要求计算手机与手机壳的关联系数，手机与充电线的关联系数。

表3-9　用户订购商品情况

订单	商品
用户1	手机、手机壳、充电宝、手机膜
用户2	手机、手机壳、充电宝、手机膜
用户3	手机、手机壳、充电宝
用户4	手机、手机壳
用户5	手机、充电宝

得出手机与手机壳的关联系数为0.8（手机壳次数/手机次数）说明买手机的用户同时购买手机壳的概率为80%。

手机壳与手机膜的关联系数为0.5（手机膜次数/手机壳次数），说明买手机壳的用户同时购买手机膜的概率为50%，如图3-16所示。

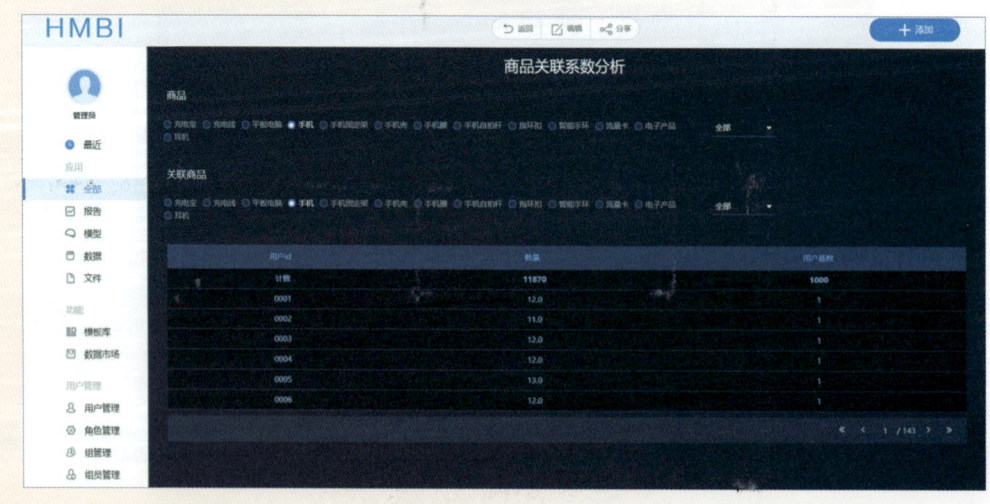

图3-16　商品关联系数分析结果

三、电商平台商品个性化推荐分析

（一）分析背景

通过对用户浏览网页的点击率、浏览商品网页的次数、收藏网页、历史购买商品等数据，分析顾客感兴趣的商品，并将这些商品推荐给用户，形成每个用户商品个性化推荐分析报告。

（二）分析数据

用户消费数据。

（三）分析目的

当用户购买手机时，为用户推荐五款商品。

（1）计算手机与不同商品的关联系数。

（2）选择与手机关联系数最大的五个商品，将其推荐给用户。

四、电商平台用户评论情感分析

（一）分析背景

通过用户对商品的评论数据，利用文本挖掘算法，得出用户对于商品的各方面的情感倾向以及每条评论情感词及情感得分，并且通过分析得出用户注重商品的那些属性、商品的优缺点，并将其形成分析报告。

（二）分析数据

用户评论数据。

（三）分析目的

对用户评论数据进行情感分析，并对结果做可视化分析。对用户评论的情感关键词做统计分析，分析得出关于物流、价格、商品、客服等好评和差评情况，并进行统计分析，如评论数量情况、不同情感关键词数量占比情况等，如图3-17所示。

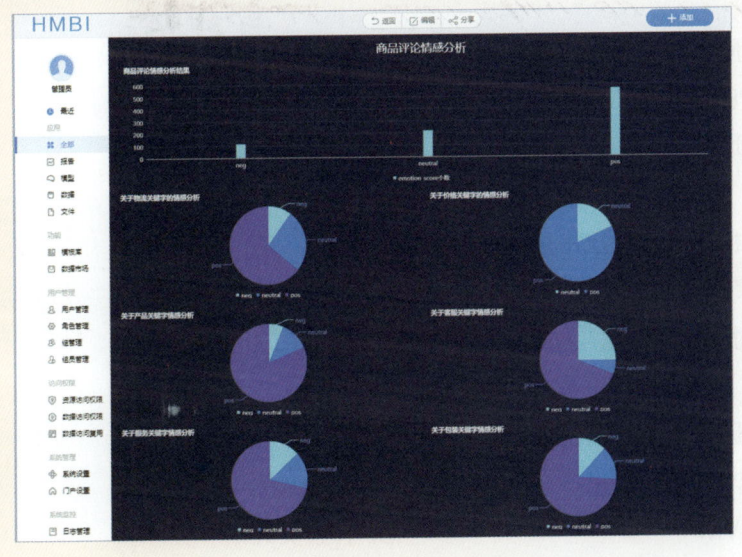

图3-17 商品情感分析结果

同步训练任务书

请根据以上内容填写表3-10。

表3-10　同步训练任务书

实训要求	分析结果
如何实现客户等级聚类分析	
如何计算商品之间的关联系数	
企业如何实现用户评论分析	
总结	

同步检测

一、单选题

1. 下面属于数据分析方法论的是（　　）。

    A. PEST分析方法论　　　　　B. 数据挖掘分析

    C. 预警分析　　　　　　　　D. 统计分析

2. 决策树属于数据挖掘中的（　　）。

    A. 聚类算法　　　　　　　　B. 分类算法

    C. 时序预测算法　　　　　　D. 推荐算法

3. 下面属于聚类算法的为（　　）。

    A. 神经网络　　　　　　　　B. k-means

    C. SVM　　　　　　　　　　D. 朴素贝叶斯

4. 下面不属于PEST分析法的要素的是（　　　　）。

    A. 制度　　　　　　　　　　B. 政治

    C. 经济　　　　　　　　　　D.社会

5. 下面不属于4P营销理论分析法的要素的是（　　　　）。

    A. 经营　　　　　　　　　　B. 产品

    C. 渠道　　　　　　　　　　D. 促销

二、多选题

1. 下面是数据分析工具的为（　　　　　）。

    A. EXCEL　　　　　　　　　B. SPSS

    C. SaaS　　　　　　　　　　D. 生意罗盘

2. 时间序列分析基本特点包括（　　　　　）。

    A. 假设事物发展趋势会延伸到未来

    B. 预测所依据的数据具有不规则性

    C. 不考虑事物发展之间的因果关系

    D. 时间必须是连续型

3. 常用的数据分析方法论包括（　　　　　）。

    A. 5W2H分析法　　　　　　B. 用户行为理论

    C. PEST分析法　　　　　　D. 4P营销理论

4. 下面属于用户行为分析指标的是（　　　　　）。

    A. IP　　　　　　　　　　　B. PV

    C. 转化率　　　　　　　　　D. 流失率

三、判断题

1. 同比分析是报告期水平与前一时期水平之比，表明现象逐期的发展速度，如计算一年内各月与其前一个月的对比。（　　　）

2. 同比的计算方法是本期数据／固定期数据。（　　　）

3. 环比的计算方法是本期数据 / 上期数据。（   ）

4. 时间序列是以时间数列所能反映的社会经济现象的发展过程和规律性进行引申外推，预测其发展趋势的方法。（   ）

学习单元4
商务运营分析

- 流量分析
- 商品分析
- 供应链分析

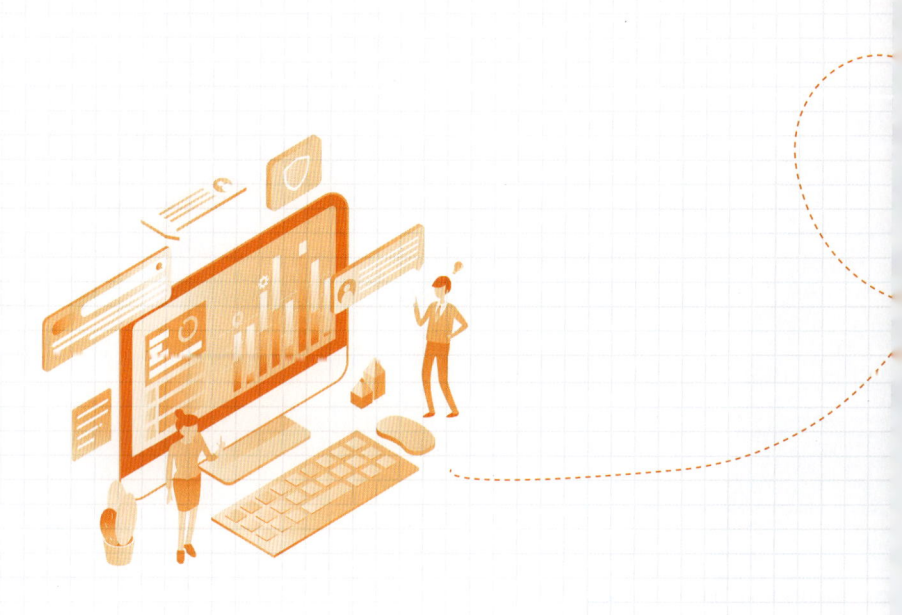

学习目标

知识目标
- 了解流量的来源。
- 理解商品分析的维度。
- 熟悉供应链运作逻辑。

技能目标
- 能通过关键词分析、流量趋势分析、转化分析剖析流量的影响因素。
- 通过对商品类目分析和商品SKU分析，指定类目选择方案和SKU全局战略。
- 通过对进销存PSI分析降低供应链成本，提高供应链效率。
- 能够利用分析结果最大程度提升转化率。

素养目标
- 将社会主义核心价值观体现于运营分析全过程。
- 将敬畏数据的精神贯彻运营分析全过程。

思维导图

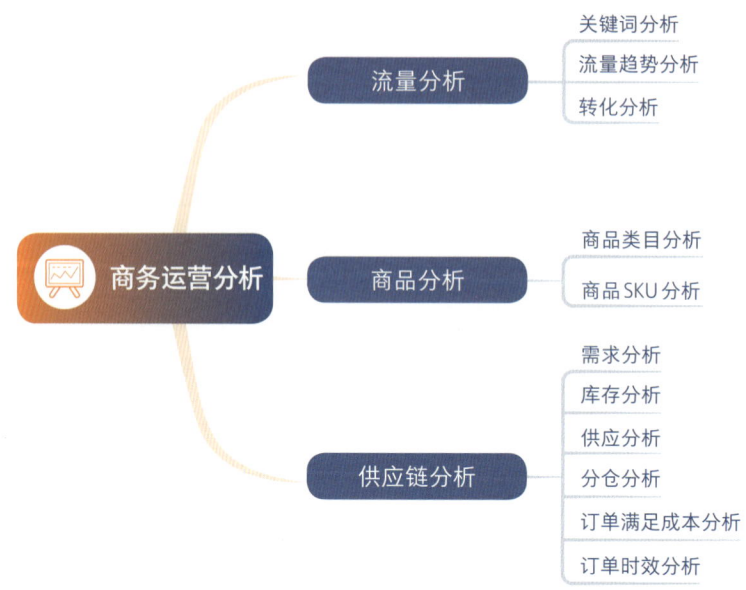

- 商务运营分析
  - 流量分析
    - 关键词分析
    - 流量趋势分析
    - 转化分析
  - 商品分析
    - 商品类目分析
    - 商品SKU分析
  - 供应链分析
    - 需求分析
    - 库存分析
    - 供应分析
    - 分仓分析
    - 订单满足成本分析
    - 订单时效分析

导入案例
代运营商业模式的兴起

  自2003年5月淘宝创立截至2013年，淘宝网拥有近5亿名的注册用户数，每天有超过6 000万名固定访客，同时每天的在线商品数已经超过了8亿件，平均每分钟售出4.8万件商品。

  淘宝平台具有如此的诱惑力，不抓住商机创业岂不可惜？于是越来越多的人选择在淘宝上创业。可随着商家的日益增多，竞争更加残酷，许多新手卖家自身并不擅长网店运营所涉及的装修、推广、宝贝优化、数据营销等，这也有直接或者间接造成了网店经营困难。而中国电子商务人才奇缺，且非常浮躁，动辄万元的待遇要求，让卖家难以承受，这时，网店代运营应势而生。网店代运营是指把运营外包给第三方操作，这样的选择有其明显的优势，也有不可避免的劣势。

  首先，代运营的运作模式可以有效提升网店流量、转化率、平台综合竞争力。代运营商在店铺装修、产品推广、宝贝优化、数据营销等方面更为专业，可以系统地进行产品的运营从而提高网店流量。

  其次，这种模式可以为卖家节省更多时间和精力。卖家可以把时间和精力用在开拓市场上，不用因为怕漏单而熬夜，也不用怕没有时间经营其他领域而顾此失彼。

最后，这种模式可以节约人力资源等招聘成本。相较于网店招聘客服、美工等，代运营显得更为划算。

但是，以这种模式运营的网店往往缺少自己的特色。因为代运营的服务提供商追求的更多是效率，在短期内达到目标而拿报酬，而在品牌长远发展规划上却不会有太多的涉及。且代运营商不止运营一家网店，无法做到量身定制运营方案，因此网店就缺少了自身的特色。

案例思考：

1. 代运营模式为什么可以生存？

2. 运营在电子商务业务中处于什么地位？

案例启示：

1. 运营在电商市场上的重要性。

2. 并非所有人都能做好运营，应该让专业的人做专业的事。

任务4-1　流量分析

【知识准备】

运营是电子商务业务中极其重要的一个环节。如何利用科学的分析工具，使运营更有效率，是众多电子商务企业关注的问题。

电子商务的模式有非常多，常见的有B2B、B2C和C2C。不同的电子商务模式对应的运营模式也有所差异。电子商务经营模式是电子商务模式的主要内容，包括：直接销售模式、黄页模式、打折券模式、佣金模式、预定模式、市场模式以及其他模式。本单元将主要针对B2C商业模式中最具代表性的直接销售模式进行详细的分析。

人们通常说的网站或者店铺流量（Traffic）是指网站或者店铺的访问量，是用来描述访问一个网站或者店铺的用户数量以及用户所浏览的网页数量等指标。网站流量统计主要指标包括独立访问者数量（Unique Visitor，UV）、重复访问者数量（Repeat Visitor）、页面浏览数（Page View，PV）、每个访问者的页面浏览数（Page View Per User）。

微课：流量
来源分析

在此，需要明确，此处所讨论的流量，是指独立访问者数量UV，是一个衡量店铺的客流量非常重要并且非常具有代表性的指标。

但是，流量并非销售量，并不是所有的流量都是优质流量，都会转化为销售量。流量的获取只是促成销售的第一步，流量的转化才是研究意义更为广大的一个范畴。

动画：移动
店铺站内外
流量的认识

一、关键词分析

可以想象一个场景，当人们想要在某购物网站上买一件东西的时候，通常会做的第一件事情是什么？一般来说，人们会直接打开购物网站或者APP，直接搜索想要买的东西。而且，一般输入的文字并不会像商家标识的名字那么长。此时，人们输入的就是关键词，而且，在各大平台的索引规则中，关键词匹配都是其中非常重要的一个标准。比如，当人们想去买一个水杯的时候，有可能会搜索：杯子、水杯、保温杯、玻璃杯等关键词。

作为商家，肯定希望把消费者输入这些关键词的名词都涵盖，以获得更多的流量。这时候，问题是对同一件商品的描述有可能有千千万万种，而商品描述的标题不可能是无限长。这时候，商家就需要做出选择，使用哪些关键词，放弃哪些关键词。这背后的逻辑非常清晰，商家必然会选择能带来更多流量的关键词，而放弃带来流量相对较小的关键词。逻辑虽然非常清晰，但是要真的做到并非易事，其背后最直接也是最有效的方法，就是对关键词进行有针对性的分析。

（一）关键词分析内容

对关键词进行分析，主要是分析关键词所带来的流量、订单情况，具体主要包括以下指标：

（1）访客数量：单个访问者访问店铺或者页面的数量；

（2）订单数：成交的订单数量；

（3）订单金额：成交的订单金额；

（4）商品数量：成交的商品的件数；

（5）客单价：单笔订单平均成交金额；

（6）人均支付件数：平均每个订单购买的件数。

对关键词进行分析，首先可以将产品有关的关键词全部列出来，这其中既包含生意参谋导出的关键词，也包含卖家希望塑造的关键词。在选择的关键词确认后，需要对其他变量进行控制以删除其他变量的影响，针对关键词对以上指标的影响进行分析，从而发掘关键词的实际价值。

以番薯为例，可选取7个主要关键词，进行数据统计，如表4-1所示。

表4-1　番薯关键字数据统计表

关键词	访客数量／人	订单数量／个	订单金额／元	商品数量／件	客单价／元	人均支付件数／件
地瓜	15 210	1 724	571 557	4 528	359.92	2.63
番薯	6 991	461	134 930	1 089	364.67	2.36
纤维	5 210	931	287 841	2 108	349.32	2.26

关键词	访客数量／人	订单数量／个	订单金额／元	商品数量／件	客单价／元	人均支付件数／件
健康	3 245	575	182 649	1 367	358.68	2.38
纯绿色	2 327	328	116 351	929	433.80	2.83
通便	4 914	720	233 030	1 817	365.25	2.52
养胃	801	401	92 490	1 251	245.74	3.12

从表4-1可以清晰地看到，不同的关键词对流量和销售情况的贡献是有所差别的。以下将进一步解释如何去选取对卖家有利的关键词。

（二）关键词选择方法

在对关键词进行选择时，主要分为以下几个步骤：

（1）列举与产品有关的关键字。这时候卖家需要考虑产品本身的名称，特别是不同地域对产品的不同叫法，比如，番薯在一些地方会被称为地瓜。另外，还需要考虑产品的特性和卖点，比如，番薯的主要作用及卖点。

（2）在网站或者生意参谋的数据中寻找其他与产品相关的关键词，将其加到所列举的关键词里面。

（3）对所有关键词进行相关指标的大盘数据搜索，比如，访客数量、订单数量、订单金额、成交订单的商品数目、客单价等。

（4）在以上指标中分别进行排序，选出排名靠前的关键词，通常选取关键词的时候，以10～20个为佳。

（5）在以指标衡量关键词的时候，建议遵循订单金额、访客数量、订单数量、商品数量、客单价、人均支付件数的次序。

二、流量趋势分析

流量是电子商务交易完成的第一步，没有流量，就没有交易。既然流量如此重要，找到流量背后的影响因素，相应地进行有针对性的精准营销，便变得不可忽视。

（一）流量趋势分析内容

在业界比较通用的思路，是通过流量趋势来对影响流量的因素进行剖析，原理就是对一段时间内流量的变化进行统计，通过多维度的观察和调研，对影响流量的因素进行罗列、验证，最后应用于流量管理的一种手段。

在此，以某个电商店铺的一次大促为例，对其2022年的一次促销的流量进行统计，经数据统计整理后，得出的数据结果如表4-2所示。

表4-2　某店铺2022年某一次促销流量及订单统计

时间段	流量 / 人	买家数量 / 人	订单数量 / 个
00:00—01:00	13 490	4 191	5 154
01:00—02:00	6 867	5 253	6 734
02:00—03:00	2 580	412	505
03:00—04:00	1 140	196	225
04:00—05:00	783	186	211
05:00—06:00	837	261	301
06:00—07:00	4 878	663	749
07:00—08:00	8 354	877	1 010
08:00—09:00	7 041	944	1 112
09:00—10:00	6 439	778	920
10:00—11:00	5 014	629	726
11:00—12:00	3 747	435	510
12:00—13:00	3 491	365	436
13:00—14:00	3 451	349	405
14:00—15:00	2 766	291	353
15:00—16:00	2 479	286	343
16:00—17:00	2 374	278	311
17:00—18:00	2 217	233	273
18:00—19:00	2 461	242	278
19:00—20:00	2 691	307	397
20:00—21:00	2 962	362	453
21:00—22:00	3 335	372	440
22:00—23:00	3 598	492	606
23:00—24:00	2 990	744	919

除了对单次流量进行统计，还可以对同一次促销的不同年份进行统计，表4-3是统计2021年与2022年同一次大促的流量对比。

表4-3　2021年与2022年促销流量对比

时间	2021 年流量 / 人	2022 年流量 / 人
0:00	1 151 749	1 400 423
1:00	712 403	2 011 707
2:00	59 507	129 698
3:00	26 506	62 395
4:00	26 442	54 623
5:00	34 555	85 562
6:00	89 066	220 249
7:00	126 528	292 287
8:00	116 788	329 029
9:00	116 588	258 573
10:00	92 022	208 115
11:00	39 953	143 767
12:00	38 325	108 971
13:00	34 960	94 535
14:00	38 549	86 970
15:00	25 708	83 027
16:00	34 445	80 088
17:00	31 185	69 063
18:00	36 776	81 165
19:00	38 515	95 751
20:00	52 389	113 123
21:00	54 018	104 820
22:00	62 210	148 938
23:00	77 826	174 654

为了更直观地发觉流量背后的逻辑，可以将这些数据整理成柱状图以供匹配更多信息，如图4-1所示。

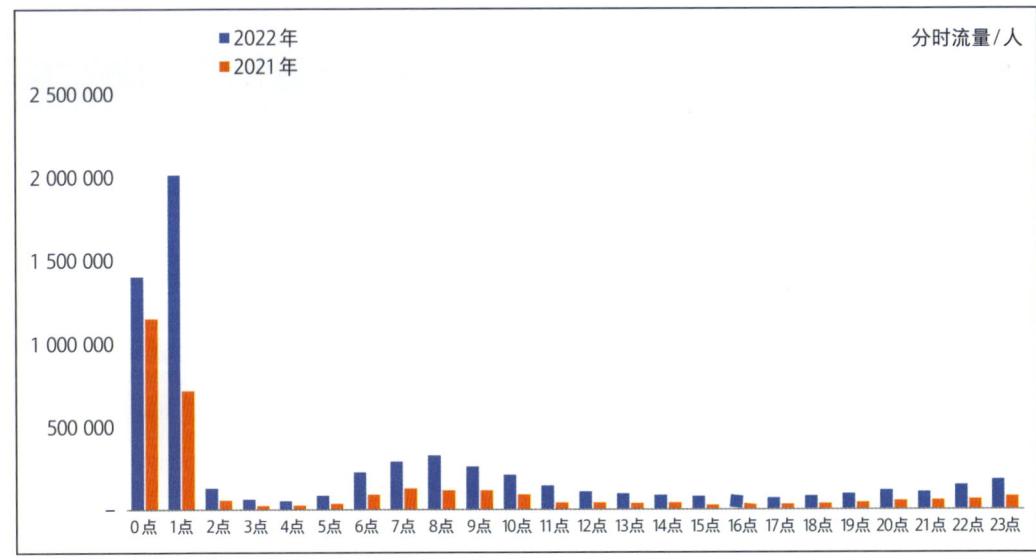

图4-1　2021年与2022年大促流量分时对照

（二）流量趋势分析的方法

动画：流量分析——如何进行移动店铺流量分析

对流量的趋势进行分析，主要从以下两个维度出发：

（1）从纵向对研究时间段内的流量变化进行研究；

（2）从横向以不同的时间段进行对比研究。

按上述方法，在这个案例中，首先，影响流量的主要因素是大促的爆发，即0:00—1:00是流量爆发的最主要时段。

其次，消费者的作息时间也是不可忽略的影响因素之一，消费者休息或工作忙碌的时段，比如凌晨3:00—4:00、中午12:00—15:00，即为流量最小的时间段。

最后，通过对2021年和2022年的流量进行对比，可以发现，2022年的流量在各个时段均比2021年要多，特别是在1:00这个时间段，增长更是迅猛。从这里可以猜测，是否存在消费者的习惯、平台的控制、利益点的影响，致使这些变化产生？

行业观察
当前淘宝的流量走势

淘宝发展到不同阶段，都会根据市场情况对自己战略战术进行调整，对不符合时代和环境的做法进行纠正，对自己稀缺的内容进行规划和战略投资。所以，淘宝的规则不会是一成不变的。对于淘宝和依附于淘宝上的卖家，流量永远是他们最重要的资源和手段。在淘宝看来，消费者的兴趣点在哪，流量就要放在哪；对淘宝卖家而言，政策在哪里，流量就在哪里。

新趋势一旦形成，很多卖家就发现原来的规则逐渐失效，好端端的店铺，转眼就面临困难甚至关停，好端端的爆款，转眼就失去了流量。那些最先发现趋势和使用新趋势、新规则的人会获得很大红利并取得经营优势，红利会在较短的时间内被填平，直到发生下一波趋势红利为止。目前趋势下，哪些规则失效了，哪些规则正在崛起呢？

（1）流量呈现碎片化趋势，看看淘宝首页即可知道，淘宝头条、生活研究所、有好货、爱逛街、淘抢购、淘宝直播等，内容入口比以往丰富了很多。店铺的宝贝在任何一个内容入口上排名靠前，就意味着更多的流量。

（2）个性化标签越来越重要：淘宝"千人千面"的规则让店铺个性化显得越来越重要。"千人千面"表面上是让店铺获取自然流量的机会变少，其实是让流量更精准，让流量带来的转化率提高，所以"千人千面"不管是对平台还是对店铺都有十分积极的作用。店铺应该更加专注于自己的产品，让自己的产品、店铺更有特色，形成自己的个性化标签，从而获得更多的流量。

（3）新品将获得更多流量，消费升级是时代的特征，所以淘宝流量会大力鼓励新品。

（4）"小而美"的流量，有特点、有个性、有新意，这样的店铺和产品对流量有吸引力，将会受到淘宝的鼓励。

（5）社交流量，微信有十亿名用户，可见社交的流量属性多么强盛，中国传统做买卖就是一种社交行为，所以，能从电商中挖掘利用社交元素的，比如利用粉丝社群做营销的，必须鼓励。

（6）直播流量，直播是眼下青年人最喜欢的一种网上行为，简单直接，参与者众多，影响力强，引导直播流量是时代的需要，否则会被淘汰。淘宝正加大力度鼓励。

（7）上网时间是流量的重要指标，淘宝想要做的是把用户时间更多锁定在淘宝上，哪怕不购物也多停留在淘宝上，而这种内容、文章、图片、视频是留住消费者的理由。停留即影响，影响即成交，这是淘宝最重要的方向。

（8）老客户培育更有必要，从淘宝权重和标签两个大动作可以看出，老客户的培育越来越被鼓励。与用一次就走的流量比，能留住流量并重复使用的店铺，淘宝会鼓励。注重品质服务，鼓励店铺的老顾客，这个权重会越来越大。

（资料来源：瀑布先生）

三、转化分析

在电商运营的过程中，流量的获取是运营努力的第一步成就，而后转化为收藏、加入购物车，或者最终支付的状态，这才是获得流量的目的。

动画：转化分析的重要性

这种转化称之为流量转化。因此，流量转化的主要研究范畴有以下三种：

$$收藏转化率=收藏数量/总访客数 \times 100\%$$
$$购物车转化率=加购数量/总访客数 \times 100\%$$
$$支付转化率=支付数量/总访客数 \times 100\%$$

微课：成交
转化率分析

对转化的研究是促成交易成交的关键点所在，如何一步步地吸引消费者的眼球、博得消费者的兴趣、突破消费者购买心理的最后一道防线，是电商业务成功的重点研究内容。

（一）转化分析内容

对转化进行分析，通常是分析其背后影响转化的因素，从而对这些因素进行控制，促使转化率提高。

有可能对转化产生影响的因素有千千万万，其中包括但不仅限于：流量来源、地域、用户属性、关键词、产品质量、品牌形象、推广力度，甚至天气、文化等。

但是，无论是何种因素对流量转化产生的影响，研究思路依然不变，那就是对其他变量进行控制，调节其中某些变量，从而找出这些因素的影响方向和影响程度。在这里，以某保健品的关键词的数据为例，对关键词影响流量的转化情况进行统计分析，如表4-4所示。

表4-4 某产品关键字的转化数据

关键词	流量/人	收藏量/次	加购量/次	订单量/个	收藏转化率	加购转化率	支付转化率
保健	4 424	1 071	127	2 281	24.21%	2.87%	51.56%
健康	4 241	841	117	2 132	19.83%	2.76%	50.27%
鱼油	3 271	802	68	2 134	24.52%	2.08%	65.24%
三高	11 263	814	2 329	1 537	7.23%	20.68%	13.65%
高血压	14 934	1 042	3 338	1 763	6.98%	22.35%	11.81%
高血糖	3 742	804	90	2 258	21.49%	2.41%	60.34%
高血脂	4 032	401	1 324	650	9.95%	32.84%	16.12%
降三高	4 267	425	1 463	896	9.96%	34.29%	21.00%
通血管	1 352	311	42	626	23.00%	3.11%	46.30%
心脑血管	1 046	170	31	564	16.25%	2.96%	53.92%

为了更简单明了地判断这些转化率背后的逻辑，可以将这三个转化指标表现为如图4-2所示的折线图。

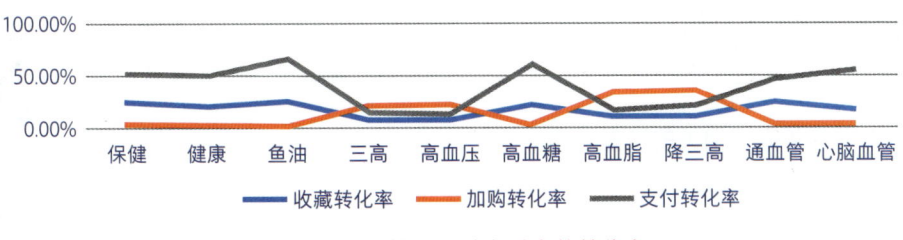

图4-2　某保健品关键字对应的转化率

（二）转化分析方法

对转化进行分析，通常通过下面三个维度来进行：

$$收藏转化率 = 收藏人数 / 流量 \times 100\%$$

$$加购转化率 = 加购人数 / 流量 \times 100\%$$

$$支付转化率 = 支付人数 / 流量 \times 100\%$$

微课：成交
转化率分析
（实操）

正常来说，支付转化率要比收藏转化率和加购转化率低，但是在以上的分析中，却出现了反常的情况，这是因为此次数据来源于大促，在大促期间往往有预热期，因此当天的流量大部分都是优质流量，支付转化率极高。

职场直通车
电商运营岗位面试被问最多的问题

（1）哪些因素会影响宝贝权重？

（2）如果店铺平均访问度低，你可以考虑以哪些方式进行优化？

（3）在淘宝日常数据中，如何看待UV、转化率、页面停留时间、客单价、销售额直接的关系？

（4）某产品还未上架，但是这款产品是店铺着力打造的爆款，请问在初期你会做哪些前期工作，以提高爆款概率？

（5）你策划过哪些店内活动？活动效果如何？造成这种效果的主要原因是什么？

（6）你觉得要跟美工怎么配合？意见不合怎么办？

（7）如果业绩下滑，你觉得应该分析哪些内容？

任务实施
关键词分析

步骤一：分析目标。

（1）明确关键词。

（2）研究关键词相关的流量趋势。

步骤二：分析原理。

分析原理如图4-3所示。

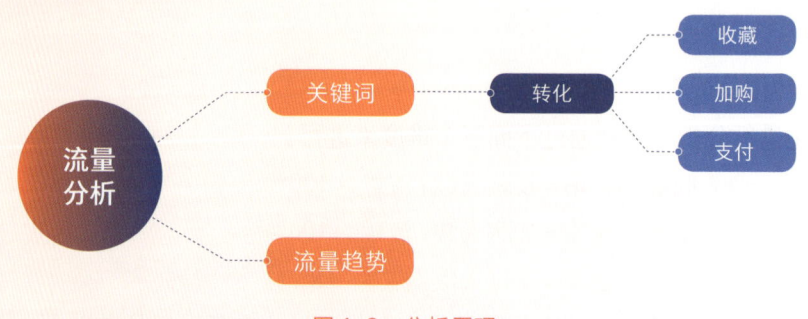

图4-3　分析原理

步骤三：实施准备。

（1）确定产品：某保健品；

（2）选择关键词：保健、健康、鱼油、三高、高血压、高血糖、高血脂、降三高、通血管、心脑血管等；

（3）从店铺后台及生意参谋导出基础数据，并整理成EXCEL文档，如表4-5所示。

步骤四：实施过程。

对转化数据的对应转化率进行计算，其中：

$$收藏转化率 = 收藏人数 / 流量 \times 100\%$$

$$加购转化率 = 加购人数 / 流量 \times 100\%$$

$$支付转化率 = 支付人数 / 流量 \times 100\%$$

计算得出如表4-6所示数据。

步骤五：数据可视化与结果分析。

（1）选取所有关键词的收藏转化率、加购转化率、支付转化率，如图4-4所示，进行插入可视化图形操作。

（2）为了清楚地对比不同关键词对应的转化关系，可以选择插入折线图，如图4-5所示，因为折线图能清晰呈现数量的高低对比关系。

表4-5　某保健品关键词对应的流量及转化数据

关键词	流量 / 人	收藏量 / 次	加购量 / 次	订单量 / 个
保健	4 424	1 071	127	2 281
健康	4 241	841	117	2 132
鱼油	3 271	802	68	2 134
三高	11 263	814	2 329	1 537
高血压	14 934	1 042	3 338	1 763
高血糖	3 742	804	90	2 258
高血脂	4 032	401	1 324	650
降三高	4 267	425	1 463	896
通血管	1 352	311	42	626
心脑血管	1 046	170	31	564

表4-6　某产品关键词的转化数据

关键词	流量 / 人	收藏量 / 次	加购量 / 次	订单量 / 个	收藏转化率	加购转化率	支付转化率
保健	4 424	1 071	127	2 281	24.21%	2.87%	51.56%
健康	4 241	841	117	2 132	19.83%	2.76%	50.27%
鱼油	3 271	802	68	2 134	24.52%	2.08%	65.24%
三高	11 263	814	2 329	1 537	7.23%	20.68%	13.65%
高血压	14 934	1 042	3 338	1 763	6.98%	22.35%	11.81%
高血糖	3 742	804	90	2 258	21.49%	2.41%	60.34%
高血脂	4 032	401	1 324	650	9.95%	32.84%	16.12%
降三高	4 267	425	1 463	896	9.96%	34.29%	21.00%
通血管	1 352	311	42	626	23.00%	3.11%	46.30%
心脑血管	1 046	170	31	564	16.25%	2.96%	53.92%

商品	流量/人	收藏量/次	加购量/次	订单量/个	收藏转化率	加购转化率	支付转化率
保健	4424	1071	127	2281	24.21%	2.87%	51.56%
健康	4241	841	117	2132	19.83%	2.76%	50.27%
鱼油	3271	802	68	2134	24.52%	2.08%	65.24%
三高	11263	814	2329	1537	7.23%	20.68%	13.65%
高血压	14934	1042	3338	1763	6.98%	22.35%	11.81%
高血糖	3742	804	90	2258	21.49%	2.41%	60.34%
高血脂	4032	401	1324	650	9.95%	32.84%	16.12%
降三高	4267	425	1463	896	9.96%	34.29%	21.00%
通血管	1352	311	42	626	23.00%	3.11%	46.30%
心脑血管	1046	170	31	564	16.25%	2.96%	53.92%

图4-4　转化统计截图

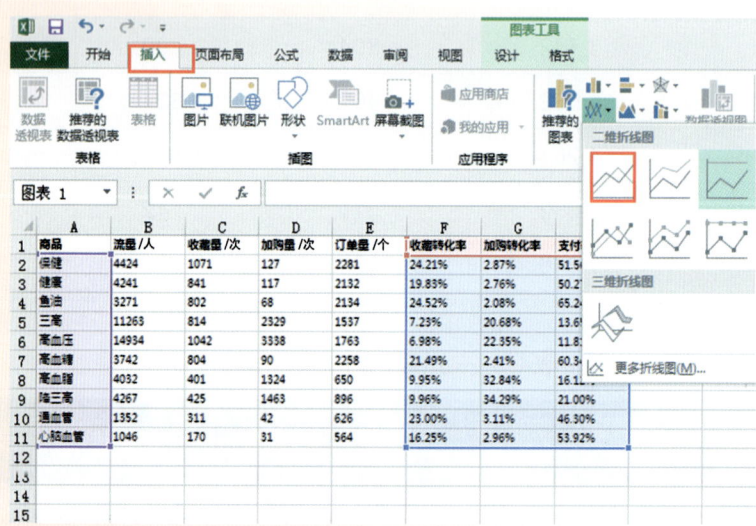

图4-5　插入折线图

（3）插入折线图并分析其转化率，从图4-6中可以清晰地看出，各项转化率的关系及不同关键词的对应转化率的关系。

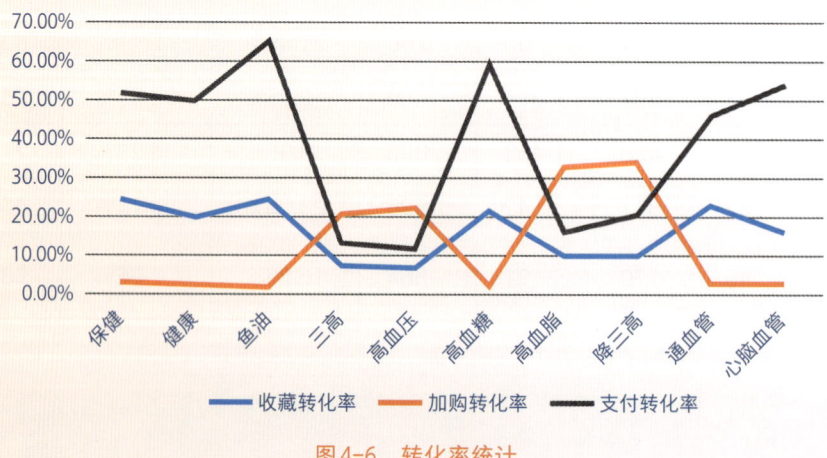

图4-6　转化率统计

（4）通过以上分析，我们至少可以得出结论。

① 收藏转化最高的关键词是：保健、鱼油；

② 加购转化率最高的关键词是：降三高；

③ 支付转化率最高的关键词是：鱼油。

因此，在选择关键词时可以参考优先次序：鱼油、降三高、保健、其他。

同步训练任务书

完成以上步骤后，将相应内容填入如表4-7所示的同步训练任务书。

表4-7　同步训练任务书

基本情况					
项目名称			项目编号		
主管上级			项目定编		
项目描述					
项目目的					
负责完成工作					
协助完成工作					
修订信息	修订时间	修订者	审核者	审批者	修订信息

任务4-2　商品分析

【知识准备】

动画: 什么
是商品分析

人们日常所说的"市场",通常有两种定义,一种是商品劳务市场,另一种是货币市场。在电子商务运营中,指的是商品劳务市场。既然是商品劳务的市场,标的物无非就是商品或者劳务,而在研究的过程中,通常把劳务也当做是商品的一种,因此本书的研究对象就是商品。

既然是对商品的研究,自然离不开对商品进行相关分析。人们所处的市场是充满竞争的市场,通过对商品的市场需求、消费者接受程度、收入与利润情况等指标进行研究,非常有利于企业在商业决策过程中做出正确的决策。

对商品的分析主要可以分为商品类目分析和商品SKU分析两个维度。

一、商品类目分析

商品类目是在零售业中出于管理目的,对所有商品进行了分类。如按消费者的衣、食、住、用、行划分,有食品类、服装类、鞋帽类、日用品类、家具类、家用电器类、纺织品类、五金电料类、厨具类等;按照消费者的需要层次划分,有基本生活品类、享受品类和发展品类等;按照消费者购买行为划分,有日用品类、选购品类和特殊品类;按照消费者的年龄和性别划分,有老年人用品类、中年用品类、青年用品类、儿童及婴儿用品类,以及女士用品类、男士用品类等。

在电商运营中,更是对类目按照了分等级的系统划分,比如说在一级类目鞋帽类下面,会分设二级类目鞋、帽,在二级类目下还会分出三级类目,比如鞋下面分了男鞋、女鞋,依次还会继续细分,如图4-7所示和如图4-8所示。

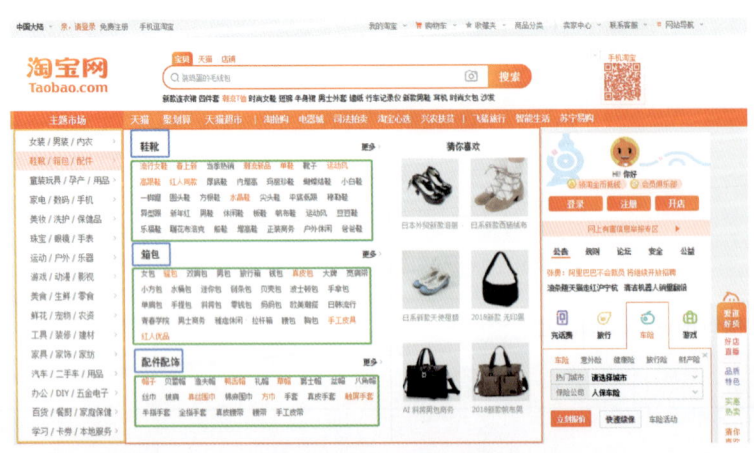

图4-7　淘宝首页类目

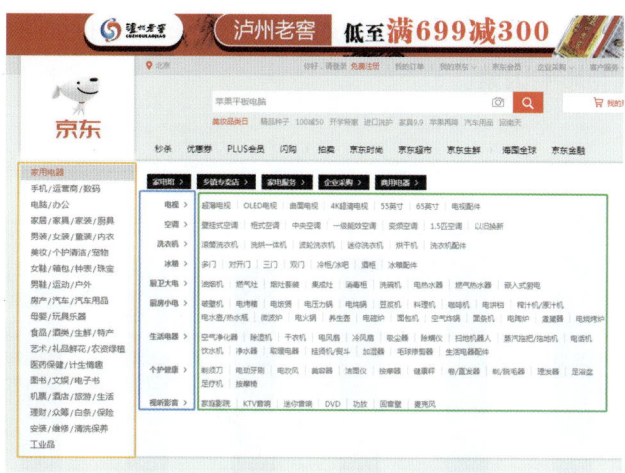

图4-8　京东首页类目

在电商平台上，商品必须在后台被设置在某个类目下面，这将影响商品的流量大小、流量转化率高低、资源获取多少等诸多后期运营的因素。因此，商品类目分析是非常重要的工作。

（一）商品类目分析内容

对类目进行分析，主要是分析同一个商品或者同一家店铺的商品，在不同的类目下面流量的差异、转化率的差异、销售总体效果的差异等指标。通过对这些指标进行比较分析，从而选择较为有利的类目。例如，某商品在生意参谋中各类目的销售数据如表4-8所示。

表4-8　某商品在生意参谋中各类目的销售数据

指标	母婴	家居	户外	香水	驱蚊	驱虫
支付金额/元	35 488	30 616	29 239	27 912	27 722	25 066
加购件数/件	610	454	658	6	568	553
访客数/人	1 081	332	433	520	928	700
支付转化率	12.95%	29.52%	10.16%	12.31%	15.30%	22.57%
加购人数/人	448	165	116	5	416	214
收藏件数/件	93	40	32	32	114	68
收藏人数/人	90	40	30	32	107	66
加购转化率	41.44%	49.70%	26.79%	0.96%	44.83%	30.57%
收藏转化率	8.33%	12.05%	6.93%	6.15%	11.53%	9.43%
支付买家数/人	140	98	44	64	142	158
支付件数/件	233	615	87	111	212	708

同样地，可以将表4-8的数据转化为如图4-9所示的柱状折线图，以详细分析每一个指标之间的差异与影响因素。

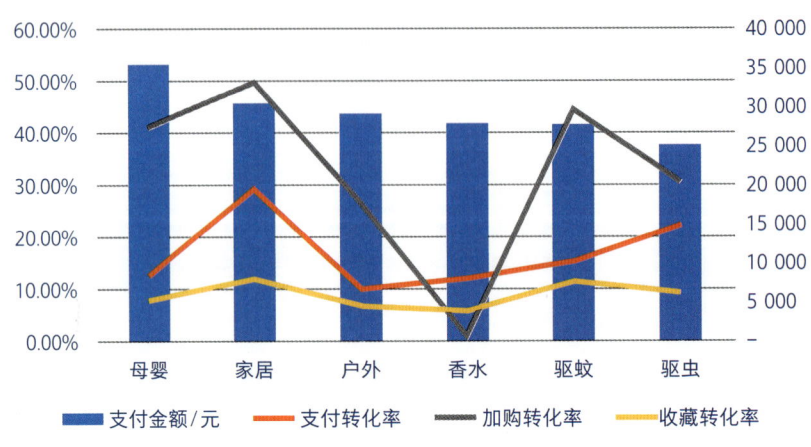

图4-9　某商品在各类目的指标对比

从图4-9中可以看出，从支付金额的维度来看，母婴类商品是最佳的选择；而无论是收藏转化率、加购转化率，还是支付转化率，家居类商品都略胜一筹。这说明类目2的转化率高、类目1的流量大或者客单价高。在这个结论的前提下，可以进一步分析这背后具体的原因，从而选择有优势的类目进行日后的运营。

（二）商品类目分析方法

对商品的类目进行分析，通常采用以下方法：

（1）将商品有可能归类的类目列举出来；

（2）从生意参谋中收集各个类目的销售指标，比如：支付金额、支付转化率、加购转化率、收藏转化率等；

（3）对这些指标进行分析比较，找出最优类目；

（4）选择类目的指标优先级：支付金额、支付转化率、加购转化率、收藏转化率。

直通职场
某两家大型电商企业类目运营的岗位职责

企业A：

（1）分析数据，掌握行业现状、市场需求和淘系商家对B2B市场购买行为的规律和趋势；

（2）分析电商IT类和全渠道IT类发展方向，制定并执行品类规划；

（3）做好类目营销计划、展示陈列计划、运营计划，追踪、分析、总结各项计划的执行效果，用市场化的手段，充分发挥平台的杠杆作用；

（4）与产品、技术等团队协作，通过产品开发和运营落地，持续改善服务市场用户体验；

（5）与营销团队密切协作，持续推出市场化、个性化的品牌营销活动，并不断优化流程规范；

（6）与服务商进行的密切沟通与协作，快速推动服务商在平台的发展。

企业B：

（1）根据客户、市场判定产品归属类目，制定类目规则、流程、标准等；

（2）根据业务部门的需求，负责执行增加、拆分、合并、关闭类目的需求分析和判断，最后进行操作，并监控调整后的效果；

（3）负责倾听、收集、整理用户需求和反馈，发现类目属性存在的问题，制定相应的解决方案；

（4）监控和分析类目数据，同时收集评估外部同行类目相关情况，提交类目分析及报告；

（5）对类目属性相关优化及创新产品进行运营和推广，对数据进行处理和分析，通过分析类目数据，不断完善类目运营。

二、商品SKU分析

商品的SKU分析是基于单品的维度进行的分析。商品SKU分析是最重要的分析之一，因为最核心的分析内容就是商品对于市场的一系列直接指标，比如商品的需求、商品的接受度、商品的品牌形象等。这一类指标有很多，通常跟其他分析内容有机结合起来。

动画：如何划分店铺商品结构

商品的SKU分析研究维度既然如此多，在研究的时候也不可能一蹴而就，因此，这是一个长期积累的过程。在这里，依然以收藏转化率、加购转化率、支付转化率、支付金额为研究对象，对SKU进行详细的分析，但这并不是唯一的分析方法。例如，某店铺SKU销售数据如表4-9所示。

表4-9　某店铺SKU销售数据表

商品	访客数/人	支付金额/元	支付件数/件	支付买家数/件	加购件数/件	加购人数/人	收藏件数/件	收藏人数/件
运动鞋S款	533	21 713	458	155	910	506	123	117
运动鞋M款	831	21 029	435	309	864	642	200	195

商品	访客数／人	支付金额／元	支付件数／件	支付买家数／件	加购件数／件	加购人数／人	收藏件数／件	收藏人数／人
运动鞋L款	343	20 913	171	91	506	35	134	129
皮鞋男S款	577	18 932	133	71	302	225	50	50
皮鞋男M款	806	18 126	363	193	545	390	107	107
皮鞋男L款	368	17 266	124	78	257	182	56	55
皮鞋女S款	741	15 701	326	114	544	335	77	76
皮鞋女M款	952	14 147	219	129	334	259	76	74
皮鞋女L款	760	11 642	373	205	693	440	125	120
高跟鞋S款	159	10 754	176	53	275	54	24	24
高跟鞋M款	920	9 519	336	265	435	342	115	111
高跟鞋L款	147	9 486	48	20	84	44	11	11
户外鞋男S款	126	9 363	93	43	20	13	27	25
户外鞋男M款	547	9 306	140	95	264	195	52	49
户外鞋男L款	451	8 760	60	43	179	135	20	20
户外鞋女S款	195	7 244	47	23	77	47	16	16
户外鞋女M款	165	6 056	80	22	136	61	8	8
户外鞋女L款	119	5 366	24	11	62	35	12	12

根据表4-9中的数据计算转化率，如表4-10所示。

表4-10　某店铺SKU转化率

商品	支付转化率	加购转化率	收藏转化率
运动鞋S款	29.08%	94.93%	21.95%
运动鞋M款	37.18%	77.26%	23.47%
运动鞋L款	26.53%	10.20%	37.61%
皮鞋男S款	12.31%	38.99%	8.67%
皮鞋男M款	23.95%	48.39%	13.28%

商品	支付转化率	加购转化率	收藏转化率
皮鞋男 L 款	21.20%	49.46%	14.95%
皮鞋女 S 款	15.38%	45.21%	10.26%
皮鞋女 M 款	13.55%	27.21%	7.77%
皮鞋女 L 款	26.97%	57.89%	15.79%
高跟鞋 S 款	33.33%	33.96%	15.09%
高跟鞋 M 款	28.80%	37.17%	12.07%
高跟鞋 L 款	13.61%	29.93%	7.48%
户外鞋男 S 款	34.13%	10.32%	19.84%
户外鞋男 M 款	17.37%	35.65%	8.96%
户外鞋男 L 款	9.53%	29.93%	4.43%
户外鞋女 S 款	11.79%	24.10%	8.21%
户外鞋女 M 款	13.33%	36.97%	4.85%
户外鞋女 L 款	9.24%	29.41%	10.08%

为了清晰地表现支付金额的大小关系和转化率的高低对比关系，可以将以上数据转化为柱状折线图，如图4-10所示。

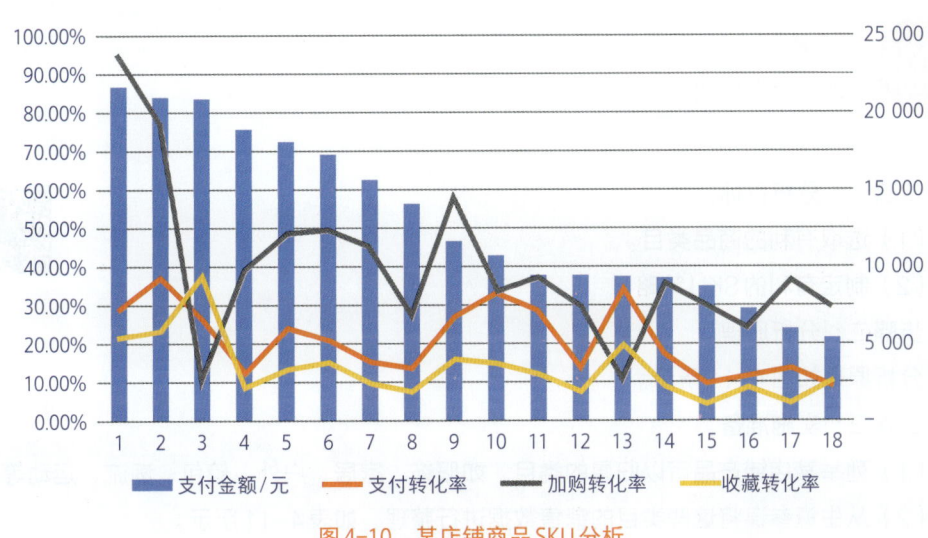

图4-10　某店铺商品SKU分析

从这项分析里面，可以发现至少两个问题：

（1）支付金额的高低与转化的高低不完全同步；

（2）收藏转化率、加购转化率、支付转化率相对的趋势比较统一。

由以上分析可以非常清晰地界定，哪些商品是带来收益较大的，哪些商品是流量转化率较高的，这两种商品通常适用于不同的运营模式。

素养园地
将社会主义核心价值观体现于运营分析全过程

社会主义核心价值观是社会主义核心价值体系的内核，体现社会主义核心价值体系的根本性质和基本特征，反映社会主义核心价值体系的丰富内涵和实践要求，是社会主义核心价值体系的高度凝练和集中表达。为深入贯彻落实党的十八大和十八届三中全会精神，积极培育和践行社会主义核心价值观，近日，中共中央办公厅印发了《关于培育和践行社会主义核心价值观的意见》并发出通知，要求各地区各部门结合实际认真贯彻执行，这对于全社会培育和践行社会主义核心价值观具有重要意义。

在电商运营的整个过程，我们更应该坚持践行社会主义核心价值观，将核心价值观的各项要义充分地体现在运营的方方面面，无论是进行流量管理、商品管理，还是供应链管理，都应该将时代的精神和文化的精髓融入进去，争做时代的弄潮儿，践行正确的价值观。

任务实施
网店商品类目分析

步骤一：分析目标。

（1）选取有利的商品类目。

（2）制定有利的 SKU 策略。

步骤二：分析原理。

分析原理如图 4-11 所示。

步骤三：实施准备。

（1）列举某店铺产品可以归属的类目，如服饰、家居、户外、箱包、潮流、运动等。

（2）从生意参谋将这些类目的销售数据进行整理，如表 4-11 所示。

微课：网店
商品分析

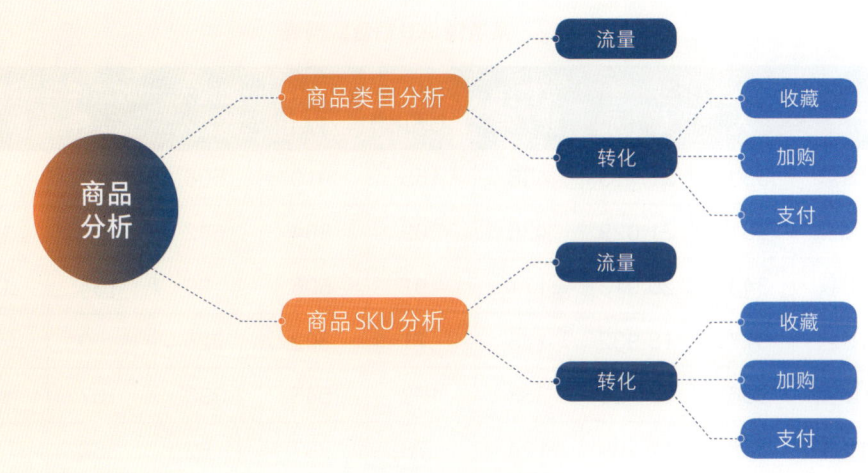

图4-11　分析原理

表4-11　某店铺类目销售数据

指标	服饰	家居	户外	箱包	潮流	运动
支付金额/元	35 488	30 616	29 239	27 912	27 722	25 066
加购件数/件	610	454	658	6	568	553
访客数/人	1 081	332	433	520	928	700
支付转化率	12.95%	29.52%	10.16%	12.31%	15.30%	22.57%
加购人数/人	448	165	116	5	416	214
收藏件数/件	93	40	32	32	114	68
收藏人数/人	90	40	30	32	107	66
加购转化率	41.44%	49.70%	26.79%	0.96%	44.83%	30.57%
收藏转化率	8.33%	12.05%	6.93%	6.15%	11.53%	9.43%
支付买家数/人	140	98	44	64	142	158
支付件数/件	233	615	87	111	212	708

（3）列举所有SKU的名称及其销售数据（从生意参谋和后台导出），如表4-12所示。

步骤四：实施过程

（1）对转化数据的对应转化率进行计算，其中：

收藏转化率=收藏人数/流量×100%

加购转化率=加购人数/流量×100%

支付转化率=支付人数/流量×100%

表4-12　某店铺SKU销售数据表

商品	访客数 / 人	支付金额 / 元	支付件数 / 件	支付买家数 / 人	加购件数 / 件	加购人数 / 人	收藏件数 / 件	收藏人数 / 人
运动鞋S款	533	21 713	458	155	910	506	123	117
运动鞋M款	831	21 029	435	309	864	642	200	195
运动鞋L款	343	20 913	171	91	506	35	134	129
皮鞋男S款	577	18 932	133	71	302	225	50	50
皮鞋男M款	806	18 126	363	193	545	390	107	107
皮鞋男L款	368	17 266	124	78	257	182	56	55
皮鞋女S款	741	15 701	326	114	544	335	77	76
皮鞋女M款	952	14 147	219	129	334	259	76	74
皮鞋女L款	760	11 642	373	205	693	440	125	120
高跟鞋S款	159	10 754	176	53	275	54	24	24
高跟鞋M款	920	9 519	336	265	435	342	115	111
高跟鞋L款	147	9 486	48	20	84	44	11	11
户外鞋男S款	126	9 363	93	43	20	13	27	25
户外鞋男M款	547	9 306	140	95	264	195	52	49
户外鞋男L款	451	8 760	69	43	179	135	20	20
户外鞋女S款	195	7 244	47	23	77	47	16	16
户外鞋女M款	165	6 056	80	22	136	61	8	8
户外鞋女L款	119	5 366	24	11	62	35	12	12

计算得出如表4-13所示数据。

表4-13　某店铺SKU流量及转化率

商品	流量 / 人	支付转化率	加购转化率	收藏转化率
运动鞋S款	533	29.08%	94.93%	21.95%
运动鞋M款	831	37.18%	77.26%	23.47%
运动鞋L款	343	26.53%	10.20%	37.61%
皮鞋男S款	577	12.31%	38.99%	8.67%

商品	流量 / 人	支付转化率	加购转化率	收藏转化率
皮鞋男 M 款	806	23.95%	48.39%	13.28%
皮鞋男 L 款	368	21.20%	49.46%	14.95%
皮鞋女 S 款	741	15.38%	45.21%	10.26%
皮鞋女 M 款	952	13.55%	27.21%	7.77%
皮鞋女 L 款	760	26.97%	57.89%	15.79%
高跟鞋 S 款	159	33.33%	33.96%	15.09%
高跟鞋 M 款	920	28.80%	37.17%	12.07%
高跟鞋 L 款	147	13.61%	29.93%	7.48%
户外鞋男 S 款	126	34.13%	10.32%	19.84%
户外鞋男 M 款	547	17.37%	35.65%	8.96%
户外鞋男 L 款	451	9.53%	29.93%	4.43%
户外鞋女 S 款	195	11.79%	24.10%	8.21%
户外鞋女 M 款	165	13.33%	36.97%	4.85%
户外鞋女 L 款	119	9.24%	29.41%	10.08%

（2）针对如图4-12所示类目评价指标，对关键数据插入数据分析图；

指标	服饰	家居	户外	箱包	潮流	运动
支付金额 /元	35,488	30,616	29,239	27,912	27,722	25,066
加购件数 /件	610	454	658	6	568	553
访客数 /人	1,081	332	433	520	928	700
支付转化率	12.95%	29.52%	10.16%	12.31%	15.30%	22.57%
加购人数 /人	448	165	116	5	416	214
收藏件数 /件	93	40	32	32	114	68
收藏人数 /人	90	40	30	32	107	66
加购转化率	41.44%	49.70%	26.79%	0.96%	44.83%	30.57%
收藏转化率	8.33%	12.05%	6.93%	6.15%	11.53%	9.43%
支付买家数 /人	140	98	44	64	142	158
支付件数 /件	233	615	87	111	212	708

图4-12　对类目指标插入数据分析图

（3）为了更易比较转化率之间的高低关系，首先插入折线图，如图4-13所示，因为折线图最能直观地比较不同类目、不同指标之间的高低关系。

（4）由于支付金额的维度与转化率不一样，数值远比转化率大，并且网店更关注大小的维度，因此更换支付金额的统计图类型，选择柱状图并使用次坐标轴，如图4-14所示。

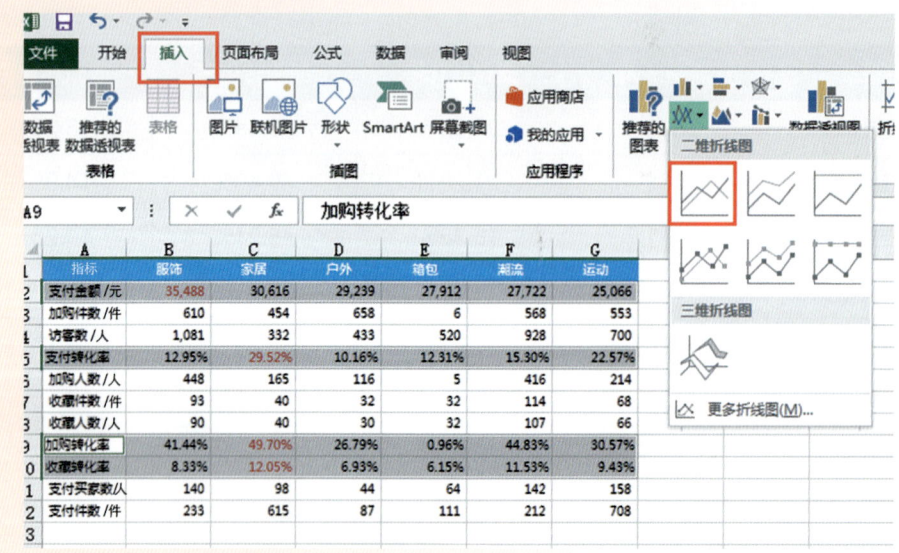

图4-13　插入折线图

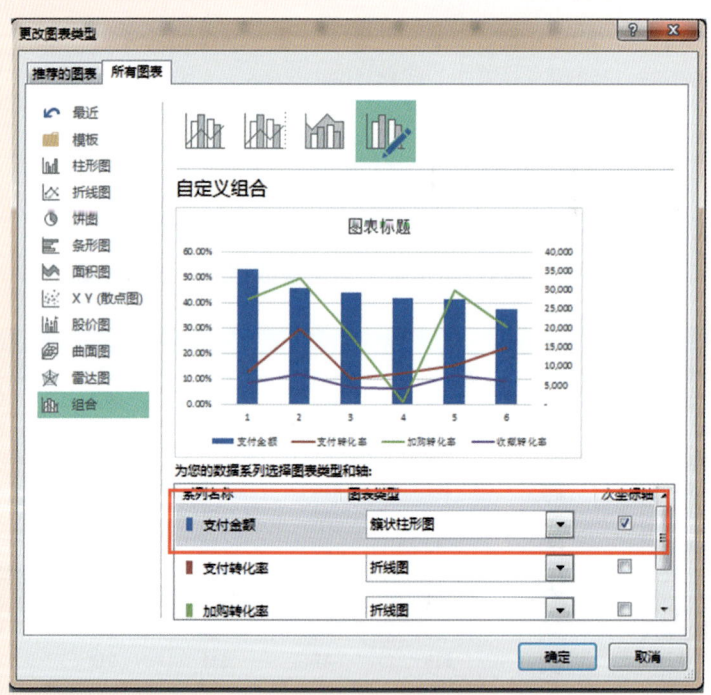

图4-14　更改图形类型

（5）对SKU数据中的流量、三个转化指标进行类似操作；

步骤五：数据可视化与结果分析。

（1）类目分析，结果如图4-15所示。

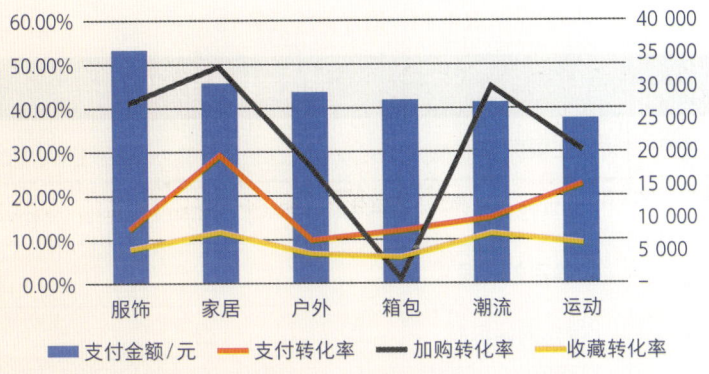

图4-15　类目分析

（2）SKU分析，结果如图4-16所示。

（3）通过以上分析，至少可以得出以下结论：

① 类目优先级：服饰、家居、潮流。

② 爆款SKU：运动鞋M款、运动鞋S款、运动鞋L款。

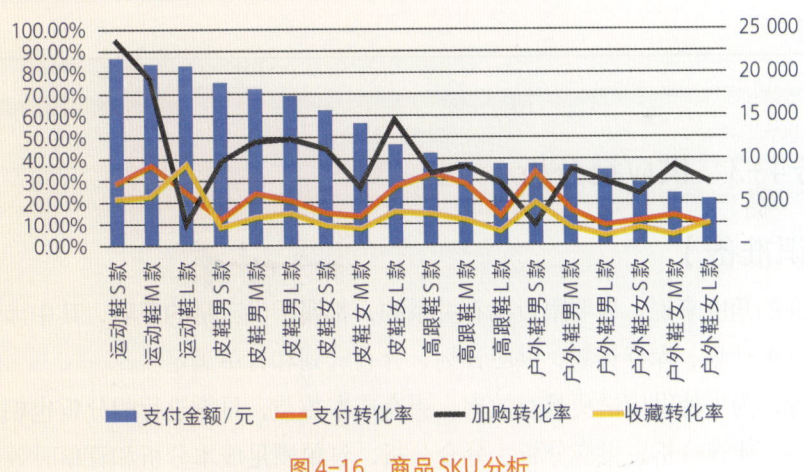

图4-16　商品SKU分析

请将任务相关内容填入如表4-14所示的同步训练任务书。

表4-14　同步训练任务书

项目	网店商品类目分析	
小组成员	主要负责人	
	其他成员	
小组成员分工	确定关键词	
	确定网站导航	
	确定网站内容	
优化内容	推广途径	
	网站关键词	
	网站导航	
	网站内容	
评估方案		
教师点评		

任务4-3　供应链分析

【知识准备】

从电商的角度来说，只要跟货物有关系的，都属于供应链的范畴，其中涉及的工作内容包括需求计划、库存计划、供应计划、分仓计划和订单满足。

相应地，为了使供应链更具有效率，更有成本效益，日常进行的分析也相应至少包含需求分析、库存分析、供应分析、分仓分析、订单满足成本分析和订单时效分析。

一、需求分析

需求有很多种定义，但是，为了逻辑统一，在供应链领域，可以将需求定义为"销售需求"，在计划的环节，也可以将之称为"销售预测"。

既然需求被定义为销售，那么，供应链的一切出发点便由此发生。只有发生了销售需求，才会有后面的库存计划、供应计划、分仓计划和最后的订单满足等环节。

（一）需求分析内容

需求分析是基于实际销售的数据，对未来的销售预测进行评估，通常这个评估分为以下步骤：

（1）对过去的销量进行数据统计，得出以SKU为基本维度的销量基础；

（2）对日常销量与活动销量进行定义，并进行拆解分析；

（3）基于总体SKU战略，对日常销量和活动销量进行调整；

（4）基于时间维度计算需求。

在此，以某店铺的需求预测为例展示以上步骤，某店铺日常需求预测如表4-15所示，活动需求预测如表4-16所示，需求预测汇总如表4-17所示。

表4-15　某店铺日常需求预测

单位：双

月份	汇总数量	运动鞋S款	运动鞋M款	运动鞋L款	皮鞋男S款	皮鞋男M款	皮鞋男L款
1月	3 162	650	1 667	132	610	37	67
2月	7 784	565	4 625	775	1 260	470	89
3月	54 410	9 972	35 262	1 154	5 485	1 320	1 216
4月	110 390	20 141	73 769	2 197	9 485	2 091	2 707
5月	147 038	30 519	95 568	2 386	11 735	2 584	4 246
6月	177 763	38 416	111 997	3 076	16 068	3 162	5 044
7月	95 613	19 438	61 013	2 069	9 010	1 671	2 412
8月	53 221	10 357	32 869	1 849	5 900	1 025	1 221
9月	21 334	4 326	11 186	1 500	2 782	846	694
10月	4 965	892	2 579	417	858	100	119
11月	17 488	2 526	11 501	355	2 651	178	277
12月	8 444	1 038	4 765	1 085	1 268	179	109

表4-16　某店铺活动需求预测

单位：双

月份	汇总数量	运动鞋S款	运动鞋M款	运动鞋L款	皮鞋男S款	皮鞋男M款	皮鞋男L款
1月	1 760	110	1 100	110	440	–	–
2月	6 434	161	3 945	753	1 085	445	45
3月	31 049	974	25 816	793	2 656	705	105

月份	汇总数量	运动鞋 S 款	运动鞋 M 款	运动鞋 L 款	皮鞋男 S 款	皮鞋男 M 款	皮鞋男 L 款
4月	63 668	2 146	54 876	1 474	3 827	860	485
5月	72 283	1 727	65 340	1 229	2 682	615	690
6月	84 049	2 397	74 015	1 625	4 712	700	600
7月	48 891	1 443	42 120	1 346	3 352	440	190
8月	29 860	1 359	23 422	1 488	3 071	410	110
9月	11 990	727	7 407	1 356	1 650	600	250
10月	4 031	532	2 201	403	745	75	75
11月	12 815	726	9 612	283	2 085	55	55
12月	7 042	498	4 199	1 063	1 098	142	42

表4-17 某店铺需求预测汇总

单位：双

月份	汇总数量	运动鞋 S 款	运动鞋 M 款	运动鞋 L 款	皮鞋男 S 款	皮鞋男 M 款	皮鞋男 L 款
1月	3 162	650	1 667	132	610	37	67
2月	7 784	565	4 625	775	1 260	470	89
3月	54 410	9 972	35 262	1 154	5 485	1 320	1 216
4月	110 390	20 141	73 769	2 197	9 485	2 091	2 707
5月	147 038	30 519	95 568	2 386	11 735	2 584	4 246
6月	177 763	38 416	111 997	3 076	16 068	3 162	5 044
7月	95 613	19 438	61 013	2 069	9 010	1 671	2 412
8月	53 221	10 357	32 869	1 849	5 900	1 025	1 221
9月	21 334	4 326	11 186	1 500	2 782	846	694
10月	4 965	892	2 579	417	858	100	119
11月	17 488	2 526	11 501	355	2 651	178	277
12月	8 444	1 038	4 765	1 085	1 268	179	109

以上计算逻辑为：

需求总预测＝日常需求预测＋活动需求预测

在这基础之上，为了显示出分月的变化规律以规划其他运营资源，还可以将表4-15、表4-16和表4-17数据结果表现为如图4-17所示的柱状图。

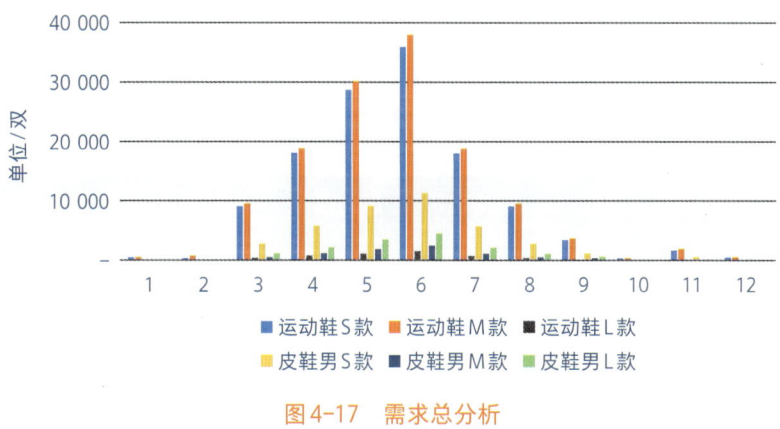

图4-17　需求总分析

经过这一系列分析，已经得出全年的需求情况，但是值得注意的是，需求预测分析是一个滚动变化的过程，在日常运营的过程中，店铺需要定期对其进行更新，通常是以周或者月为一个周期，结合市场和销售策略，对所有需求进行符合事实的更新。

（二）需求分析方法

对需求进行分析，主要遵循以下方法：

（1）总需求＝日常需求＋活动需求；

（2）店铺分月需求与大盘分月销售量对应，在此基础上考虑店铺独有活动的影响；

（3）店铺总需求与大盘销售走势趋势一致，但需考虑市场占用率的上升和上升的主要抓手；

（4）每月回顾销售，以销售准确率衡量过去销售的估算情况。

二、库存分析

库存管理是供应链管理中最关键的一个环节，通常说的库存主要分为周期库存、安全库存、在途库存、预期库存、不良库存、冻结库存。

（一）分析内容

对库存的分析，主要分为库存需求分析和库存健康度分析两个维度。

1. 库存需求分析

正常情况下进行库存需求分析需要先明确以下两个概念：

（1）目标库存：计算周期内期末的库存目标。

$$目标库存 = 安全库存 + 周期库存 \times 2$$

（2）期初库存：计算周期内期初的库存数量。

假设安全库存为2个月，周期库存为0.5个月（因为订货周期是1个月），则期末库存目标是3个月（2个月的安全库存+1个月周期库存），基于以上的需求预测，得出如表4-18所示的库存目标。

表4-18 库 存 目 标

单位：双

月份	汇总数量	运动鞋S款	运动鞋M款	运动鞋L款	皮鞋男S款	皮鞋男M款	皮鞋男L款
期初	65 355	11 186	41 554	2 061	7 355	1 827	1 372
1月	172 584	30 678	113 656	4 126	16 230	3 881	4 013
2月	311 838	60 632	204 600	5 737	26 705	5 995	8 169
3月	435 192	89 077	281 334	7 659	37 288	7 837	11 997
4月	420 414	88 374	268 578	7 531	36 813	7 417	11 702
5月	326 597	68 211	205 879	6 994	30 978	5 858	8 678
6月	170 169	34 121	105 068	5 418	17 092	3 542	4 328
7月	79 521	15 575	46 634	3 767	9 540	1 971	2 035
8月	43 788	7 743	25 265	2 273	6 291	1 124	1 091
9月	30 897	4 455	18 845	1 858	4 777	457	505
10月	30 200	4 441	18 516	1 618	4 742	407	476
11月	23 220	2 678	13 259	2 309	3 792	863	319
12月	88 229	15 102	56 098	2 782	9 929	2 466	1 853

为了对库存水平有比较直观的把控，我们将数据整理后转化为如图4-18所示的柱状折线图。

2. 库存健康度分析

库存健康度分析是针对库存的实际情况，以一定的指标进行测验，以判断库存是否处于健康水平，是否存在经济损失的风险。

库存目标只是一个目标，或者说计划，实际的情况有可能会跟目标有偏差，因为预测或许会有偏差，供应也或许会有偏差，这就衍生出来库存健康度分析的问题。

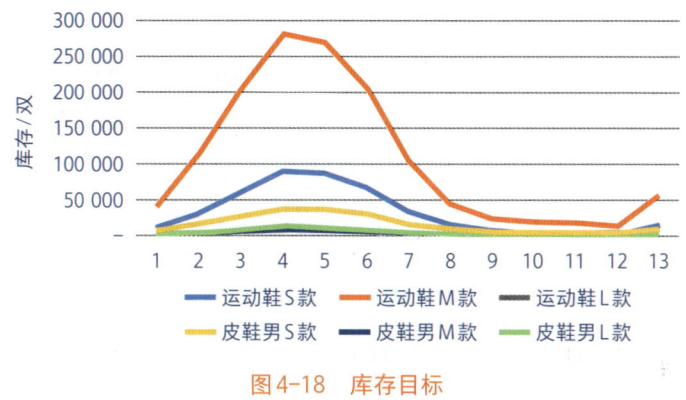

图4-18 库存目标

库存健康度分析主要包括以下内容：

（1）库存周转（通过周转判断缓流或紧缺）；

（2）近效期库存（存在失效报废风险）；

（3）残次品库存；

（4）其他不良库存。

（二）分析方法

1. 库存目标

库存目标=安全库存+周期库存×2（其中周期库存的周期是订货周期的一半）

在这里需要注意的是，库存有三个衡量维度：金额、数量、时间。在计算库存目标的时候，一般是以固定的时间来计算每个时间期末的目标库存，因此期末目标库存的数量往往是浮动的。

2. 库存健康度

库存健康度分析主要通过以下四个方面进行衡量：

（1）库存周转一般在目标库存的80%以上，同时在目标库存的1.5倍以下，可以称之为健康的周转水平；

（2）近效期库存：通常将效期在一半以下的产品控制为0；

（3）残次品库存：及时处理，控制为0；

（4）其他不良库存：控制为0。

三、供应分析

供应分析是基于销售预测和库存目标，经过一系列的换算后，就生产或者采购提出的要求。从供应链的链路上来看，供应是一切交易发生的基本前提，没有供应就没有库存，没有库存就无法支撑任何销售。因此，供应是供应链管理需要重点把关的一环。

（一）分析内容

供应分析主要基于供应计划分析和供应效率分析两个方面进行。

1. 供应计划分析

在进行供应计划分析的过程中，需要引入一个基本逻辑：PSI（Purchase/Production Sales Inventory）逻辑，通常所说的供应，实质上就是PSI里面的P，并且可以使用以下公式计算：

$$P=I（目标）-I（期初）+S$$

因此，经过数据整理运算后，可以整理出如表4-19所示每个SKU每个月生产所需要产出的数量。

表4-19　供应计划表

单位：双

月份	汇总数量	运动鞋S款	运动鞋M款	运动鞋L款	皮鞋男S款	皮鞋男M款	皮鞋男L款
1月	110 390	20 141	73 769	2 197	9 485	2 091	2 707
2月	147 038	30 519	95 568	2 386	11 735	2 584	4 246
3月	177 763	38 416	111 997	3 076	16 068	3 162	5 044
4月	95 613	19 438	61 013	2 069	9 010	1 671	2 412
5月	53 221	10 357	32 869	1 849	5 900	1 025	1 221
6月	21 334	4 326	11 186	1 500	2 782	846	694
7月	4 965	892	2 579	417	858	100	119
8月	17 488	2 526	11 501	355	2 651	178	277
9月	8 444	1 038	4 765	1 085	1 268	179	109
10月	4 268	877	2 250	178	823	50	90
11月	10 508	763	6 244	1 047	1 701	634	121
12月	73 453	13 462	47 604	1 558	7 405	1 783	1 642

从方便规划生产产能的角度，将这些需求整理为如图4-19所示的柱状折线图。

通过以上分析，除了可以清晰地得出每个产品在不同时间对应的生产需求外，还可以发现，在总体的数量上I、P和S的对应关系，在大致关系上这三者存在着数量的平移关系。

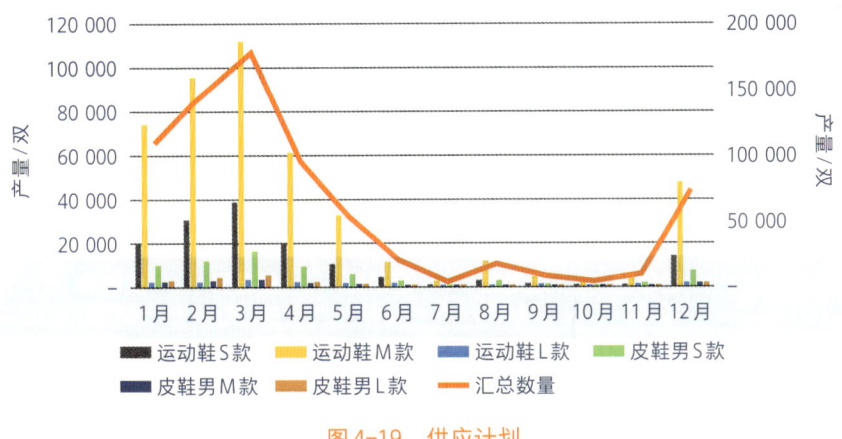

图4-19　供应计划

2. 供应效率分析

供应效率分析的意义在于衡量供应是否如期、如量、如质、到位，这直接影响供应链后端紧接着的实际库存水平及可用销售数量。

通常店铺会在前面做的计划的基础上，进行进一步优化，以追踪供应的效率。例如，在上例中，实际供应量如表4-20所示。

表4-20　实际供应数量

单位：双

月份	汇总数量	运动鞋S款	运动鞋M款	运动鞋L款	皮鞋男S款	皮鞋男M款	皮鞋男L款
1月	110 390	20 141	73 769	2 197	9 485	2 091	2 707
2月	147 038	30 519	95 568	2 386	11 735	2 584	4 246
3月	177 763	38 416	111 997	3 076	16 068	3 162	5 044
4月	95 613	19 438	61 013	2 069	9 010	1 671	2 412
5月	53 221	10 357	32 869	1 849	5 900	1 025	1 221
6月	21 334	4 326	11 186	1 500	2 782	846	694
7月	4 965	892	2 579	417	858	100	119
8月	17 488	2 526	11 501	355	2 651	178	277
9月	8 444	1 038	4 765	1 085	1 268	179	109
10月	4 268	877	2 250	178	823	50	90
11月	10 508	763	6 244	1 047	1 701	634	121
12月	73 453	13 462	47 604	1 558	7 405	1 783	1 642

三是"零库存"。主要代表是准时生产方式（JIT）。他们认为，库存即是浪费，零库存就是其中的一项高效库存管理的改进措施，并得到了企业广泛的应用。

五、订单满足成本分析

在商品市场的交易中，总会有各种各样的成本。成本的组成包括商品生产成本、市场营销成本、人工成本、物流成本、仓储成本、其他成本等。

从电子商务的交易性质上来看，主要研究的订单成本一般包括商品成本、人力成本、包材成本、物流成本、仓储成本。其中，从供应链的角度来看，一般不对商品本身的制造成本进行研究，而主要研究其他四项成本。

（一）分析内容

从供应链的角度研究订单成本，首先需要明确各项成本的计算逻辑。每一个公司、每一种商品的特性决定了成本计算逻辑都会有所差异，以下是四项成本的计算逻辑：

人力成本=日均人力成本/平均每日单人发货单数

包材成本=纸箱成本+填充物成本+封条成本+面单发货单等成本

物流成本=首重+续重（+提货费）

仓储成本=单位时间总仓储成本/单位时间总销售数量

经过对以上成本明细进行计算后，根据以下公式计算总订单满足成本：

订单满足成本=人力成本+包材成本+物流成本+仓储成本

以一个店铺的四个产品为例，如表4-22所示，分析其订单满足成本。

表4-22　某店铺订单满足成本单价

项目	洗衣粉	洗衣液	凝珠	清洁剂 + 清洁纸
单件重量/千克	1.625	1.504	0.3	0.9
包材/元	2.28	3.28	2.25	3
提货/元	0.5	0.5	0.5	0.5
首重/元	15	15	15	15
续重/元	5	5	5	5

（二）分析方法

对订单满足成本分析，通常以订单本身的重量和各项成本的单价为基础，首先计算包裹的重量，然后将总成本算出来。

$$单项成本=单项单价×计价数量$$
$$总成本=sum（各项成本）$$

根据表4-22的数据，计算出如表4-23所示的订单满足成本。

表4-23　某店铺订单满足总成本

项目	洗衣粉	洗衣液	凝珠	清洁剂＋清洁纸
单件重量/千克	1.625	1.504	0.3	0.9
包材/元	2.28	3.28	2.25	3
提货/元	0.5	0.5	0.5	0.5
首重/元	15	15	15	15
续重/元	5	5	5	5
单件包裹重量/千克	2	2	1	1
双件包裹重量/千克	4	4	1	2
单件成本/元	22.78	23.78	17.75	18.5
双件成本/元	35.06	37.06	17.75	24.5

拓展资源
全成本核算

全成本核算是指将企业在生产经营过程中发生的各种耗费按照一定的对象进行分配和归集，以计算总成本和单位成本。全成本核算通常以会计核算为基础，以货币为计算单位。全成本核算是成本管理的重要组成部分，对于企业的成本预测和企业的经营决策等存在直接影响。进行全成本核算，首先审核生产经营管理费用，看其已否发生，是否应当发生，已发生的是否应当计入产品成本，实现对生产经营管理费用和产品成本直接的管理和控制。其次对已发生的费用按照用途进行分配和归集，计算各种产品的总成本和单位成本，为成本管理提供真实的成本资料。

全成本核算的方法如下：

（1）设立材料明细账，按主材、辅材分类；

（2）确定工时单耗（可以是计划工时，也可是实际工时）；

（3）按生产计划（或作业单）投料；

（4）汇总直接费用（动力费、制造费、直接人工费），并按工时分摊费用；

（5）按完工产品品种数量结转完工成本（在产品材料核算可以分步投料或全额投料或约当比例，生产周期短的在产品可以不分摊费用，待完工时时在分摊费用）；

（6）本期在产（生产成本借方余额）＝期初在产＋本期投产－本期完工。

六、订单时效分析

订单时效是指消费者从下单的那一刻开始，到商品送达消费者的那一刻结束的时间跨度。在追求用户体验极致的今天，订单时效是体现用户体验的其中一个基本要求之一。

订单时效分析的主要目的是通过分析找出影响订单时效的因素及差距，从而有针对性地进行流程优化，以达到更优的效率。

（一）分析内容

对订单的时效进行分析，通常是衡量订单的以下三个时间指标：

（1）订单下达到发货的时间；

（2）物流揽收的时间；

（3）订单从下达至送到消费者手上的时间。

（二）分析方法

订单时效分析通常遵循以下流程：

（1）统计订单下单时间及物流送达时间；

（2）计算订单时效；

（3）将实际订单时效与订单时效目标对比，找出未达标的订单；

（4）对未达标的订单进行分析，找出未达标原因；

（5）针对具体情况提出优化方案。

素养园地
将敬畏数据的精神贯彻运营全过程

人们时常听到各企业数据库故障的案例，比如数据库宕机、误删数据、恶意删库等。每次发生此类事件，都会在互联网内引起热议，其实更应该留下的是警醒，人们应该足够重视数据库安全问题，对数据库要有敬畏之心。

数据治理非常复杂，实际上可以分为三个层次。一是个人信息保护等热点问题，这一点社会关注比较多；二是诸如数据公开与分享等数据权归属难点问题；三是数据伦理、数据的根本属性等根本问题。

随着数字经济日益成为国际竞争的制高点，数据安全治理、数据安全保护立法也成为大国竞争和争夺数字经济领先地位的重要标志。2021年9月1日正式实施的《中华人民共和国数据安全法》是中国实施数据安全监督和管理的一部基础法律，其根本目的就是要提升国家数据安全的保障能力和数字经济的治理能力。该法与已实施的《中华人民共和国网络安全法》《中华人民共和国密码法》及《中华人民共和国个人信息法》相辅相成，共同构成了中国数据安全的法律保障体系，成为推动我国数字经济持续健康发展的坚实"防火墙"。

任务实施
对某店铺的供应链进行规划

步骤一：分析目标。

（1）明确分月分品需求；

（2）制定库存目标；

（3）规划生产计划。

步骤二：分析原理。

（1）销售需求$S=S$（日常）$+S$（活动）；

（2）库存目标$I=SS$（安全库存）$+CS$（周期库存）$\times 2$；

（3）供应计划$P=I$（目标）$-I$（期初）$+S$。

步骤三：实施准备。

（1）从店铺后台导出历史销售数据，根据本期目标，确定全年分月分品需求；

（2）将分品需求整理成如表4-24所示总需求表；

表4-24 某店铺需求预测汇总

单位：双

月份	汇总数量	运动鞋S款	运动鞋M款	运动鞋L款	皮鞋男S款	皮鞋男M款	皮鞋男L款
总计	701 612	138 839	446 801	16 996	67 111	13 662	18 203
1月	3 162	650	1667	132	610	37	67
2月	7 784	565	4 625	775	1 260	470	89
3月	54 410	9 972	35 262	1 154	5 485	1 320	1 216
4月	110 390	20 141	73 769	2 197	9 485	2 091	2 707
5月	147 038	30 519	95 568	2 386	11 735	2 584	4 246

月份	汇总数量	运动鞋S款	运动鞋M款	运动鞋L款	皮鞋男S款	皮鞋男M款	皮鞋男L款
6月	177 763	38 416	111 997	3 076	16 068	3 162	5 044
7月	95 613	19 438	61 013	2 069	9 010	1 671	2 412
8月	53 221	10 357	32 869	1 849	5 900	1 025	1 221
9月	21 334	4 326	11 186	1 500	2 782	846	694
10月	4 965	892	2 579	417	858	100	119
11月	17 488	2 526	11 501	355	2 651	178	277
12月	8 444	1 038	4 765	1 085	1 268	179	109

（3）根据以上目标库存的计算原理，算出每个月期末库存目标，如表4-25所示。

表4-25　库存目标

单位：双

月份	汇总数量	运动鞋S款	运动鞋M款	运动鞋L款	皮鞋男S款	皮鞋男M款	皮鞋男L款
期初	65 355	11 186	41 554	2 061	7 355	1 827	1 372
1月	172 584	30 678	113 656	4 126	16 230	3 881	4 013
2月	311 838	60 632	204 600	5 737	26 705	5 995	8 169
3月	435 192	89 077	281 334	7 659	37 288	7 837	11 997
4月	420 414	88 374	268 578	7 531	36 813	7 417	11 702
5月	326 597	68 211	205 879	6 994	30 978	5 858	8 678
6月	170 169	34 121	105 068	5 418	17 692	3 542	4 328
7月	79 521	15 575	46 634	3 767	9 540	1 971	2 035
8月	43 788	7 743	25 265	2 273	6 291	1 124	1 091
9月	30 897	4 455	18 845	1 858	4 777	457	505
10月	30 200	4 441	18 516	1 618	4 742	407	476
11月	23 220	2 678	13 259	2 309	3 792	863	319
12月	88 229	15 102	56 098	2 782	9 929	2 466	1 853

（4）根据生产计划的计算逻辑，算出每个月的生产供应计划，如表4-26所示。

表4-26 供 应 计 划

单位：双

月份	汇总数量	运动鞋S款	运动鞋M款	运动鞋L款	皮鞋男S款	皮鞋男M款	皮鞋男L款
1月	110 390	20 141	73 769	2 197	9 485	2 091	2 707
2月	147 038	30 519	95 568	2 386	11 735	2 584	4 246
3月	177 763	38 416	111 997	3 076	16 068	3 162	5 044
4月	95 613	19 438	61 013	2 069	9 010	1 671	2 412
5月	53 221	10 357	32 869	1 849	5 900	1 025	1 221
6月	21 334	4 326	11 186	1 500	2 782	846	694
7月	4 965	892	2 579	417	858	100	119
8月	17 488	2 526	11 501	355	2 651	178	277
9月	8 444	1 038	4 765	1 085	1 268	179	109
10月	4 268	877	2 250	178	823	50	90
11月	10 508	763	6 244	1 047	1 701	634	121
12月	73 453	13 462	47 604	1 558	7 405	1 783	1 642

步骤四：实施过程。

（1）对分品分月总预测数量插入可视化图形，如图4-20所示。

月份	汇总数量	运动鞋S款	运动鞋M款	运动鞋L款	皮鞋男S款	皮鞋男M款	皮鞋男L款
Total	701,612	138,839	446,801	16,996	67,111	13,662	18,203
1月	3,162	650	1,667	132	610	37	67
2月	7,784	565	4,625	775	1,260	470	89
3月	54,410	9,972	35,262	1,154	5,485	1,320	1,216
4月	110,390	20,141	73,769	2,197	9,485	2,091	2,707
5月	147,038	30,519	95,568	2,386	11,735	2,584	4,246
6月	177,763	38,416	111,997	3,076	16,068	3,162	5,044
7月	95,613	19,438	61,013	2,069	9,010	1,671	2,412
8月	53,221	10,357	32,869	1,849	5,900	1,025	1,221
9月	21,334	4,326	11,186	1,500	2,782	846	694
10月	4,965	892	2,579	417	858	100	119
11月	17,488	2,526	11,501	355	2,651	178	277
12月	8,444	1,038	4,765	1,085	1,268	179	109

图4-20 对总需求插入分析图

（2）为了清晰地发现数量之间的大小及比较关系，对不同SKU、不同月份的数量差异关系，选择统计图类型为柱状图，如图4-21所示。

图4-21　选择统计图类型

步骤五：数据可视化与结果分析。

（1）插入需求分品分月柱状图，如图4-22所示。

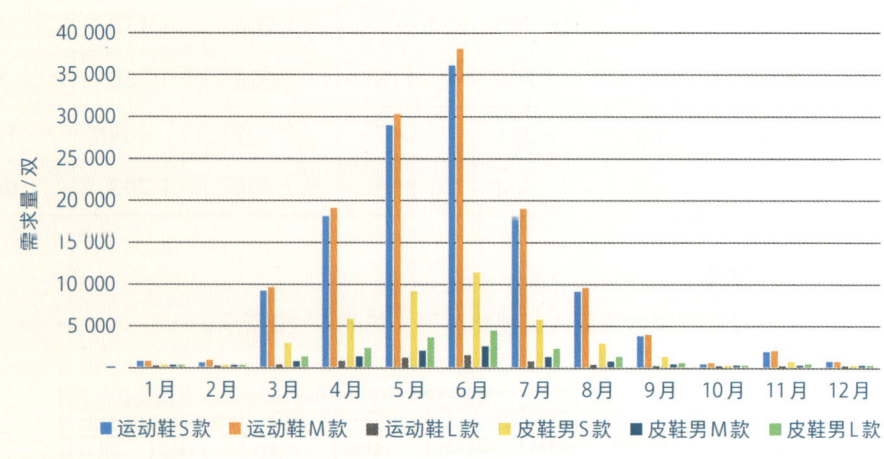

图4-22　需求分品预测

（2）用类似方法，插入全年需求总预测柱状图，如图4-23所示。

（3）用类似方法，插入库存目标折线图，如图4-24所示，此处选用折线图的目的是清晰地将库存需求高低的全年变化进行趋势性比较。

（4）用类似方法，插入供应计划图，并把汇总数量改为折线图，如图4-25所示，以同时展示单品需求量的关系及总量的关系。

（5）根据以上分析，可得出至少以下结论：

① 该店铺爆品需求远大于其他品；

② 全年总需求、库存目标、供应计划在时间上高峰是平移关系；

③ 该店铺对供应链的瞬时爆发力要求较高。

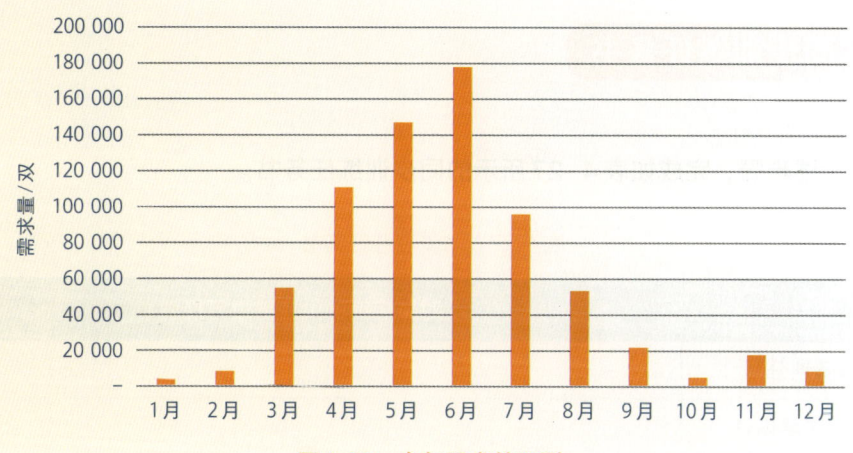

图4-23　全年需求总预测

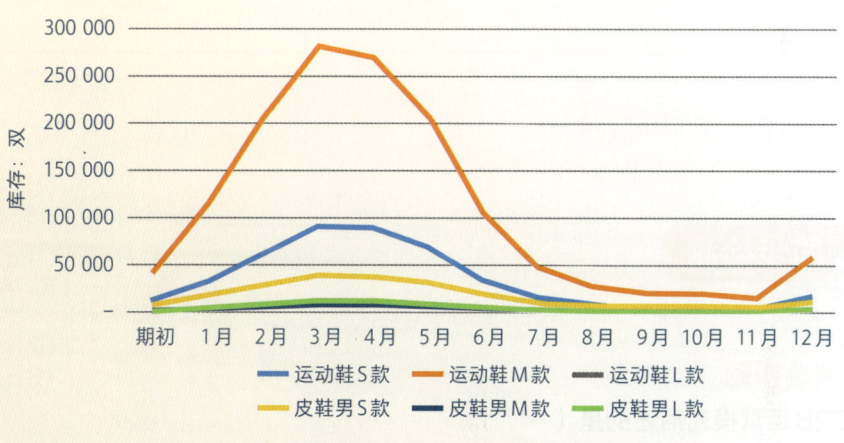

图4-24　库存目标

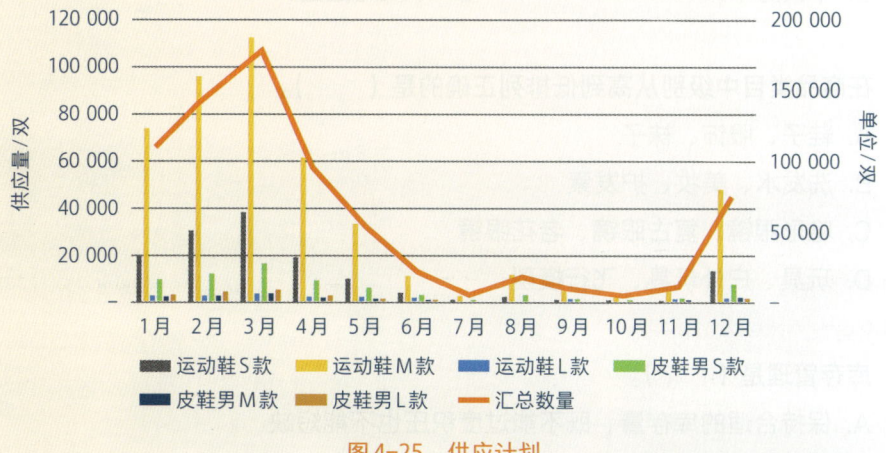

图4-25　供应计划

 **同步训练任务书**

根据上述步骤，完成如表4-27所示的同步训练任务书。

表4-27　同步训练任务书

项目	对某店铺的供应链进行规划
步骤划分	
各部分主要内容	
撰写训练报告	
小组成员	

 **同步检测**

一、单项选择题

1. B2B运营模式描述的是（　　　　）。

　　A. 企业对企业　　　　　　　　B. 企业对个人

　　C. 个人对个人　　　　　　　　D. 个人对企业

2. 在商品类目中级别从高到低排列正确的是（　　　　）。

　　A. 鞋子、服饰、袜子

　　B. 洗发水、美妆、护发素

　　C. 隐形眼镜、复古眼镜、老花眼镜

　　D. 玩具、户外玩具、飞行模型

3. 库存管理是（　　　　）。

　　A. 保持合适的库存量，既不能过度积压也不能短缺

　　B. 通过积压商品待价而沽

　　C. 电商不需要库存管理

D. 在客户有需求时才订货

4. 下列不属于订单时效分析指标的是（　　　）。

　　A. 订单下达到发货的时间

　　B. 物流揽收的时间

　　C. 订单从下达至送到消费者手上的时间

　　D. 买家要求退货时的物流时间

5. 以下情况可以考虑分仓管理的是（　　　）。

　　A. 不良库存积压　　　　　　　B. 店铺生意越做越大，订单量上升快

　　C. 订单量少，商品积压　　　　D. 为显示店铺财力

二、多项选择题

1. **库存健康度主要包括（　　　　　）。**

　　A. 库存周转　　　　　　　　　B. 近效期库存

　　C. 残次品库存　　　　　　　　D. 其他不良库存

2. **网站流量统计主要指标包括（　　　　　）。**

　　A. 独立访问者数量　　　　　　B. 重复访问者数量

　　C. 页面浏览数　　　　　　　　D. 每个访问者的页面浏览数

3. **成本管理包括（　　　　　）。**

　　A. 商品生产成本　　　　　　　B. 市场营销成本

　　C. 人工成本　　　　　　　　　D. 物流及仓储成本

4. **供应分析主要基于以下（　　　　　）两个方面进行。**

　　A. 供应计划分析　　　　　　　B. 安全库存分析

　　C. 供应需求分析　　　　　　　D. 供应效率分析

5. **流量转化主要分析的范畴包括（　　　　　）。**

　　A. 活动转化　　　　　　　　　B. 收藏转化

　　C. 购物车转化　　　　　　　　D. 支付转化

三、判断题

1. 店铺流量是指网站或者店铺的访问量。(　　　)

2. 供应链指的是物流管理。(　　　)

3. 对于积压的已经过期库存，卖家可降价销售。(　　　)

4. 全成本核算是指将企业在生产经营过程中发生的各种耗费按照一定的对象进行分配和归集，以计算总成本和单位成本。(　　　)

5. 造成订单时效低的主要责任在快递公司。(　　　)

学习单元5
商品销售分析

))) 订单分析

))) 交易分析

学习目标

知识目标
- 了解商品销售分析的若干维度。
- 理解商品销售分析各维度的具体内容。
- 熟悉分析体系中与重点环节相关的基础分析方法。

技能目标
- 对订单量的各项指标进行分析，发掘生意增长机会。
- 通过交易中的价格、成本分析，指导未来价格体系。
- 按照订单偏好与地域划分、支付渠道情况，总结有效的营销优化方案。

素养目标
- 树立正确的商业价值观是电商成败的要点。
- 保密数据是新时代电商发展的要求。

思维导图

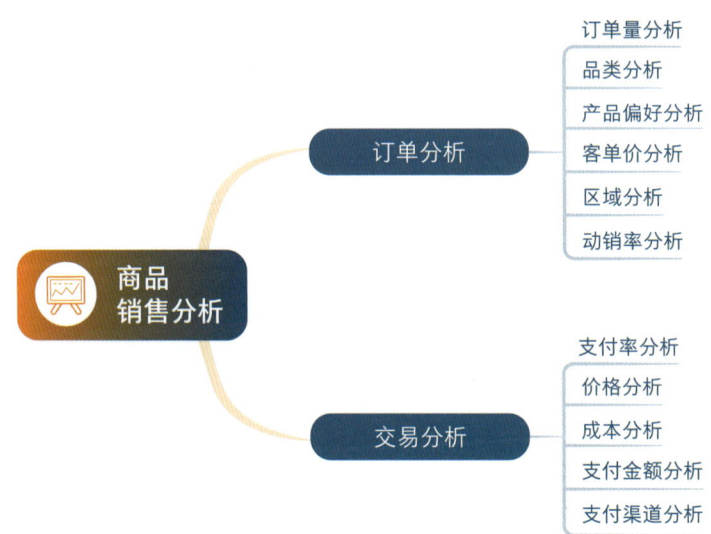

- **商品销售分析**
  - **订单分析**
    - 订单量分析
    - 品类分析
    - 产品偏好分析
    - 客单价分析
    - 区域分析
    - 动销率分析
  - **交易分析**
    - 支付率分析
    - 价格分析
    - 成本分析
    - 支付金额分析
    - 支付渠道分析

导入案例
2018年中国汽车市场滞销的原因背后

据中汽协公布最新产销数据显示：2022年1–10月，汽车累计产销量2 282.6万辆和2 287.1万辆，同比下降0.4%和0.06%。增速持续回落让中国车市正面临着自1990年以来的首次下滑。

车市的萧条，让一些状态不佳的车企酝酿"减员增效"。据路透社报道，通用汽车当日表示，由于传统汽油动力轿车市场萎缩，将削减滞销车型的生产，并裁撤北美员工。在2019年年底前，通用汽车将裁掉15%员工，裁员人数或达14 700人。

路透社报道称，通用还会在全球范围内关闭7个生产基地，包括加拿大安大略省奥沙瓦、美国俄亥俄州底特律和沃伦的三家工厂，以及美国马里兰州和密歇根州的零部件工厂。除了上述5家生产基地之外，通用汽车还表示，除了先前宣布在韩国停产，它还将在2019年结束北美以外的两家工厂的运营。未来在北美生产雪佛兰科鲁兹、雪佛兰Volt和雪佛兰IMPALA汽车等车型都将停产。

一方面是车市的销量整体疲软，另一方面是减员增效，这是针对市场疲软的常用对策。对于国内车企来说，虽然没有出现官方的宣布裁员报道，但笔者也了解到，一些销售量下滑严重的车企已经着手减员增效计划，还有一些负责品牌及营销等核心岗位的中高层选择了离职。

如果参照2008—2017年的中国汽车销量，会发现从2008年中国汽车销量938万台，到2017年增长为2 888万台，可以看出国内市场一直处于增长状态。即使2018年1—10产销量微下滑，但如果要综合第四季度的市场冲量，估计2018年的产销总量报表应该不会太难看。

总体产销量没有多大波动，何来"车市寒冬"的恐慌。问题出现在哪里呢？

案例思考：

1. 造成大批汽车滞销的原因有哪些？

2. 商品销售分析从哪些维度可以解决汽车滞销的问题？

案例启示：

1. 订单对应的客户偏好分析很重要。

2. 交易渠道有可能反映消费者的消费偏好。

任务5-1　订单分析

【知识准备】

订单分析是商品销售分析里面非常重要的一部分，通常会从几个维度进行，包含但不仅限于：订单量分析、品类分析、产品偏好分析、客单价分析、区域分析、动销率分析。通过这些分析，可以从中总结对销售有参考意义的信息点，从而对未来的销售规划起引导作用。

微课：订单
分析

一、订单量分析

订单量分析就是对订单的数量进行分析。日常线上店铺运营过程中，对订单的数量分析主要着眼于分仓分析和分时段分析两个维度。

（一）分仓分析

出于对用户体验的追求，在中国地理环境的特征影响下，一个成熟的电商企业通常会对仓储的安排进行一定的划分。这种情况下，分仓所决定的库存分配就成为非常重要的问题，因为一旦分仓预测失去准确性，将会对用户体验、物流仓储成本、运作效率等诸多因素产生一系列的影响。

因此，订单量的分仓分析越来越引起企业的重视，这是日常运营过程中最基础的分析内容之一。而一个完整的分仓分析需要从预测出发，以实际订单数据为基础，进行订单地理位置的界定后对各仓的比例进行界定，从而指导往后的分仓数量预测。

如表5-1所示，这是最简单的分仓预测。

表 5-1　某店铺分仓单量预测

仓库	订单量 / 个
仓库 A	140
仓库 B	700
仓库 C	1 530
仓库 D	520
仓库 E	210
仓库 F	2 200
仓库 G	630
汇总	5 930

为了更加清晰地了解每个仓库的数量占比关系，还可以将这些数据整理表现为以下饼状图，如图 5-1 所示。

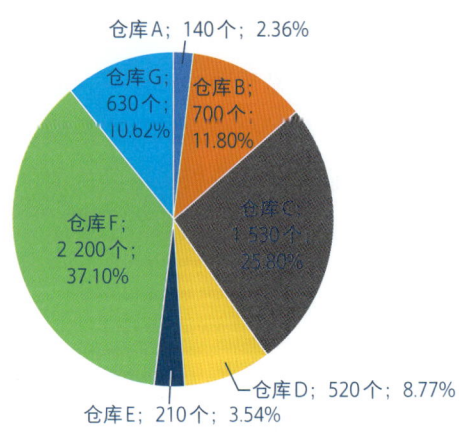

图 5-1　订单量分析

（二）分时段分析

在不同的时段，订单的数量是有所差异的。时段的差异主要体现在以下三个维度：

（1）因促销力度产生的差异。例如，在每年"双 11"或者"6.18"大促期间，或者在聚划算促销期间，订单量无疑是日常的数倍甚至数百倍。

（2）因消费行为产生的差异。例如，在手机使用高峰期，随着手机使用概率的增加，其成交量也相应增加。

（3）因消费者自发需求产生的差异。例如，在春节前人们会置办年货，在情人节前人们会购买礼物，在开学前学生会购买文具，等等。

在以上单量分析的基础上，以简单的时段差异进行进一步分析，在此以一个星期为时间差异来分析，如表5-2所示。

表5-2　某店铺分仓分时订单量预测

单位：个

仓库	订单量	2022 0919 星期一	2022 0920 星期二	2022 0921 星期三	2022 0922 星期四	2022 0923 星期五	2022 0924 星期六	2022 0925 星期日
仓库A	140	20	20	20	20	20	20	20
仓库B	700	150	150	80	80	80	80	80
仓库C	1 530	100	100	100	940	90	100	100
仓库D	520	100	150	70	50	50	50	50
仓库E	210	30	30	30	30	30	30	30
仓库F	2 200	100	100	100	—	—	1 300	600
仓库G	630	150	80	80	80	80	80	80
汇总	5 930	650	630	480	1 200	350	1 660	960

为了更加直观地看清楚分时段的差异，可以将以上数据整理成以下柱状折线图，如图5-2所示。

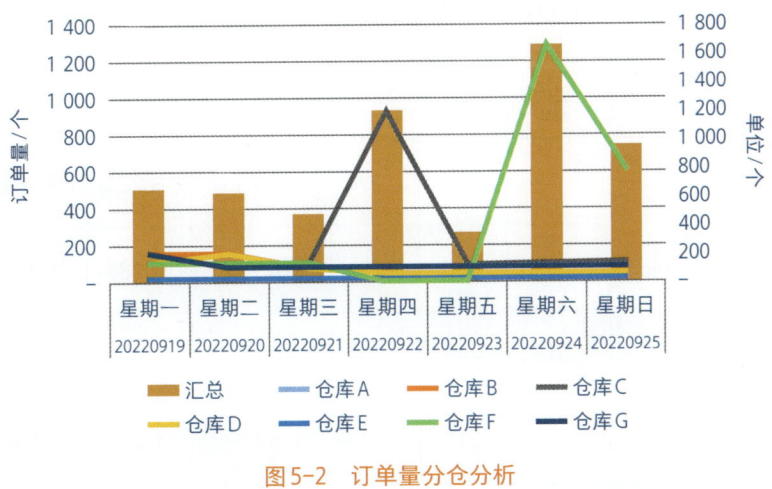

图5-2　订单量分仓分析

通过以上分析，能清晰地看到各个仓库之间的分时段订单数量关系，并且从中获取有意义的信息。类似地，也可以用同样的方法分析在同一天中不同时间段的销售情况，如表5-3所示。

表5-3　某店铺分时订单数据统计

时段	UV/人	购买人数/人	订单量/个	客单价/元	订单转化率	总额/元	占比	2021年占比	同比
00:00-01:00	13 490	4 191	5 154	334	31%	1 400 423	21.75%	36.95%	41.13%
01:00-02:00	6 867	5 253	6 734	383	76%	2 011 707	31.25%	22.86%	36.73%
02:00-03:00	2 580	412	505	315	16%	129 698	2.01%	1.91%	5.53%
03:00-04:00	1 140	196	225	318	17%	62 395	0.97%	0.85%	13.98%
04:00-05:00	783	186	211	294	24%	54 623	0.85%	0.85%	0.02%
05:00-06:00	837	261	301	328	31%	85 562	1.33%	1.11%	19.89%
06:00-07:00	4 878	663	749	332	14%	220 249	3.42%	2.86%	19.74%
07:00-08:00	8 354	877	1 010	333	10%	292 287	4.54%	4.06%	11.85%
08:00-09:00	7 041	944	1 112	349	13%	329 029	5.11%	3.75%	36.41%
09:00-10:00	6 439	778	920	332	12%	258 573	4.02%	3.74%	7.39%
10:00-11:00	5 014	629	726	331	13%	208 115	3.23%	2.95%	9.50%
11:00-12:00	3 747	435	510	330	12%	143 767	2.23%	1.28%	74.23%
12:00-13:00	3 491	365	436	299	10%	108 971	1.69%	1.23%	37.67%
13:00-14:00	3 451	349	405	271	10%	94 535	1.47%	1.12%	30.93%
14:00-15:00	2 766	291	353	299	11%	86 970	1.35%	1.24%	9.24%

时段	UV/人	购买人数/人	订单量/个	客单价/元	订单转化率	总额/元	占比	2021年占比	同比
15:00-16:00	2 479	286	343	290	12%	83 027	1.29%	0.82%	56.38%
16:00-17:00	2 374	278	311	288	12%	80 088	1.24%	1.11%	12.58%
17:00-18:00	2 217	233	273	296	11%	69 063	1.07%	1.00%	7.23%
18:00-19:00	2 461	242	278	335	10%	81 165	1.26%	1.18%	6.86%
19:00-20:00	2 691	307	397	312	11%	95751	1.49%	1.24%	20.37%
20:00-21:00	2 962	362	453	312	12%	113 123	1.76%	1.68%	4.55%
21:00-22:00	3 335	372	440	282	11%	104 820	1.63%	1.73%	-6.04%
22:00-23:00	3 598	492	606	303	14%	148 938	2.31%	2.00%	15.92%
23:00-24:00	2 990	744	919	235	25%	174 654	2.71%	2.50%	8.66%
合计	95 985	19 146	23 371	336	20%	6 437 533	100%	100%	—

素养园地
树立正确的商业价值观是电商成败的要点

职业道德是随着社会分工的发展，在出现相对固定的职业集团时产生的。人们的职业生活实践是职业道德产生的基础。

在原始社会末期，由于生产和交换的发展，出现了农业、手工业、畜牧业等职业分工，职业道德开始萌芽。进入阶级社会以后，又出现了商业、政治、军事、教育、医疗等职业。在一定社会的经济关系基础上，这些特定的职业不但要求人们具备特定的知识和技能，而且要求人们具备特定的道德观念、情感和品质。各种职业集团，为了维护职业利益和信誉，适应社会的需要，在职业实践中，根据一般社会道德的基本要求，逐渐形成了职业道德规范。在古代文献中，早有关于职业道德规范的记载。例如，公元前6世纪的中国古代兵书

《孙子兵法·计》中，就有"将者，智、信、仁、勇、严也"的记载。"智、信、仁、勇、严"这五德被中国古代兵家称为将之德。明代兵部尚书于清端提出的封建官吏道德修养的六条标准，被称为"亲民官自省六戒"，其内容有"勤抚恤、慎刑法、绝贿赂、杜私派、严征收、崇节俭"。中国古代的医生，在长期的医疗实践中形成了优良的医德传统。"疾小不可云大，事易不可云难，贫富用心皆一，贵贱使药无别"，是医界长期流传的医德格言。

在封建社会，自给自足的自然经济和封建等级制度不仅限制了职业之间的交往，而且阻碍了职业道德的发展。只是在某些工业、商业的行会条规以及从事医疗、教育、政治、军事等业的著名人物的言行和著作中包含有职业道德的内容。在这些社会的行业中，也出现过具有高超技艺和高尚品德的人物，他们的职业道德行为和品质受到广大群众的称颂，并世代相袭，逐渐形成优良的职业道德传统。

中国特色社会主义核心价值观："倡导富强、民主、文明、和谐，倡导自由、平等、公正、法治，倡导爱国、敬业、诚信、友善，积极培育社会主义核心价值观。"这是社会发展不可脱离的核心体系。

二、品类分析

在电商模式下的销售，绝大多数情况商品都会被分为爆款和长尾款。爆款是店铺售卖商品的主力，往往占据了店铺80%以上的销售量，而这部分的商品类型可能不到20%，换言之，在一个店铺里面20%的品类贡献了80%的销售，而80%的品类只贡献了20%的销售。这就是传统理论说的"二八原则"。当然，"二八原则"不是绝对的，这里想要表达的是品类数量和销售数量的反比关系。

与此同时，绝大多数的卖家所售卖商品都不止一个，因此，品类分析对库存准备、发货准备、物流方式、销售规划、利润计划等各方面都具有非常重要的意义。

以SKU为颗粒度的分析分别是以数量为单位和以金额为单位两个维度进行分析的，旨在分析每个单品对总销量的贡献率，并且分析其原因，从而达到对未来销售规划的指引性作用。

（一）以数量为单位进行分析

以数量为单位进行分析即分析单位时间内销售的件数。首先，任何商品都有既定的销售单位，假设销售单位是CU（Consumer Unit），如将某个店铺的所有商品全年销售总数量进行统计，得出以下统计数据，如表5-4所示。

为了更直观地反映商品之间占比的关系，同样可以画出如图5-3所示饼状图。

由此可以清晰地分辨出每个商品在总销售量里面所占的比重，从而分辨出哪些商品更符合消费者的需求，哪些商品更需要投入更多的销售费用。

表 5-4　某店铺全年销量预测

商品	销售数量 / 双
运动鞋 S 款	470 605
运动鞋 M 款	518 719
运动鞋 L 款	126 581
皮鞋男 S 款	704 879
皮鞋男 M 款	58 316
皮鞋男 L 款	573 318
皮鞋女 S 款	26 531
皮鞋女 M 款	298 082
皮鞋女 L 款	38 617
高跟鞋 S 款	44 477
高跟鞋 M 款	158 812
高跟鞋 L 款	46 697
户外鞋男 S 款	101 765
户外鞋男 M 款	126 727
户外鞋男 L 款	94 079
户外鞋女 S 款	2

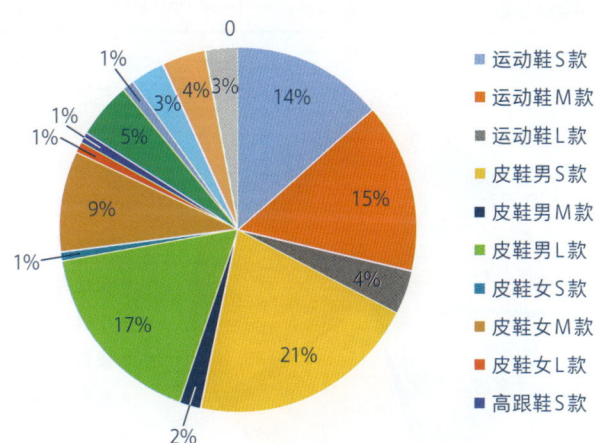

图 5-3　品类分析（以数量为单位）

（二）以金额为单位进行分析

以金额为单位进行分析即分析单位时间内的销售金额。销售金额是商家从生意的角度更关心的一个指标，上述的销售数量固然能反映一定的问题，但衡量一个店铺的业绩通常更加注重销售金额。跟上述原理一样，也可以得出关于销售金额的数据统计，如表5−5及图5−4所示。

表5-5　某店铺销售金额

商品	销售金额 / 元
运动鞋S款	53 884 247
运动鞋M款	64 580 517
运动鞋L款	8 164 497
皮鞋男S款	70 135 499
皮鞋男M款	8 135 024
皮鞋男L款	57 045 131
皮鞋女S款	3 701 122
皮鞋女M款	34 130 380
皮鞋女L款	4 228 562
高跟鞋S款	3 980 695
高跟鞋M款	25 330 577
高跟鞋L款	5 346 817
户外鞋男S款	4 782 975
户外鞋男M款	5 956 178
户外鞋男L款	10 301 676
户外鞋女S款	1 000

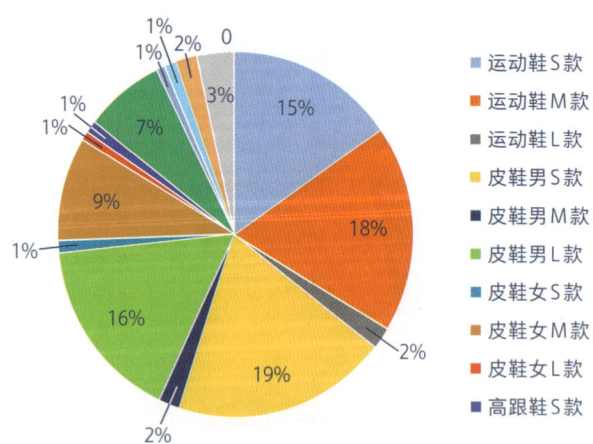

图5-4　品类分析（以金额为单位）

　　通过以上金额的统计分析，可以很清晰地看到每个产品在总体销售金额上的贡献。需要注意的是，金额上的贡献跟数量上的贡献会有所差异，这里最直接的原因就是成交价格，这个问题会在下面的内容进行具体的讲述。

三、产品偏好分析

消费者在购买商品的时候往往都会评价产品的价值结构，根据自己所认为的重要价值因素，如商品的质量、价格、服务、品牌形象等因素进行评估，而后选择较性价比较高的商品。经过重复购买和不断的评估后，当消费者发现某一品牌或者类型的商品在总体价值上优于其他商品时，消费者就会对这个品牌或者类型的商品产生偏好。

对消费者的这种偏好的分析，目的在于迎合消费者的偏好，打造自身品牌、店铺、商品的竞争优势。这种分析在很大程度上决定了商品的销售表现和改进的方向。

在进行消费者偏好分析的时候，首先要将销售结果进行量化，具体的量化方法在上面内容已有详细讲述和举例分析。

其次，需要将消费者的偏好按照质量、价格、品牌形象、口碑、消费者的文化价值观等维度进行变量分析。具体的分析方法通常是采取有针对性的市场测试方式，即通过对其他变量的控制把握，只调整其中一个变量，从而分析结果，得出消费者偏好在该变量的最优值。在这里，通常所说的最优值，是指利润最大化的变量值，或销售额、销售量最大化的变量值。而且，这个最优值也并非是一成不变的，还需要参考商家在不同时期、对于不同产品的关注点，进行周期性的调整。

四、客单价分析

客单价分析是对单个顾客的单个订单的金额进行分析。通过客单分析，能反映出一个店铺的某方面收益情况。按照正常的逻辑，一般追求客单价越高越好，因为在店铺运营的过程中有部分成本是不变的，比如推广成本、物流成本等，客单价越高意味着利润率越高。当然，这也不是绝对的，通常所说的固定成本只是相对固定的，还需要根据具体情况具体分析。

客单价分析可以通过不同的时间维度来进行，但其逻辑都是一样的，既可以用一年的数值进行平均测算，也可以用一个月的数值，甚至一周或一天的数值进行测算

对于客单价分析，一般从平均客单价、最高客单价和最低客单价三个维度进行分析。

（一）平均客单价

平均客单价=一定时间内的总销售金额/总销售单量

平均客单价是客单分析中最具有代表性的数据分析，也是在成本影响、推广效率等方面体现最明显的参数。

在统计数据的方法上，通常以时间维度作为横坐标，以客单价作为纵坐标，从而得出对应时间的客单价，分析对应时间的各种投入，以得出影响客单价的最根本原因，如表5-6所示，首先统计某店铺的分月客单价，然后再以柱状图和折线图的形式进行可视化展现，如图5-5所示。

表5-6　分月客单价统计表

月份	销售金额 / 元	销售数量 / 件	客单价 / 元
1月	114 585	1 010	113
2月	18 800	200	94
3月	30 416	340	89
4月	80 163	1 005	80
5月	72 800	596	122
6月	133 577	1 334	100
7月	76 699	352	218
8月	17 200	192	90
9月	392 100	3 521	111
10月	611 805	7 118	86
11月	117 665	1 109	106
12月	12 200	125	98

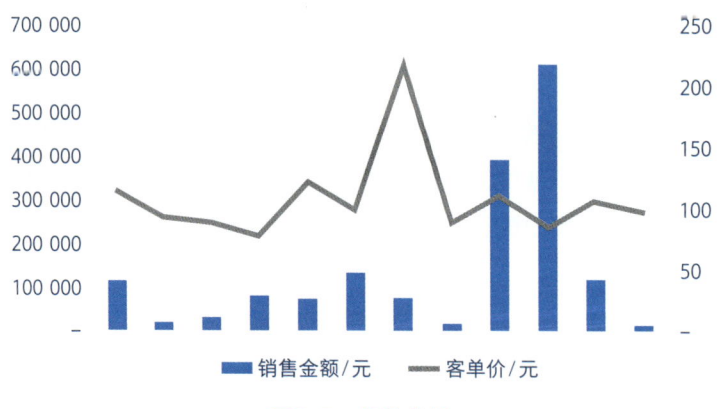

图5-5　客单分析

从以上的数据分析，可以发现在销售总金额低的时候，客单价有可能反而高，这就要结合市场、商家投入、平台资源等因素，在对应的时间节点加以备注，以发现影响客单价的根本原因了。

（二）最高客单价

最高客单价即在一定时期内，单笔订单金额最高的数值。在正常的运营过程中，通常用最高客单价跟平均客单价对比进行分析，会出现以下两种情况：

（1）最高客单价远高于平均客单价：最高客单价属于特例，分析价值有限；

（2）最高客单价接近于平均客单价：如何提高平均客单价的潜在分析意义很大。

（三）最低客单价

最低客单价是指一定时期内，单笔订单金额最低的数值。客单价低是商家不愿意看到的结果，因此，最低客单价的分析价值也在于其与平均客单价的对比，可能出现以下两种结果：

（1）最低客单价远低于平均客单价：最低客单价属于特例，分析价值有限；

（2）最低客单价接近于平均客单价：如何找出导致客单价低的关键点，避免客单价持续降低成为重点。

五、区域分析

中国地域广阔，不同地域的人群相对应的消费能力有所差异。因此，订单数据中体现的成交金额、成交数量便成为衡量一定地域划分基础下的消费能力的指标。毋庸置疑，这对商家做商业计划的指导性是非常强的，无论是在产品设计、产品定价、产品销售策略上，还是仓库选址、广告投入等各方面的决策，都有非常重要的参考意义。

（一）区域划分

通常按照一定的角度将总体市场划分为若干个区域，例如，按照经济发展程度可划分为东部、中部、西部；按照地理位置可划分为华北、华东、华南、西北、东北、西南；按照省份可划分为北京、上海、浙江、江苏……

（二）销售数据收集

销售数据的收集可以分为很多维度，具体可以根据具体业务需求的特征，进行有针对性的收集整理。例如，比较有普遍参考意义的数据类型是：一定时间内的成交金额、一定时间内的成交数量、一定时间的客单价、一定时间内的成交单价等。

一般来说，数据收集可以通过店铺后台或者生意参谋等渠道获取。但是，值得注意的是，所收集的数据除了包含关键的成交指标之外，必须包含地域参数，否则就失去了基于地域划分的分析价值和分析的可能性。

（三）数据匹配与分析

在地域划分和数据收集工作都完成之后，便可以着手按照既定划分的地域，将数据匹配到不同的地域中，最后进行有针对性的总结。

一般来说，可以从不同地域的消费金额、数量、单价等维度去评判各个地域的消费水平。当然，能评判的指标很多，还需根据具体的分析目的具体分析。

以下就用某品牌2022年某次大促按省份划分的区域分析结果作例子，该品牌2021年与2022年按省份划分的销售情况如表5-7所示，可以从中挖掘背后的逻辑和商业价值。

表 5-7　2021 年与 2022 年省份销售情况统计表

省份	2022 年					2021 年					销售额同比
	销售额/元	销售量/件	订单数/个	客单价/元	转化率	销售额/元	销售量/件	订单数/个	客单价/元	转化率	
上海	816 010.30	5 093	2 692	303.12	45.05%	438 135.45	3 347	1 849	236.96	44.39%	86.25%
广东	579 244.95	4 059	2 136	271.18	30.98%	265 652.14	2 283	1 378	192.78	26.29%	118.05%
江苏	504 831.91	3 210	1 826	276.47	34.41%	238 634.78	1 905	1 115	214.02	24.42%	111.55%
浙江	479 422.70	3 164	1 710	280.36	32.03%	205 616.45	1 677	977	210.46	25.12%	133.16%
北京	457 228.34	2 819	1 465	312.10	36.10%	288 593.34	2 100	1 078	267.71	30.40%	58.43%
山东	324 380.60	2 143	1 180	274.90	31.37%	138 488.65	1 134	688	201.29	25.76%	134.23%
四川	312 393.40	1 943	1 039	300.67	39.49%	155 419.74	1 122	602	258.17	32.88%	101.00%
辽宁	243 814.46	1 551	811	300.63	33.57%	113 495.87	855	470	241.48	26.67%	114.82%
湖北	238 489.14	1 509	838	284.59	38.25%	100 603.85	826	498	202.02	28.90%	137.06%
湖南	209 409.08	1 335	718	291.66	37.45%	73 824.40	578	335	220.37	25.91%	183.66%
河南	196 010.41	1 245	692	283.25	23.65%	83 176.75	644	397	209.51	21.39%	135.66%
河北	172 572.10	1 067	561	307.62	27.69%	92 922.17	705	375	247.79	24.65%	85.72%
福建	160 436.60	1 105	629	255.07	31.17%	76 482.03	633	388	197.12	26.63%	109.77%
黑龙江	153 654.34	976	494	311.04	30.99%	73 444.07	520	286	256.80	25.81%	109.21%
天津	152 610.99	947	504	302.80	36.52%	55 358.03	496	285	229.33	29.84%	133.50%
陕西	142 695.34	875	494	288.86	49.35%	62 138.12	445	253	245.61	25.92%	129.64%

省份	2022年					2021年					销售额同比
	销售额/元	销售量/件	订单数/个	客单价/元	转化率	销售额/元	销售量/件	订单数/个	客单价/元	转化率	
重庆	133 818.98	815	450	297.38	39.13%	68 882.35	534	286	240.85	36.20%	94.27%
云南	127 440.78	758	413	308.57	39.33%	49 891.96	375	190	262.59	29.32%	155.43%
山西	121 838.52	716	405	300.84	31.99%	52 390.78	396	247	212.11	27.11%	132.56%
安徽	119 560.11	777	442	270.50	26.69%	46 767.07	406	241	194.05	28.90%	155.65%
吉林	111 057.16	703	373	297.74	37.95%	57 510.53	411	220	261.41	30.64%	93.11%
江西	85 325.29	572	314	271.74	37.92%	37 633.64	312	193	194.99	25.46%	126.73%
广西	76 929.77	515	295	260.78	38.31%	45 850.62	413	232	197.63	28.47%	67.78%
新疆	59 931.09	315	188	318.78	51.37%	19 788.51	139	86	230.1	56.95%	202.86%
内蒙古	59 287.43	374	221	268.27	29.78%	38 392.48	264	159	241.46	31.30%	54.42%
贵州	55 557.42	312	175	317.47	44.64%	30 038.31	250	132	227.56	38.82%	84.96%
甘肃	49 865.5	305	168	296.82	45.16%	18 778.38	141	69	272.15	25.75%	165.55%
海南	40 030.76	262	144	277.99	38.81%	28 877.22	184	94	307.2	40.87%	38.62%
宁夏	13 744.46	92	49	280.5	36.84%	6 095.01	56	27	225.74	20.45%	125.50%
青海	7 643.64	44	25	305.75	36.76%	6 089.67	39	19	320.51	20.65%	25.52%
西藏	1 177.29	8	7	168.18	30.43%	1 815.48	7	4	453.87	19.05%	-35.15%

从表5-7中，可以清晰地看到每个省份的订单量情况和与上年的增长关系，这不仅表现了各省份人群的消费能力，并且还将各个省份消费人群的消费能力增长趋势言明。当然，也可以将各省份的销售占比更加直观地表现为饼状图，如图5-6所示。

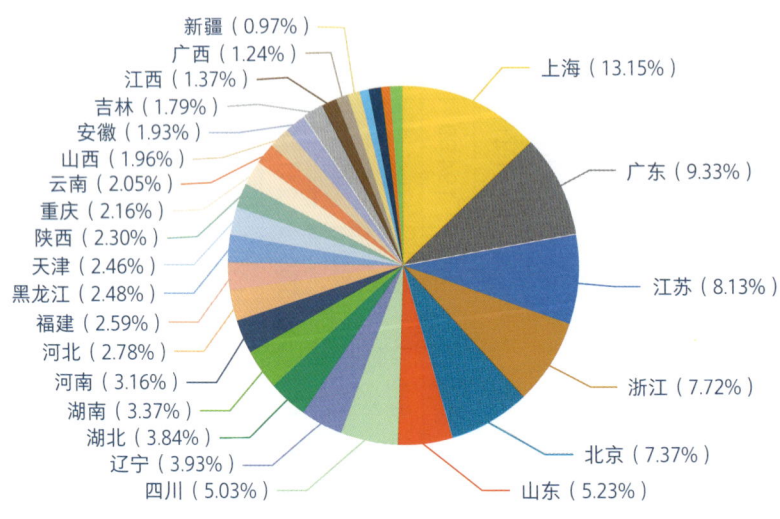

图5-6　各省份销售占有率

素养园地
保密数据是新时代电商发展的要求

（1）以习近平新时代中国特色社会主义思想为指导，切实做好保密工作。

（2）认真贯彻落实党的十九大精神，增强做好新时代保密工作的使命感和责任感。

（3）坚持总体国家安全观，打造新时代维护党和国家秘密安全的牢固防线。

（4）国家安全和利益高于一切，确保国家秘密安全。

（5）遵守宪法和法律，履行保守国家秘密的义务。

（6）加强新形势下保密工作，为服务保障做出新贡献。

（7）坚决维护国家安全和利益，自觉履行保密义务。

（8）保密工作事关国家安全、事业发展、家庭幸福、个人前途。

（9）增强保密意识，保护国家秘密安全。

（10）保守国家秘密人人有责。

六、动销率分析

动销率指的是实际销售的数量与准备的库存之间的比例。出于供应链管理的目的，在商品销售过程中，特别是在促销的筹备过程中，商家都会对当次促销进行量化的估算，以为销售做好充分的准备。但是，并非每一次估算都是准确的，有可能超卖，也有可能低卖，因此就衍生了动销率的概念。

动销率的计算公式：

动销率 = 实际销售量 / 库存准备量 × 100%

以某一次的活动促销为例，针对动销率进行统计分析，通过计算可以得出如表5-8所示的动销率。

表5-8　产品动销率统计表

产品	库存准备数量 / 件	实际销售数量 / 件	动销率
驱蚊液10ml	304	511	168%
驱蚊液20ml	188	272	145%
驱蚊液30ml	1 177	1 388	118%
驱蚊液40ml	3 921	4 551	116%
驱蚊液50ml	767	666	87%
驱蚊香10g	172	136	79%
驱蚊香20g	1 336	982	74%
驱蚊香30g	728	513	71%
驱蚊香40g	1 146	799	70%
驱蚊香50g	6 118	2 302	38%
驱蚊香60g	802	146	18%

为了达到分析的商业价值，可以将分析结果进行排序，比如按照动销率从高至低排序。由此，可以非常直观地分辨出来，超卖的产品有哪些，超卖了多少；低卖的产品有哪些，低卖了多少。这种分析方法至少有以下两点商业意义：

（1）未来销售的趋势暗示性；

（2）未来可能需要清理的缓流库存指向。

头脑风暴

在订单分析中，还有哪些有价值的订单信息可以用以进行分析？分析意义有哪些？

请对某店铺的订单进行分析。

步骤一：分析目的。

分析订单的时间分仓维度变化，规划货品分仓需求；

步骤二：分析原理。

（1）通过分时分仓数据，定义每个时间对应每个仓库的货品需求；

（2）根据不同时间对应仓库的具体需求，安排货品准备。

步骤三：实施准备。

将一周内每个仓库每天的具体订单量需求罗列出来（根据运营人员的销售预测估算），如表5-9所示。

表5-9　分仓分时订单量需求

单位：个

仓库	单量	2022-10-19 星期一	2022-10-20 星期二	2022-10-21 星期三	2022-10-22 星期四	2022-10-23 星期五	2022-10-24 星期六	2022-10-25 星期日
仓库A	140	20	20	20	20	20	20	20
仓库B	700	150	150	80	80	80	80	80
仓库C	1 530	100	100	100	940	90	100	100
仓库D	520	100	150	70	50	50	50	50
仓库E	210	30	30	30	30	30	30	30
仓库F	2 200	100	100	100	–	–	1 300	600
仓库G	630	150	80	80	80	80	80	80
汇总	5 930	650	630	480	1 200	350	1 660	960

步骤四：实施过程。

（1）对于分仓分时预测数据，插入数据分析图，如图5-7所示。

（2）由于需要分清每天每个仓库的需求量，此处可以用面积图来表示，可以直观地看出来这里时间和数量的关系。

步骤五：数据可视化与分析结果。

（1）插入面积统计图，如图5-8所示。

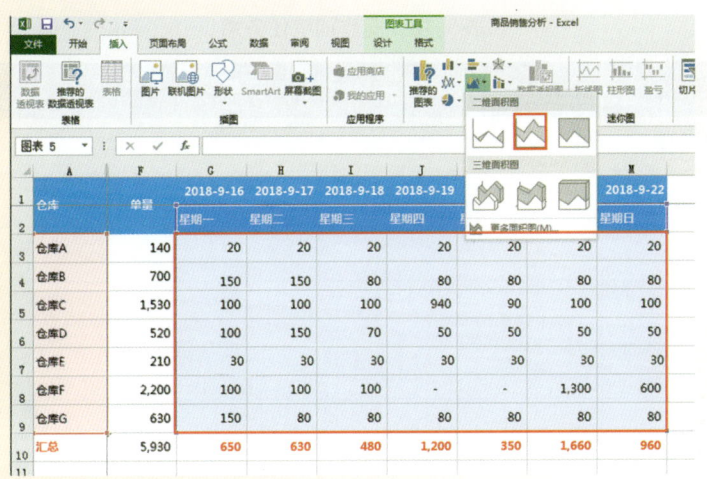

图5-7　插入分析图

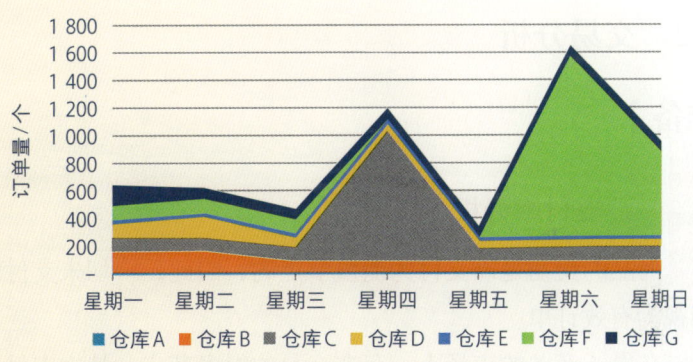

图5-8　分仓分时订单量统计图

（2）由统计图可以得出以下结论：

① 货量需求最大的是仓库C的星期四、仓库F的星期六；

② 两个仓库的需求高峰处于不同时间，背后隐藏的购买人群及消费者行为倾向值得研究。

 同步训练任务书

根据以上内容，填写如表5-10所示的同步训练任务书。

表 5-10　同步训练任务书

项目	订单分析
构建背景的确定	
构建原因的确定	
构建目的的确定	
截图	
小组成员	
小组成员分工	

任务 5-2　交易分析

【知识准备】

一、支付率分析

微课：交易分析

商品的交易是以支付为衡量节点的，因此，一切未支付的订单，都不能视为有效订单。

在电子商务的市场上，存在交易的很多节点，其中支付是最后促使交易完成的最关键节点。而在支付前，用户必然对产品产生兴趣，并且具有购买的意图。支付率分析的研究意义就在于有多少订单能够突破消费者最后一道心理防线，支付款项，成功购买。支付率的公式如下：

$$支付率 = 支付金额 / 加购物车金额 \times 100\%$$

微课：网店商品分析

支付率分析的核心不在于支付率的高低，而在于影响支付率的因素。因此，在进行支付率分析的时候，应该更关注支付率背后的变量，是否价格有变化？是否店铺提供的服务与其他商家提供的服务有所差别？是否店铺的商品质量与其他品牌的商品质量存在高低之分？

通常影响支付率的因素有以下几种：

（1）额外的税费、过慢的配送时效及过高的配送费用；

（2）网站自身基本问题（流程、方便性等）；

（3）商品本身问题（对比同行是否有竞争力）。

在支付率的对比结果中挖掘以上三种因素后，就可以有针对性地制定优化方案了。

公开数据显示，客户在支付流程离开的首要原因是过高的额外成本。

这里需要明确的是额外成本的概念，该成本并不是客户对于购买物品价值对应支付价格的量度，而是对于完成这笔交易，最终商品到达客户自己手中所需要支出的其他费用的计算。

尤其当这部分额外的价格相对于购买商品本身的价值占比较高时，客户更倾向于取消支付。例如，在进行海淘时，目前海关税费价格上升较大，非往期海关抽检模式，已经是100%被征税，同时国际邮费金额昂贵，动辄近百元人民币，在这种情况下，若非海外商品本身有较大优惠，或者邮资有优惠的情况，否则订单多倾向于取消。

另外一种情况便是对于购买商品退回概率的判断。在商品体系中，是有很大一部分商品存在退货或者换货可能，由于邮资高昂，即使单次邮寄在可承受范围内，但考虑采购后的情况，这一部分大概率附加发生的成本也被客户计入总体成本之中，从而放弃当前的交易。

实际中，过高的额外成本包括运费、保险、税费等。另外，由于网站要求注册账户、冗长复杂的付款流程、没有准备好购买、过高的商品价格、需要保存或者添加愿望清单等原因，也会导致客户最终放弃购买。

公开资料显示，苹果等知名网站也出现过大量的支付困难问题，这些问题并非是中小型电商网站所独有的。

二、价格分析

价格是非常具有商业意义的一个指标。作为卖家，肯定希望价格越高越好，但是，作为正常商品的交易，价格和市场需求是成反比关系的，如图5-9所示。

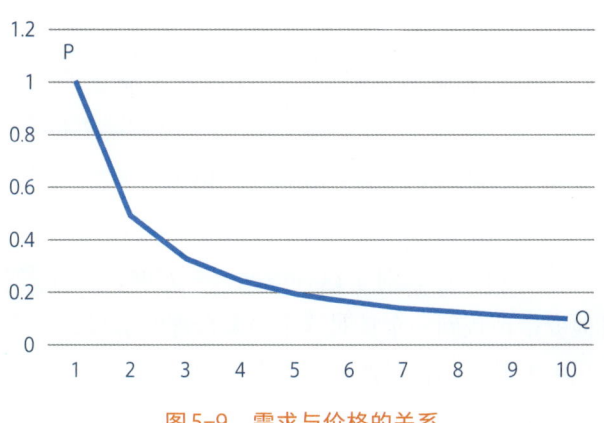

图5-9　需求与价格的关系

商家本质上是追求收益最大化，但并非价格越高，收益就越高。市场需求曲线在不同的具体情况下，其需求系数有所差异，这就需要在实际商业成交的过程中，专门进行分析。对价格的分析，无非聚焦于以下两点：第一，什么价格更有利于整体收益增长；第二，什么价格更有利于市场经营。

（一）什么价格更有利于整体收益增长

为了实现整体收益最大化，店铺需要在价格和销量之间找到一个平衡点，因此，根据销售的原理和市场需求原理，我们同时将以下方程联立：

销售额＝销售单价 × 销售数量

销售数量＝$-k$ × 价格变动$+a$

式中，k 为价格弹性系数，a 为价格敏感底线。

在实践的过程中，还可以利用更直观的图表法进行测算，对同一个单品，控制其他所有变量，只针对价格进行调整，得出以下数据，如表5-11所示。

表5-11　不同价格对应的销售数量及销售金额

销售单价 / 元	销售数量 / 件	销售金额 / 元
100	304	30 400
110	295	32 450
120	289	34 680
130	274	35 620
140	243	34 020
150	235	35 250
160	202	32 320
170	191	32 470
180	183	32 940
190	169	32 110
200	157	31 400

显然，在这个案例中，收益最大化的价格是130元，对应的总收益35620元。值得指出的是，在两个收益最大的数值（销售单价为130元与150元）之间，还有一个比它们更小的收益值（单价为140元），对于这种情况，一方面，店铺需要对变量进行回顾，察看是否忽略了其他变量，找到一个针对这个现象合理的解释，否则有可能也对其他分析结果产生影响。另一方面，这也是统计学中允许的波动。总之，数据分析是一个永远求真的过程，直到一切都趋于合理。

（二）什么价格更有利于市场经营

对于很多商家而言，其经营目的并非一味地追求最高的收益，除了追求最终的收益最大化以外，产品的主要市场策略主要有以下几种：

（1）以低价占领市场；

（2）维护产品及品牌形象；

（3）出于博弈目的或者跟风心理，与竞争对手的市场角逐。

在这些目的的驱动下，收益最大化有可能不是首要的考虑因素，因此就有可能出现追求产品销量最大化、追求单价最大化、追求与竞争者具有相对优势等各种各样的价格策略。

三、成本分析

任何商业活动都是有成本的，电商也不例外。电商的交易成本包括但不仅限于：产品或服务的生产成本、物流仓储成本、包装成本、行政成本、市场成本、其他成本等。

成本分析是基于各类成本相加的基础上，与实际销售价格对比，衍生的成本分析。因此，销售的总成本即为各项成本之和。成本分析往往是结合销售价格进行总体的回顾的，在这里便引入了毛利率的概念，其公式为：

毛利率=（销售金额−各项成本）/销售金额

一个店铺或者商家要赖以生存，毛利率必须达到一定的水平。通常衡量一个店铺是否可以长期存活，假设一年时间内，如果毛利率支撑不起人工成本的比例的话，恐怕这个商业项目的成功概率会比较小了。

行业观察
电商供应链存在的普遍问题

在电商领域，除去采购成本外，最大的成本开支项目不外乎物流费用。引述电商巨头亚马逊掌门人的观点，电商是一个高固定成本，低可变现成本的规模经营方式。仓储物流方面的效率提高和不断完善，是实现商家和消费者共赢的基础。只有当电商规模化运营之后，才能有效摊薄这一费用。亚马逊自身实现了规模化经营，目前物流费用已经降至总体成本的10%以下。目前国内京东在重点城市已经完整布局了自身的仓储物流体系，自建了配送队伍，这种模式在订单量足够的情况下较好地节约了成本开支，但是波动的订单情况对物流体系的运营提出了较高要求，并且随着人力成本的上升，配送队伍扩大也会加剧京东的成本压力。

存货的周转性，即库存的现金流占用问题，反映了电商运营效率和存货变现的能力。存货成本是总成本除去显性的采购成本后在实际运营中被整体运营状况约束的隐形成本，是备货电商模式成本构成中庞大的一部分。京东目前可查的数据显示其库存周转约40天，相较于其他同等级电商保持了较好水平，其自营仓库是提高其周转效率重要的组成部分。但是，通过成本结构的对比，可以发现京东的成本压力较大，用户获得成本较高，公开资料显示其毛利仅在5%。

四、支付金额分析

支付金额几乎是所有分析需要考虑的核心指标之一。消费者支付的订单金额往往是各项影响因素的综合。可以毫不夸张地说，支付金额是反映销售是否成功的最重要指标之一。因此，与其说支付金额分析是一项专门分析，在日常运营的过程中，更加趋向于将其作为一个最重要的分析思路和分析指标。

支付金额所涉及的分析范畴包含但不仅限于：订单量分析、品类分析、产品偏好分析、客单价分析、区域人群消费能力分析、动销率分析等，并且在以下分析中也充当着非常重要的角色：支付率分析、价格分析、成本分析等。

对于支付金额的分析，有以下四个要点值得特别注意：

（1）数据的时间节点必须统一：所有数据，包含支付金额数据，必须在同一个时间段、同一个时间点的维度进行统计分析；

（2）纳入支付金额分析的范畴必须是有效支付金额，尚未完成的支付金额或者由于商家、平台等原因的非市场因素应该剔除；

（3）货币单位必须统一，否则会增加分析的复杂性，甚至影响分析结果的有效性；

（4）支付金额需综合考虑财务目的与实际交易行为，最终确定统一的思路与方法，切记在分析的过程中同时使用不同的标准，这样会造成数据波动偏大，影响分析结果的准确性。

行业观察
第三方支付

第三方支付是指具备一定实力和信誉保障的独立机构，通过与网联对接而促成交易双方进行交易的网络支付模式。

在第三方支付模式下，买方选购商品后，使用第三方平台提供的账户进行货款支付（支付给第三方），并由第三方通知卖家货款到账、要求发货；买方收到货物、检验货物，并且进行确认后，再通知第三方付款；第三方最终将款项转至卖家账户。

2017年1月13日下午，中国人民银行发布了一项支付领域的新规定《中国人民银行办公厅关于实施支付机构客户备付金集中存管有关事项的通知》，明确了第三方支付机构在交易过程中产生的客户备付金，今后将统一交存至指定账户，由央行监管，支付机构不得挪用、占用客户备付金。

2018年3月，网联下发《关于非银行支付机构网络支付清算平台渠道接入工作相关事宜》，督促第三方支付机构接入网联渠道，明确2018年6月30日前所有第三方支付机构与银行的直连都将被切断，之后银行不会再单独直接为第三方支付机构提供代扣通道。

五、支付渠道分析

如今电商平台的支付渠道有很多，包括但不仅限于支付宝、财付通、银联。

对支付渠道进行分析，从实质意义来探究，其实是市场属性导向。对支付渠道的分析，对市场投入的方式、效率、投入量的考虑，都具有非常重要的导向性作用。

支付渠道在店铺后台或者生意参谋中都有充足的数据，但是对于支付渠道的分析，远远不止于对各个支付渠道的占比进行研究。值得研究的还有：各个支付渠道的人群、地域、性别、年龄，对应的商品类型等。在完成了这一系列的分析后，可以很清晰地划分出来，在哪些地域、针对哪些消费群体、投入哪种市场资源是可以达到最优效率的。

行业观察
中国支付业务发展现状分析

经济的快速发展带来了支付行业的持续繁荣，而随着中国在亚太地区甚至全球贸易中的影响力与日俱增，越来越多的国内外企业将会采用中国制造的POS机进行交易结算，国内外市场对POS机的需求还有很大的增长空间，同时支付服务场景化推动着收单智能化，支付产业全面升级正在带动智能POS的快速发展，电子支付硬件业务前景广阔。2018年亚太地区手持式条码扫描器、固定式POS扫描器和固定式工业类扫描器的市场总规模达到5.5亿美元。目前，中国支付业务具有以下三个特点：

（1）银行卡、POS机和商户数量仍保持稳定增长；

（2）银行卡交易渗透率上升，银行卡消费业务笔数增速较快；

（3）收单业务向小商户和二三线城市渗透分析。

请对某商品找出最优定价。

步骤一：分析目的。

找出收益最大的定价。

微课：网店
订单分析

步骤二：分析原理。

（1）通过对价格进行调整，以同样时间为测试时间段统计销量；

（2）根据不同价格对应的销量计算总收益；

（3）对总收益进行比较，找出收益最大的价格水平。

步骤三：实施准备。

（1）确定产品成本为100元；

（2）对100元以上的价格进行不同的设定，设定区间为10元，即定价为100元、110元、……、200元；

（3）针对不同价格进行销量统计，如表5-12所示。

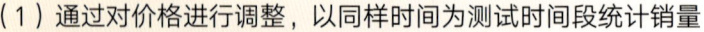

表5-12　不同价格对应的销售数量

销售单价 / 元	销售数量 / 件
100	304
110	295
120	289
130	274
140	243
150	235
160	202
170	191
180	183
190	169
200	157

（4）计算不同单价对应的数量前提下的销售金额及利润额，其中：

$$销售总金额 = 单价 \times 销售数量$$

$$销售总利润 = （单价 - 100）\times 销售数量$$

得出以下计算结果，如表5-13所示。

表5-13　不同价格对应的销售数量、金额、利润

销售单价 / 元	销售数量 / 件	销售金额 / 元	利润额 / 元
100	304	30 400	-
110	295	32 450	2 950
120	289	34 680	5 780
130	274	35 620	8 220
140	243	34 020	9 720
150	235	35 250	11 750
160	202	32 320	12 120
170	191	32 470	13 370
180	183	32 940	14 640
190	169	32 110	15 210
200	157	31 400	15 700

步骤四：实施过程。

（1）对不同价格的销售金额和利润额分别插入分析统计图，如图5-10所示。

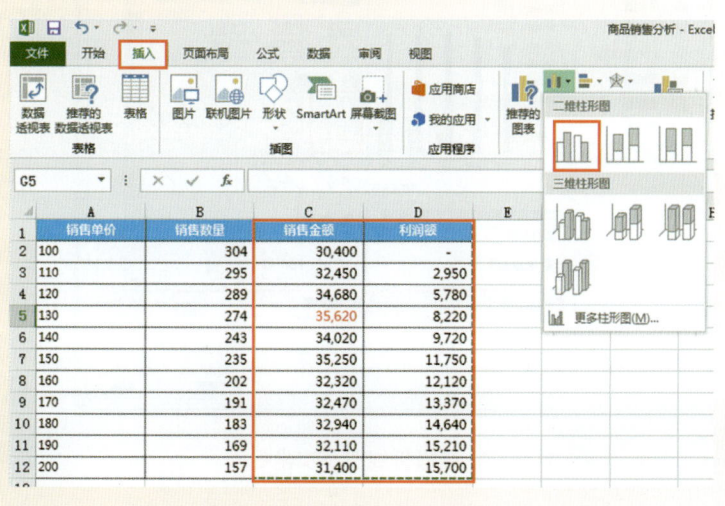

图5-10　插入分析图

（2）为了明确销售金额与利润额的变化，首先插入柱状图，以清晰区分其数量维度的大小比较；

（3）为了在同一个统计图中分清销售金额和利润额的变化关系，将利润额的图形类型改为折线图，并使用次坐标轴，如图5-11、图5-12所示。

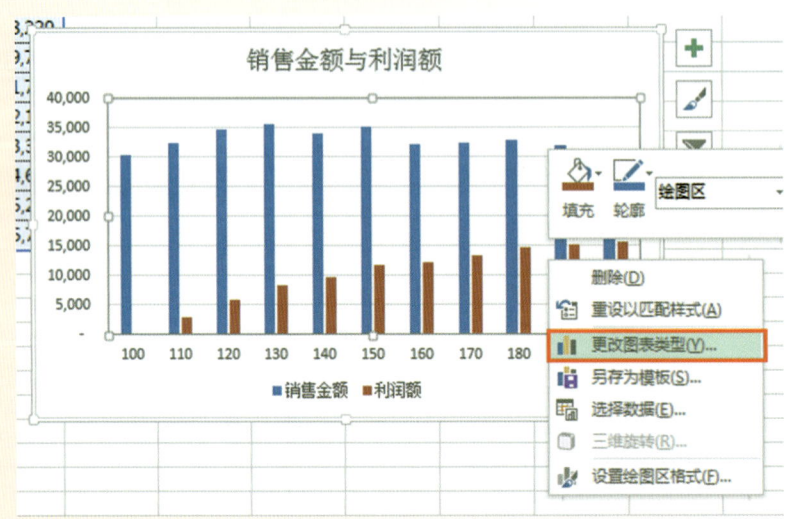

图5-11　更改图表类型

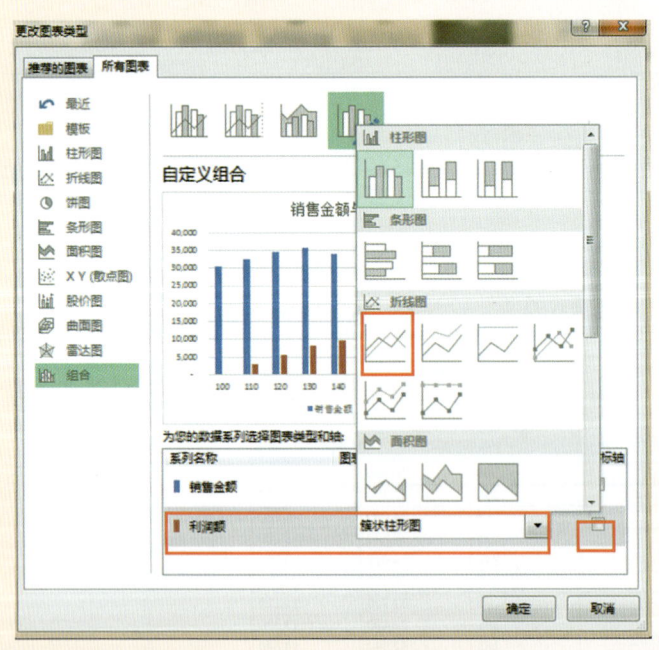

图5-12　选择折线图及次坐标轴

步骤五：数据可视化与分析结果。

（1）插入统计图形，如图5-13所示。

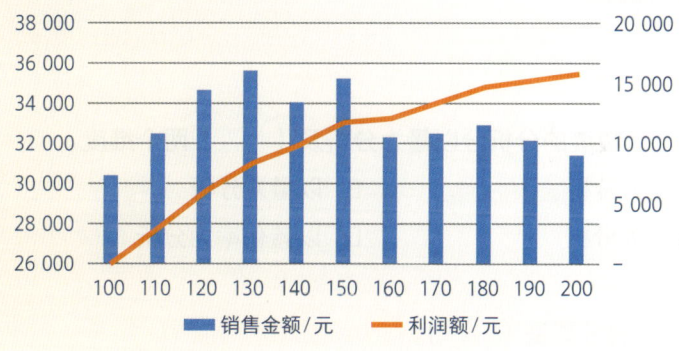

图5-13　销售金额与利润额

（2）由统计图可以得出如下结论：

① 价格为130元时销量最高，其次是150元，价格为140元时销量反而有所下跌；

② 统计范围内价格越高，利润越高；

③ 价格为140元时的销量下跌有可能受消费者心理影响；

④ 追求市场占有的最优定价是130元；

⑤ 追求利润最大化的定价是200元或者更高。

 同步训练任务书

根据以上内容，完成如表5-14所示的同步训练任务书。

表5-14　同步训练任务书

项目	价格分析
步骤划分	
各部分主要内容	
撰写训练报告	
小组成员	
小组成员分工	
教师点评	

一、单项选择题

1. 以SKU为颗粒度的分析分以量为分析及（　　　）两个维度。

    A. 以品类为分析　　　　　　　　B. 以量为分析

    C. 以收藏为分析　　　　　　　　D. 以转化率为分析

2. 动销率的计算公式是（　　　）。

    A. 动销率＝实际销售量/库存准备量×100%

    B. 动销率＝预计销售量/库存准备量×100%

    C. 动销率＝实际销售量/安全库存量×100%

    D. 动销率＝预计销售量/安全库存量×100%

3. 毛利率的计算方式是（　　　）。

    A. 毛利率＝（销售总额－总成本）/总成本×100%

    B. 毛利率＝（销售总额－总成本）/销售总额×100%

    C. 毛利率＝（单项销售金额－单项成本）/单项成本×100%

    D. 毛利率＝（单项销售金额－单项成本）/单项销售金额×100%

4. B2C指的是（　　　）。

    A. 企业对个人　　　　　　　　　B. 企业对企业

    C. 个人对企业　　　　　　　　　D. 个人对个人

5. 下面不属于销售区域分析划分方法的是（　　　）。

    A. 按经济发展程度划分　　　　　B. 按照地理位置划分

    C. 按照省份划分　　　　　　　　D. 按照民族划分

二、多项选择题

1. 造成订单时段的差异有（　　　）。

    A. 因促销力度产生的差异

    B. 因消费行为产生的差异

    C. 因消费者自发需求产生的差异

D. 店家不规律上线产生的差异

2. 下列是消费者购买商品时的产品偏好因素的是（　　　　）。

    A. 产品的质量　　　　　　　　B. 产品的价格

    C. 产品的服务　　　　　　　　D. 产品的品牌形象

3. 通常影响支付率的因素有（　　　　）。

    A. 网络原因无法完成支付

    B. 额外的税费、过慢的配送时效及过高的配送费用

    C. 网站自身基本问题（流程、方便性等）

    D. 商品本身问题（对比同行是否有竞争力）

4. 对于支付金额的分析，需注意（　　　　）。

    A. 数据的时间节点必须统一

    B. 纳入支付金额分析的范畴必须是有效支付金额

    C. 货币单位必须统一

    D. 支付金额需综合考虑财务目的与实际交易行为

5. 淘宝支持的第三方支付渠道是（　　　　）。

    A. 支付宝　　　　　　　　　　B. 银联

    C. 微信　　　　　　　　　　　D. 货到付款

三、判断题

1. 电商企业没必要对仓储进行分仓管理。（　　　）

2. 根据"二八原则"，卖家进行单一商品销售就可以了。（　　　）

3. 支付率＝支付金额/加购物车金额×100%。（　　　）

4. 在正常商品的交易中，价格和市场需求是成反比关系的。（　　　）

5. 第三方支付是指具备一定实力和信誉保障的独立机构，通过与网联对接而促成交易双方进行交易的网络支付模式。（　　　）

学习单元6
营销活动分析

- 营销活动分析
- 渠道推广分析
- 内容运营分析

学习目标

知识目标
- 掌握营销活动的评价指标：流量、转化、拉新、留存。
- 了解各个推广渠道的特点及基本运作原理。
- 对主要内容运营范畴有整体把握。

技能目标
- 掌握营销活动分析各个维度的技巧。
- 能够对渠道推广各项指标进行分析。
- 对内容运营的结果进行总结分析。

素养目标
- 在营销活动中坚持正确的道德观。

思维导图

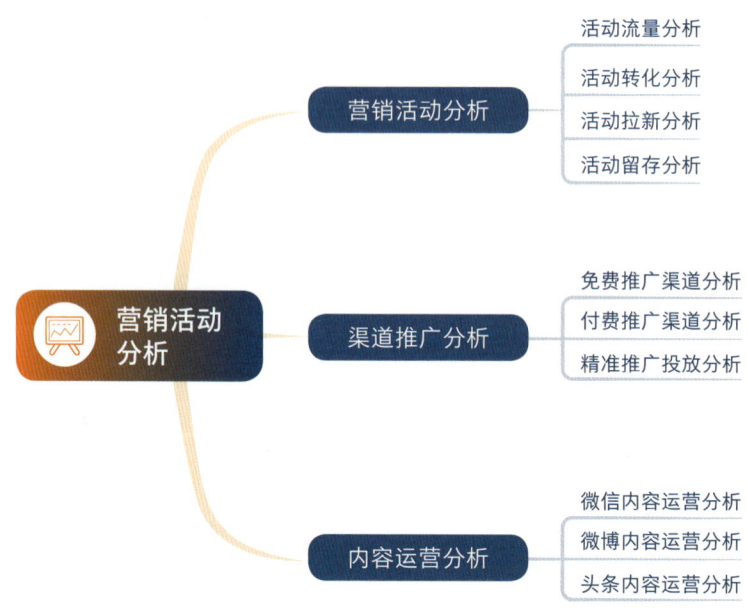

营销活动分析
- 营销活动分析
  - 活动流量分析
  - 活动转化分析
  - 活动拉新分析
  - 活动留存分析
- 渠道推广分析
  - 免费推广渠道分析
  - 付费推广渠道分析
  - 精准推广投放分析
- 内容运营分析
  - 微信内容运营分析
  - 微博内容运营分析
  - 头条内容运营分析

导入案例
盘点电商"6.18"营销案例

商家撒红包、购物送礼券，这些早已经成为电商营销的常规做法，"6.18"期间，为了吸引"剁手族"更多消费，商家都曾经频频出奇招，营造促销氛围，聚攒人气，在这促销大战的硝烟中，总有那些脱颖而出的营销案例让你眼前一亮。

1. 海报文案与众不同

6月的促销不能让京东一家唱独角戏，各家都拿出了看家本领来吸引消费者，最直观、最重要的就是海报了，视觉上的刺激最有效。

早在几年前，中国电子商务的个性之战已经打响，在淘宝与天猫的线上商圈中，文案作家不断涌出，有些是作为雇佣的关系负责广告创作，而有些是老板自己。他们利用这种抓住用户眼球的方式赢取了点击量、销售量、人气，不得不说，他们做到了与众不同。

2. 送货方式独具匠心

"6.18"之际，两名帅气男模上门给美女送京东购物卡的照片在网上火爆一时，适逢"6.18"京东购物节，而这两名男模同时身着《仙侠世界》定制版T恤更是惹来游戏圈的关注——仙侠世界联合京东力推"定制男友"。

任务6-1　营销活动分析

【知识准备】

营销活动在商业市场上是非常重要的一项工作，是将产品、销售活动推向消费者的有力一环。传统的营销活动主要聚焦于市场、产品和渠道，在电子商务高速发展的今天，营销活动的聚焦点也有了一定的扩展与丰富。如今，业界又有了三个新的概括营销的维度：市场营销、活动营销、网络营销。

动画：营销推广分析——移动营销趋势分析

企业开展营销活动，必然是出于某种目的，没有目的营销活动是一种资源浪费。正常的营销活动是出于品牌形象建设、销售配合、促销推广等等目的而被触发。既然是有目的而进行的活动，自然就需要衡量其活动效果。衡量营销活动效果的指标通常有活动流量、活动转化、活动拉新、活动留存等指标。

一、活动流量分析

在营销活动指标的分析中，活动流量是判断营销活动效果最基本的要素，也是衡量活动效果的第一步。活动流量是指由于营销活动的安排，给店铺或者网站带来的流量的增加量。

这里需要强调一点，本书在此研究的对象是对营销活动带来的流量进行分析，而不是对整个店铺促销活动的流量分析。因此，在进行研究的时候，需要把其他变量因素去除，只针对营销活动带来的流量进行研究。

针对活动带来的流量进行分析，有两种基本的方法：第一种是根据流量源数据进行分析；第二种是根据流量拆分方法进行分析。

这两种分析方法各有其优势和劣势，根据流量源数据进行的分析，相对更能准确地衡量各个渠道的流量情况，但并不是所有平台都能获取相对应的流量数据，就算能获取，也需要付出额外的成本。而根据流量拆分方法进行分析是根据经验将某个时间段的流量拆分为几部分，然后对每部分流量进行分析比较，最终得出引流的效果总结，这种方法在成本上不需要付出额外的支出，但是流量的拆分依靠的是人为的干预，不一定能完全代表流量的具体来源，因此会对分析结果造成一定的误差。

对活动的流量进行分析，首先应当明确分析的步骤，以下是每个步骤的具体操作：

（1）将活动所配备的各个渠道的推广分别列出来，然后根据实际情况判断哪些渠道有可靠并且成本低的流量数据；

（2）判断哪些推广渠道利用的是流量源提供的数据，哪些渠道用的是流量拆解方法计算的数据；

（3）分别对两种数据方式进行整理，如表6-1所示。

表6-1　流量来源拆解

流量来源	流量数量／人	成交额／元	成交占比	消耗	投资回报率（ROI）	是否流量源数据
钻石展位	132 735	1 625 632	25%	1 117 687	1.45	是
直通车	136 396	1 382 434	21%	1 103 084	1.25	是
淘宝客	62 442	195 308	3%	166 468	1.17	是
互动城	47 232	180 000	3%	100 000	1.80	否
KOL[①]	53 432	64 124	1%	149 500	0.43	否
CRM[②]	—	—	0%	—	—	否
会场	—	—	0%	—	—	否
品专[③]	—	—	0%	—	—	否
直播	—	—	0%	—	—	否
其他	—	—	0%	—	—	否
推广合计	432 237	3 447 498	100%	2 636 739	1.31	

（4）根据分析需求，制作需要的分析图，如图6-1所示。

二、活动转化分析

微课：漏斗模型及分析指标选择　　微课：订单漏斗模型应用

流量获取了之后，对于商家来说，更为重要的是活动获取的流量被转化为收藏、加购、交易等状态，这里所对应的转化率，是另一个衡量营销活动效果的指标。对于商家来说，流量本身并不能带来实际的价值，真正产生价值的是这些流量转化为交易，产生了订单之后带来的销售收入。

---

① KOL是指对消费者的购买行为具有较大影响力的人（Key Opinion Leader）。
② CRM是指客户关系管理（Customer Relationship Management）。
③ 品专是指购物平台或店铺的品牌专区。

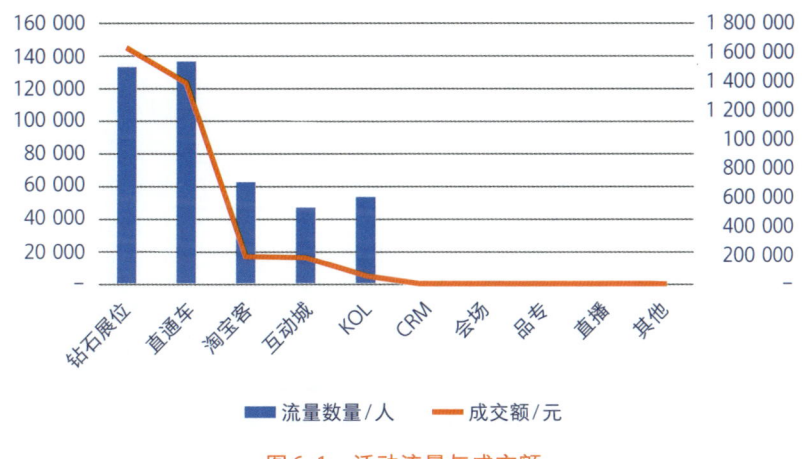

图6-1　活动流量与成交额

可以将活动流量中，转化成收藏、加购、销售等状态的数据整理出来，相应算出来占比，如表6-2中所整理。

表6-2　活动转化统计

流量来源	流量数量／次	收藏数量／件	加购数量／件	成交额／元	收藏占比	加购占比	成交占比
钻石展位	132 735	7 744	6 293	1 625 632	6%	5%	25%
直通车	136 396	8 313	6 554	1 382 434	6%	5%	21%
淘宝客	62 442	3 271	2 928	195 308	5%	5%	3%
互动城	47 232	2 056	1 419	180 000	4%	3%	3%
KOL	53 432	3 525	2 926	64 124	7%	5%	1%
CRM	-	-	-	-	-	-	0%
会场	-	-	-	-	-	-	0%
品专	-	-	-	-	-	-	0%
直播	-	-	-	-	-	-	0%
其他	-	-	-	-	-	-	0%
推广合计	432 237	24 909	20 121	3 447 498	28%	23%	54%

根据分析的需要，还可以对每一种转化的占比和量级关系进行处理，得出如图6-2、图6-3、图6-4、图6-5所示统计图。

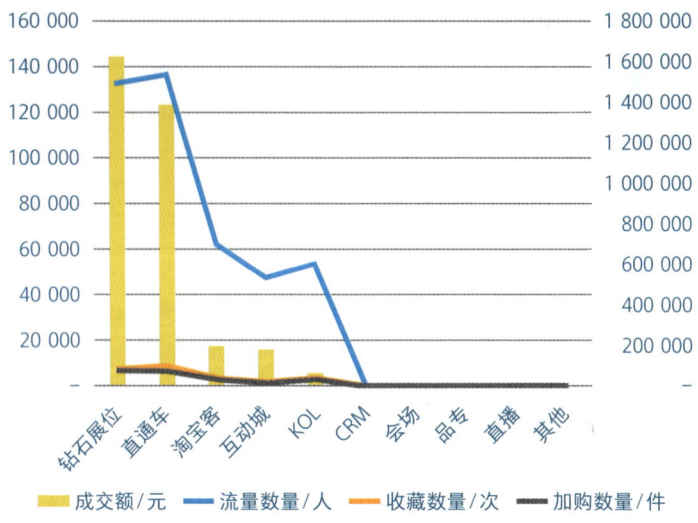

图6-2　营销活动流量转化情况

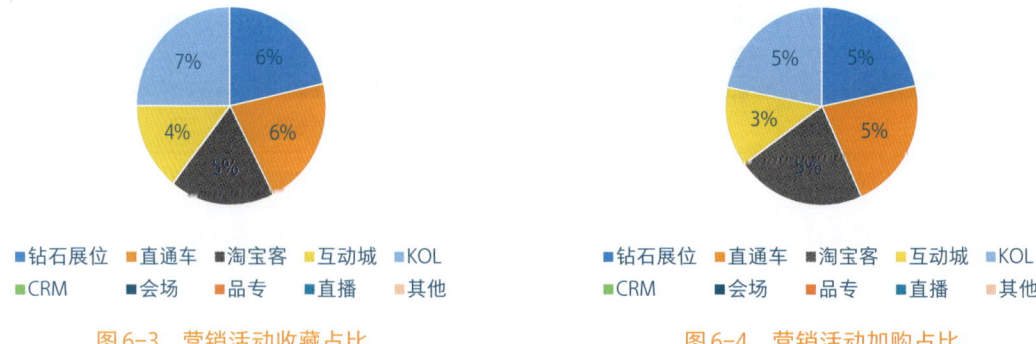

图6-3　营销活动收藏占比

图6-4　营销活动加购占比

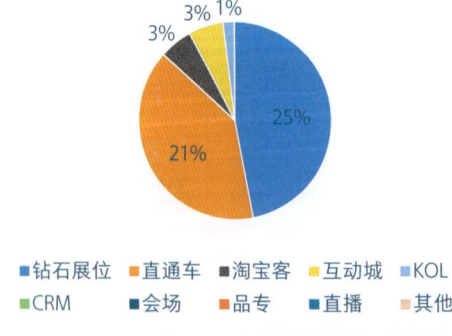

图6-5　营销活动成交占比

三、活动拉新分析

进行营销活动的另一个目的就是进行拉新。经营电子商务的从业人员应该都清楚，销售来源的人群主要分两种，一种是老客，另一种是新客。因此，能获取多少新客，是衡量店铺活力非常重要的指标之一。

对活动拉新进行研究分析，就要对各个推广渠道所能吸纳到的新客户的流量进行分析，这里面其实是从总体流量中把老客户和新客户进行分割，从而得出营销活动在拉新方面的贡献。

对活动的拉新效果进行评估，首先要完成流量分析和转化分析，然后在这些分析的基础上，将老客和新客分别分出来。

因此，可以针对各个推广渠道的各项指标，分别对活动流量、转化的新客占比进行比较分析，具体数据如表6-3、表6-4、表6-5和表6-6所示。

表6-3　活动流量新客统计

流量来源	流量数量 / 人	新客数量 / 人	新客占比
钻石展位	132 735	23 245	18%
直通车	136 396	45 323	33%
淘宝客	62 442	45 234	72%
互动城	47 232	25 433	54%
KOL	53 432	44 232	83%
CRM	—	—	—
会场	—	—	—
品专	—	—	—
直播	—	—	—
其他	—	—	—

表6-4　活动收藏转化新客统计

流量来源	收藏数量 / 件	新客数量 / 人	新客占比
钻石展位	7 744	1 543	20%
直通车	8 313	2 345	28%
淘宝客	3 271	2 534	77%
互动城	2 056	876	43%
KOL	3 525	2 534	72%
CRM	—	—	—

流量来源	收藏数量 / 件	新客数量 / 人	新客占比
会场	—	—	—
品专	—	—	—
直播	—	—	—
其他	—	—	—

表6-5　活动加购转化新客统计

流量来源	加购数量 / 件	新客数量 / 人	新客占比
钻石展位	6 293	1 423	23%
直通车	6 554	2 235	34%
淘宝客	2 928	2 643	90%
互动城	1 419	632	45%
KOL	2 926	2 353	80%
CRM	—	—	—
会场	—	—	—
品专	—	—	—
直播	—	—	—
其他	—	—	—

表6-6　活动销售转化新客统计

流量来源	成交额 / 元	新客金额 / 元	新客占比
钻石展位	1 625 632	326 535	20%
直通车	1 382 434	454 323	33%
淘宝客	195 308	14 765	8%
互动城	180 000	81 432	45%
KOL	64 124	53 468	83%
CRM	—	—	—
会场	—	—	—
品专	—	—	—
直播	—	—	—
其他	—	—	—

在以上统计数据的基础上，还能处理成如图6-6所示的统计图，以达到更直观地衡量各项指标的目的。

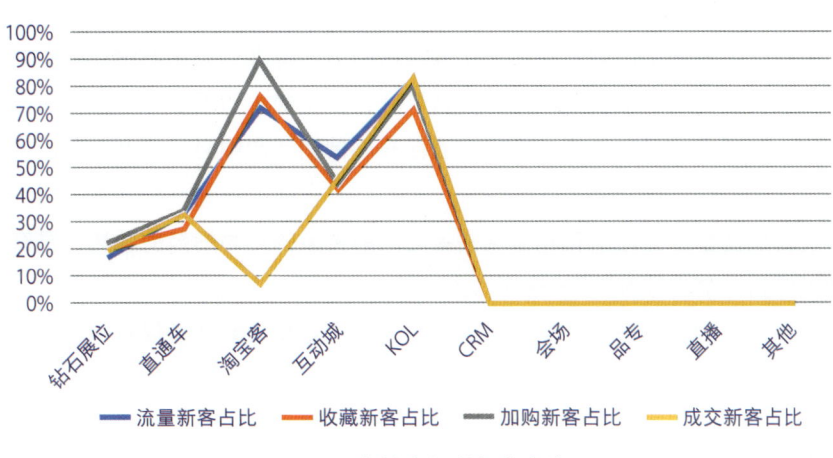

图6-6 各推广渠道新客占比

通过一系列对新客的分析比较，不仅可以挖掘哪些推广渠道更有利于拉新，还能发现各个渠道在拉新上的转化效率。

四、活动留存分析

活动留存指的是经过营销活动后，持续留存在店铺的消费者，可以理解为活动引流产生的销售中，重复发生消费的部分客户。这一部分活动留存意味着这部分客户已经成为店铺的粉丝，对店铺产生了黏性。

因此，对活动留存的分析是对营销活动于长期生意利益所产生的非常重要的一个指标。

对活动留存进行分析的思路，基本上与拉新的思路统一，唯一的不同点在于拉新是研究活动流量、转化环节中的新客比例，而留存率研究则研究的是活动过后，因为活动带来的流量和转化里面的复购率是多少。具体而言，依然遵循以下步骤：

（1）将活动带来的流量、收藏转化率、加购转化率、交易转化率数据统计整理好；

（2）将活动中的这些流量及在活动完结后的复购次数进行统计，并以单一ID为单位进行整理；

（3）对复购率及其他对于店铺的重复介入活动进行计算；

（4）研究计算结果背后的关系和发展机会。

素养园地
在营销活动中坚持正确的道德观

营销道德是用来判定市场营销活动正确与否的道德标准，即判断企业营销活动是否符合消费者及社会的利益，能否给广大消费者及社会带来最大幸福。市场营销道德是市场经济的伴生物。在市场经济条件下，现代企业在开展营销活动中必须遵循营销道德，实施诚信营销。

营销道德是调整企业与所有利益相关者之间的关系的行为规范的总和，是客观经济规律及法制以外制约企业行为的另一要素。

遵循营销道德的营销行为，使营销人员个人、企业和顾客利益保持一致，有利于实现企业的经济效益和社会效益。违背营销道德的营销行为，使企业的利益与顾客的利益相悖，虽使企业一时受益，但不利于企业的长远发展，更有损社会公众的利益。因此，使营销行为沿着营销道德的轨道进行，对企业和社会双方都是大有裨益的。

当今世界，营销可以说是无处不在，无时不在。营销已成为企业最重要的一项职能之一，营销从业人员越来越多，营销手段五花八门，营销活动对公众和社会的影响日益加深。然而，在人们享受有益营销活动所带来的好处的同时，营销活动也受到了越来越多的非议。特别是每年的"3·15"晚会，揭露了许多企业在营销活动中的不道德行为，引发了全社会的信任危机。因此，现代营销必须讲求道德，实施诚信营销，使企业在消费者心目中树立起良好的形象，企业才能够可持续发展。

任务实施
营销活动分析

步骤一：分析目标。

（1）评价营销活动的流量贡献。

（2）评价营销活动所带来的流量的转化率。

（3）评价营销活动对拉新的效果。

步骤二：分析原理。

营销活动分析原理如图6-7所示。

步骤三：实施准备。

（1）将活动流量数据及转化率、新客数量等数据从生意参谋及活动渠道后台导出；

（2）将活动以上数据整理成EXCEL可用作分析的表格形式，如表6-7所示，其中：

微课：营销推广效果分析

$$收藏占比=收藏人数/流量 \times 100\%$$

$$加购占比=加购人数/流量 \times 100\%$$

$$成交占比=成交人数/流量 \times 100\%$$

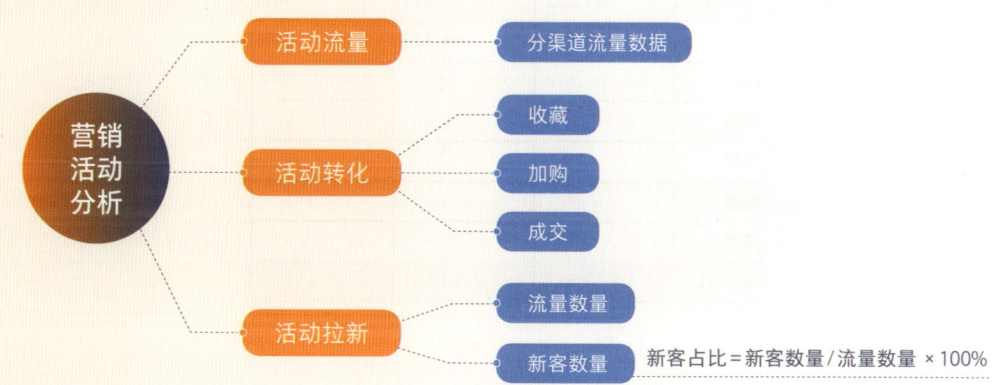

图6-7　营销活动分析原理

表6-7　活动转化统计

流量来源	流量数量/人	收藏人数/人	加购人数/人	成交人数/人	收藏占比	加购占比	成交占比
钻石展位	132 735	7 744	6 293	33 519	6%	5%	25%
直通车	136 396	8 313	6 554	29 290	6%	5%	21%
淘宝客	62 442	3 271	2 928	1 894	5%	5%	3%
互动城	47 232	2 056	1 419	1 321	4%	3%	3%
KOL	53 432	3 525	2 926	532	7%	5%	1%
CRM	—	—	—	—	—	—	0%
会场	—	—	—	—	—	—	0%
品专	—	—	—	—	—	—	0%
直播	—	—	—	—	—	—	0%
其他	—	—	—	—	—	—	0%
推广合计	432 237	24 909	20 121	66 556	28%	23%	54%

（3）类似地，将新客在各项指标中的数据也整理成如表6-7所示的格式。

步骤四：实施过程。

（1）对各渠道的流量数据进行插入图表分析，如图6-8所示。

流量来源	流量数量	新客数量	流量新客占比
钻石展位	132,735	23,245	18%
直通车	136,396	45,323	33%
淘宝客	62,442	45,234	72%
互动城	47,232	25,433	54%
KOL	53,432	44,232	83%
CRM	-	-	-
会场	-	-	-
品专	-	-	-
直播	-	-	-
其他	-	-	-
推广合计	432,237	183,467	-

图6-8　对流量数据插入分析图

（2）为了对比两项指标之间的数量级别关系、不同渠道的数量级别关系，可以同时对两项指标插入柱状图，如图6-9所示。

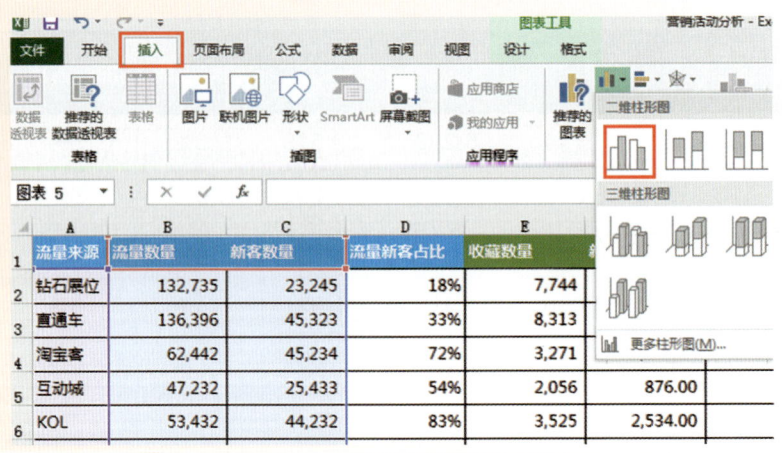

图6-9　对流量数据插入分析图

（3）对流量的收藏转化、加购转化、交易转化分别进行同样的操作。

步骤五：数据可视化与结果分析。

（1）各渠道流量及新客情况分析，如图6-10所示。

（2）各渠道收藏转化及新客情况，如图6-11所示。

（3）各渠道加购转化及新客情况，如图6-12所示。

（4）各渠道交易转化及新客情况，如图6-13所示。

（5）通过以上分析，能够得出以下结论：

① 直通车能带来的流量最多，并且新客数量最多，新客占比第二位的是KOL；

② 直通车的收藏转化率最高，但新客收藏转化最多的是KOL；

③ 加购转化最多的是直通车，而淘宝客的新客最多；

④ 钻石展位的交易转化率最高，但直通车的新客转化最多。

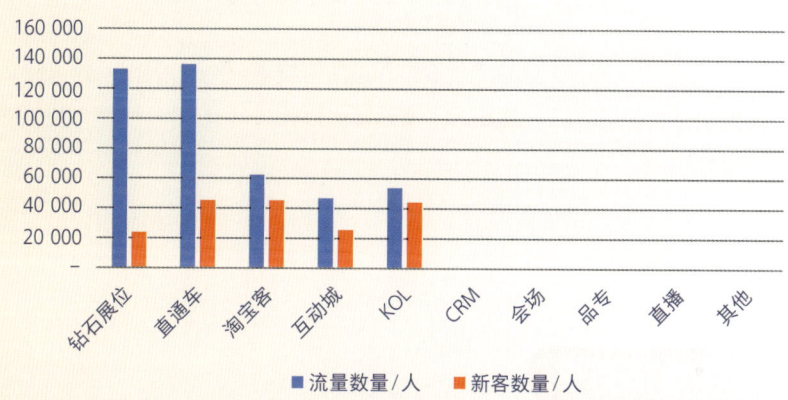

图6-10 流量及新客分析

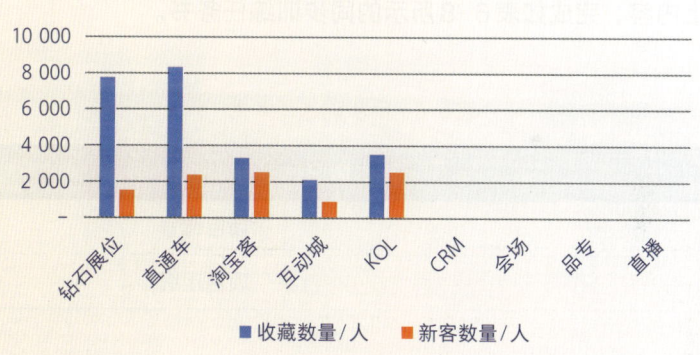

图6-11 收藏转化分析

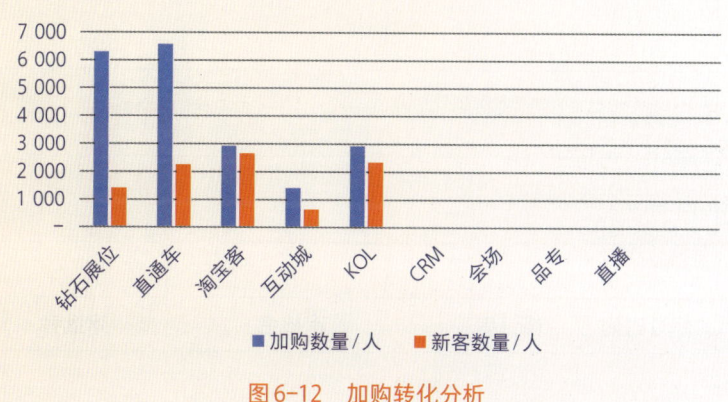

图6-12 加购转化分析

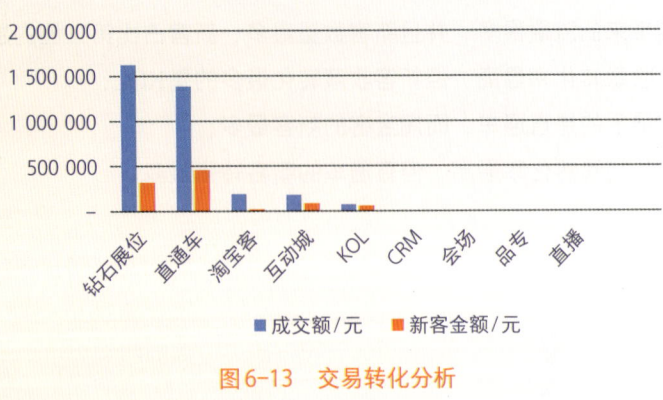

图6-13 交易转化分析

请根据以上内容，完成如表6-8所示的同步训练任务书。

表6-8 同步训练任务书

基本情况					
项目名称				项目编号	
主管上级				项目定编	
项目目的					
项目指标					
活动流量					
活动转化					
活动拉新					
活动留存					
修订信息	修订时间	修订者	审核者	审批者	修订信息

任务6-2　渠道推广分析

【知识准备】

营销活动推广的渠道分很多种，比较常见的包括钻石展位、直通车、淘宝客、互动城、KOL、抽奖等，这当中有一部分推广渠道是平台对商家免费开放的，即商家不需要付出额外的成本，就可以获得这部分流量和转化，当然，这种渠道资源的转化效率通常会相对较低，但并非绝对。相对应地，有另一部分推广渠道是需要额外付出费用才可以获得相应的流量和转化，这类推广渠道通常转化率相对较高，并且其中一部分具有进入门槛。

随着营销活动的不断发展，还出现了精准推广投放，这类渠道推广资源是基于用户画像的基础，针对不同的用户投放不同的广告，从而达到推广精准化、高效化的目的。例如，淘宝首页的"千人千面"；再如，微信朋友圈推广中的部分针对某个群体的广告宣传和促销活动公告。

一、免费推广渠道分析

平台的免费流量一般是比较常见的，竞争者比较多，比如说"千人千面"、限时购、曾经买过推荐、部分会场资源等。具体的资源会因平台的不同而有所差异，因此，对于分析内容还需结合具体的实际情况。

针对免费渠道做的推广，通常以引流量作为最基本的衡量指标，另外，当然还会涉及转换和成交的衡量指标。

（1）先对免费流量进行数据收集和整理（见表6-9），这部分数据通常在生意参谋可以导出。

表6-9　免费推广渠道推广效果数据

渠道	浏览量/次	点击量/次	成交人数/人
千人千面	1 526	81	38
微淘	1 445	106	45
会场	7 034	446	177
单坑	10 404	662	239
曾经买过	5 365	323	107
购物车推荐	1 933	123	43
收藏推荐	1 146	85	33

（2）针对表6-9中的推广数据信息，可以用图6-14的图表形式进行展现。

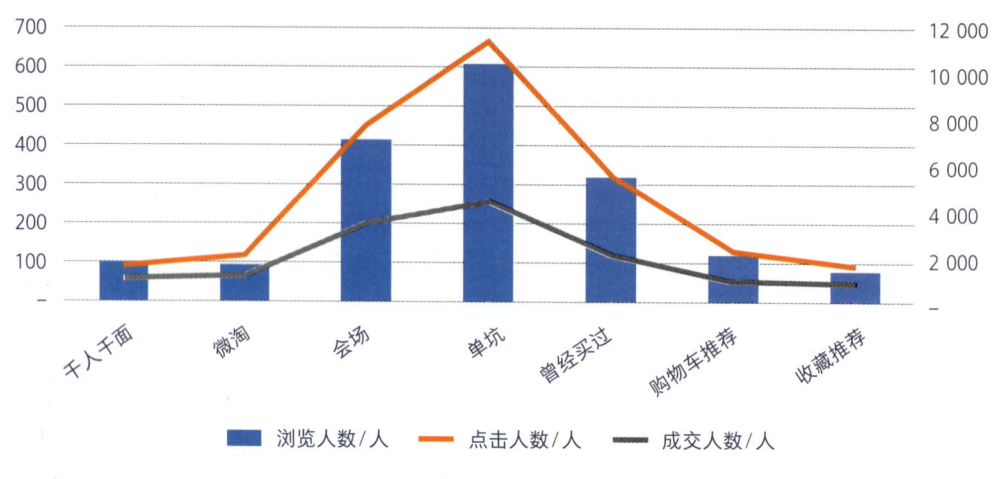

图6-14　免费推广渠道推广效果

（3）根据以上分析数据和图形，能比较直观地看到，免费渠道的流量人数和点击人数、成交人数基本上可以等比对应，而在这些资源里面，单坑（指单个展示品）则是效果相对比较好的资源之一。

二、付费推广渠道分析

付费的推广渠道通常推广效果要比免费的推广渠道要好，无论是在引流量上，还是在点击人数和成交人数上，都比免费推广渠道要有优势，因此，在这种情况下，除了衡量浏览人数、点击人数、成交人数外，还需要对费比和投资回报率（ROI）进行研究，其公式如下：

$$费比=投入费用/销售金额×100\%$$
$$ROI=销售金额/投入费用×100\%$$

（1）从生意参谋或者推广渠道的官方后台将所需数据下载下来，并对这些数据做必要的整理（见表6-10）。

表6-10　付费推广渠道推广效果数据

指标	成交占比	费比	ROI	点击量/次	消耗	成交金额/元
钻石展位	25%	17%	1.45	132 735	1 117 687	1 625 632
直通车	21%	17%	1.25	136 396	1 103 084	1 382 434
淘宝客	3%	3%	1.17	—	166 468	195 308

指标	成交占比	费比	ROI	点击量 / 次	消耗	成交金额 / 元
互动城	3%	2%	1.80		100 000	180 000
KOL	1%	2%	0.43		149 500	64 124
推广合计	54%	41%	1.31		2 636 739	3 447 498

（2）对表6-10中的数据进行图形化分析，如图6-15所示。

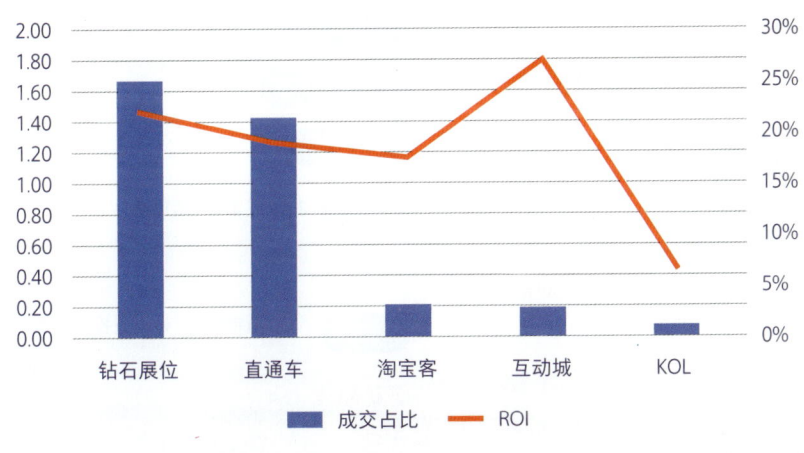

图6-15　付费推广渠道推广效果

（3）从以上分析可以总结出，在付费推广渠道中，钻石展位是能获得最多销售量的一个渠道，然而，ROI最高的却是互动城，因此可以结合销售目标，在不同的渠道上配备不同的预算，以达到投资回报最大化的目的。

三、精准推广投放分析

精准推广投放的分析由于其推广的精准性，其研究价值也是非常高的。这类推广通常转化率较高，其分析重点在于其精准程度上。不同的推广渠道对应不同的品类或者不同的商品，其效果都不尽相同。有可能别的店铺在某一个渠道推广的效果非常好，但是自己的店铺却不一定能如愿以偿；同时，在某些自己的店铺投放效果非常好的渠道，并不是所有商家都能获得类似的效果。

衡量精准推广投放的很重要的指标，就是对不同渠道的精准推广投放效果进行比较，发现不同渠道之间的差异，从而引导选择未来更适合自己的店铺或者商品的推广投放渠道。

任务实施
渠道推广分析

步骤一：分析目标。

（1）将免费推广的各渠道进行比较分析，找出浏览量、点击量、成交人数的优势渠道。

（2）对付费渠道的费比及ROI进行比较分析，找到成本优势渠道。

步骤二：分析原理。

分析原理如图6-16所示。

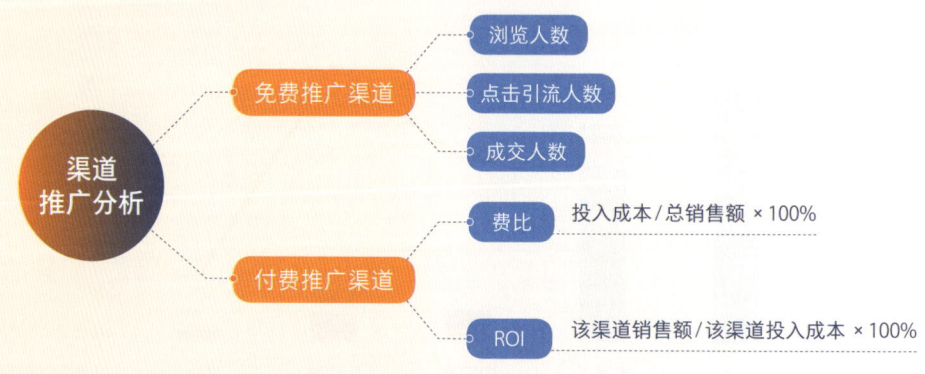

图6-16　分析原理

步骤三：实施准备。

（1）将各推广渠道的有关流量、转化数据从生意参谋或者推广渠道官方途径下载下来。

（2）将数据整合到EXCEL上，如表6-11、表6-12所示，以备分析。

表6-11　免费推广渠道推广效果数据

渠道	浏览量／次	点击量／次	成交人数／人
千人千面	1 526	81	38
微淘	1 445	106	45
会场	7 034	446	177
单坑	10 404	662	239
曾经买过	5 365	323	107
购物车推荐	1 933	123	43
收藏推荐	1 146	85	33

表6-12　付费推广渠道推广效果数据

指标	成交占比	费比	ROI	点击量/次	消耗	成交额/元
钻石展位	25%	17%	1.45	132 735	1 117 687	1 625 632
直通车	21%	17%	1.25	136 396	1 103 084	1 382 434
淘宝客	3%	3%	1.17	—	166 468	195 308
互动城	3%	2%	1.80	—	100 000	180 000
KOL	1%	2%	0.43	—	149 500	64 124
推广合计	54%	41%	1.31	—	2 636 739	3 447 498

步骤四：实施过程。

（1）对免费渠道的推广效果指标进行分析，利用EXCEL的插入图表，如图6-17所示。

渠道	浏览人数	点击人数	成交人数
千人千面	1,526	81	38
微淘	1,445	106	45
会场	7,034	446	177
单坑	10,404	662	239
曾经买过	5,365	323	107
购物车推荐	1,933	123	43
收藏推荐	1,146	85	33

图6-17　对浏览人数、点击人数、成交人数插入图表

（2）对浏览人数、点击人数、成交人数指标按渠道插入折线图或柱状图，如果希望对比数量关系，可以选用柱状图，若希望更清晰地看到高低趋势的变化的时候，就选用折线图，如图6-18所示。

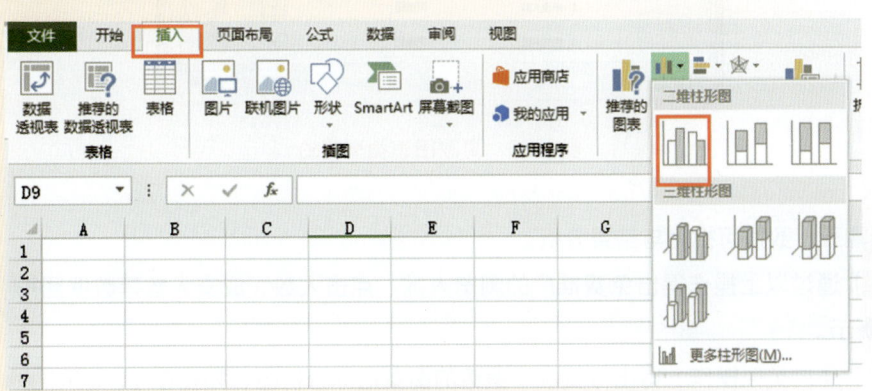

图6-18　插入折线图或柱状图

（3）根据图形可视化需要，选择更改其中部分系列图表类型，如图6-19所示。

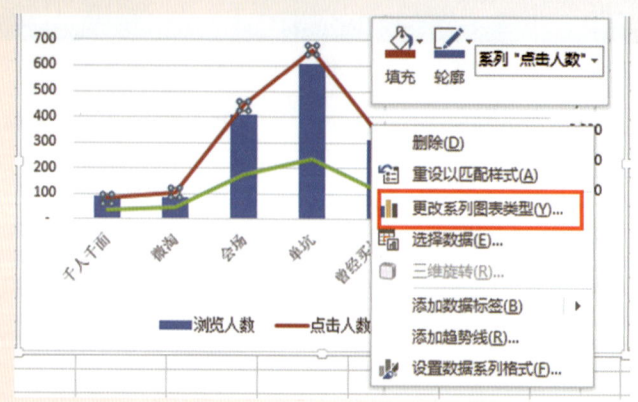

图6-19　更改系列图表类型

（4）选择需要更改的图表类型及次坐标轴，如图6-20所示。

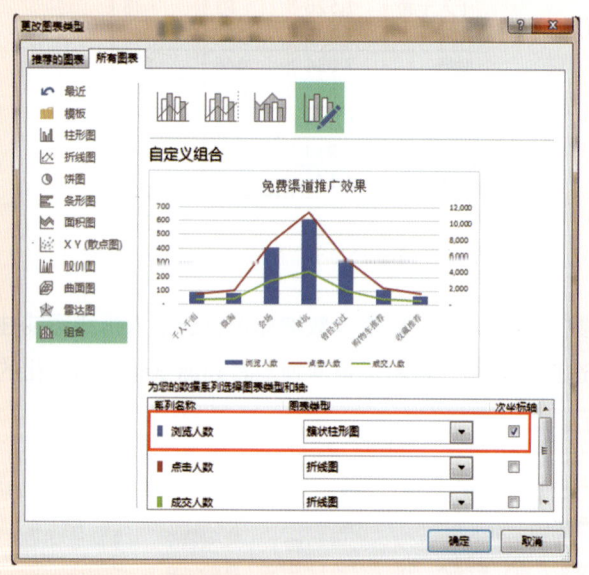

图6-20　更改图表类型和轴

步骤五：数据可视化与结果分析。

（1）通过以上操作得出免费推广的浏览人数、点击人数、成交人数等数据图形，如图6-21所示。

（2）通过类似操作，得出付费推广渠道的衡量指标分析图，如图6-22所示。

（3）通过以上分析，可以得出以下结论：

① 免费渠道中单坑的各项衡量指标均占优势，是未来重点投入的渠道之一；

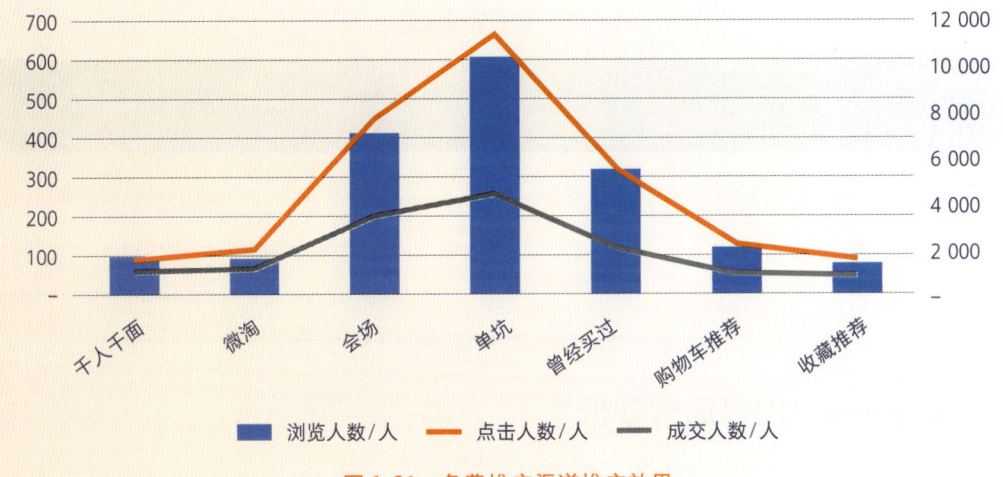

图6-21　免费推广渠道推广效果

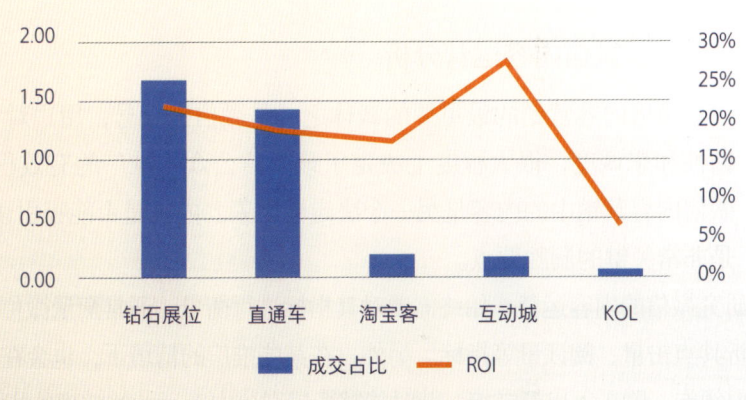

图6-22　付推广渠道推广效果

② 付费渠道中钻石展位的成交占比最高；

③ 付费渠道中互动城的ROI较高；

④ 未来的投入方向可以根据具体情况选择成交占比或者ROI高的渠道进行区别投放。

请根据以上内容，完成如表6-13所示的同步训练任务书。

表6-13　同步训练任务书

渠道	优	良	中	差

任务6-3　内容运营分析

【任务准备】

一、微信内容运营分析

动画：微信公众号数据分析与应用

微信内容营销的最重要的载体之一是微信公众号，用户对于公众号的黏性和忠诚度，很大程度上决定了该微信公众号推广的有效程度。另外，微信内容营销中的内容是另一个决定性因素。内容是否能吸引读者的眼球，是非常关键的制胜要点。

当然，研究微信的内容运营，始终需要对其指标进行衡量。通常衡量微信内容运营的效果，会分析其点击量、阅读量等指标。另外，在某些推广的情境下，也会在微信文章内容中加入类似领券、购买入口等链接，此时能够衡量微信内容运营的效率的指标会更多。

动画：公众号用户属性的含义

对微信内容运营的效果进行分析，通常通过纵向和横向两个维度来进行。纵向就是对微信内容的点击量、阅读量、转化量（率）进行比较分析，横向就是对不同渠道（公众号）的情况进行比较分析。

下面以某次营销活动在微信上的内容运营效果进行举例。

（1）统计各个渠道的阅读量、转发评论量、店铺引流人数、成交人数，如表6-14所示。

表6-14　某次微信内容运营数据

渠道	阅读量／次	转发评论量／条	店铺引流人数／人	成交人数／人
山猫大人	30 202	3 082	187	58
一条	15 028	1 363	91	38
Lemon树	16 551	1 462	102	42

渠道	阅读量 / 次	转发评论量 / 条	店铺引流人数 / 人	成交人数 / 人
吸猫犯	41 822	1 425	271	110
日食记	64 577	1 322	421	149
我走路带风	24 990	1 262	151	58
萝卜精选	17 910	2 201	104	45
ONE文艺生活	33 531	2 021	175	36
小小包麻麻	19 200	3 682	134	50
新世相	15 778	3 111	100	44

（2）分析比较不同渠道的阅读量，如图6-23所示。

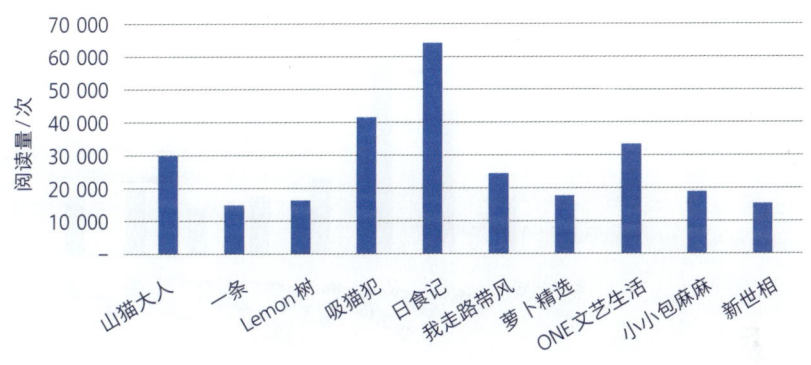

图6-23　某次微信内容运营阅读量

（3）分析比较店铺引流人数及各渠道引流人数占比，如图6-24、图6-25所示。

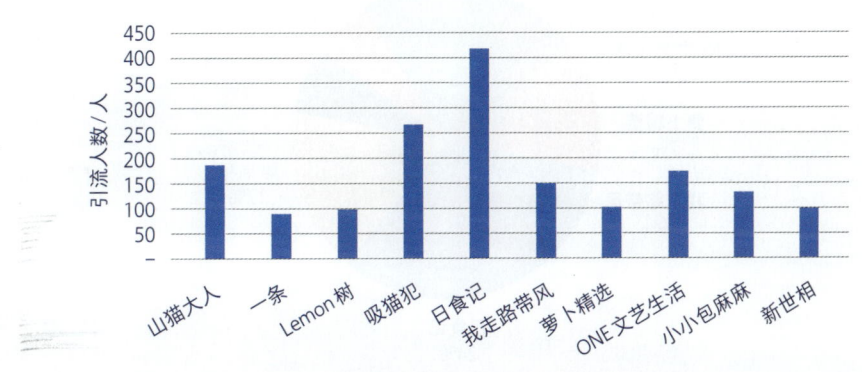

图6-24　某次微信内容运营店铺引流人数

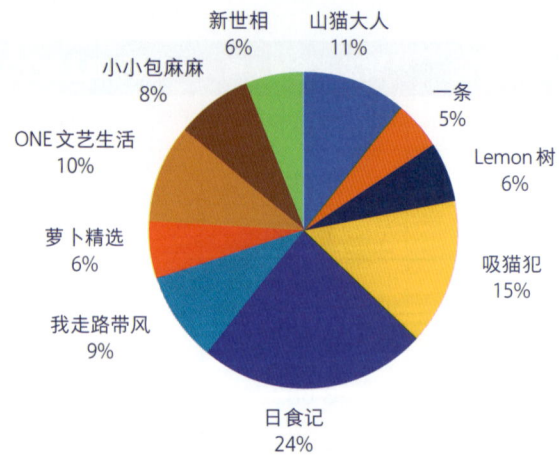

图6-25　某次微信内容运营各渠道引流人数占比

（4）分析比较店铺成交人数及各渠道引流成交数占比，如图6-26、图6-27所示。

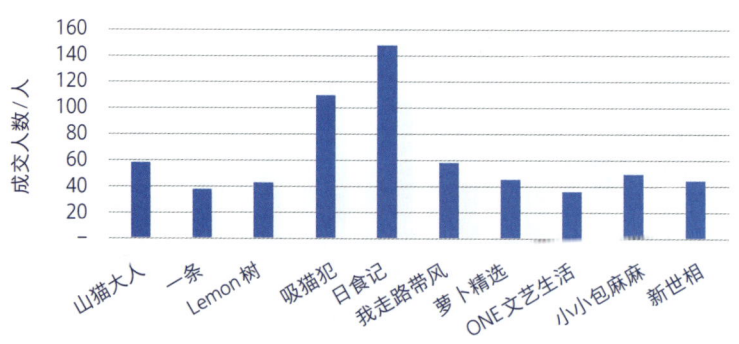

图6-26　某次微信内容运营成交人数

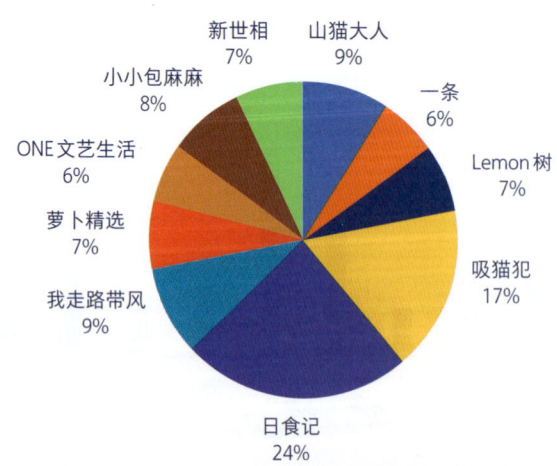

图6-27　某次微信内容运营各渠道引流成交数占比

（5）综合分析以上指标并得出最终分析结论：日食记和吸猫犯是微信内容营销效果较好的两个渠道。

行业观察
在微信内容运营中如何获得成功

要想长期不被读者取消关注，就需要从内容运营上面下工夫，对于媒体平台来讲，微信公众号的生死存亡，就取决于内容运营，下面和大家分享公众号运营的一些心得。

1. 内容和语音相互结合

如果一个微信公众号长期的推送内容跟传统的媒体没有任何区别，读者看完了就把它忘在脑后，不存在读者和作者建立任何的关系。同样，如果微信公众号只是简单地推送内容，企业和顾客的关系就不会有任何改变。

要想超越纸质媒体，就要用好语音和视频，笔者发现，大量的企业都在推送内容，而忽视了语音的价值。人们知道，文字内容只能带给读者视觉的感受，而声音带给人们的是听觉上的感受，很多人不喜欢阅读，可是他们很喜欢听广播，相比阅读文字，用耳朵听更简单；同样地，在手机上打字很辛苦，而用语音很简单，只要按住语音按钮，说话就可以。

2. 差异化的互动媒体

任何营销只要做一个小小的改变都可能会让它变得更有价值，这就是人们常说的差异化营销。纸质媒体只知道这一期卖出去了多少份报纸或杂志，可是它们却不知道读者对于它们提供的内容是否喜欢，读者对哪些内容感兴趣，对哪些内容不感兴趣，而这些在微信当中都可以做到，拥有多少订阅用户就说明有多少人会真正会阅读自己创作的文章内容；通过读者的回复和主动分享就可以知道文章内容受欢迎的程度，以及有多少忠诚的铁杆粉丝。

3. 做好内容规划

内容规划非常重要，每一个月都要把下一个月的内容规划好，这样每一天都有新内容推送给读者。最好把公众号要推送的 1 ~ 3 个月的内容都准备好，甚至可以把一年的内容都准备好，这样经营微信公众号会很轻松。

4. 让读者形成习惯

一旦读者不断地阅读微信公众号的内容，就会对其产生依赖，要让读者产生依赖，就要注意推送的时间，每一天都要按时推送内容。假如每一天推送内容的时间为6:15，那么就一定要在6:15推送给读者；还要考虑每一次推送内容的间隔天数，例如，每两天推送内容一次，这样长期以来，读者就会形成习惯。

5. 向新闻端学习

更新内容快，并且拥有自己平台原创独一无二的内容。

6. 整合内容

只有优质的内容才能吸引更多的读者关注微信公众号，所以可以跟那些写原创文章内容的作者进行合作。

7. 坚持

内容运营一定要坚持，不能三天打鱼两天晒网，这样读者会感觉到你对微信公众号运营一点不用心，就会取消关注；如果长期坚持发布内容，一定可以得到读者的认可，这就是水滴石穿的道理。

二、微博内容运营分析

动画：常见微博内容的形式

微博是内容运营平台中存在时间相对比较长的一个平台。分析微博内容运营，无非就是分析微博的阅读量、点赞量、评论转发量等。当然，对于带有引流链接的微博内容，同样需要研究其引流人数、转化人数等，以达到更全面衡量微博内容运营效果的目的。

对微博内容运营的效果进行分析，可以采用以下分析步骤：

动画：微博数据分析与应用

（1）对微博所运营的内容进行基本的数据统计，包括但不仅限于阅读量、转发评论量、引流人数、交易人数等，如表6-15所示。

表6-15 某次微博内容运营指标数据

渠道	阅读量/次	转发评论量/条	店铺引流人数/人	成交人数/人
日本新鲜事	8 770	1 526	74	33
时尚第一最最腐	22 604	1 445	144	63
尤马马	36 445	7 034	228	94
酸梨	17 467	10 404	134	50
安丽君	11 589	5 365	79	34
差评菌	15 372	1 933	101	34
雪碧	10 584	1 146	73	35
盼盼高高	26 697	2 139	160	68
清泽	16 844	2 360	98	46
全是干活	24 730	2 415	165	76

（2）对阅读量进行数据图形化分析，为了对数量进行直观比较，可以选择柱状图，如图6-28所示。

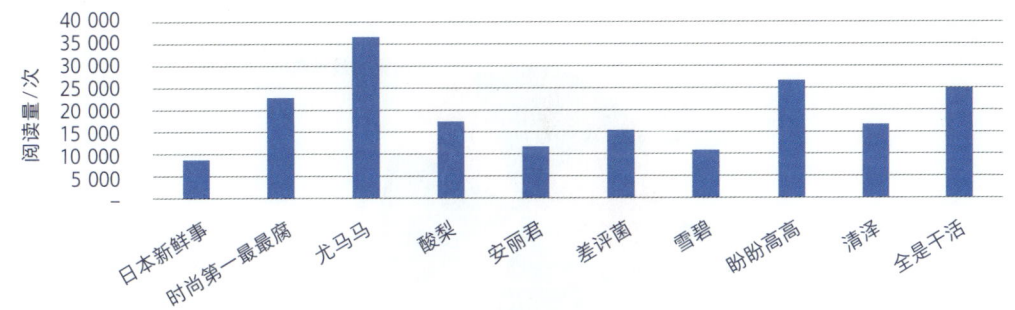

图6-28　某次微博内容运营阅读量统计

（3）对转发评论量进行数据图形化分析，为了对数量进行直观比较，选择柱状图，如图6-29所示。

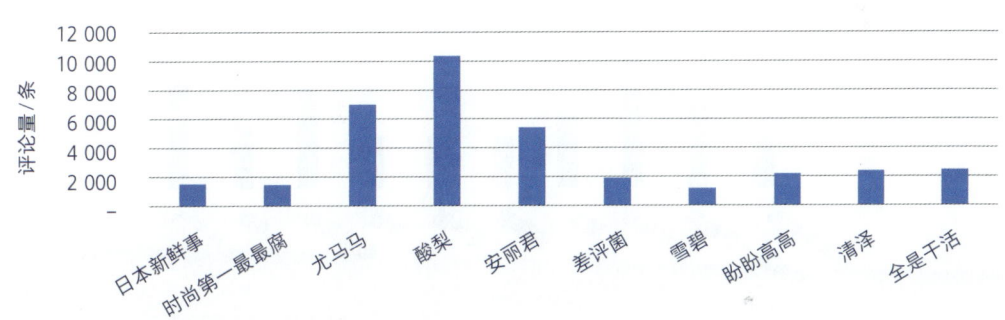

图6-29　某次微博内容运营转发评论量统计

（4）对店铺引流人数进行分析，为了对数量进行直观比较，选择柱状图，如图6-30所示。另外，希望对各渠道的数量占比有清晰的表达时，选择饼状图，如图6-31所示。

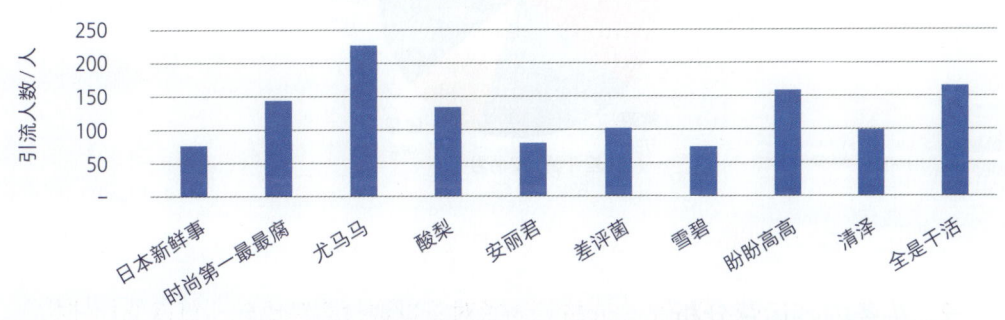

图6-30　某次微博内容运营店铺引流人数统计

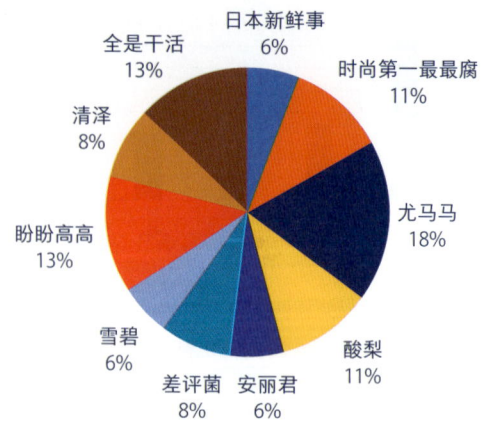

图6-31　某次微博内容运营店铺引流量占比

（5）对引流成交人数进行图形化分析，如图6-32、图6-33所示。

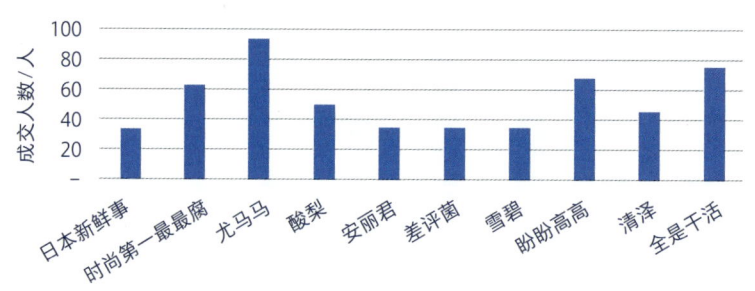

图6-32　某次微博内容运营成交人数

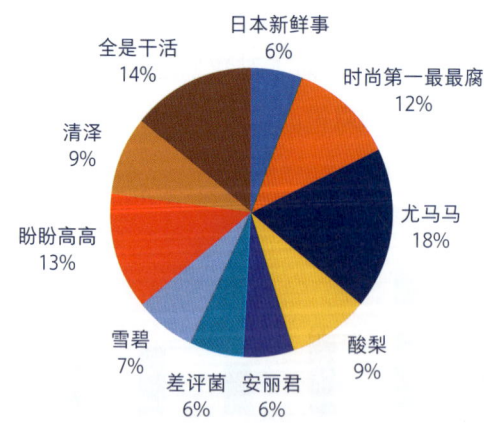

图6-33　某次微博内容运营引流成交人数占比

三、头条内容运营分析

头条是一个典型的内容运营平台，头条的内容运营与其他平台的内容运营有所不同，其内容的要求相对比较高，并且衍生出了问答模式的内容运营。

对于头条的内容运营，主要从以下几方面进行分析：

（1）图文的阅读量、引流量、转化量；

（2）视频的播放量、引流量、转化量；

（3）微头条的阅读量、引流量、转化量；

（4）问答的互动数目、引流量、转化量。

具体的分析方法，与其他渠道内容运营的分析方法类似。

任务实施
内容运营分析

步骤一：分析目标。

（1）对微信内容运营效果进行分析。

（2）对微博内容运营效果进行分析。

（3）对微博头条运营效果进行分析。

步骤二：分析原理。

分析原理如图6-34所示。

图6-34　分析原理

步骤三：实施准备。

（1）从生意参谋和其他后台下载数据。

（2）将下载的数据整理到EXCEL表格上，并将所有数据格式化，以供分析使用。

步骤四：实施过程。

（1）对数据进行分类整理，按照不同平台区分，整理成为如表6-16所示统计表格。

表6-16　各平台渠道内容运营数据

平台	渠道	阅读量 / 次	转发评论量 / 条	店铺引流人数 / 人	成交人数 / 人
微信	山猫大人	30 202	3 082	187	58
	一条	15 028	1 363	91	38
	Lemon树	16 551	1 462	102	42
	吸猫犯	41 822	1 425	271	110
	日食记	64 577	1 322	421	149
	我走路带风	24 990	1 262	151	58
	萝卜精选	17 910	2 201	104	45
	ONE文艺生活	33 531	2 021	175	36
	小小包麻麻	19 200	3 682	134	50
	新世相	15 778	3 111	100	44
微博	日本新鲜事	8 770	1 526	74	33
	时尚第一最最腐	22 604	1 445	144	63
	尤马马	36 445	7 034	228	94
	酸梨	17 467	10 404	134	50
	安丽君	11 589	5 365	79	34
	差评菌	15 372	1 933	101	34
	雪碧	10 584	1 146	73	35
	盼盼高高	26 697	2 139	160	68
	清泽	16 844	2 360	98	46
	全是干活	24 730	2 415	165	76
头条	社会新眼界	3 020		187	58
	社会常态圈	1 503		91	38

平台	渠道	阅读量/次	转发评论量/条	店铺引流人数/人	成交人数/人
头条	吧唧说娱乐	1 655		102	42
	树芽宝宝	4 182		271	110
	时尚星火社	6 458		421	149
	天天捉鱼	2 499		151	58
	互联创业论	1 791		104	45
	电商投资界	3 353		175	36
	亿欧网	1 920		134	50
	创业邦	1 578		100	44

（2）为了对阅读量的数量关系进行比较，可以插入柱状图，如图6-35所示。

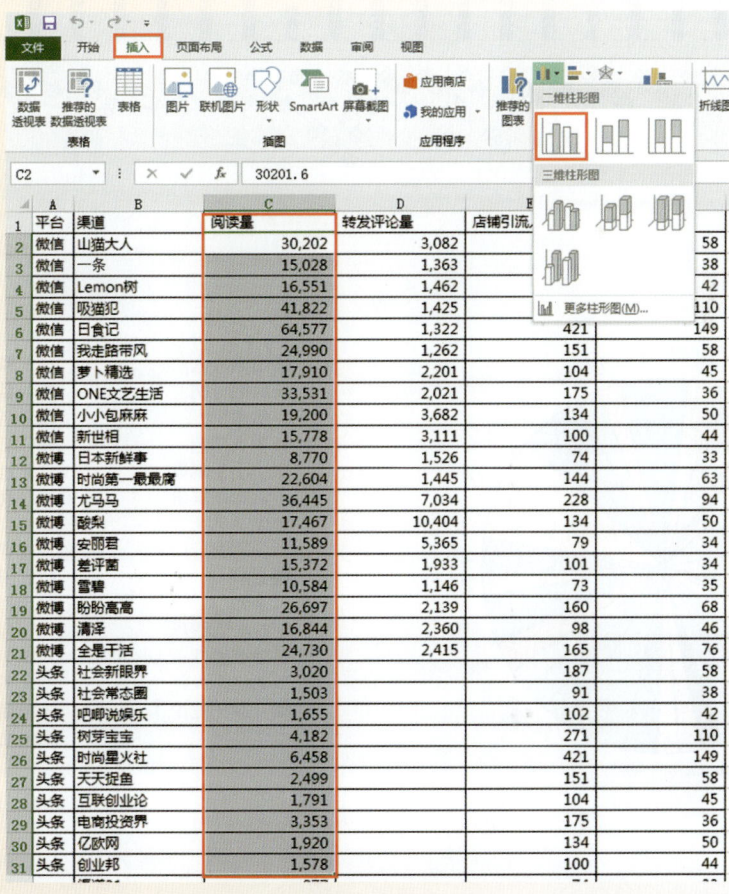

图6-35　对阅读量插入柱状图

（3）用类似操作，对店铺引流人数插入饼状图，以清晰表现各渠道引流人数的占比关系。

（4）用类似操作，对店铺成交人数插入饼状图，以清晰表达各渠道成交人数的占比。

步骤五：数据可视化与结果分析。

（1）根据表6-16中的数据，分别对每个平台的阅读量、引流占比、引流成交人数及交易人数进行比较分析，以下仅以微信内容运营的数据分析为例进行展示，如图6-36、图6-37、图6-38所示。

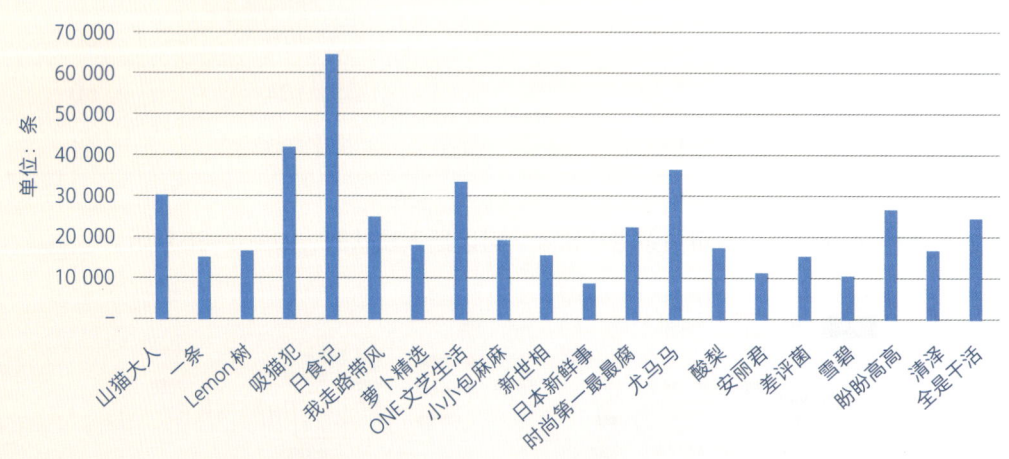

图6-36　各渠道阅读量分析

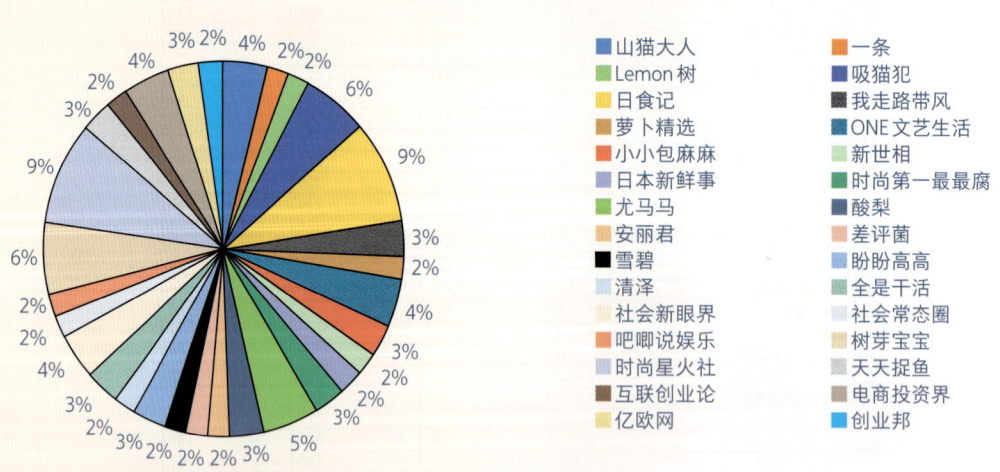

图6-37　各渠道引流占比

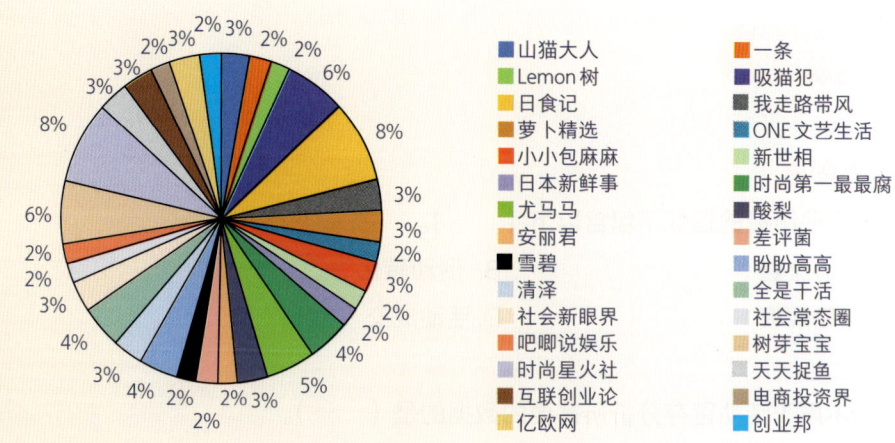

图6-38 各渠道引流成交人数占比

（2）通过对以上分析图表进行观察，可以得出以下结论：

① 日食记渠道无论从阅读量、引流量、转化量来说，都占据第一位的位置，是优质的投放渠道；

② 时尚火星社渠道的引流效率相较于其他渠道比较高，与日食记持平；

③ 日食记、时尚火星社渠道的交易转化相对于其他渠道比较高。

同步训练任务书

根据以上内容，完成如表6-17所示的同步训练任务书。

表6-17 同步训练任务书

项目	内容运营分析
步骤划分	
各部分主要内容	
撰写训练报告	
小组成员	
小组成员分工	
教师点评	

一、单项选择题

1. 营销活动衡量的指标不包含以下（　　　）。

   A. 活动流量　　　　　　　　B. 活动转化

   C. 活动规模　　　　　　　　D. 活动成交

2. 下列不属于活动留存分析所需要的数据的是（　　　）。

   A. 活动流量　　　　　　　　B. 重复购买

   C. 消费者年龄　　　　　　　D. 活动成交

3. 卖家参加营销活动的根本目的是（　　　）。

   A. 结识营销活动平台　　　　B. 清理库存

   C. 与同行竞争　　　　　　　D. 扩大影响，获取利润

4. 下列不属于活动营销的是（　　　）。

   A. 投放电视广告　　　　　　B. 淘宝路演

   C. 明星送货　　　　　　　　D. "双11"狂欢节

5. 下列不属于精准推广的特点的是（　　　）。

   A. 形式灵活　　　　　　　　B. 效果可控

   C. 服务优质　　　　　　　　D. 一般为免费

二、多项选择题

1. 渠道推广主要的类型有（　　　）。

   A. 免费推广渠道　　　　　　B. 天猫推广渠道

   C. 付费推广渠道　　　　　　D. 唯品会推广渠道

2. 内容运营需要遵循的原则包括（　　　）。

   A. 内容健康向上　　　　　　B. 来源真实可靠

   C. 内容运营结果可衡量　　　D. 迎合低级趣味

3. 营销活动结束后，营销活动数据分析包含（　　　　）。

　　A. 活动主题　　　　　　　　B. 活动流量

　　C. 活动拉新　　　　　　　　D. 活动转化

4. 营销活动的方式有（　　　　）。

　　A. 市场营销　　　　　　　　B. 活动营销

　　C. 网络营销　　　　　　　　D. 口碑推广

5. 网络营销的优点有（　　　　）。

　　A. 互动性

　　B. 有利于企业降低成本费用

　　C. 能够帮助企业增加销售、提高市场占有率

　　D. 通过互联网络可以有效地服务于顾客，满足顾客的需要

三、判断题

1. 营销活动跟销售没有直接挂钩关系。（　　　）

2. 微信内容运营属于营销活动。（　　　）

3. 渠道推广指标是固定的。（　　　）

4. 签约代言人属于网络营销的范畴。（　　　）

5. 活动的转化分析主要是针对活动带来的流量转化成收藏、加购、销售等交易状态的效率进行分析。（　　　）

学习目标

知识目标
- 了解经营环境分析的主要指标。
- 理解竞争分析的范畴。
- 掌握商品分析的基本方法。
- 明确搜索词分析的思路。

技能目标
- 以竞争分析结果为依据提出有效的市场策略。
- 对指定产品以科学方法完成商品分析。
- 基于搜索词分析进行有指向性的规划。

素养目标
- 绿色战略是电商的可持续发展战略。
- 逻辑框架法是基本的商业数据分析方法。

思维导图

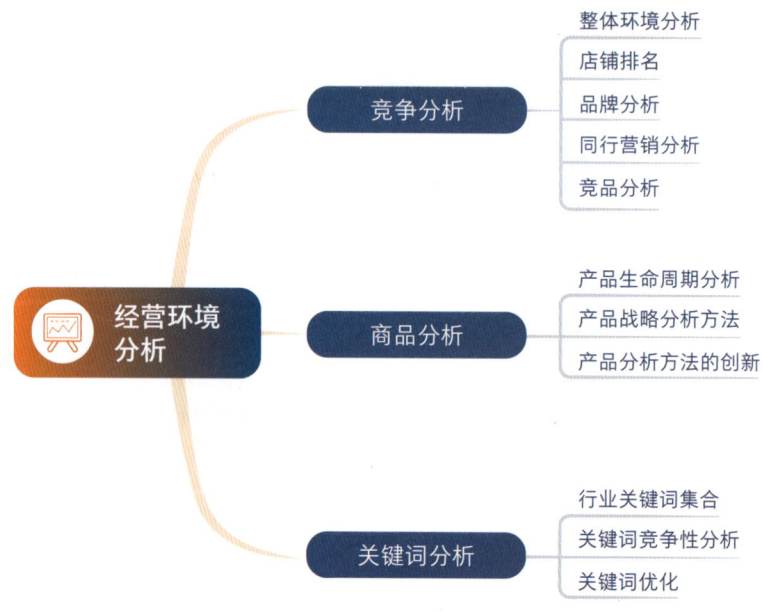

导入案例
新店的冷启动

  这里要说的是新店，也就是说重新开张的老店铺和一直在经营但日访客只有几十个人，不超过200个人的店铺。这几类店铺的销量是最难突破的，店铺连来逛的人都没有，哪来的销量增长？没有流量就没有销量；同理没有销量，流量也会越来越少。通过主流电商多年的运作，行业里面总结出了一些必要的经验：

  （1）首先要选择合适的时机切入市场，比如季节性

  （2）做关键词，一是选择非常精准但竞争力很小的长尾词，二是选择系统正在推荐且很少商品在用的飙升词；

  （3）积极做好每个订单，快速提升店铺评分；

  （4）提供好的客服，抓住每一个转化的机会；

  （5）适当让利。

案例思考：

1. 冷启动店铺或者新店铺如何能够获取更多流量？

2. 新商品和新店铺的运营重点有什么不一样？

案例启示：

1. 新店铺需要准备合适的时机、合理的价格、优秀的售前售中售后服务去迅速提高店铺得分，争取获得更多平台曝光。

2. 新商品的冷启动要基于现有店铺的实际情况，主要关注单品的运营和管理。

任务 7-1　竞争分析

【知识准备】

一、整体环境分析

我国目前是全球最大的电子商务市场，据统计，2021年，我国电子商务交易额达42.3亿元，同比增加19.6%；2022年，全球电商销售额预计将首次突破5万亿美元。可以说，相比较实体店而言，电子商务拥有更广阔的前景。

微课：行业数据分析

从数据统计看，我国消费者网购频率已经超过到实体店的消费频率，如图7-1所示。

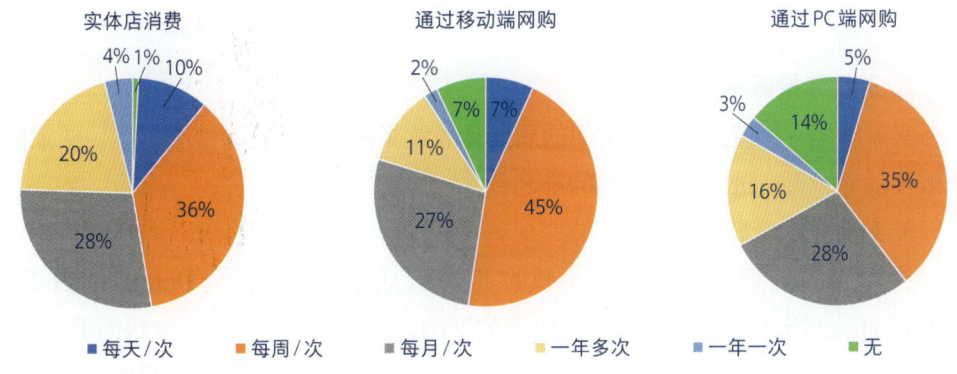

图 7-1　中国消费者网购与实体店消费频率对比

（资料来源：普华永道）

直通职场

某电商企业数据分析岗位职责

（1）分析数据：掌握行业现状、市场需求和淘系商家对B2B市场购买行为的规律和趋势；

（2）外部分析：行业定期数据信息的收集分析，了解市场，把握行业宏观大环境；

（3）内部分析：集团内部运营数据的定期汇总整理与分析，诊断异常情况原因并及时反馈给相关部门，及时调整工作；

（4）专项调研：根据公司发展运营需要，实施专项调研工作，设计调研问卷，与合作调研/咨询公司对接调研业务，获取真实有效的数据并对其进行相关整理分析。

二、店铺排名

店铺排名，顾名思义就是将店铺卖家的商品优化上去，商品通过搜索更容易被消费者发现，从而增加店铺的流量，达到商品转化的目的。

以淘宝为例，任何一名淘宝店主，都想把自己的商品在搜索页面尽量排到靠前的位置，而影响排名的因素中又分为店铺权重与宝贝权重。

（一）影响店铺权重的因素

1. 店铺的作弊违规

店铺的作弊行为和扣分，就是通常所说的虚拟交易行为。按照淘宝的官方规定，给各位卖家一年12分，若卖家们在一年内，由于涉及虚拟交易或者触犯某些淘宝规则而被扣分处理的话，淘宝对其信任度也就降低，店铺宝贝的排名自然也不会高，当12分都扣掉的话，店铺则马上关闭。因此，不管在哪个网购平台开店，卖家都必须懂得熟悉平台的规则。

2. 退款和投诉率

卖家缺货、物流速度以及宝贝的质量是导致买家退款的三个主要因素。买家的退款一般伴随着投诉，进而影响店铺的排名。

3. 好评率及旺旺回复

买家对店铺评分的高低，不仅严重影响店铺动态评分（Detail Seller Rating，DSR），还会对宝贝权重的高低产生重要的影响，因此，好评率是卖家极为重视的因素。旺旺回复的时间、客服的态度和谈吐等在一定程度上影响了买家对宝贝的评价。

（二）影响宝贝权重的因素

1. 宝贝的月销售量

宝贝的销售量与排名成正比关系。对于刚开始经营店铺的新卖家来说，可能刚开始没什么销量，但是做好网店的推广，销售也自然上升了。

一般来讲，宝贝的销售量是影响买家购买该商品的重要因素。每个买家在输入自己想买宝贝的关键词时，都有一个销量的排序（见图7-2）。该宝贝销量越高，表明大多数买家对该宝贝的认可度越高。

图7-2　天猫搜索结果页面

2. 店铺的收藏率

店铺的收藏率高了，店铺的排名也就自然提高了。买家收藏了卖家的店铺，一是对店铺宝贝综合评价比较高，二是有回购的意愿。当其他用户进入该店铺时候，看到那么高的收藏率，自然对于该店铺的信誉和品牌产生好的印象。

3. 宝贝的价格

在所有影响消费者购买商品的因素中，价格因素所占比率最大，如图7-3所示。而在前面提到的淘宝索引中，买家也会通过价格的高低排序或者价格区间来选择商品。

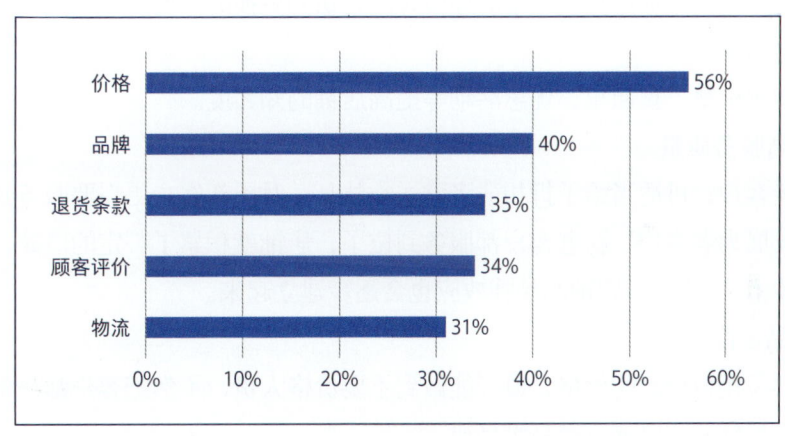

图7-3　影响消费者购买商品的因素
（资料来源：普华永道）

4. 店铺的消费者保障服务

店铺的消费者保障服务在店铺排名中起着至关重要的作用，而且店铺如果没有开通消费者保障服务，就不能发布全新的宝贝，只能发布二手和闲置的商品，那么这两种对于正常的排名是不利的。如果要快速提升宝贝的排名，就一定要给店铺开通消费者保障服务。

三、品牌分析

影响消费者购买商品的第二个重要因素就是该商品的品牌，如图7-3所示。

优秀的品牌意味着高质量、高信誉、高效益、低成本，品牌对产品有特定的指示作用，并能通过广告等方式来对外释放该品牌的特点，从而降低消费者的感知风险。

除此之外，以在京东上搜索服装为例，在其索引页上会额外罗列一些知名品牌供消费者选择，如图7-4所示，从而降低消费者购买到假冒伪劣产品的风险。

图7-4　服装搜索品牌罗列

除了一些知名品牌旗舰店，某些C2C知名店主也能打响自己店铺的品牌，主要依靠以下几个因素。

1. 网店的视觉印象

第一印象很重要，一个好的店铺网页设计，有利于提高店铺品牌的形象，改善买家的用户体验，从而增加用户在店铺的停留时间，访问更换的页面产品，提高转化率等。

2. 流量因素

通过搜索引擎、直通车、优惠活动等提高店铺的知名度。

3. 提高服务质量

对于老客户，可适当给予折扣或者赠送小礼品，对于新客户更需要服务到位，将新客户逐步发展为老客户。新老客户都服务到位了，店铺就积累了一定的口碑，依靠口碑相传，一传十，十传百。店铺的品牌效应也会逐步建立起来。

4. 商品定位

对比同行相似商品的价格，最好能做到不要价格太贵，不然把客户都吓跑了；也不要太便宜，那样客户会感觉商品没品质。

5. 寻求靠谱厂家

商品的质量依赖厂家的生产质量及支持，最好该厂家能给予店铺支持，有厂家的支持，商品利润自然相对会提高。

四、同行营销分析

视频：销售客户——销售代表分析

在网购平台上开店，一定面临很多同行的激烈竞争。以在淘宝上搜索面膜为例，如图7-5所示，按销量由高到低排序，排名第一位的"佰草世家"月销量接近18万张，遥遥领先于第二位5万多张的销量。点击进入"佰草世家"店铺首页，如图7-6所示，店铺给人一种专业的印象，有店铺个人的核心价值观、产品介绍、优惠力度等。

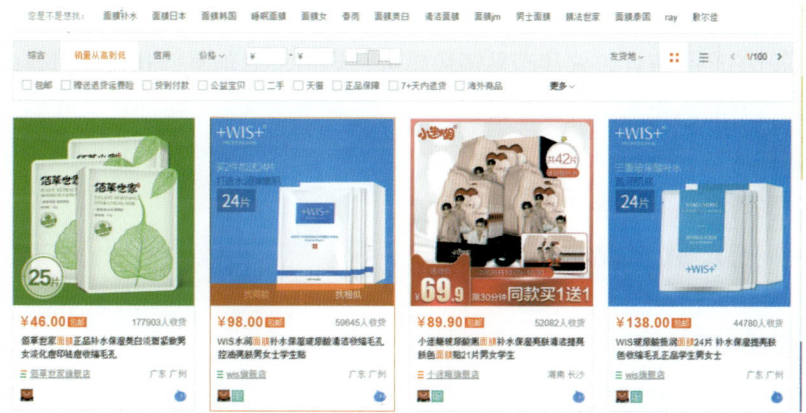

图7-5 "面膜"搜索结果

图7-6 佰草世家店铺首页

　　除了提升店铺本身的硬件条件，还需要对整体环境进行调查。仍以面膜为例搜索销售面膜的店铺，可发现淘宝上销售面膜的店铺超过24万家，如图7-7所示，这对于很多计划开店的卖家来说，必须得好好考虑相对激烈的竞争环境。

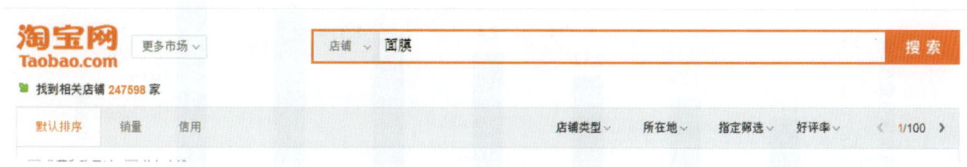

图7-7 销售面膜店铺搜索结果

　　当然，通过了解竞争对手数量只是开展营销的一个方面。在如今大数据的时代，了解全方面的资讯将有助于店铺的发展，可以从以下几方面进行分析：

（1）分析行业规模、销售趋势，更好把握行业走势，发掘潜力类目；

（2）同行的产品统计、统计产品销售趋势、热销SKU信息、刊登时间等；

（3）同行产品热卖热买区域分析；

（4）店铺流量分析；

（5）对同行产品的价格进行分析；

（6）对同行客服、产品评价等分析。

五、竞品分析

竞品，顾名思义就是竞争对手的产品，竞品分析就是对竞争对手的产品进行分析。

竞品分析的内容可以由两方面构成：客观和主观。客观即从竞争对手或市场相关产品中，圈定一些需要考察的角度，得出真实的情况；此时，不需要加入任何个人的判断，应该用事实说话。主观是一种接近于用户流程模拟的结论，比如可以根据事实（或者个人情感），列出竞品或者自己产品的优势与劣势。在此以二手车市场在中国的发展为例作研究。

中国的汽车产业与外国相比，差距最大的就是二手车领域。以发达国家为例，如美国和德国，二手车的年交易量是新车的2倍以上，而在中国二手交易量却不足新车的一半。

目前，我国二手车电商市场还处于启动期，各大二手车电商花费巨资投入营销大战，抢占二手车市场，二手车市场交易规模增长加速，商业模式呈现多元化特征，逐渐进入行业高速发展期。那么，对于二手车而言，新车是否属于竞品？新车的销售增长对二手车市场的发展是否有必然的影响？

近年来，伴随着二手车市场电商平台的传播以及人们对二手车认可度的提升，二手车交易增速可观，旧车占比逐步增大。中国汽车质量网的数据显示，截至2021年年底，全国机动车保有量为3.95亿量，如图7-8所示，二手车交易量近年来增速较快，呈现稳步上升的趋势，未来必将迎来强劲爆发。

2015—2021年中国汽车保有量及增长率

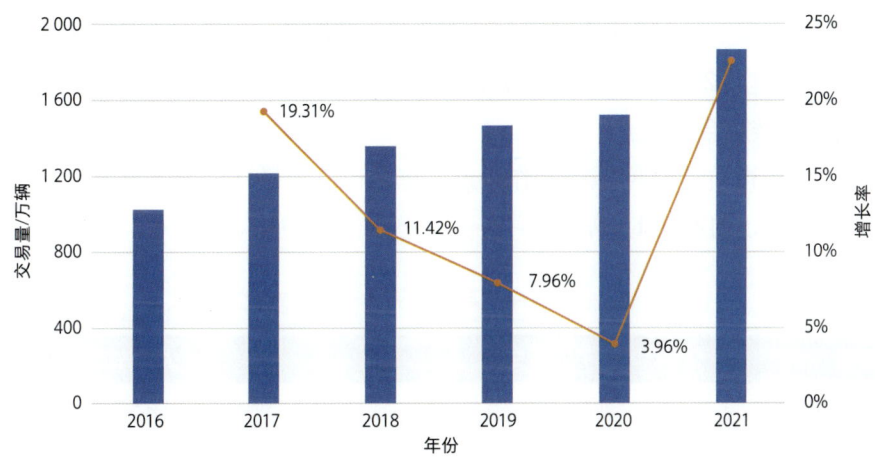

图7-8 2017年中国汽车发展情况

（资料来源：中国汽车质量网）

下面以人人车和瓜子二手车为例，对两家竞争对手进行简单分析。

（一）网页设计

如图7-9所示，瓜子二手车上方则为四帧的banner图，分别为优惠信息、代言人、优惠政策等，相对信息更多，如图7-10所示。从功能上来讲，两家平台的主核心功能都是卖车和买车模块。

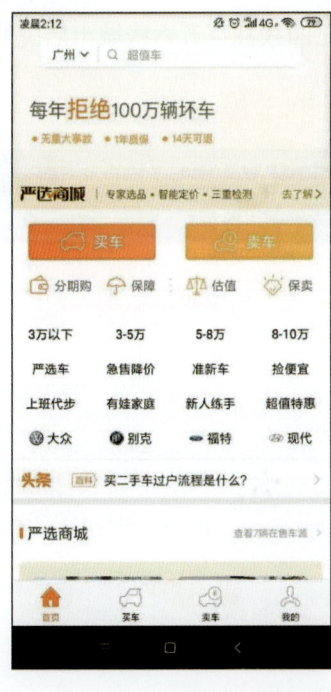

图7-9 人人车页面

图7-10 瓜子二手车页面

（二）产品定位

人人车是一家主打C2C个人二手车、无差价交易服务的二手车交易服务平台；瓜子二手车是一家主打C2C个人二手车买卖服务的交易平台。

（三）供应链及合作渠道

瓜子二手车得益于58同城的合作渠道，车源市占率最高；人人车与团购网合作开展新车置换服务，如表7-1所示。

表7-1　瓜子二手车与人人车数据对比

项目	瓜子二手车	人人车
市场占有率	7.14%	2.23%
流量来源	与58同城合作，大量广告，线上流量	滴滴导流，腾讯渠道，广告、线上流量
银行及金融机构	接入中国人民银行征信系统，金融平台的合作伙伴超过100家，保险合作伙伴超过60家	与平安银行、微重银行在内的数十家金融机构合作，与民生银行信用卡中心达成战略合作
战略合作伙伴	与58同城在流量、车源、金融风控、大数据方面合作	与团车网合作，开展新车置换服务

（资料来源：鲸准数据等公开渠道）

（四）区域分配

通过数据调查发现，不管是瓜子二手车还是人人车，在二手车的电商市场中，热销城市以一线城市为主，如表7-2所示。目前三四线甚至五六线城市居民的生活水平与

表7-2　瓜子二手车和人人车二手车热销城市排行

瓜子二手车十大热门城市排行		人人车二手车十大热门城市排行	
排行	城市	排行	城市
1	北京	1	北京
2	成都	2	广州
3	上海	3	成都
4	深圳	4	上海
5	杭州	5	深圳
6	青岛	6	青岛
7	重庆	7	重庆
8	广州	8	天津
9	苏州	9	郑州
10	郑州	10	苏州

数据来源：中国汽车流通协会

一二线发达城市差距逐渐拉小，又由于一二线城市市场渐趋饱和，需求减弱，因此，深耕一二线发达城市，逐步向三四线城市渗透，就成为各大二手车电商平台的扩张方向，三四线城市或将成为下一个蓝海。

（五）购买人群

比达咨询数据中心（BDR）的数据显示，二手车交易用户收入多为8 000 ~ 20 000元，占比超过50%；在职业分布上，以企业管理人员、企业白领、销售人员、国家公务人员等为主，说明能够买卖二手车的活跃用户大部分拥有收入较为固定的职业，这类人群在生活上拥有驾车需求，经济上允许全款或者按揭贷款买换车。

（六）用户评价

我国二手车市场发展相对滞后的一个根本原因在于买卖双方信任基础较为薄弱，二手车卖家的弄虚作假，被媒体曝光的二手事故车、"泡水车"等负面消息让二手车买家对购买二手车始终犹豫不决。因此，在二手车电商平台，通过有效透明的用户评价机制，了解竞品在买卖整个流程各环节的质量水准，通过对比来不断提升用户对平台的好评率，在增强用户对平台信任感、提升平台行业影响力、扩大市场份额等方面会产生积极影响。比达咨询数据中心2017年第四季度的数据显示，人人车的用户美誉度居于榜首，优信二手车、瓜子二手车依次紧随其后，如图7-11所示。

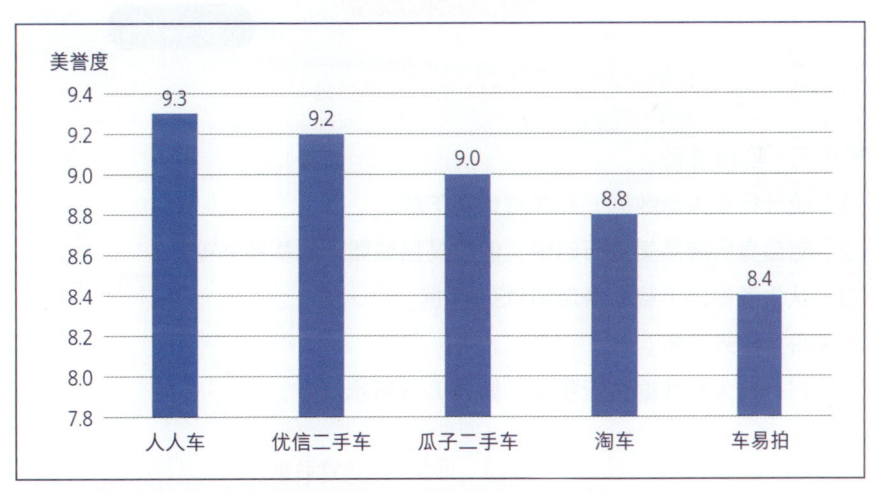

图7-11　2017年第四季度主要二手车电商平台用户美誉度
（资料来源：比达咨询数据中心）

任务实施
对某保健品进行竞品分析

步骤一：分析目标。

（1）认清某保健品所处的整体环境。

（2）明确某保健品自身的竞争力。

（3）了解某保健品受到的竞争威胁。

步骤二：分析原理。

分析原理如图7-12所示。

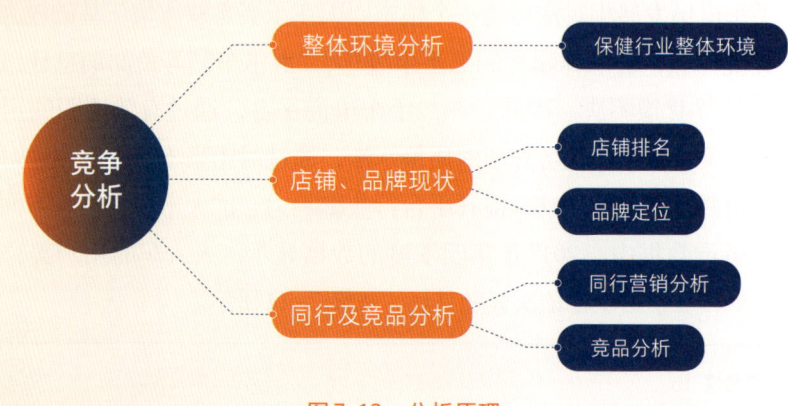

图7-12　分析原理

步骤三：实施准备。

（1）统计行业大盘数据，从生意参谋下载。

（2）对自身所属品类进行明确，假设某品牌属于氨基葡萄糖。

（3）从生意参谋下载自身店铺DSR数据。

步骤四：任务实施。

（1）对行业大盘数据进行整理，如表7-3所示。

表7-3　保健行业大盘数据

序号	品类	销售额 / 元	销售占比
1	胶原蛋白	11 839 385	7%
2	氨基葡萄糖	12 974 604	8%
3	膳食纤维/果蔬纤维	13 282 190	8%
4	酵素	10 406 953	6%
5	钙	12 272 569	7%

序号	品类	销售额 / 元	销售占比
6	葡萄籽提取物	8 714 696	5%
7	鱼油 / 深海鱼油	10 620 219	6%
8	复合维生素 / 矿物质	8 213 279	5%
9	乳清蛋白	5 750 695	3%
10	蓟类	6 506 665	4%
11	丽人海外膳补	8 258 991	5%
12	辅酶Q10	5 270 585	3%
13	益生菌	8 069 865	5%
14	叶黄素	4 506 597	3%
15	其他植物提取物	4 822 203	3%
16	维生素C	4 617 392	3%
17	铁	4 315 225	3%
18	蔓越莓	3 007 713	2%
19	大豆分离蛋白	2 498 937	2%
20	卵磷脂	2 386 133	1%
21	氨基酸	1 012 262	1%
22	褪黑素 / 松果体素	4 836 002	3%
23	膳食补充剂型饮料	1 367 398	1%
24	B族维生素	1 991 346	1%
25	玛咖提取物	1 603 281	1%
26	纳豆提取物	1 479 575	1%
27	月见草油	891 510	1%
28	左旋肉碱	786 096	0%
29	番茄红素	1 269 489	1%
30	牡蛎 / 贝类提取物	1 472 192	1%
31	骨胶原蛋白	125 419	0%

（2）明确氨基葡萄糖在保健行业占用8%的市场份额。

步骤五：数据可视化与结果分析。

（1）对大盘数据中的每个品类销售额占比进行数据插入分析，如图7-13所示。

（2）为了清楚地分辨各品类的市场销售占比，选择插入饼状图，如图7-14所示。

#	品类	销售金额/元	销售占比
1	胶原蛋白	11,839,385	7%
2	氨基葡萄糖	12,974,604	8%
3	膳食纤维/果蔬纤维	13,282,190	8%
4	酵素	10,406,953	6%
5	钙	12,272,569	7%
6	葡萄籽提取物	8,714,696	5%
7	鱼油/深海鱼油	10,620,219	6%
8	复合维生素/矿物质	8,213,279	5%
9	乳清蛋白	5,750,695	3%
10	蓟类	6,506,665	4%
11	丽人海外膳补	8,258,991	5%
12	辅酶Q10	5,270,585	3%
13	益生菌	8,069,865	5%
14	叶黄素	4,506,597	3%
15	其他植物提取物	4,822,203	3%
16	维生素C	4,617,392	3%
17	铁	4,315,225	3%
18	蔓越莓	3,007,713	2%
19	大豆分离蛋白	2,498,937	2%
20	卵磷脂	2,386,133	1%
21	氨基酸	1,013,263	1%

图7-13　对大盘数据插入分析图

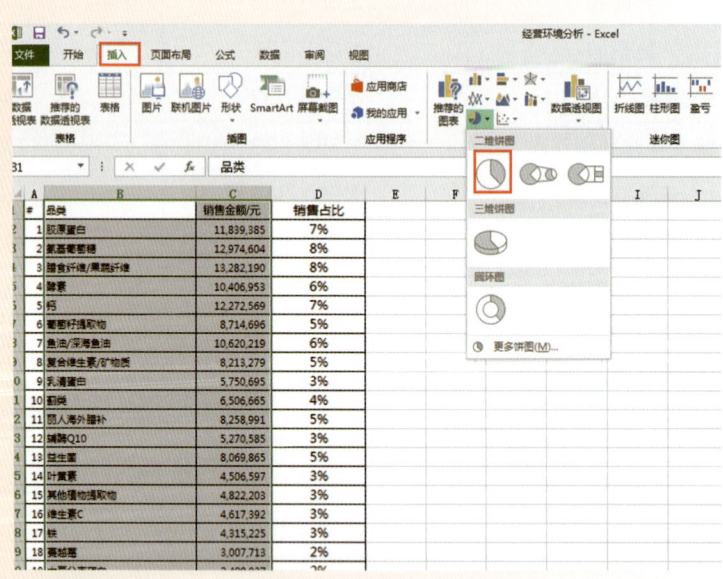

图7-14　插入饼状图

步骤六：数据可视化与结果分析。

（1）将以上分析可视化展现，如图7-15所示。

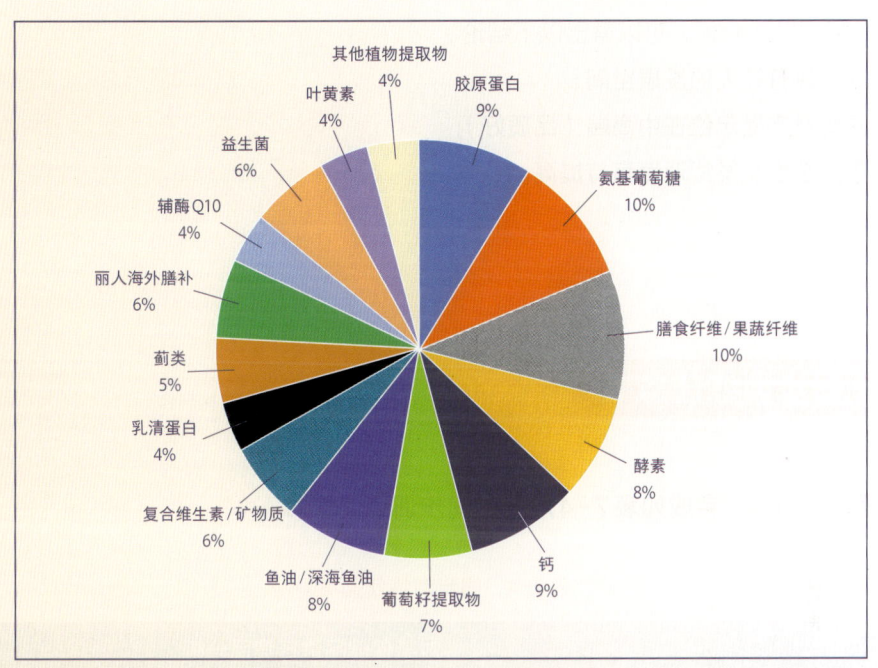

图7-15 保健行业品类销售占比

（2）为了分清将趋势高低和各项DSR指标之间的分数高低关系，将店铺DSR数据以折线图形式进行可视化展现，以明确在同行中的地位，如图7-16所示。

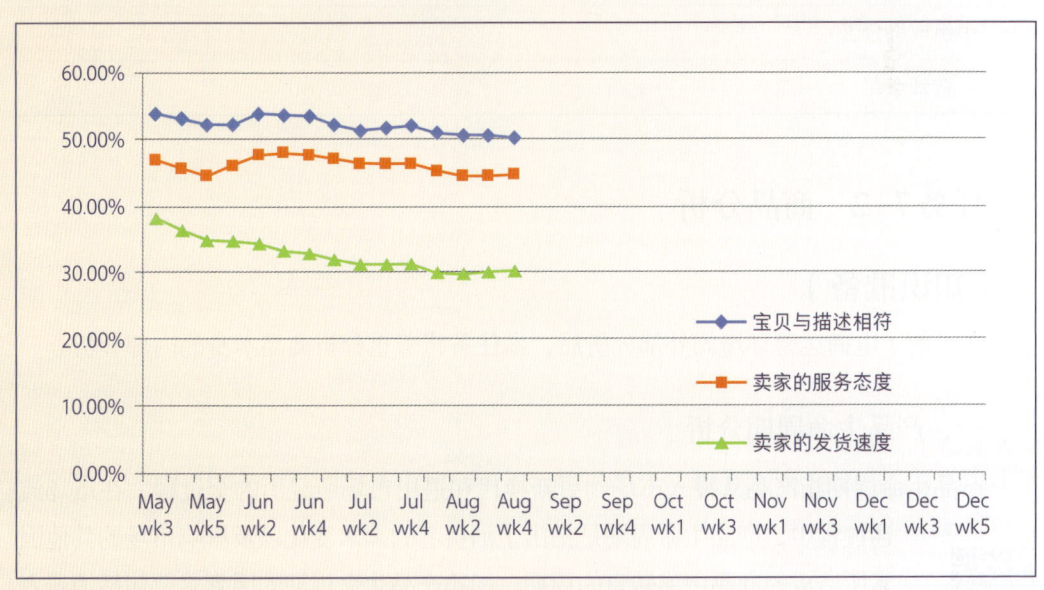

图7-16 店铺动态DSR评分

（3）根据以上分析，可以得出以下结论：

① 品类具有较大的发展空间；

② 品牌及产品定位在中高端（品质好）；

③ 服务态度及发货速度有待提高。

同步训练任务书

根据以上内容，完成如表7-4所示的同步训练任务书。

表7-4　同步训练任务书

项目	对某保健品进行竞品分析
步骤划分	
各部分主要内容	
撰写训练报告	
小组成员	
小组成员分工	
教师点评	

任务7-2　商品分析

【知识准备】

在了解了电商运营环境的外部分析后，本任务将着重分析商品本身的内部分析。

一、产品生命周期分析

产品生命周期指产品从投入市场到更新换代和退出市场所经历的全过程。在市场流通过程中，产品生命周期是指由于消费者的需求变化以及影响市场的其他因素所造成的商品由盛转衰的周期。影响产品生命周期的因素主要包括消费者的消费方式、消费水平、消费结构和消费心理。产品生命周期一般可分为引（进）入期、成长期、成熟期、衰退（衰落）期四个阶段，如图7-17所示。

微课：商品
分析

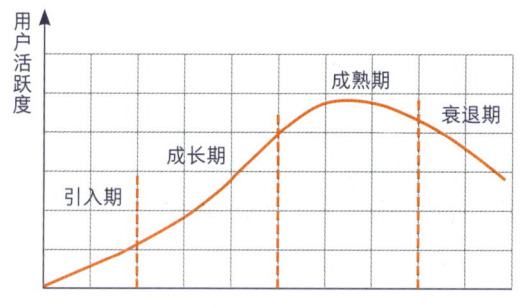

图7-17　产品生命周期

一般来说，在产品的引入期迅速投入，以期望优先达到最高利润；在产品的衰退期清理库存，更新推出新产品。那么，如何延长产品的生命周期，也是企业需要思考的一个问题。

二、产品战略分析方法

战略分析就是通过资料的收集和整理，对内部和外部环境进行充分分析，从而了解产品所处的环境变化，以及这些变化带来的是机会还是威胁。产品战略分析是一个滚动循环的过程。

产品战略分析的方法主要是根据其生命周期，在每个阶段根据实际的情况，制定不同的战略方案。

（一）引入期

在这一时期，产品投入市场，处于试销阶段，销售额的年增长率一般低于10%。这时产品设计尚未定型，工艺不够稳定，生产批量小，成本高，用户对产品不太了解，同行竞争者少，一般可能没有利润，甚至发生亏损。本阶段的主要对策有：采取措施尽量缩短其时间长度，以减少经济损失；进一步加强产品设计和工艺工作；加强市场调查与预测，宣传与促销，努力增加销售额。

（二）成长期

在这一时期，产品销售量迅速上升，销售额的年增长率一般在10%以上，产品设计、工艺基本定型，生产批量增大，成本降低，利润上升，市场出现竞争者。本阶段的主要对策有：加强综合计划，改进生产管理；适时进行技术改造，提高产品质量和生产能力；加强广告促销与售后服务，努力开拓市场。

（三）成熟期

在这一时期，市场趋近饱和，销售量的年增长率一般为 -10% ～ +10%，利润额达到高峰，较多竞争者进入市场，竞争非常激烈。本阶段的主要对策在于努力提高产品竞争能力，扩大销售量；采取措施改进产品质量，改进生产管理，加强广告、促销与技术服务，合理调整产品价格等。

（四）衰退期

新产品开始进入市场，逐渐取代老产品，销售量出现负增长，销售额的年增长率小于−10%，利润日益下降，本阶段的主要对策有：

（1）采取优惠价格、分期付款等方式来促进销售；

（2）在保证经济性的前提下，设法延长产品生命周期，如扩大产品用途、改善产品质量、降低产品价格、改进产品包装、改善技术服务等。

（3）在适当时机果断地淘汰老产品，开发新产品，实现产品的更新换代。

三、产品分析方法的创新

在科技和数据技术日益发达的今天，在产品分析方法上也不断涌现新的思想和创新的亮点。

（一）数据创新

在大数据日益发展的今天，很多人认为"得数据者，得天下"，因此各大平台纷纷利用自己的数据资源作为基础优势，衍生出来很多产品，如生意参谋、量子恒道、淘宝指数等。

（二）方法创新

在产品生命周期分析法的基础上，可以采用很多具有代表性的分析方法，如SWOT分析法、PEST分析法等。

（三）周期创新

如今，产品生命周期有可能随着消费者需求的变化而发生一定的变化，因此，如何在原有周期的基础上创造新的周期，给产品注入源源不断的活力，是一个很值得研究的问题。

素养园地
绿色战略是电商的可持续发展战略

所谓绿色战略，就是指企业在绿色经营观指导下，对企业进行绿色开发、实施绿色生产、开展绿色营销和培育绿色企业文化的总体规划。实施绿色战略管理既可使企业获得综合环境效益，又可减少来自社会和政府的压力。推行绿色战略的基础是树立企业绿色观念。绿色营销观念是绿色营销的指导思想，要求企业树立绿色营销思想，寓环保意识于企业的经营决策之中，更好地保持企业市场竞争力。企业在营销时不仅要考虑企业利益、消费者利益，更要考虑公共利益和对环境的影响，要切实把环境保护贯穿于新产品的开发、设计、制造、包装、使用以及服务等各项环节中，不仅保证自己在满足消费者需求的基础上获得利润，同时还达到社会、经济与生态环境协调发展的目标。同时，在企业内部还要对全体员工进行绿色教育，使员工充分认识环保的重要性。随着消费者对绿色消费需求的日益增长和保护生态运动的日益高涨，企业只有及时调整营销观念，才能成为市场营销中的胜利者。

企业绿色战略是依据消费者和社会对环保的要求，结合企业现状及其长远的经营目标而制定的长期性、全局性、系统性的市场营销方案。制定绿色营销战略主要从以下方面考虑：

（1）研发绿色产品，树立绿色品牌。

（2）争取获得绿色标志。

（3）积极引导绿色消费。

任务实施
产品生命周期分析

步骤一：分析目标。

（1）确定产品目前所处的生命周期阶段。

（2）判断对应的战略与方法。

步骤二：分析原理。

（1）通过产品的年销售额，计算其年增长率。

（2）通过年增长率判断产品所在阶段，其中：

引入期：年增长率<10%；

成长期：年增长率>10%；

成熟期：-10%<年增长率<10%；

衰退期：年增长率<-10%。

步骤三：实施准备。

（1）统计产品2017年、2018年的销售额（通过店铺后台导出数据），如表7-5所示。

表7-5　2017年和2018年产品销售额

单位：元

月份	2017年	2018年
1月	2 235	9 835
2月	1 906	7 170

月份	2017 年	2018 年
3 月	4 578	12 180
4 月	2 398	5 365
5 月	2 430	5 465
6 月	8 435	11 670
7 月	4 731	25 096
8 月	10 937	7 393
9 月	4 838	58 937
10 月	6 481	18 894
11 月	5 353	10 915
12 月	5 072	48 920

（2）计算2017年总销售额和2018年总销售额。

步骤四：实施过程。

计算产品的年增长率

年增长率=（2018年总销售额－2017年总销售额）/2017年总销售额×100%

步骤五：数据可视化与结果分析。

（1）通过以上对产品不同发展时期的增长进行量化界定，可以将－10%与10%作为界定发展时期的基本标准，插入折线图以形成坐标轴，如图7-18所示。

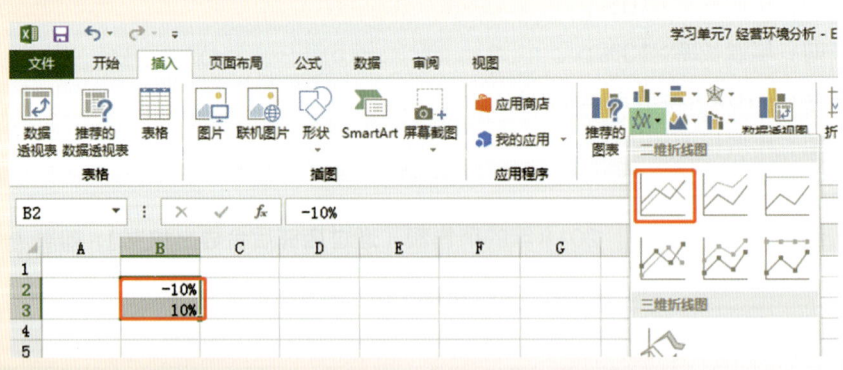

图7-18　插入折线图形成坐标轴

（2）在坐标轴中插入三个方形形状，如图7-19所示，并根据上述标准，将产品的发展阶段分为引入期、成长期、成熟期和衰退期四部分。

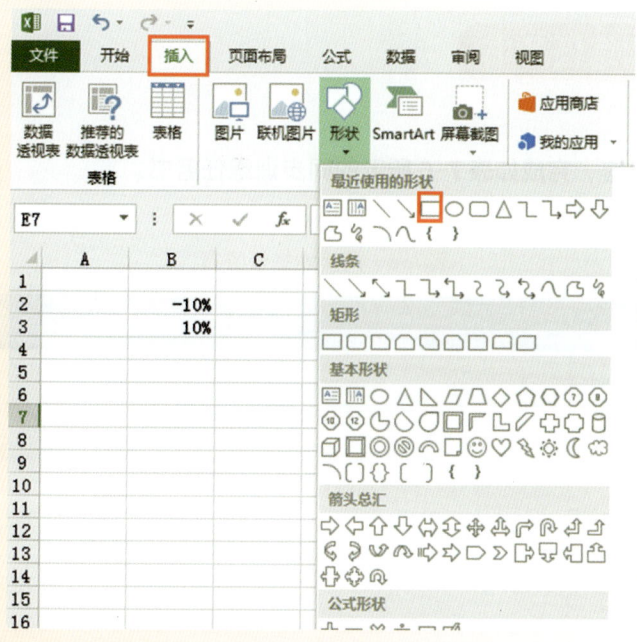

图7-19　插入色块

（3）将不同阶段的发展时期归结为如图7-20所示的图形。

图7-20　产品不同发展时期的增长率

（4）由于产品的增长率274%远比10%高，落在图7-20的最上面部分，因此可以判断这种产品正处于成长期的阶段。

（5）根据以上分析得出以下改进措施：加强综合计划，改进生产管理；适时进行技术改造，提高产品质量和生产能力；加强广告促销与售后服务，努力开拓市场。

请根据以上内容，完成如表7-6所示的同步训练任务书。

表7-6 同步训练任务书

项目	某产品生命周期分析
构建背景的确定	
构建原因的确定	
构建目的的确定	
截图	
小组成员	
小组成员分工	

任务7-3 关键词分析

【知识准备】

关键词是电子商务中常见的名词。在电子商务平台上，通过关键词搜寻产品而产生的流量，在任何时候都能使店铺在同行业中名列前茅。通过优化关键词，就能增加商品的流量、提升店铺的排名。

以淘宝为例，简单介绍电商网站的搜索模块，如图7-21所示。

（1）主搜索框：主要分为"宝贝搜索"及"店铺搜索"，同时支持天猫、二手、全球购三类细分搜索。

（2）商品属性筛选区：根据商品属性特征进行推荐，支持用户缩小搜索范围。

（3）类目筛选区：当关键词类目特征不明显时，推荐多个类目的商品集合，支持用户跨类目选购。

（4）搜索功能区：供用户进行精准搜索的多功能搜索选取。

（5）搜索结果区。

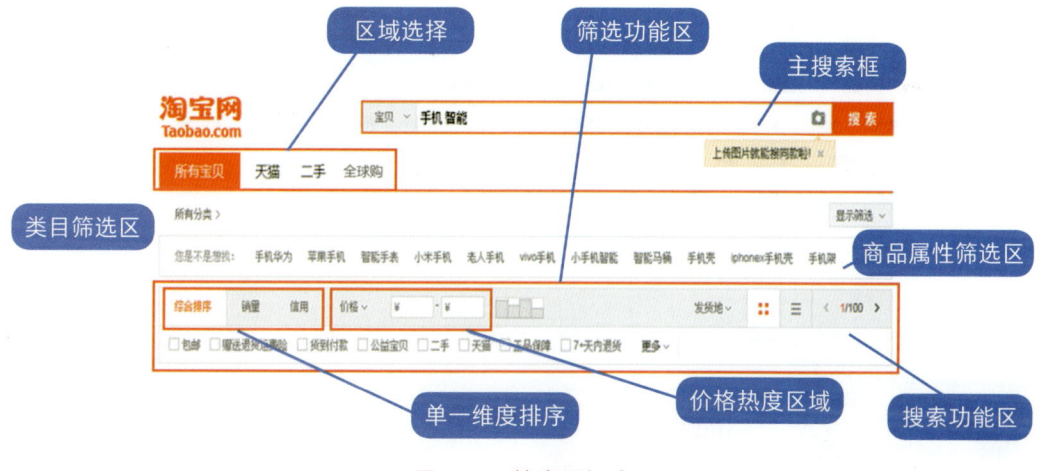

图7-21　搜索区解读

一、行业关键词集合

人们经常使用百度等搜索引擎，通过搜索关键词来找到自己想要的信息；类似地，客户也可以通过关键词检索，在电商网站上找到自己想要的商品。那么，在电商网站上，关键词的合集有多少？能分多少层级？下面以墙纸为例，通过淘宝网页的实际操作来查看墙纸的关键词集合。

（1）在淘宝首页输入一级关键词"墙纸"，会发现有"墙纸自贴""墙纸自贴卧室温馨""墙纸自贴防水""墙纸贴画"等十个次级的关键词集合，如图7-22所示。若购买墙纸主要用以装饰卧室，进而选择"墙纸自贴　卧室　温馨"这个次级标题，淘宝的搜索选择有进一步关于该墙纸的主题以及突出的卖点。若购买的墙纸主要用于装饰床头，则进一步点击"床头"选择，直接跳转至宝贝网页，如图7-23所示，买家进而根据自己喜好选择商品。根据以上分析，该行业的淘宝关键词分为三层。一般来讲，对买家具有指导性作用，节省了买家个人花在检索上的时间。

图7-22　淘宝首页上的三层关键词集合

图7-23　选择第三层关键词，直接跳转至宝贝页面

（2）针对第二层关键词"墙纸自贴　卧室　温馨"，在首页的主题或者风格介绍上，并没有买家想要的，可以直接选择"墙纸自贴　卧室　温馨"跳转进宝贝页面。而在跳转宝贝页，如买家仍想进一步缩小范围，例如，想找有卡通人物的墙纸，可在原有关键词后增加关键词，如"卡通"，则相应地会出现有卡通关键词的商品，如图7-24所示。另外在宝贝页面搜索，仍有三级关键词，如图7-25所示。但该三级关键词已与首页的三级关键词有所不同。

（3）若买家还没确定需要哪种墙纸的情况下，直接在首页输入"墙纸"进行搜索。

（4）除了首页的三层关键词推荐，以直接输入一级关键词"墙纸"为例，在宝贝页仍有"家装主材""品牌""使用空间""风格"等可供买家筛选，另外也有壁纸、墙布等可替代或相似商品选择（见图7-26）。

二、关键词竞争度分析

关键词竞争度是指关键词的竞争人数与竞争难度，越多人选择和使用这个关键词，则该关键词的竞争度就会越大。店家要优化商品排名，就必须了解关键词竞争度。

（一）通过数据网页来了解关键词竞争度分析

表7-7是对相框这一商品的关键词竞争度分析。

图7-24　宝贝页面买家可进一步缩小关键词范围

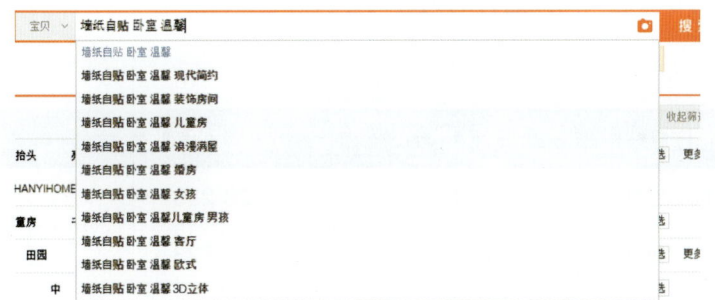

图7-25　宝贝页面买家可进一步缩小关键词范围

图7-26　一级关键词下的各种索引关键词分类

表7-7 关键词竞争度分析

关键词	搜索人数/人	搜索人数占比	搜索次数/次	点击率	商城点击占比	在线商品数/件
相框	66 479	24.74%	145 644	135.78%	48.88%	1 251 193
相框 创意 挂墙	32 856	7.47%	70 050	136.75%	55.21%	226 680
相框 摆台	29 019	6.06%	73 060	155.58%	45.03%	331 435
相框 挂墙	20 416	3.37%	43 475	142.97%	55.32%	459 540
照片墙 相框墙	16 351	2.33%	37 852	160.75%	57.15%	240 638

资料来源：生意参谋

通过表7-7数据可以看出，"相框 创意 挂墙"关键词的搜索人数、搜索人数占比、搜索热度等综合数据值较高，而对应的在线商品数却最少，因此卖家在选择产品关键词时尽量可选择该组合的关键词。

（二）通过电商平台进行关键词流量分析

表7-8是对U盘这一商品进行的关键词分析。

表7-8 U盘关键词分析

热门关键词	搜索人数/人	搜索次数/次	转化率
U盘 8G 特价 包邮	199 617	528 229	7.55%
U盘 4G 特价 包邮	72 332	179 723	9.88%
U盘 16G 特价 包邮	68 537	159 344	6.50%
16G U盘	40 605	104 567	5.26%
8G U盘	39 376	108 831	4.84%
4G U盘	30 207	77 569	5.51%
金士顿 8 G U盘	26 791	48 770	8.71%
创意 U盘	25 730	76 813	3.46%
U盘 可爱	22 828	68 390	4.84%
U盘 32 G 特价 包邮	22 595	46 303	8.43%
U盘 32 G 特价 包邮	21 346	46 877	4.95%

热门关键词	搜索人数 / 人	搜索次数 / 次	转化率
8 G U 盘　包邮正品	14 340	44 223	8.12%
金士顿 4 G U 盘	13 612	24 892	7.78%
迷你 U 盘	12 871	39 666	3.32%
U 盘　包邮	11 957	39 982	7.49%
mini cooper U 盘	11 397	14 561	0.44%
金士顿 U 盘	11 083	24 903	10.91%
2 G U 盘	9 503	20 871	10.38%
透明心形水晶 U 盘	8 501	12 654	0.77%
金士顿 16 G U 盘	7 924	14 997	6.97%
U 盘	7 308	20 638	1.02%
卡通　U 盘	6 922	20 181	5.03%
苹果　U 盘	6 466	13 704	2.91%
64 G　U 盘	6 302	14 114	3.30%
16 G　U 盘　包邮　正品	6 220	15 779	6.74%

资料来源：淘宝网

如表 7-8 所示，通过词根拆解，可以确定热门关键词的词根有以下几个：

（1）品牌词：金斯顿；

（2）品类词：U 盘；

（3）规格词：XG；

（4）描述词：卡通；

（5）促销词：特价　包邮正品。

三、关键词优化

关键词优化是指把网站中的关键词通过选词和排版的优化达到优化网站排名的效果，使相关关键词在搜索引擎中的排名中占据有利的位置。

搜索引擎优化（Search Engine Optimization，SEO）是关键词优化的一种方式，利用搜索引擎的规则提高网站在有关搜索引擎内的自然排名，目的是为网站提供生态式的自我营销解决方案，让其在行业内占据领先地位，获得品牌收益。SEO包含站外SEO和站内SEO两方面。为了从搜索引擎中获得更多的免费流量，可以从网站结构、内容建设方案、用户互动传播、页面等角度进行合理规划，使搜索引擎中显示的相关信息对用户更具有吸引力。

下面主要通过生意参谋来介绍关键词优化的方法。

（1）在产品上架之前，卖家需要明确自己产品的标题上架前的检查标准，如表7-9所示。

表7-9　标题上架前的检查

项目	说明	修改人	检查情况
主关键字	检查标题主关键词的准确性，搜索量最高（可以通过"行业热词榜"对比）的全部保留，主关键词可能会有多个，例如：女鞋、单鞋、低帮鞋	XXX	
辅助关键字	类目用词：女鞋春 内增高鞋 休闲鞋 运动鞋	XXX	
品牌名称	"品牌词"放在头部	XXX	
就近原则	品牌词＋类目词＋产品名称＋属性卖点＋黄金长尾词	XXX	
词序	根据"行业热词榜"对比得出高搜索的词组进行组合，例如：女鞋春秋单鞋、粗跟单鞋	XXX	
年份	产品应季换新必须执行，确保是年份最新	XXX	
包邮	包邮产品，一定要设置好物流	XXX	
符号规则	避免出现全角符号	XXX	
淘宝搜索测试	上架3天后进行，检测淘宝人气搜索，查看主关键词是否排名在前列	XXX	
	检查各个其他关键词，主关键词和其他关键词组合搜索的人气排名是否在前3页		

（2）打开生意参谋后台，依次进行以下操作：选择"市场排行"—在左边的商品店铺榜选择品牌粒度—选择最近7天的数据—选择女鞋下面的某个品牌按照所有终端，可以看到热销商品榜—点选第一款宝贝查看详情，并将时间选择为最近7天，如图7-27所示。

（3）在生意参谋上找到宝贝的来源，整理数据如表7-10所示。

（4）对数据进行分析对比，如表7-11所示。

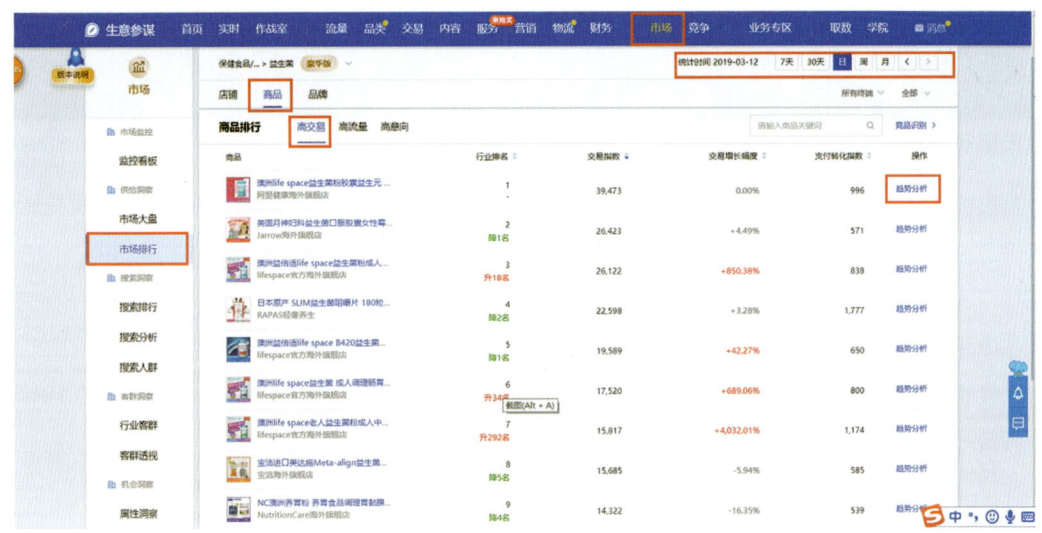

图7-27　生意参谋后台

表7-10　宝 贝 来 源

PC 端来源名称	访客数 / 人	浏览量 / 次	无线来源名称	访客数 / 人	浏览量 / 次
淘宝搜索	63	70	手淘搜索	5 119	5 634
淘宝客	37	42	手淘其他店铺商品详情	829	1 716
天猫搜索	31	33	购物车	374	656
直接访问	17	32	淘内免费其他	323	465
购物车	14	17	淘宝客	310	430
已买到商品	13	16	我的淘宝	307	450
宝贝收藏	10	12	天猫搜索	212	310
淘宝站内其他	4	5	手淘男女鞋	124	135
我的淘宝首页	3	3	手淘必买清单	87	100
淘外流量其他	3	3			

表7-11　数 据 比 对

PC 端来源名称	访客数 / 人	占比	浏览量 / 次	占比	无线端来源名称	访客数 / 人	占比	浏览量 / 次	占比
淘宝搜索	63	32.31%	70	30.04%	手淘搜索	5 119	66.61%	5 634	56.93%
淘宝客	37	18.97%	42	18.03%	手淘其他店铺商品详情	829	10.79%	1 716	17.34%

PC端来源名称	访客数/人	占比	浏览量/次	占比	无线端来源名称	访客数/人	占比	浏览量/次	占比
天猫搜索	31	15.90%	33	14.16%	购物车	374	4.87%	656	6.63%
直接访问	17	8.72%	32	13.73%	淘内免费其他	323	4.20%	465	4.70%
购物车	14	7.18%	17	7.30%	淘宝客	310	4.03%	430	4.35%
已买到商品	13	6.67%	16	6.87%	我的淘宝	307	3.99%	450	4.55%
宝贝收藏	10	5.13%	12	5.15%	天猫搜索	212	2.76%	310	3.13%
淘宝站内其他	4	2.05%	5	2.15%	手淘男女鞋	124	1.61%	135	1.36%
我的淘宝首页	3	1.54%	3	1.29%	手淘必买清单	87	1.13%	100	1.01%
淘外流量其他	3	1.54%	3	1.29%					

通过数据分析，发现该宝贝近7天PC端来源和无线端来源所有的访客总数为7 880人；无线端访客数为7 685人，PC端访客数为195人，无线端占比权重非常多，特别是手淘搜索（5 119人）在全部流量中占比65%以上（手淘搜索访客除以所有终端的访客数7 880人），因此，店铺在无线端可以增加对有效关键词的数据采集及监控，增加关键词的精准优化，进一步提高流量转化率；其次，在PC端流量来源入口比较少，虽然店铺PC端的淘宝搜索和淘宝客也在合理使用，可是流量的来源访客太少，必须加大投入直通车推广，找到合适的关键词进行强推，而不是对PC端的来源忽略不计。

（5）继续挖掘这个宝贝的引流关键词，如图7-28和图7-29所示。

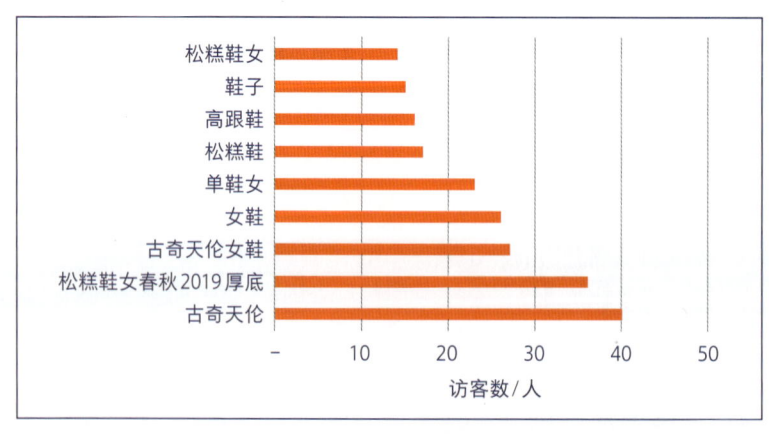

图7-28 PC端引流关键词分析

图7-29　无线端引流关键词

（6）把所挖掘的数据制作成表。

查看表7-12中的数据，会发现其中有品牌词，这些品牌词只能作为参考，而且也看到流量非常大的长尾词"松糕鞋女春秋2019厚底"，说明这个词最近7天和该店铺这款宝贝的匹配度是非常高的，给这个宝贝的展现的访客数也非常多，所以需要单独分析这些引流关键词。

表7-12　引流关键词研究

PC端引流关键词	访客数／人	无线端引流关键词	访客数／人
古奇天伦	40	松糕鞋女春秋2019厚底	3 552
松糕鞋女春秋2019厚底	36	春季女鞋	2 143
古奇天伦女鞋	27	高跟鞋	1 891
女鞋	26	女鞋春	1 817
单鞋女	23	女鞋春	1 454
松糕鞋	17	女鞋春秋单鞋	1 453
高跟鞋	16	鞋子女	1 448
鞋子	15	松糕鞋女春秋2019厚底	1 104
松糕鞋女	14	2019新款女鞋	935

（7）找到这个宝贝的成交关键词，如图7-30所示。

（8）把上面的图汇总整理成为表7-13所示的数据。

关键词	搜索人数/人	搜索人数占比	搜索次数/次	点击率	商城点击占比	在线商品数/件	支付转化率
春季女鞋	33 609	28.17%	82 946	99.13%	32.88%	2 006 735	3.42%
女鞋春秋单鞋	50 401	44.11%	121 780	104.88%	28.75%	3 673 316	3.85%
高跟鞋	50 232	18.72%	126 405	118.38%	21.56%	3 840 249	2.96%
女鞋春秋单鞋	79 581	11.04%	187 931	107.96%	31.04%	9 062 413	3.98%
坡跟松糕鞋女2016	616	5.87%	2 060	111.16%	20.67%	155 126	6.83%
坡跟松糕鞋女2016	893	2.89%	2 440	162.35%	22.47%	382 493	6.62%
坡跟厚底松糕鞋	630	2.39%	2 076	162.83%	18.62%	334 228	7.82%
2016新款女鞋	25 031	16.16%	62 236	105.98%	25.03%	2 658 831	2.33%
鞋女	75 033	34.97%	179 902	101.01%	28.54%	18 201 030	4.87%
单鞋女	60 914	31.58%	149 715	80.56%	42.81%	7 420 000	2.71%
坡跟松糕鞋厚底	468	1.52%	1 376	124.18%	27.24%	334 228	7.40%
高跟　凉鞋	26 222	85.69%	53 827	103.96%	23.09%	3 651 314	1.48%
鞋子	42 528	7.58%	86 003	78.16%	42.28%	29 523 913	7.37%

通过表7-14呈现的数据，可以发现"松糕鞋女春秋2019厚底"和"坡跟鞋女单鞋春秋"是竞争度匹配宝贝最好的关键词，在后期维护这个宝贝的时候，重点对这两个词精准营销。

（11）了解这些关键词的排名，特别是在人气搜索下的排序位置，如表7-15所示。

对每个关键词的排名监控，了解排名的实时数据趋势，针对重点关键词进行流量的精准推广，这些既节约了人力成本，也可以让店铺的财力投入到更有效、更精准的关键词中。

表7-15　关键词排名查询

宝贝关键词排名查询（近1天）			
关键词	人气排名	关键词	人气排名
松糕坡跟女鞋子厚底	2	高跟单鞋　女	6
坡跟鞋子	4	高跟女单鞋	6
高跟鞋坡跟	4	高跟鞋　女　单鞋	6
新款高跟鞋	5	女鞋高跟鞋	6
高跟鞋　春	5	女鞋单鞋高跟	6
春季高跟鞋	5	单鞋高跟	6
春季高跟鞋子	5	女鞋　高跟	6
鞋子　高跟　春	5	女　鞋子　单鞋　高跟	6
高跟鞋　春	5	高跟鞋单鞋	6
坡跟高跟鞋	5	女鞋高跟鞋自	6
高跟　坡跟鞋	5	高跟女鞋　单鞋	6
坡跟高跟单鞋女	5	高跟	6
高跟　坡跟鞋	5	鞋女鞋高跟	6
高跟坡跟单鞋女	5	高跟单鞋　女	6
坡跟高跟女单鞋	5	高跟女鞋　单鞋	6
高跟鞋　女鞋	6	高跟鞋	6
高跟鞋　女鞋	6	女士　鞋子　高跟单鞋	6
鞋高跟	6	单鞋　女高跟	6
单鞋　高跟	6	高跟鞋　单鞋	6
单鞋女　高跟	6	高跟单鞋女款	6
高跟鞋　女　单鞋	6	单鞋女高跟鞋	6

素养园地
逻辑框架法是基本的商业数据分析方法

　　逻辑框架法（LFA）是由美国国际开发署（USAID）在1970年开发并使用的一种设计、计划和评价的方法。目前有2/3的国际组织把它作为援助项目的计划、管理和评价方法。

这种方法从确定待解决的核心问题入手，向上逐级展开，得到其影响及后果；向下逐层推演，找出其引起的原因，得到所谓的问题树。将问题树进行转换，即将问题树描述的因果关系转换为相应的手段——目标关系，得到所谓的目标树。得到目标树之后，下一步的工作要通过规划矩阵来完成。

规划矩阵是一个4行×4列矩阵，矩阵自下而上的4行分别代表项目的投入、产出、目的和目标的四个层次；自左而右4列则分别为各层次目标文字叙述、定量化指标、指标的验证方法和实现该目标的必要外部条件。目标树对应于规划矩阵的第一列，进一步分析并填满其他列后，可以使分析者对项目的全貌有一个非常清晰的认识。

逻辑框架法依赖于假设，但假设是逻辑框架法的薄弱环节，因为假设的条件是不可控制的。

任务实施
关键词分析

步骤一：分析目标。

（1）研究关键词的流量趋势。

（2）判断关键词的转化率。

步骤二：分析原埋。

（1）明确关键词。

（2）根据关键词的净流量数量，判断关键词的流量趋势优先级。

（3）基于关键词的转化数量和流量数量，分析其转化率。

步骤三：实施准备。

（1）确定产品：男皮鞋。

（2）关键字选择：鞋、舒服、柔软、牛皮、皮、头层牛皮、男鞋、黑色皮鞋、增高鞋等。

（3）从店铺后台及生意参谋导出基础数据，并整理成如表7-16所示的EXCEL文档。

表7-16　某保健品关键词对应的流量及转化数据

关键字	流量/人	收藏量/次	加购量/件	订单量/个
鞋	533	117	506	155
舒服	831	195	642	309

关键字	流量/人	收藏量/次	加购量/件	订单量/个
柔软	343	129	35	91
牛皮	577	50	225	71
皮	806	107	390	193
头层牛皮	368	55	182	78
男鞋	741	76	335	114
黑色皮鞋	952	74	259	129
增高鞋	760	120	440	205

步骤四：实施过程。

对转化数据的对应转化率进行计算，得出如表7-17所示数据。其中：

收藏转化率＝收藏量/流量×100%

加购转化率＝加购量/流量×100%

支付转化率＝订单量/流量×100%

表7-17　某产品关键词的转化数据

关键字	流量/人	收藏量/次	加购量/件	订单量/个	支付金额/元	收藏转化率	加购转化率	支付转化率
鞋	533	117	506	155	21 713	21.95%	94.93%	29.08%
舒服	831	195	642	309	21 029	23.47%	77.26%	37.18%
柔软	343	129	35	91	20 913	37.61%	10.20%	26.53%
牛皮	577	50	225	71	18 932	8.67%	38.99%	12.31%
皮	806	107	390	193	18 126	13.28%	48.39%	23.95%
头层牛皮	368	55	182	78	17 266	14.95%	49.46%	21.20%
男鞋	741	76	335	114	15 701	10.26%	45.21%	15.38%
黑色皮鞋	952	74	259	129	14 147	7.77%	27.21%	13.55%
增高鞋	760	120	440	205	11 642	15.79%	57.89%	26.97%

步骤五：数据可视化与结果分析。

（1）对所有关键词的收藏转化率、加购转化率、支付转化率，进行插入可视化图形操作，如图7-32所示。

关键字	流量	收藏量	加购量	订单量	支付金额	收藏转化率	加购转化率	支付转化率
鞋	533	117	506	155	21,713	21.95%	94.93%	29.08%
舒服	831	195	642	309	21,029	23.47%	77.26%	37.18%
柔软	343	129	35	91	20,913	37.61%	10.20%	26.53%
牛皮	577	50	225	71	18,932	8.67%	38.99%	12.31%
皮	806	107	390	193	18,126	13.28%	48.39%	23.95%
头层牛皮	368	55	182	78	17,266	14.95%	49.46%	21.20%
男鞋	741	76	335	114	15,701	10.26%	45.21%	15.98%
黑色皮鞋	952	74	259	129	14,147	7.77%	27.21%	13.55%
增高鞋	760	120	440	205	11,642	15.79%	57.89%	26.97%

图7-32　转化统计截图

（2）为了清楚地对比不同关键词对应的转化关系，选择插入折线图，如图7-33所示。

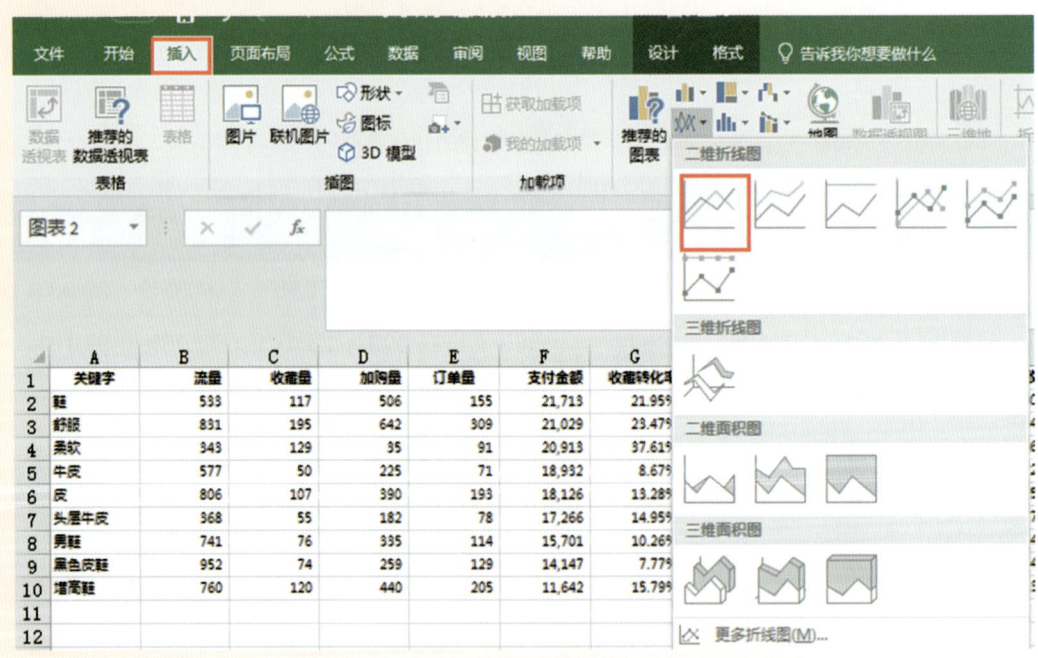

图7-33　插入折线图

（3）从图7-34中，可以清晰地看出各项转化率的关系及不同关键词的对应转化率的关系。

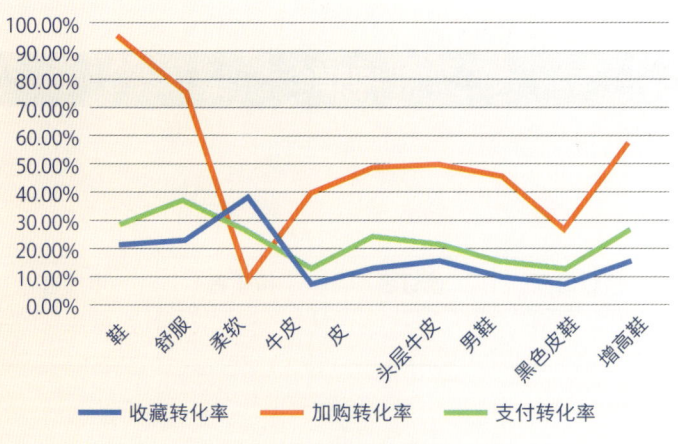

图7-34　转化率统计

（4）通过以上分析，可以得出以下结论：

① 收藏转化最高的关键词是：柔软；

② 加购转化率最高的关键词是：鞋；

③ 支付转化率最高的关键词是：舒服；

④ 因此，在选择关键词时我们可以参考优先次序是：舒服、鞋、柔软。

 同步训练任务书

请根据以上内容，完成如表7-18所示的同步训练任务书。

表7-18　同步训练任务书

基本情况			
项目名称		项目编号	
主管上级		项目定编	
项目描述			
项目目的			
负责完成工作			

项目目的					
协助完成工作					
修订信息	修订时间	修订者	审核者	审批者	修订信息

同步检测

一、单项选择题

1. 下列不属于影响店铺排名中的宝贝因素的是（　　　）。

    A. 宝贝的月销量　　　　　　　B. 店铺的收藏率

    C. 宝贝的价格　　　　　　　　D. 旺旺回复

2. 当前影响顾客购买商品因素中比重最大的是（　　　）。

    A. 宝贝的价格　　　　　　　　B. 宝贝的品牌

    C. 物流速度　　　　　　　　　D. 售后服务

3. 下列不属于产品生命周期阶段之一的是（　　　）。

    A. 成长期　　　　　　　　　　B. 成熟期

    C. 衰退期　　　　　　　　　　D. 死亡期

4. 买家退货退款的三个主要因素不包括（　　　）。

    A. 卖家缺货　　　　　　　　　B. 物流速度

    C. 服务态度　　　　　　　　　D. 宝贝的质量

5. 下列网站的数据资源不具产品分析参考意义的是（　　　）。

    A. 生意参谋　　　　　　　　　B. 百度百科

    C. 量子恒道　　　　　　　　　D. 淘宝指数

二、多项选择题

1. 影响店铺排名的店铺权重因素有（　　　　　）。

    A. 店铺的作弊违规　　　　　B. 退款和投诉率

    C. 投入的广告成本　　　　　D. 好评率

2. 下列因素能提高店铺的品牌效应的是（　　　　　）。

    A. 网店的视觉印象　　　　　B. 流量因素

    C. 服务质量　　　　　D. 产品定位

3. 同行营销分析正确的方法有（　　　　）。

    A. 对同行店铺流量分析　　　　　B. 对同行的产品统计

    C. 对同行的客服分析　　　　　D. 对同行的价格分析

4. 产品处于衰退期，正常的策略是（　　　　）。

    A. 采取优惠价格、分期付款等方式法来促进销售

    B. 设法延长产品生命周期

    C. 加强广告促销与售后服务

    D. 发展新产品，实现产品的更新换代

5. 绿色营销战略正确的做法是（　　　　）。

    A. 骗取国家补贴

    B. 研发绿色产品，创立绿色品牌

    C. 争取获得绿色标志

    D. 积极引导绿色消费

三、判断题

1. 我国消费者网购频率已经超过到实体店的消费频率。（　　）

2. 按照淘宝的规定，卖家一年扣掉12分的话店铺就马上被关闭。（　　）

3. 竞品指的是店铺最具有竞争力的产品。（　　）

4. 关键词优化是指把网站里面的关键词进行选词和排版的优化，达到优化网站排名的效果。(   )

5. 选择知名品牌能避免购买到假冒伪劣商品。(   )

学习单元 8
客户分析

» 客户指标

» 客户智能画像

» 新客户分析

» 老顾客分析

» 粉丝分析

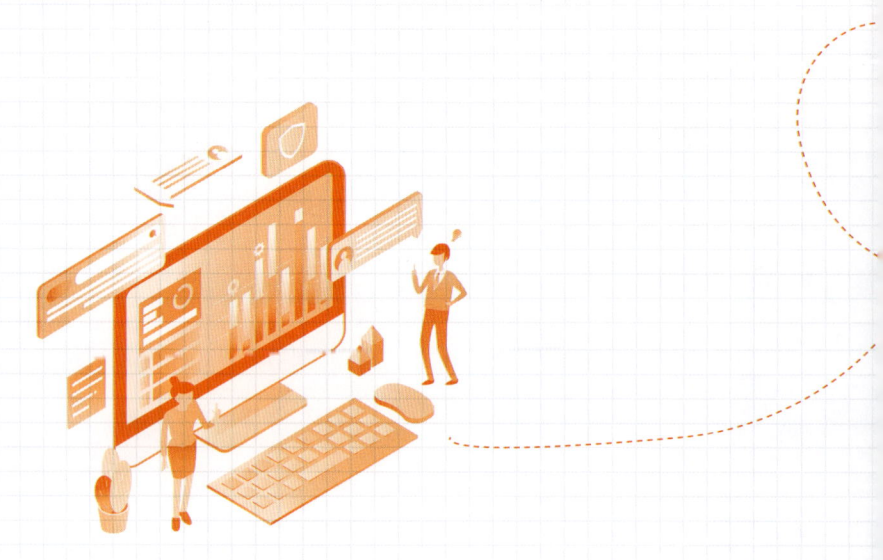

学习目标

知识目标

- 理解客户分析的指标。
- 掌握运营中的客户类型及特征。
- 掌握基本的会员营销概念。

技能目标

- 对客户访问量、获客成本、转化率、地域、类型等关键指标进行量化分析，总结商业增长点。
- 对客户行为进行分析，能系统描述客户偏好。
- 对新老客户的贡献率与运营成本进行分析对比，找出潜在增长点。
- 总结粉丝概况，制定有效的会员制度。

素养目标

- 熟悉我国公民享有的十项隐私权。
- 坚持以人为本的商业思路。

思维导图

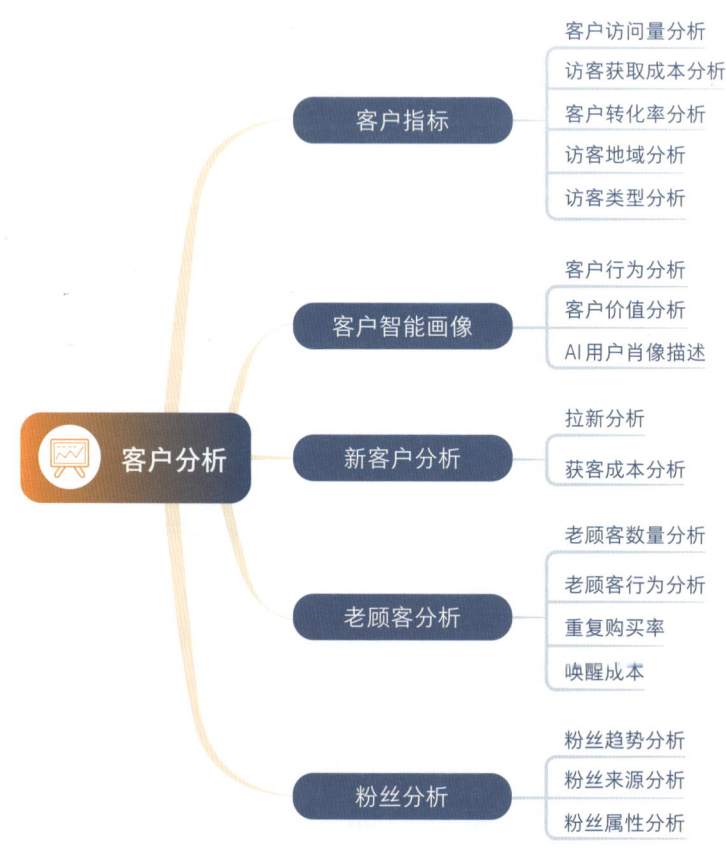

导入案例
电商流量的变革

动画：客户
分析的内容

　　我国互联网经济之所以呈现出高速发展的趋势，是由于"人、货、场"再一次被重构，通过电子商务三次重大变革，不断涌现新商业、新技术、新场景。

　　"人找货"是电子商务的第一次变革，主要体现为搜索为王，核心是流量运营，主动权在顾客，需要什么就搜索什么；商家竞争的焦点就是争排名，等待顾客搜索过来。

"货找人"是电子商务的第二次变革，主要体现为推荐为王，用户运营，运营的重心，就从运营"货"，到运营"人"也称为用户运营。系统推荐的不是流量，而是展现机会和展现量。

"品牌运营"是电子商务的第三次变革，主要体现为又回到了"人找货"，但此"人找货"不是顾客盲目地搜索产品进行全网比价，而是依赖品牌，对于品牌的忠实粉丝来说，他们会竭尽全力地去寻找。

案例思考：

1. 三次电子商务变革，是如何影响到客户，即流量的分配和管理的？

2. "人货场"到底发生了怎样的变革？如何被打碎与重构？品牌又应该如何顺势而为，实现零售效率的提高？

案例启示：

1. 三次电子商务变革，其实是如何满足广大用户对美好生活的更高追求及个性化追求的变化过程。

2. 在这个变化过程中，依托我国新技术发展成果及时应用到互联网销售中，构建了全渠道零售和服务场景。

任务8-1 客户指标

【知识准备】

有很多指标可以用来衡量客户方面的绩效，在电商领域，主要围绕着客户访问量、访客获取成本、客户转化率、访客地域和访客类型等指标进行评估。

一、客户访问量分析

客户访问量就是在一定时间范围内，某个网站被访客访问的总次数。但是，一个访问用户在一定时间内可能会访问多个页面，对网站发起多次访问，因此常用的访问量统计指标又分为页面浏览量和访客数、独立IP、会话数等。

（1）页面浏览量（Page View，PV）：在一定时间内，用户每加载刷新一次页面即被计算一次浏览量。

（2）访客数（Unique Visitor，UV）：在指定时间内绝对唯一的访问者，如果一个访问者访问多次，仅被计算一次，一般一台计算机客户端被计算为一个访客。

（3）IP（独立IP）：指独立IP数，一定时间内相同IP地址被计算为一个IP。

（4）会话数（Session）：触发网站即开启一次会话，在Google Analytics中，同一用户访问，结束一个会话重新计算另一个会话有如下三种情况：

① 距离上一次访问超过30分钟；

② 每日0:00为会话计算的一个切割点；

③ 访问来源改变，比如首次进入访问页面通过点击新浪广告，后又通过百度搜索进入访问页面，该期间的访问计算为2次会话。

二、访客获取成本分析

在获客成本上有两个指标，即单个付费客户的成本（Customer Acquisition Cost，CAC）和单个活跃客户的成本（Cost Per Acquisition，CPA）。两者中间差一个转化率，一家企业花费CPC获得注册活跃用户，需要经过诱导转化才能使客户付费，因此，CPA+诱导转化的费用=CAC。

在拉新等营销活动中，获客成本是极为重要的指标，该指标能反映本次活动的效果，尽可能地以最小的投入获得最大的价值。

在获客上，流量为王。哪个平台渠道流量大，哪个平台就有更多获客机会，但同时也必须考虑转化率，想要提高转化率就需要有优质的客户群，因此在选择推广平台时也必须要考虑该平台积累的用户属性是否与商家目标用户一致，这样才能尽可能地降低获客成本，将产出最大化。

三、客户转化率分析

客户转化率是指商户在实施推广行动后，访客如期地参与其中并完成商户所期望的某种行为。根据各自推广的目的，转化可以是访问者在网站上停留一定的时间、浏览网站上的特定页面等行为，或者是在网站上注册或者提交订单、付款等行为。

转化率指在一个统计周期内，完成推广商户期望的行动的访客数（访问量）占总访客数（总访问量）的比率。

人们经常会听说某个渠道的流量非常大，这是因为这个渠道在资源投入上下了非常大的工夫。在这种逻辑下，流量就成了衡量经营效果非常重要的标准之一。当然，流量大并不代表着经营的效果就一定好，如果转化率非常低的话，实际上很难带来商业价值。只有访问量大与转化率高这两个因素并存，才能认为经营效果好。

四、访客地域分析

访客地域是指访客所在的地理位置，传统的划分可以以方位、省份，甚至城市或者以更细的颗粒度来划分。在电子商务领域，最常用省份来划分地域。

通过对访客不同地域来源的分析，可以看出不同地域的访客的综合偏好、消费水平等重要指标。这对于精准营销来说非常重要，关乎着总体的推广效果和成本。

五、访客类型分析

在客户分类中，根据用户的基本信息和行为特征，可以将用户分为许多类别，从而衍生出各种各样的用户指标，对于用户总体的统计可以让商家明确用户的整体变化情况；而对于用户各分类的统计，可以让商家看到用户每个细分群体的变化情况。

（一）根据用户的访问行为划分

1. 新访问用户

新访问用户是指首次访问或者刚刚注册的用户，那些非首次来的用户即为老用户。基于访问总访客数（UV）减去新用户数可以计算得到网站的老用户数。基于新用户数可以计算出网站的新用户比例，可将其用于分析网站的推广效果和发展速度。

2. 活跃用户

活跃用户的定义千差万别，一般定义是关键动作或者行为达到某个要求时的用户为活跃用户。网站应该根据自身产品的特点定义活跃用户。活跃用户用于分析网站真正掌握的资源，因为只有活跃用户才能直接或间接地为网站创造价值。

3. 流失用户数

流失用户是指一段时间内未访问或者未登录过网站的用户。不同网站对于流失的定义各不相同，对于微博、邮箱等用户经常需要登录查看的网站来说，可能用户超过1个月未登录，就可以认为用户已经流失了；而对于电子商务网站而言，可能3个月或者半年内没有任何购买行为的用户才可以被认定为流失用户。流失用户用于分析网站保留用户的能力，那些未流失的用户被称为留存用户，用户流失率通过计算一定周期内流失用户数与总用户数得到。

4. 回访用户数

回访用户是指那些之前已经流失，但之后又重新访问网站的用户，用于分析网站挽回流失用户的能力。

（二）根据用户的基本信息属性划分

用户的基本属性主要有用户年龄、性别、地理位置、使用设备等。根据用户属性细分，可以得出非常丰富的有效信息，比如以下区分度比较明显的信息：

（1）网站用户主要集中在哪个城市？

动画：用户属性分析——如何获取用户的基本信息

（2）网站上什么年龄、性别的用户是最多的？

（3）网站上什么年龄、性别的用户质量是最高的？

（4）现状和网站规划的目标用户吻合吗？

（5）应该怎么去满足这部分用户的需求？

头脑风暴

评价客户的有效指标还有哪些？

任务实施
对用户地域的客户指标进行分析

步骤一：分析目标。

（1）弄清按地域划分的消费者的购买能力。

（2）了解每个地域消费者的购买行为。

步骤二：分析原理。

（1）按照订单的归属地，统计销售额，以此代表每地区的购买能力。

（2）对每个地区的笔单价、转化率进行统计，以研究用户的购买行为。

步骤三：实施准备。

（1）生意参谋中导出2022年全年销售数据；

（2）将可以利用的数据挑选出来，如省份、流量、销售金额、销售量、订单数等，如表8-1所示。

表8-1　各省份客户指标统计

省份	流量/人	销售额/元	销售量/件	订单数/个
上海	5 976	816 010	5 093	2 692
广东	6 895	579 245	4 059	2 136
江苏	5 307	504 832	3 210	1 826
浙江	5 339	479 423	3 164	1 710
北京	4 058	457 228	2 819	1 465

省份	流量 / 人	销售额 / 元	销售量 / 件	订单数 / 个
山东	3 762	324 381	2 143	1 180
四川	2 631	312 393	1 943	1 039
辽宁	2 416	243 814	1 551	811
湖北	2 191	238 489	1 509	838
湖南	1 917	209 409	1 335	718
河南	2 926	196 010	1 245	692
河北	2 026	172 572	1 067	561
福建	2 018	160 437	1 105	629
黑龙江	1 594	153 654	976	494
天津	1 380	152 611	947	504
陕西	1 001	142 695	875	494
重庆	1 150	133 819	815	450
云南	1 050	127 441	758	413
山西	1 266	121 839	716	405
安徽	1 656	119 560	777	442
吉林	983	111 057	703	373
江西	828	85 325	572	314
广西	770	76 930	515	295
新疆	366	59 931	315	188
内蒙古	742	59 287	374	221
贵州	392	55 557	312	175
甘肃	372	49 866	305	168
海南	371	40 031	262	144
宁夏	133	13 744	92	49
青海	68	7 644	44	25
西藏	23	1 177	8	7
台湾	—	—	—	—
香港	—	—	—	—
澳门	—	—	—	—

（3）计算每笔单价和转化率，其中：

$$每笔单价 = 订单金额 / 订单数$$

$$转化率 = 订单数 / 流量 \times 100\%$$

计算结果如表8-2所示。

表8-2　订单每笔单价与转化率统计

省份	每笔单价/元	转化率
上海	303	45.05%
广东	271	30.98%
江苏	276	34.41%
浙江	280	32.03%
北京	312	36.10%
山东	275	31.37%
四川	301	39.49%
辽宁	301	33.57%
湖北	285	38.25%
湖南	292	37.45%
河南	283	23.65%
河北	308	27.69%
福建	255	31.17%
黑龙江	311	30.99%
天津	303	36.52%
陕西	289	49.35%
重庆	297	39.13%
云南	309	39.33%
山西	301	31.99%
安徽	271	26.69%
吉林	298	37.95%
江西	272	37.92%
广西	261	38.31%
新疆	319	51.37%
内蒙古	268	29.78%
贵州	317	44.64%

省份	每笔单价 / 元	转化率
甘肃	297	45.16%
海南	278	38.81%
宁夏	281	36.84%
青海	306	36.76%
西藏	168	30.43%
台湾	——	0%
香港	——	0%
澳门	——	0%

步骤四：实施过程。

（1）对流量、订单数进行可视化分析，插入统计图，如图8-1所示。

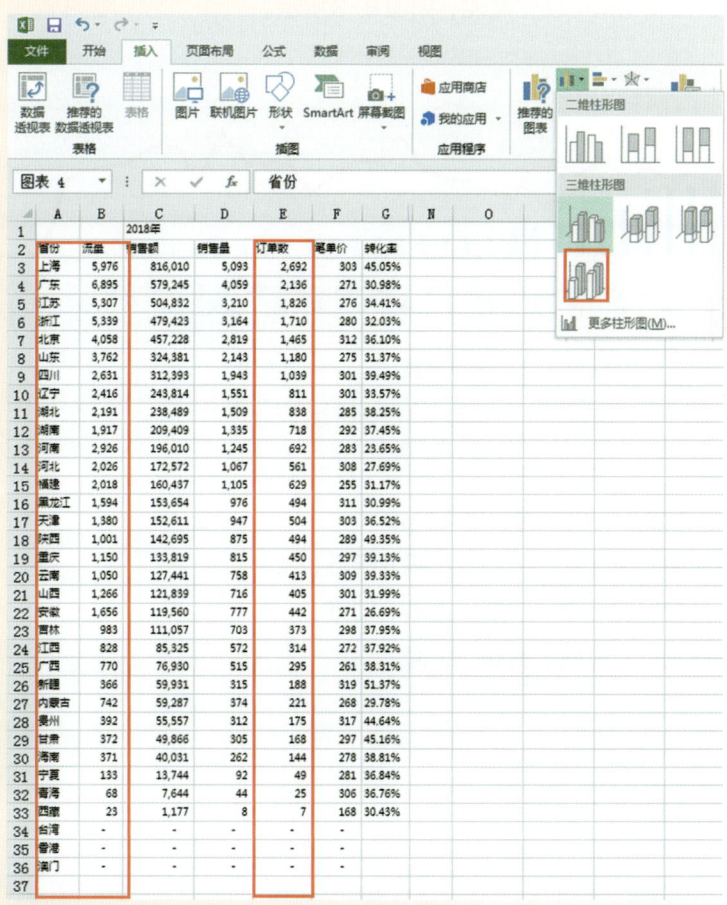

图8-1　插入统计图

（2）为了直观地从销售额发现购买力的分布，对销售额插入柱状图，同时在同一分析图中插入转化率的折线图。

步骤五：数据可视化及结果分析。

（1）流量及订单统计可视化展现，如图8-2所示。

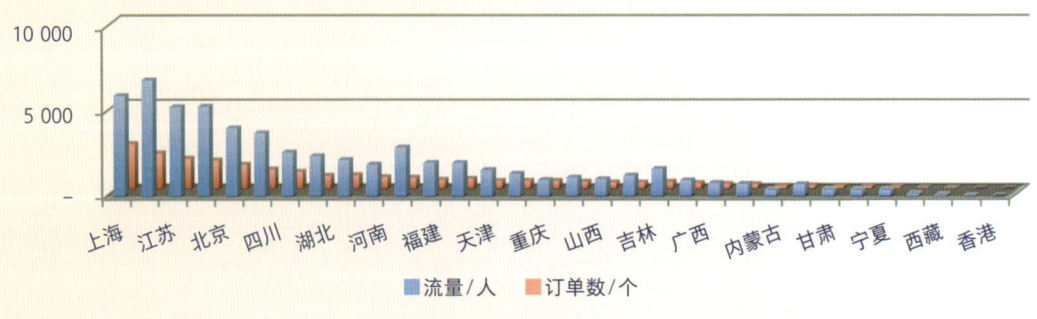

图8-2　流量及订单统计

（2）销售额及转化率可视化展现，如图8-3所示。

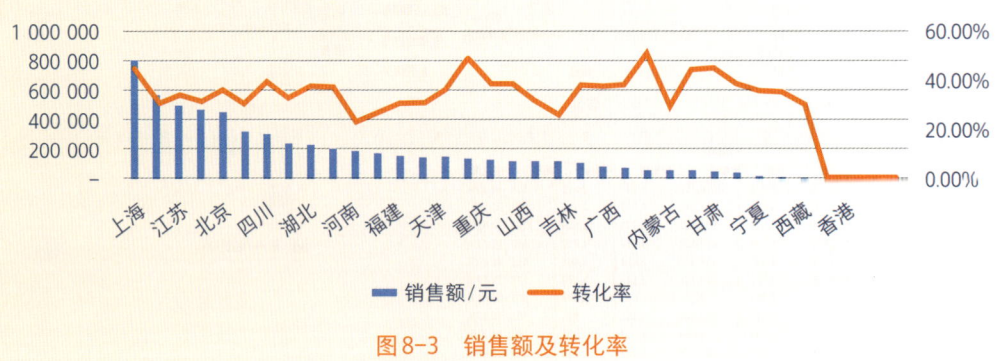

图8-3　销售额及转化率

（3）综合以上分析，可以得出以下结论：

① 综合购买能力前三位：上海、广东、江苏；

② 网购人群量级前三位：广东、上海、江苏；

③ 转化率前三位：山西、新疆、上海。

请根据以上内容，完成如表8-3所示的同步训练任务书。

表8-3 同步训练任务书

基本情况				
项目名称			项目编号	
主管上级			项目定编	
项目描述				
项目目的				
负责完成工作				
协助完成工作				
修订信息	修订时间	修订者	审核者	审批者	修订信息

任务8-2 客户智能画像

【知识准备】

近年来，随着人工智能（Artificial Intelligence，AI）技术的出现，其热度也越来越高。作为互联网领域重要的组成部分，电子商务自然是在这个领域中不可或缺。因此，客户智能画像的定义就被引入商业的范畴中来。

事实上，在AI技术兴起之前，用户画像的概念早就已经出现在电商研究的领域。用户画像是根据客户的行为分析其特征，进而对其偏好、属性、特征等进行对应的描述，以达到精准营销的目的，实现销售效果最大化、营销投入高效化。

一、客户行为分析

客户行为分析是客户分析中非常重要的一部分，研究客户的行为可以帮助企业制定相应的销售推广策略。客户购买行为分析可以用"5W2H"分析法。

动画：客户分析——客户画像案例

（一）What

客户购买了什么？客户更喜欢哪些类型的产品？客户的品牌偏好是什么？客户需要什么产品和服务？客户最核心的需求是什么？影响客户购买的关键因素是什么？购买后如果不能满足顾客的实际需求，他们的反应又会是什么，是退货还是差评？

（二）Who

谁买的？主要在哪个城市？什么人群购买最多，是男性还是女性？年龄层又是怎样的？各年龄层对各类型产品的偏好是什么？

（三）When

何时买？一个星期中哪天购买量最多？哪个时间段下单最多？何时又会重复购买？

（四）Where

客户主要在哪里买，是APP还是官网？是通过哪个渠道来购买？哪个渠道吸引来的用户购买率更高？客户是搜索什么关键词来到网站购买的？

（五）Why

客户为什么购买此产品？

（六）How much

客户是花多少钱买的？哪个价位段更能吸引客户购买？哪个价位段贡献率最高？人均客单价多少元？购买的频率又是怎么样的？

（七）How to do

如何购买？客户用什么样的方式和程序购买？如何到达购买网站？

通过"5W2H"，不停地问为什么，再不停地找答案，把上面的问题弄清楚了，企业就会大概了解会员的购买行为了。分析会员的购买行为，可以让企业发现会员购买行为的共性，可以为企业的决策、营运计划提供方向。

"5W2H"中每一个量化的指标都可以变成会员标签。例如，喜欢每周什么时段购物、喜欢什么样式衣服，衣服尺码多少，喜欢什么样的支付方式等。依据此类信息，可以给每一位客户都贴上几十个标签，为加强后期针对每位用户的扩展营销提供可能性。

企业可以通过客户行为记录表（见表8-4）来对其行为进行追踪。

表8-4 客户行为记录表

客户 ID	What	Who	When	Where	Why	How much	How to do
示例	衣服	女性，23～25岁	周末、晚上	手淘	直通车	248元	加购、支付

二、客户价值分析

信息时代使得企业的营销焦点从以产品为中心转变为以用户为中心。在这个前提下，对客户的价值分析，能有效地让企业充分提高其活动的效率。用户分类能够完成无价值用户、高价值客户的区分，那么就可以针对不同价值的用户制定并优化个性化方案，进而采用不同营销策略，将有限的营销资源集中于高价值用户，实现企业利润最大化。

微课：客户
行为分析

为了进行客户价值分析，我们通常采用RFM模型，即最近消费时间间隔（Recency）、消费频率（Frequency）、消费金额（Monetary），其定义如下：

R是指最近消费时间间隔（Recency），即用户最近一次消费距观测窗口结束的时间；

F是指消费频率（Frequency），即用户在观测窗口内购买商品的次数；

M是指消费金额（Monetay），表示在一段时间内用户购买金额的总和。

通过对这些维度的判断，通常依据客户价值的维度将客户分为以下五类：

（1）重要保持用户。这类用户平均折扣率较高（一般购买商品的等级较高），最近消费时间间隔（R）短，消费金额（M）大或消费频率（F）高，这类用户往往是高价值用户，也是最为理想用户类型，往往贡献值最大，所占比例却较小。

（2）重要发展用户。这类用户平均折扣率较高，最近消费时间间隔（R）短，但消费金额（M）小或消费频率（F）低。

（3）重要挽留用户。这类用户平均折扣率较高，消费金额（M）高或消费频率（F）高，但最近消费时间间隔（R）短。

（4）一般用户。

（5）低价值用户。

最后两类用户平均折扣率较低，消费金额（M）低或消费频率（F）低，最近消费时间间隔（R）长，一般会在商品搞促销活动时才会消费。

三、AI用户肖像描述

用户画像又称用户角色，作为一种勾画目标用户、联系用户诉求与设计方向的有效工具，用户画像在各领域得到了广泛的应用。在实际操作的过程中，往往会以最为浅显和贴近生活的话语将用户的属性、行为与产出联结起来。作为实际用户的虚拟代表，用户画像所形成的用户角色并不是脱离产品和市场之外所构建出来的，最终形成的用户角色需要有代表性，能代表产品的主要受众和目标群体。

以下是用户画像的"PERSONAL"八要素：

（1）P代表基本性（Primary）：是指该用户角色是否基于对真实用户的情景访谈；

（2）E代表同理性（Empathy）：是指用户角色中包含姓名、照片和产品相关的描述，该用户角色是否会引发同理心；

（3）R代表真实性（Realistic）：是指对那些每天与顾客打交道的人来说，用户角色是否看起来像真实人物；

（4）S代表独特性（Singular）：是指每个用户是否是独特的，彼此很少有相似性；

（5）O代表目标性（Objectives）：是指该用户角色是否包含与产品相关的高层次目标，是否包含关键词来描述该目标；

（6）N代表数量性（Number）：是指用户角色的数量是否足够少，以便设计团队能记住每个用户角色的姓名，以及其中的一个主要用户角色；

（7）A代表应用性（Applicable）：是指设计团队能否使用用户角色作为一种实用工具进行设计决策；

（8）L代表长久性（Long）：是指用户标签的长久性。

如图8-4所示，这张图是一张用户画像的形象图，该图根据用户行为，对用户进行了描述和定位。

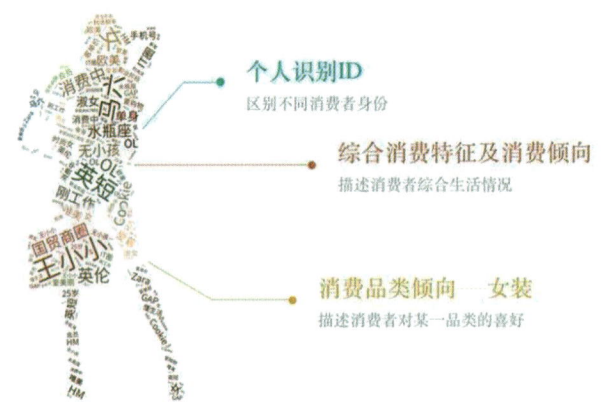

图8-4　用户画像描述

素养园地
我国公民享有十项隐私权

（1）公民享有保守姓名、肖像、住址、住宅、电话等秘密的权利，未经其许可，不得加以刺探、公开或转播。

（2）公民的个人活动，尤其是在住宅内的活动不受监视、监听、窥视，但依法监视居住者除外。

（3）公民的住宅不得非法侵入、窥视或者骚扰。

（4）公民的性生活不受他人干扰、窥视、调查或公开。

（5）公民的储蓄、财产状况不得非法调查或公布，但是依法需要公布财产状况者除外。

（6）公民的通信、日记和其他私人文件（包括储存于计算机内的私人信息）不得刺探或公开，公民的个人数据不得非法搜集、传输、处理和利用。

（7）公民的社会关系，包括亲属关系、朋友关系等，不得非法调查或公开。

（8）公民的档案材料，不得非法公开或扩大知晓范围。

（9）公民的向社会公开的过去或现在的纯属个人的情况（如多次失恋、被罪犯强奸、患有某种疾病等），不得进行收集或公开。

（10）公民的任何其他纯属于私人内容的个人数据，不得非法加以搜集、传输，处理和利用。

任务实施
对用户地域的客户指标进行分析

步骤一：分析目标。

对客户的地域、年龄进行画像研究。

步骤二：分析原理。

（1）按照订单的后台信息，判断地域及年龄；

（2）通过对地域及年龄的判断，定位推广渠道。

步骤三：实施准备。

（1）从生意参谋中导出一个月的销售数据；

（2）将可以利用的数据挑选出来，如省份、年龄、销售额，如表8-5所示。

表8-5　各省份客户指标统计

省份	年龄	销售额/元
北京	30～34岁	18 908
	35～39岁	30 202
	40～44岁	15 028
	25～29岁	16 551
	30～34岁	41 822
	35～39岁	64 577

省份	年龄	销售额 / 元
北京	40 ~ 44岁	24 990
	45 ~ 49岁	17 910
广东	30 ~ 34岁	33 531
	35 ~ 39岁	19 200
	40 ~ 44岁	15 778
	25 ~ 29岁	8 770
	30 ~ 34岁	22 604
	35 ~ 39岁	36 445
	40 ~ 44岁	17 467
湖北	30 ~ 34岁	11 589
	35 ~ 39岁	15 372
江苏	30 ~ 34岁	10 584
	35 ~ 39岁	26 697
	40 ~ 44岁	16 844
	30 ~ 34岁	24 730
	35 ~ 39岁	30 816
	40 ~ 44岁	13 633
辽宁	30 ~ 34岁	14 617
	35 ~ 39岁	14 249
山东	35 ~ 39岁	13 219
	30 ~ 34岁	12 618
	35 ~ 39岁	22 008
上海	30 ~ 34岁	20 214
	35 ~ 39岁	36 819
	40 ~ 44岁	31 114
	45 ~ 49岁	15 260
	25 ~ 29岁	14 450
	30 ~ 34岁	70 337
	35 ~ 39岁	104 036
	40 ~ 44岁	53 646
	45 ~ 49岁	19 332

省份	年龄	销售额 / 元
四川	30 ~ 34岁	11 457
	35 ~ 39岁	21 390
浙江	30 ~ 34岁	23 601
	35 ~ 39岁	24 153
	40 ~ 44岁	18 068
	30 ~ 34岁	26 916
	35 ~ 39岁	29 494
	40 ~ 44岁	15 909
	45 ~ 49岁	14 265

（3）选择数据插入数据透视表，以统计各省份各年龄阶段的二维结构数据，如图8-5所示。

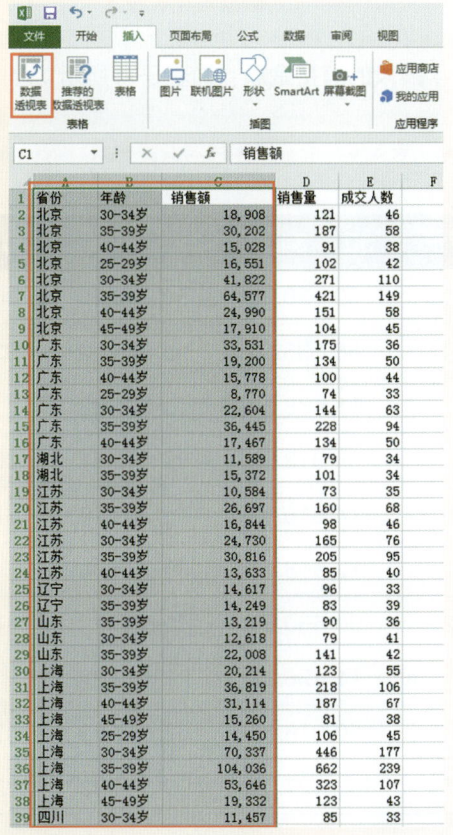

图8-5　插入数据透视表

（4）以省份为行标签、年龄为列标签、对销售额进行求和处理，如图8-6所示。

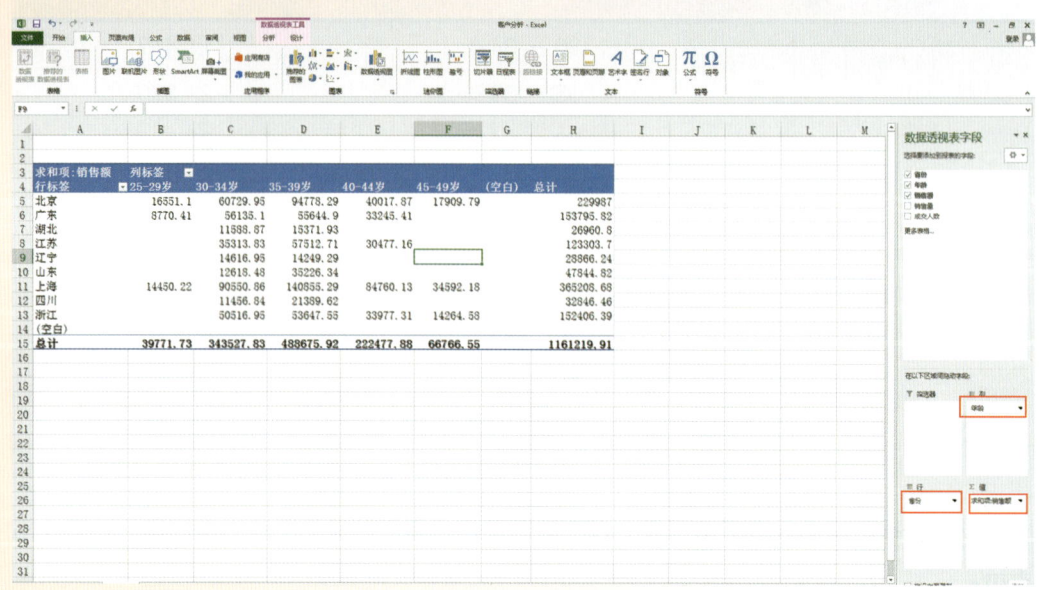

图8-6　数据透视表设置

（5）求出以下省份各年龄段的消费金额，如表8-6所示。

表8-6　各省份年龄消费金额统计表

单位：元

省份	25～29岁	30～34岁	35～39岁	40～44岁	45～49岁
北京	16 551.10	60 729.95	94 778.29	40 017.87	17 909.79
广东	8 770.41	56 135.10	55 644.90	33 245.41	
湖北		11 588.87	15 371.93		
江苏		35 313.83	57 512.71	30 477.16	
辽宁		14 616.95	14 249.29		
山东		12 618.48	35 226.34		
上海	14 450.22	90 550.86	140 855.29	84 760.13	34 592.18
四川		11 456.84	21 389.62		
浙江		50 516.95	53 647.55	33 977.31	14 264.58
总计	39 771.73	343 527.83	488 675.92	222 477.88	66 766.55

步骤四：实施过程。

为了实现省份维度、年龄维度的直观对比，根据以上省份年龄消费金额统计表插入三维柱状图，如图8-7所示。

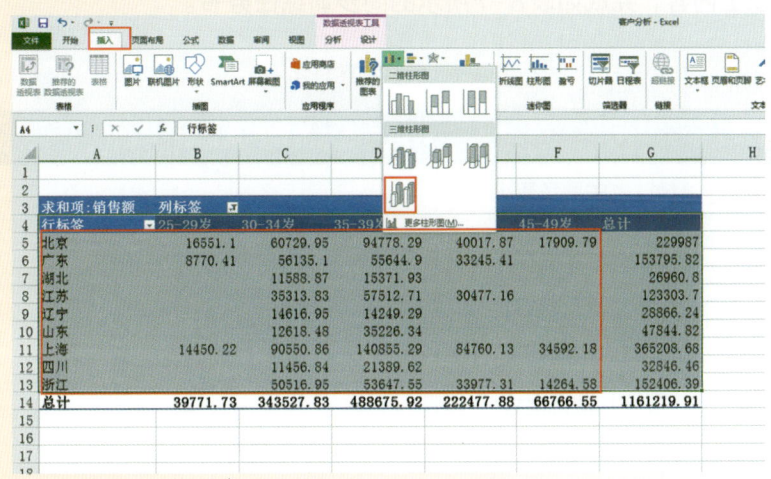

图8-7　插入三维柱状图

步骤五：数据可视化与结果分析。

（1）主要地区各年龄阶段消费金额统计图，如图8-8所示。

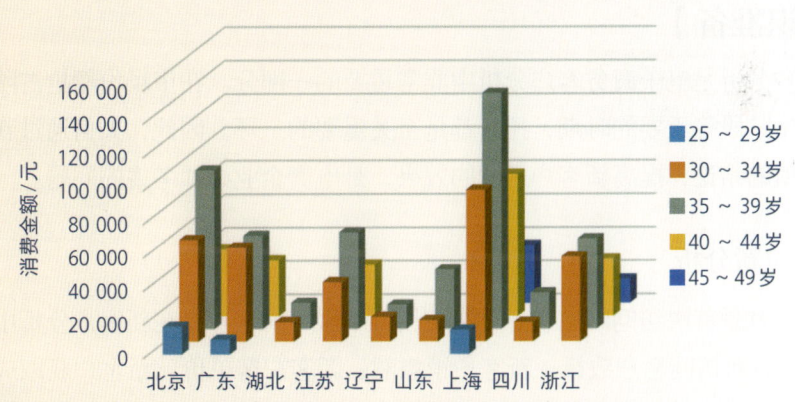

图8-8　主要地区年龄消费分布图

（2）根据以上统计分析，可以得出以下结论：

① 总体消费能力最高的年龄段是35～39岁；

② 30～34岁、40～44岁为消费能力排第二位及第三位的年龄段，并且在各省份有所差异，大多数是40～44岁排第二位；

③ 消费能力与收入能力及购物行为都有关系。

同步训练任务书

请根据以上内容，完成如表8-7所示的同步训练任务书。

表8-7　同步训练任务书

项目		对用户地域的客户指标进行分析
小组成员	主要负责人	
	其他成员	
小组成员分工	行为分析	
	数据处理	
	报告撰写	
评估方案		
教师点评		

任务8-3　新客户分析

【知识准备】

新客户分析是电子商务客户分析中非常重要的一部分。在市场份额抢占阶段、提高人群用户量阶段等重要的时期，拉新都是至关重要的一环。因此，如何通过新客户分析得出有价值的结论，提高新客户运营的效果，是电商企业必须考虑的问题。

一、拉新分析

新客户就是首次访问网站或者首次使用网站服务的客户。在新客户分析中，一般会关注的KPI有新访问客户数量、新客户销售额、新客户客单价、新客户获取成本等。更深入的分析维度还会从各来源新访数量、新访渠道路径、各渠道ROI、新访跳出率、新访产品页到达率、新访购物车推车率、新访订单总金额等指标综合分析。

（一）新访问客户数量

通过新访问客户数量，可以看到本次活动最直观的效果。较之前活动的数据对比，通过各渠道的新增访问数量对比，可以找出更优质的渠道，为后期的活动提供参考依据。

（二）新客户访问率

新客户访问率指新客户数占总访问数的比率，用于分析网站的推广效果和发展速度，结合新访问客户率及客户流失率，可以判断一个产品所处的阶段。如新客户比例大于客户流失率，则产品处于发展成长阶段；若新客户比例与客户流失率持平，则产品处于成熟稳定阶段；若新客户比例低与客户流失率，则产品处于下滑衰退阶段。

（三）新客户销售额

新客户销售额是指新客户成交订单销售总额，该指标除了能反映活动效果，也能对比各渠道的转化率高低。

（四）新用户客单价

新用户客单价=新客户销售额/新访客购买人数，该指标能体现新增客户的购买能力。

二、获客成本分析

新客户的获取是一场攻坚战，而这场攻坚战是否能成功，其中必不可少的因素就是投入一定的成本。衡量新客户获客成本的标准通常有用户获取成本（Customer Acquisition Cost，CAC）和点击单价（Cost Per Click，CPC）。

$$CAC=营销总费用/付费新客户数$$

$$CPC=营销总费用/活跃新客户数$$

在客户拉新的过程中，还需要考虑客户终身价值（Life Time Value）。

$$客户终身价值=月购买频次 \times 客单价 \times 毛利率 \times （1/月流失率）$$

拓展资源
客服人员常会问的问题

（1）问：请问有优惠吗？

答：亲，这已经是优惠价格了，而且都是包邮的！价格上请您放心，我们线上线下都是统一定价的，这个活动是我们线上独享的活动，线下是没有这个优惠活动的，所以您已经享受到最大的优惠啦！

（2）问：请问你家的商品是正品吗？

答：我们所售商品均为全新正品行货，商品都是通过正规渠道进货，入驻商品的质量也都是经过平台严格审查，请您放心购买。

（3）问：如果收到衣服不合适怎么办？

答：如果您收到商品不喜欢或不合适，可以在【加入购物车】按钮下查看商品是否支持7天无理由退货，若支持，您可以在商品完整的情况下7天内申请退货。

（4）问：可以开发票吗？

答：京东自营商品订单均会开具发票的，第三方商品的发票由其卖家开出并由卖家寄出。

（5）问：几天能到货啊？

答：正常情况下，自营现货商品1~7天送到；第三方商品3~7天送到；海外购商品20天左右送到；还请放心，下单后我们会竭尽全力尽快送达。

（6）问：什么时候发货啊？

答：自营现货商品下单成功后会及时安排发货，第三方商家的订单会在48小时内发货，请您耐心等待，我们会尽快安排发货。

（7）问：别人家的东西比你们家便宜呢！

答：商品目前的单价可以在商品页面查看。如遇促销活动、抢购秒杀时，价格会出现波动，请您以提交订单时的价格显示为准。

（8）问：质量怎么样？我看评论上面有几个说不好。

答：每个客户对商品的要求不同，建议可以查看商品页面下方的商品评价，以此作为一个参考。

任务实施
计算某次活动拉新的成本

步骤一：分析目的。

衡量活动拉新的成本。

步骤二：分析原理。

通过活动总成本及拉新总人数，计算拉新平均成本。

步骤三：实施准备。

（1）从生意参谋或者活动后台导出单次活动的成本、拉新总人数。

（2）对数据进行处理，整理出新客及推广数据，如表8-8所示，其中：

CAC=营销总费用/新用户数

CPC=营销总费用/活跃新用户数

步骤四：任务实施。

为了对不同渠道的CAC及CPC有清晰的比较关系，建议插入雷达图，如图8-9所示。

表8-8 新客及推广数据

渠道	营销投入费用／元	新用户数／人	活跃新用户数／人	CAC／元	CPC／元
淘客	157 935	18 016	15 267	8.77	10.34
KOL	19 460	1 089	948	17.87	20.53
内容推广	149	24	5	6.20	29.75
总计	177 544	19 129	16 220	9.28	10.95

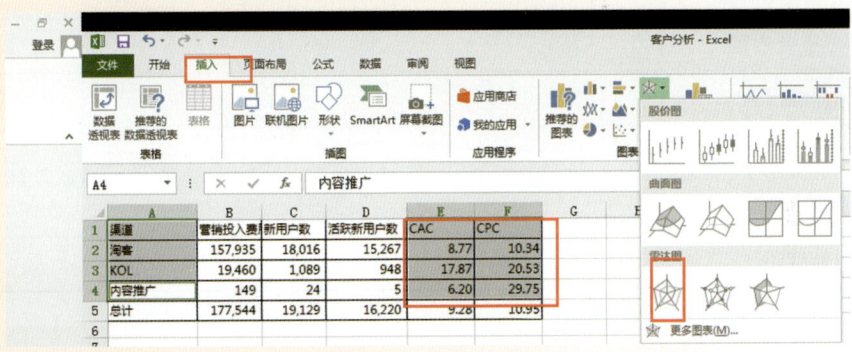

图8-9 插入雷达图

步骤五：数据可视化及结果分析。

（1）各渠道CAC及CPC比较可视化分析雷达图，如图8-10所示。

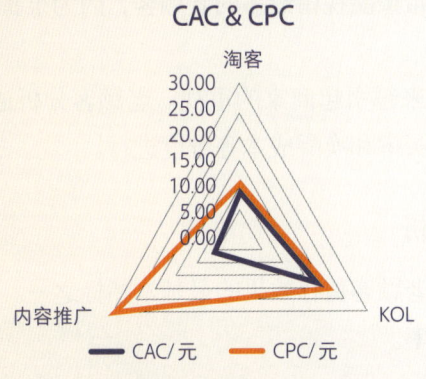

图8-10 各渠道CAC及CPC

（2）经过以上统计分析，可以得出以下结论：

① 内容推广的CAC最低；

② 淘客的CPC最低；

③ KOL的各项成本指标相对都比较高。

请根据以上内容，完成如表8-9所示的同步训练任务书。

表8-9　同步训练任务书

项目	计算某次活动拉新的成本
步骤划分	
各部分主要内容	
撰写训练报告	
小组成员	
小组成员分工	
教师点评	

任务8-4　老顾客分析

【知识准备】

老顾客分析同样是客户分析中的重要领域之一。老顾客是指至少在一个店铺购买过两次的顾客。任何商家都希望能挽留最多的老顾客，因为维护老顾客的成本往往比吸取新客户的成本要低。

因此，老顾客分析越来越引起商家的重视。老顾客分析通常会从老顾客数量分析、老顾客行为分析、重复购买率和唤醒成本等维度进行。

一、老顾客数量分析

老顾客的数量是衡量老顾客留存效果的最基本指标之一。在这里引入两个概念：老顾客访问率和老顾客留存率。

老客户访问率=老客户访问数/总访问数×100%

留存客户是指客户在某段时间内开始使用应用，经过一段时间后，仍然继续使用该应用的客户。老顾客留存率是指这部分客户占当时新增用户的比率，会按照每隔1单位时间（如日、周、月等）来进行统计，例如：次日留存率、7日留存率、30日留存等。

老顾客留存率是随着时间的拉长而递减的，如图8-11所示，老顾客留存率通常可以分为三个阶段：震荡期、选择期、平稳期。

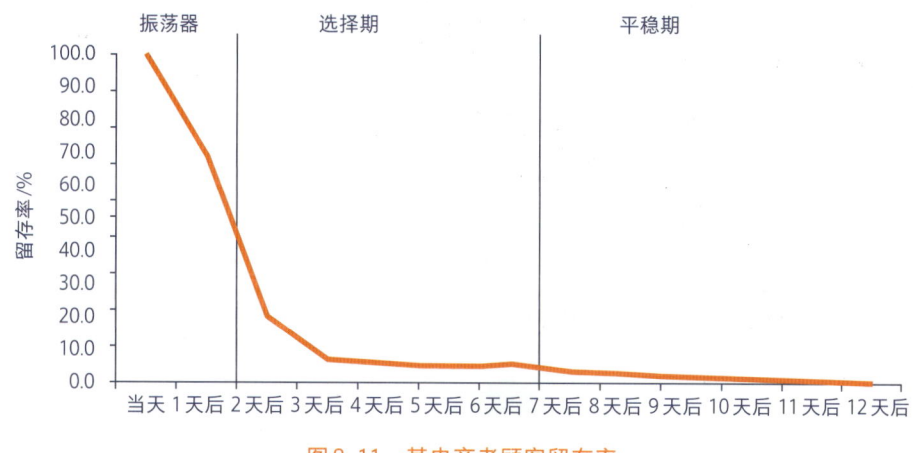

图8-11　某电商老顾客留存率

（一）震荡期

这个阶段是最为动荡的阶段，大多数客户进来之后发现这个产品不适合自己，然后就流失了。

（二）选择期

在这个阶段，客户经过震荡期之后在选择期，客户可能感觉这个产品不错，能满足自身的需求。客户如果在这个阶段流失的话，一般都是有了更好的选择，也就是该产品只满足客户的部分需求。

（三）平稳期

到了这个阶段的客户，其留存率一般都会趋于平稳，客户发现了产品的价值，产品能很好地满足客户的需求。

二、老顾客行为分析

老顾客行为分析的方法有很多，前面讲述到的"5W2H"分析法是其中一种方法，另外还可以通过黏性、活跃、产出和RFM两种方法进行。

（一）黏性、活跃、产出

点击流数据记录了用户在网上的几乎所有行为，衍生出很多行为指标，此处将用户行为归为三大类，即黏性、活跃和产出；每个分类可以包含多个行为指标来共同衡量用户在这三类中的行为表现，进而区分客户的行为特征，对客户进行分类或者综合评定，如图8-12所示。

1. 黏性

主要关注客户在一段时间内持续访问和使用网站的情况，强调一种持续状态，如访问频率、访问间隔时间，就可归到黏性的分类中。

2. 活跃

活跃更多的是针对客户每次访问的过程，考察客户访问中的参与度；所以对统计期中用户每次访问取平均值，平均访问时长、平均访问页面数即可归在活跃的分类中。

3. 产出

产出是根据网站的业务衡量客户创造的价值，如订单数、客单价，一个是衡量产出的频率，一个是衡量平均产出价值的大小。

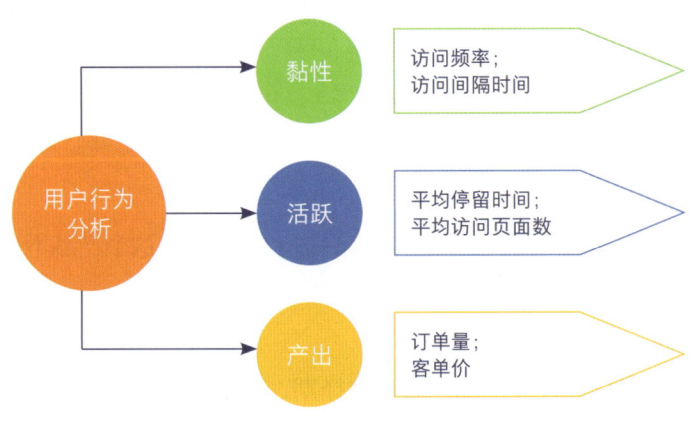

图8-12　老顾客行为分析

（二）RFM分析

1. 最近一次消费（Recency）

从理论上讲，上一次购买时间距离现在越近的客户价值越大，他们得到营销人员眷顾的机会也应该大于很久没有光顾的客户。

2. 消费频率（Frequency）

消费频率越高的顾客，其忠诚度也越高，商家需要不断采取营销手段去提高每个顾客的消费频率，这也是提高销售额非常有效的方法。一个产品没有重复购买的企业是非常危险的，这意味着其客户都是新的，都是一锤子买卖。

3. 消费金额（Monetary）

消费金额越大，顾客消费能力也越强。在"二八法则"中，20%的顾客贡献了80%的销售额，这些客户也应该是得到营销资源最多的客户。特别当商家的促销活动费用资源不足时，这些高端客户就是商家的首选客户。

RFM分析原先用于传统营销，零售等领域。在网站分析中，电子商务网站也可以直接应用，其他网站也可以基于RFM分析的思路进行修改后使用。

在进行RFM模型计算，提取相关数据之前，首先需要确定数据的时间跨度，根据网站销售商品的差异，确定合适的时间跨度。如果经营的是快速消费品，可以确定时间跨度为一个季度或者一个月；如果经营的是电子产品，时间跨度可以确定为一年、半年或者一个季度。

其中，最近一次消费（Recency）的数据是一个时间点，需要计算与当前时间的间隔，单位可以是天或者小时；消费频率（Frequency）可以直接从对每位客户消费次数的计算得到；消费金额（Monetary）为该段时间内客户的销售总额。获取3个指标后，需要计算每个指标数据的均值，最后将每位客户的3个指标与均值进行比较。可将客户细分为8类，如表8-10所示。

表8-10　客户分类表

访问间隔	访问频率	消费金额	客户类型
↑	↑	↑	重要价值客户
↑	↓	↑	重要发展客户
↓	↑	↑	重要保持客户
↓	↓	↑	重要挽留客户
↑	↑	↓	一般价值客户
↑	↓	↓	一般发展客户
↓	↑	↓	一般保持客户
↓	↓	↓	一般挽留客户

注：↑表示大于均值，↓表示小于均值

因为有三个变量，所以要使用三维坐标系进行展示，X轴表示Recency，Y 轴表示Frequency，Z轴表示Monetary，坐标系的8个象限分别表示8类用户，根据表8-10中的分类，可以用如图8-13所示的图形进行描述。

在图8-13中，可以认为当消费金额大于均值时，该客户能够创造较高价值，因此是该网站的重要客户。访问频次高于均值，用户访问比较持续；而访问频率过低的客户，需要提升他们的访问频率，属于重要发展客户；最近访问间隔反映客户流失倾向，间隔时间越长，用户流失的可能性越大，对于该类客户需要重点挽留。

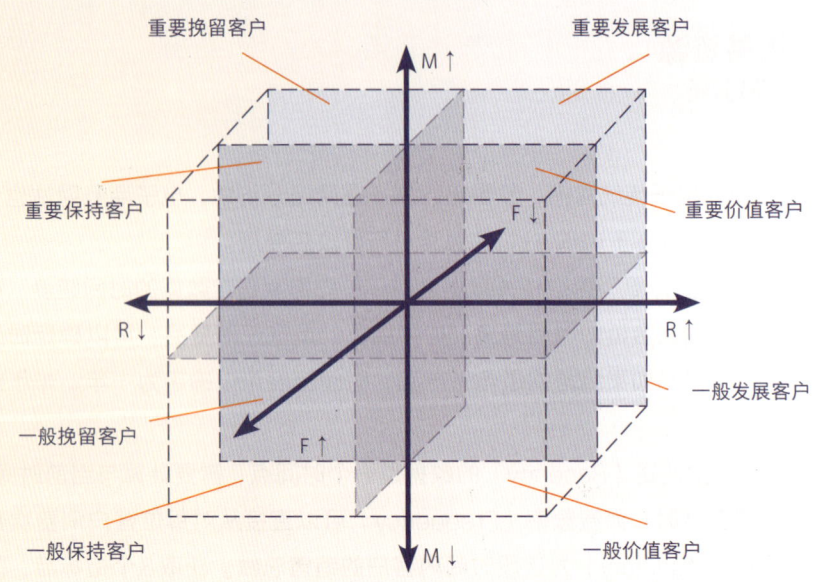

图8-13　RFM客户分类三维图

三、重复购买率

重复购买率为客户对该品牌产品或者服务的重复购买次数，重复购买率越高，说明消费者对品牌的忠诚度就越高，反之则越低。

重复购买率的计算公式为：

重复购买率=一定时间内重复购买人数/期初时间内的总购买人数×100%

四、唤醒成本

客户唤醒主要针对老客户，即持续一段时间未访问或者登录网站的老客户，通过一些活动促进他们再次活跃起来。

流失天数主要是通过客户最近一次访问时间距离当前时间的时间间隔来判定。因此，在计算时，需要提取客户的最后一次访问时间，用目前的时间减去最后一次访问的时间，得出流失天数。

通常拉一个新客户的成本大约是唤醒一位老客户的3倍。一般各网站结合实际目标，都会做一些优惠活动促进客户的活跃。在客户唤醒活动分析中，唤醒客户数及客户唤醒成本都是极重要的考核指标。

素养园地
以人为本的商业思路是可持续发展的路线

　　坚持以人为本，这是科学发展观的本质和核心。以人为本，就是要把人民的利益作为一切工作的出发点和落脚点，不断满足人们的多方面需求和促进人的全面发展。具体地说，就是在经济发展的基础上，不断提高人民群众的物质文化生活水平和健康水平；就是要尊重和保障人权，包括公民的政治、经济、文化权利；就是要不断提高人们的思想道德素质、科学文化素质和健康素质；就是要创造人们平等发展、充分发挥聪明才智的社会环境。以人为本，体现了马克思主义的基本观点。马克思说过，未来的新社会是"以每个人的全面而自由的发展为基本原则的社会形式"。我们从事的是建设中国特色社会主义的伟大事业，理所当然地必须坚持以人为本，一切为了人民，一切依靠人民。

　　坚持以人为本，既是经济社会发展的长远指导方针，也是实际工作中必须坚持的重要原则。从全社会范围来看，要比较充分地满足人们多方面需求和实现人的全面发展，必须有相应的物质基础和社会条件，这只能是一个不断发展和进步的过程，不能操之过急。现在我国还处于社会主义初级阶段，无论生产力发展和物质财富的积累，还是生产关系和上层建筑的完善，还不可能完全做到满足人们的多方面需求和实现人的全面发展。要注意处理好人民群众根本利益和具体利益、长远利益和眼前利益的关系。同时也要看到，以人为本是我们的执政理念和要求，应当从现在的具体事情做起，将以人为本贯穿于经济社会发展的各个方面，贯穿于我们的各项工作中去。

任务实施
对三家店铺新老客户分析

步骤一：分析目的。

（1）分析新老客户销售贡献占比。

（2）通过新老客户分别的客单价寻找新的销售增长点。

步骤二：分析原理。

（1）通过销售金额判断新老客户的销售贡献占比。

（2）通过新老客户的客单价寻找生意机会。

步骤三：实施准备。

（1）从生意参谋或者活动后台导出新老客户人数、新老客销售金额，如表8-11所示。

微课：网店客户服务分析

表8-11　三家店铺新老客人数及销售情况

指标	A 店铺	B 店铺	C 店铺
新客户人数/人	14 497	15 307	518
老客户人数/人	5 748	1 238	282
新客户销售额/元	4 190 142	1 685 391	37 577
老客户销售额/元	2 523 382	217 144	23 783

（2）根据表8-11中的数据，计算店铺的新老客户人数占比、销售额占比、客单价，其中：客单价＝销售金额/人数，计算结果如表8-12所示。

表8-12　新老客人数占比、销售额占比、客单价

指标	A 店铺	B 店铺	C 店铺
新客户人数/人	14 497	15 307	518
老客户人数/人	5 748	1 238	282
新客户人数占比	72%	93%	65%
老客户人数占比	28%	7%	35%
新客户销售额/元	4 190 142	1 685 391	37 577
老客户销售额/元	2 523 382	217 144	23 783
新客户销售额占比/%	62	89	61
老客户销售额占比/%	38	11	39
新客户客单价/元	289	110	73
老客户客单价/元	439	175	84

步骤四：任务实施。

（1）为了同时对三家店铺的新老客户情况进行对比，插入环形图，如图8-14所示。

（2）对销售金额同样使用环形图进行分析。

（3）为了对三家店铺客单价进行直观的比较，插入三维柱状图进行分析，如图8-15所示。

步骤五：数据可视化及结果分析。

（1）三家店铺新老客户人数占比可视化展现如图8-16所示。

（2）三家店铺新老客销售额占比可视化展现，如图8-17所示。

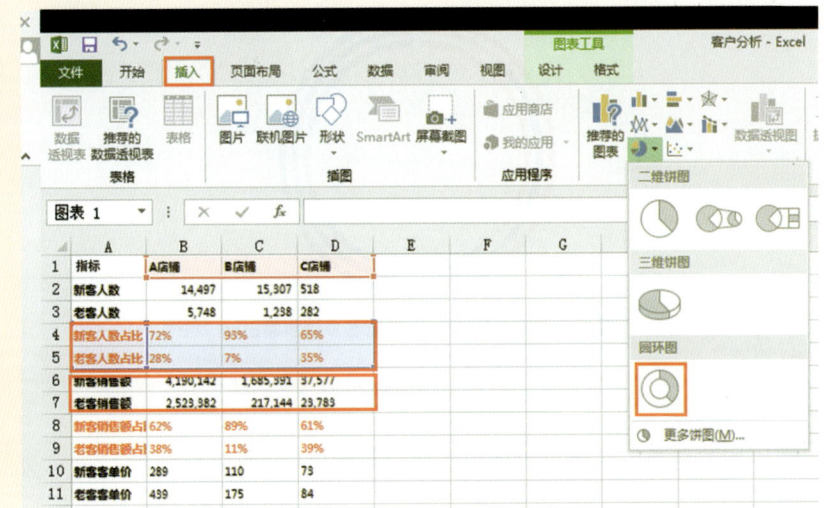

图8-14 插入环形图

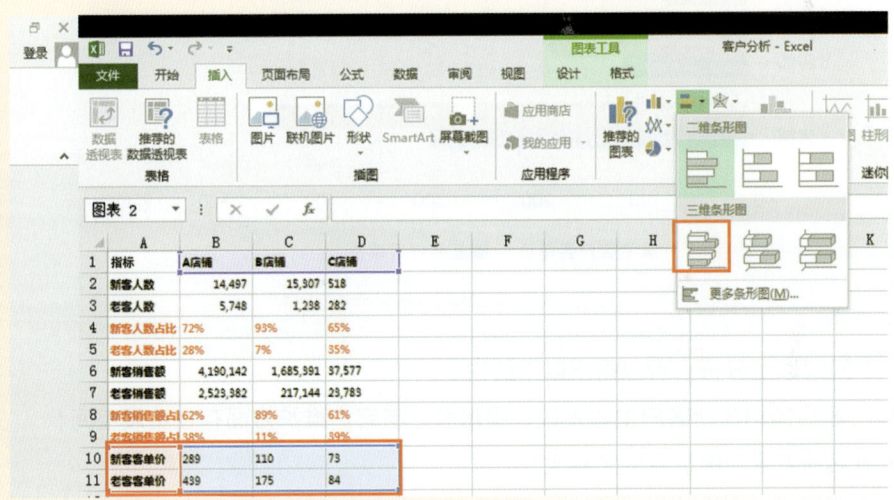

图8-15 插入三维柱状图

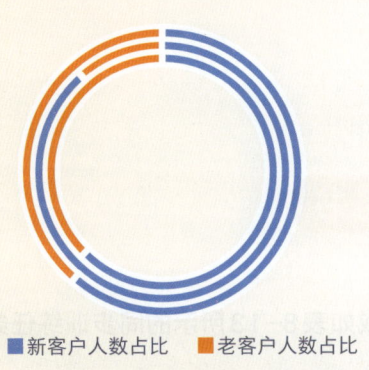

■新客户人数占比 ■老客户人数占比

图8-16 三店铺新老客户人数占比

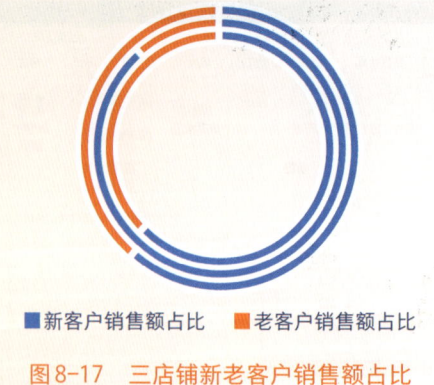

■新客户销售额占比　■老客户销售额占比

图8-17　三店铺新老客户销售额占比

（3）三家店铺新老客户客单价可视化展现，如图8-18所示。

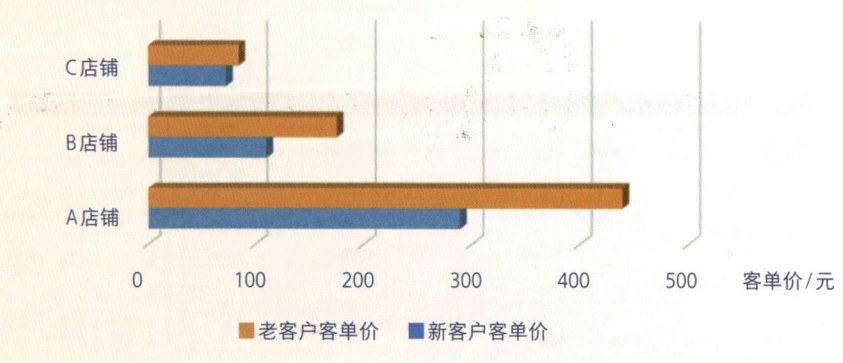

■老客户客单价　■新客户客单价

图8-18　三店铺新老客户客单价

（4）经过以上分析，可以得出以下结论：

① 三家店铺均在新客户主导人数、销售额，老客户维护方面存在发展空间；

② B店铺老客户维护空间尤其大；

③ C店铺老客户维护相对较好；

④ 老客户的客单价比新客户高，A店铺尤其明显。

同步训练任务书

请根据以上内容，完成如表8-13所示的同步训练任务书。

表8-13　同步训练任务书

基本情况				
项目名称			项目编号	
主管上级			项目定编	
项目描述				
项目目的				
负责完成工作				
协助完成工作				
修订信息	修订时间	修订者	审核者	审批者	修订信息

任务8-5　粉丝分析

【知识准备】

粉丝这个名词对所有人来说肯定都不陌生，如今，这个表示忠诚度的名词已经被应用到商业领域。作为一家店铺、一个品牌、一种具有影响力的产品，自然也有其粉丝群体。

动画：如何查看微博粉丝分析

粉丝对一个店铺、一个品牌、一种产品所带来的收益比普通顾客要大得多，因此，对粉丝进行有针对性的分析，就显得尤为重要。

一、粉丝趋势分析

对店铺或者商品进行粉丝趋势分析，旨在通过具体的数据，发现店铺或者商品对粉丝的吸引力及黏性，从而衡量各项投入和优化的比重，并根据实际情况及时进行调整。

在进行粉丝趋势分析时，当时间跨度不是非常大的时候，数据的变化是不明显的，此时可以增加趋势线，以协助分析者看清数据的趋势变化。

如图8-19所示，从柱状图的形式显示很难看出网站用户数每天的上下波动，不易察觉数据的变化趋势，增加一条趋势线后，可以明显地看到粉丝数量呈现一个缓慢增长的状态。

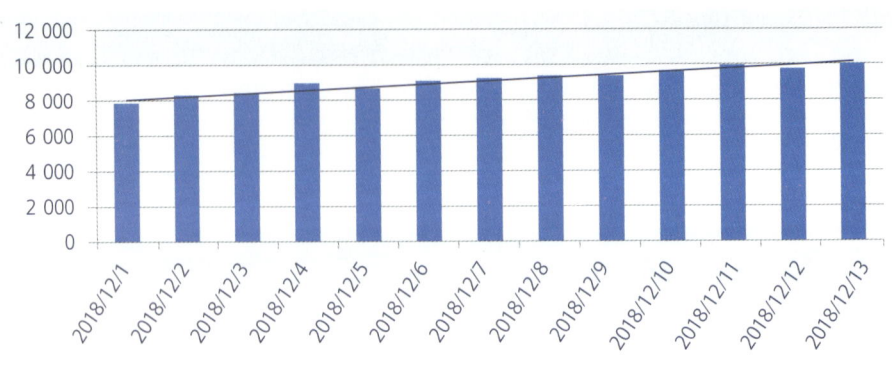

图8-19　粉丝数量趋势

大概了解了粉丝数量的大致走势，明确了现状，就可以为后期的活动推广提供一定的数据支持。

二、粉丝来源分析

粉丝来源分析是粉丝分析中非常重要的一项内容，分析的结果直接具有资源效率指向性。粉丝的来源跟流量的来源具有相对统一性，主要有搜索、社交、引荐和直接流量等四种方式。通过对这些渠道中的活跃用户进行来源分析，可以更容易地定位优质的推广渠道。

（一）搜索

一般是指通过百度、搜狐、360等搜索浏览器带来的流量。

（二）社交

通过来源域名，判断是否为社交网站，从微博、微信等社交平台来的流量均为社交网络来源。

（三）引荐

引荐是指由其他第三方导入的流量，如图8-20所示。

（四）直接流量

用户直接输入网址、在浏览器书签/收藏夹中打开、从即时通信软件（如QQ）聊天框访问、E-mail客户端、软件界面、文档（如Word）中访问等均计算为直接流量来源。

通过来源信息分析，可以清晰地看出各个搜索引擎对新增粉丝的贡献程度，可以借此判断各个搜索引擎的重要程度，是不是值得去购买其付费搜索服务，这样有利于选择对网站、粉丝推广有价值的搜索引擎作为重点推广工具，从而减少无效投入。

链接
!CWA网站分析和数字营销人才招聘频道
AdTech在中国
Avinash Kaushik的博客（英文）
fenxi8数字营销社区
GGTheory: China SEM Frontline
Interactive Advertisement Board
JICWEBS
Kenneth Kwok: 香港网站分析
Leon的数字营销宝典
Mars Opinion——电子商务优化资深专家的博客
SEM KNOWLEDGE BASE搜索营销智库
SEM Watch
SEM搜索引擎营销（David Wu）

图8-20　某网站引荐链接

三、粉丝属性分析

粉丝属性是指关于粉丝本身的特性，如年龄、性别、地域等。针对粉丝的这些属性进行分析，与针对全体用户的这些属性进行分析具有异曲同工之处。但是，粉丝属性分析在很多时候比全体用户的属性分析更具有代表性，因为已经具有黏性的粉丝更能有效地反映出产品的销售情况受用户属性本身的影响程度。

从粉丝属性分析中，能有效地获取粉丝属性与销售情况之间的多重关系，可以有针对性地将粉丝属性与销售计划有机地结合起来。例如，针对女性粉丝，可以定制符合其偏好的服务和能够突破这个群体心理购买防线的产品。

任务实施
分析粉丝的来源

步骤一：分析目的。

（1）分析目前粉丝来源。

（2）发掘粉丝扩张方向。

步骤二：分析原理。

（1）对店铺粉丝进行来源渠道统计。

（2）根据粉丝的来源占比，判断相应渠道目前的效率和发展空间。

步骤三：实施准备。

（1）从店铺后台导出粉丝数据，挑选可用数据：粉丝来源、粉丝数量。

（2）将粉丝数据整理成如表8-14所示统计表。

表8-14　粉丝数量

来源	粉丝人数 / 人
搜索	81 282
社交	69 122
引荐	9 765
直接	9 000
粉丝合计	169 169

步骤四：任务实施。

为了对粉丝的各渠道来源占比进行清晰的区分，插入饼图对粉丝数量进行分析，如图8-21所示。

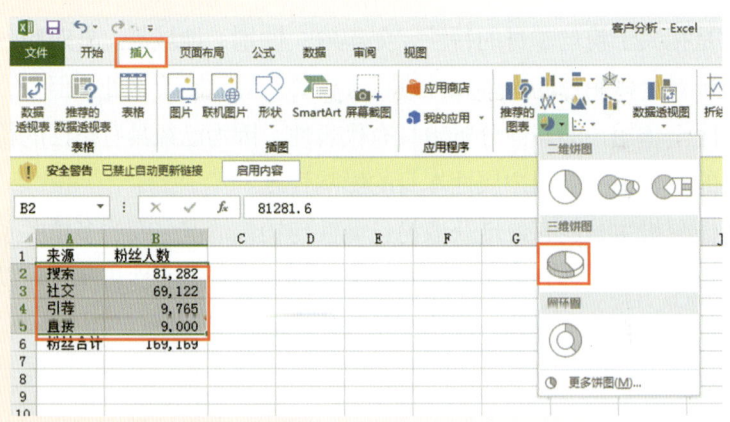

图8-21　插入饼状图

步骤五：数据可视化及结果分析。

（1）各渠道粉丝人数占比可视化展现，如图8-22所示。

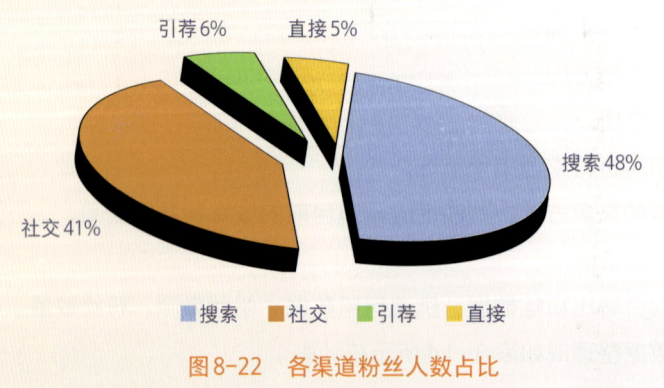

图8-22　各渠道粉丝人数占比

（2）经过以上分析，可以总结出以下结论：

① 搜索及社交渠道的粉丝人数最多，占了89%，效率最高；

② 引荐及直接流量粉丝人数比较少，存在比较大的发掘空间。

 同步训练任务书

请根据以上内容，完成如表8-15所示的同步训练任务书。

表8-15　同步训练任务书

基本情况				
项目名称			项目编号	
主管上级			项目定编	
项目描述				
项目目的				
负责完成工作				
协助完成工作				
修订信息	修订时间	修订者	审核者	审批者	修订信息

一、单项选择题

1. CAC指的是（　　　）。

   A. 获得活跃客户的成本　　　　B. 获得单个付费客户的成本

   C. 诱导转化的成本　　　　　　D. 用户注册的费用

2. 客户购买行为分析可以用"5W2H"分析法中"2H"指的是（　　　）。

   A. How many、How much

   B. How many、How to do

   C. How Much、How to do

   D. How often、How much

3. 下列能判断产品处于发展成长阶段的是（　　　）。

   A. 新用户比例大于老客户比例

   B. 新用户比例大于用户流失率

   C. 新用户比例与用户流失率持平

   D. 新用户比例低与用户流失率

4. 下列不属于衡量客户的KPI的是（　　　）。

   A. 访客数量　　　　　　　　　B. 访客获取成本

   C. 客户转化率　　　　　　　　D. 同行转化率

5. 用户画像的PERSONAL八要素中的"P"代表（　　　）。

   A. 同理性　　　　　　　　　　B. 基本性

   C. 真实性　　　　　　　　　　D. 独特性

二、多项选择题

1. 在访客类型分析中，根据用户的访问行为可划分为（　　　　　　）。

   A. 新访问用户　　　　　　　　B. 活跃用户数

   C. 流失用户数　　　　　　　　D. 回访用户数

2. 在访客类型分析中，下列按用户的基本信息属性划分的是（　　　　）。

    A. 用户年龄　　　　　　　　　　B. 用户的活跃度

    C. 用户性别　　　　　　　　　　D. 用户的地理位置

3. 顾客留存率分为（　　　　）三个阶段。

    A. 震荡期　　　　　　　　　　　B. 选择期

    C. 平稳期　　　　　　　　　　　D. 过渡期

4. 店铺粉丝来源途径有（　　　　）。

    A. 搜索　　　　　　　　　　　　B. 社交

    C. 引荐　　　　　　　　　　　　D. 直接流量

5. 有关客户唤醒，下列手法正确的是（　　　　）。

    A. 唤醒时段一般在早晨

    B. 主要针对老客户

    C. 唤醒成本比拉新客户成本低

    D. 唤醒成本比拉新客户成本高

三、判断题

1. 转化率＝推广商户期望的行动访客数/访客总数×100%。（　　　）

2. 电商可以用访客的地域分析来进行精准营销的推广。（　　　）

3. 客户价值分析中的系统性原则指的是综合评价指标体系的设置应尽可能地从不同侧面反映事物的全貌。（　　　）

4. 老顾客行为RFM分析中的F表示的是消费频率。（　　　）

5. 客户的重复购买率与品牌认可度成正比。（　　　）

学习目标

知识目标
- 了解客户评价的指标。
- 熟悉客户评价的影响。
- 理解维权分析的方法。

技能目标
- 掌握客户评价管理的方法。
- 基于客户心理提出客户服务优化方案。

素养目标
- 友善待人是做好服务的根本。
- 以诚信为本是提供优质服务的基本前提。

思维导图

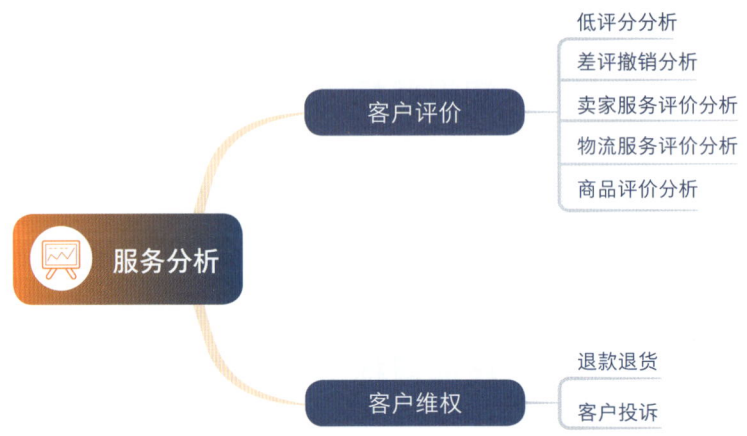

客户评价
- 低评分分析
- 差评撤销分析
- 卖家服务评价分析
- 物流服务评价分析
- 商品评价分析

服务分析

客户维权
- 退款退货
- 客户投诉

导入案例
"乐视商城"多次陷"发货门"事件，逾期不发货

微课：网店客户服务分析

随着乐视资金链危机持续发酵，由此带来的发货和售后问题集中爆发，数百位消费者向电子商务消费纠纷调解平台反映乐视商城不发货问题。

据用户袁先生表示，其在2017年3月25日在乐视商城购买一台电视机，付款后订单信息显示将于2017年4月7日前发货，中途多次催促发货，都以未到最后期限为由拒绝。然而发货最后期限已过，再次联系客服，客服多以安抚为主，未能提供实质性帮助。经多次协商，客服终于承诺4月20日左右出货。

发货问题在整体投诉中占比相当高，已经成为几乎每一个消费者购物过程都遇到过的问题。消费者遇到发货问题后想要维权，通常只能通过客服催促、提醒商家，整个过程中处于比较被动的位置。如遇商家恶意不发货，消费者可以选择进行退款或者通过投诉通道来催促商家发货。

（资料来源：中国电子商务研究中心）

案例思考：

1. 电商消费者追求的服务是什么样的服务？
2. 电商从业人员如何才能提供极致的用户体验？

案例启示：

1. 服务是电商的生命。
2. 极致的用户体验是电商从业人员追求提供的服务。

任务9-1 客户评价

【知识准备】

消费者在网上购买产品时，经常会关注产品和店铺的评分，这是影响消费者购买该店铺或者产品的非常重要的参考指标。因此，如何正确地认识这些评分的计算逻辑、分析和管理这些评分，对电商从业人员来说，是非常有意义的一个话题。

动画：京东三种常见客服考核形式

在淘宝上，店铺评分的高低有时候会直接影响店铺参加淘宝官方活动的资格和店铺的流量。可见，消费者对产品的评分至关重要。淘宝上有3个评分的维度，分别是宝贝描述相符度、宝贝发货速度和卖家服务态度，满分为5分。计算方法如下：店铺评分=每项店铺评分取连续6个月内买家给与该项评分的总和/连续6个月内买家给与该项评分的次数。

京东的评分制度为10分，店铺评分由两类组成：用户评价和平台监控。用户评价类包括5项，分别是商品质量满意度、卖家服务态度满意度、物流速度满意度、商品描述满意度和退货处理满意度；平台监控类包括3项，分别是售后处理时长、交易纠纷率和退换货，店铺的综合评分由以上8项指标计算得出。

其他平台的评分体系各有不同之处，但基本的维度都相差不大，在此不进行过于详细的陈述。

一、低评分分析

（一）低评分原因

顾客给出低评分一般有以下两类原因：

（1）顾客对宝贝和服务不满意，原因有以下几类：

① 客服服务问题：例如，客服回复不及时、客服与客户产生冲突、客服答复跟客户预期相差大。

② 物流问题：发少件、发货时间晚、到货时间长、货物到货时破损。

③ 产品自身质量问题。

（2）利用差评得到更多的利益，例如差评师和同行。

实际上，出现低评分的原因大部分是第一类原因，虽然评分低，但是顾客的描述有助于卖家发现产品和服务的缺点，通过改进，使产品和服务更加具有竞争力。如果实在无法改进产品的品质，相应修改产品的描述也是可行之计。

（二）低评分的应对策略

根据不同的低评分原因，可以通过以下几种策略解决：

（1）如果低评分的原因是对产品描述不符实际情况，则相应修改产品描述，尽量使产品描述和产品实际相符合，不要夸大产品描述，例如产品的颜色描述，应尽量避免与实物产生太大的色差。

（2）在淘宝上，评价显示规则如下：

① 评价字数越多越靠前；

② 评价带图，靠前；

③ 优先显示等级高的淘宝账号；

④ 评价时间越近越靠前；

⑤ 被买家点击有用的次数越多的评价越靠前。

了解了评价规则以后，在后续中卖家应该重点服务等级高的淘宝账户，并引导其带图评论，做到图文并茂，以此让系统将评分低的评价筛选下去。

（3）解释差评。若卖家对差评不予回应，其他的客户看到以后会认为卖家心虚，所以卖家应尽量对差评做一次合理的解释，如图9-1所示，诚意的解释也许会让买家再一次被激起对卖家的信心。

1.晚上下订单，第二天下午才发快递，同城快递等于两天　2.退差价，一开始只给了5元，另外20元还是我问了才补的，不过商品应该没问题，还没用，对卖家态度差评。

2018年12月13日 23:10　　颜色分类：中国红现货【全国联保】[家庭版线长1.8米]　　　　　有用 (0)

[掌柜回复] 亲，我们"双12"并没有降价呢，到手价是跟之前一样的价格（我们提前做了活动价），11号来拍下的时候我们就跟您说过"双12"当天满减后价格会是一样的（由于提前做了活动价，"双12"当天提高了售价满减下来的），我们也截图给亲看了"双12"当天其他客户的付款金额，还是要求我们额外多退差价给您，最后我们也都同意给您多退了这个钱，没有降价还说我们态度太差，真的是冤大头呀~

图9-1　差评解释图

对于通过各种协商手段与买家商讨差评撤销无效后，在差评回应上表明态度，说不定也还能激起其他买家的购买信心。

（4）使用其他的技术手段将评分拉高。

（5）选择可靠的物流合作公司。

（6）训练客服的回复语气和速度，给客服制定考核指标，使客服更专业和快捷地解答客户的问题。

素养园地
友善待人是服务做好的根本

"友善"之德是从"悌"德中发展而来的。古语云："悌，善兄弟也。"就是主张"兄友弟恭"，后发展成"友悌""友爱""友善"，强调人与人之间的互敬互爱、互帮互助。

孔子主张"出则悌，谨而信，泛爱众"。可见，良善、友爱是友善的主旨。有这样一则故事：从前，有一个飞机机械师，他工作总是马马虎虎的，不是忘了把零件安上去，就是没有把螺丝拧紧。要知道，飞机机械师这个位置有多么重要，少装一个零件，就会发生很大的事故。有一次，一个飞行员看到这个机械师少装了一个零件，他并没有生气，而是十分友善地与这个机械师聊天，并婉转地提出他的失误，这使机械师十分感动。之后，机械师决定改变这种对工作马虎的态度。

人们都说："江山易改，本性难移。"可是，一次友善的交谈，却改变了一个人的性格，显而易见，友善的力量是多么大。其实，温和与友善在生活中无时不有、无处不在。我也曾真切地感受过：一次，我走在回家的路上，在拐弯处，一位小朋友就像火箭一样向我冲来，把我撞倒在地。他一时不知所措，吓得哭了，我本来想训斥他一番，但还是心平气和地安慰了小朋友，并问他是否受伤。他见我没有发脾气，傻愣愣地说了一句："没事，我没受伤……"可以说，这是一种友善吧。"友善"是社会主义核心价值观里的一个词。

友善是什么呢？它是爱心的外化，是与人为善，与物为善；它像大地，能包容万物；它像甘露，滋润着人们干涸的心；它又像阳光，让世间没有黑暗。如果我们把生活比作一面镜子，那么，当你友善地面对镜子时，会同样得到友善；而当你粗暴地面对镜子时，得到的却是粗暴……同学们，请奉献你的友善，那将是人与人和谐相处的润滑剂，心与心沟通的桥梁，它让我们和身边的人感情更纯真，也让这个世界、让我们的生活更加美好！

以上讲的是"友善待人"，那么，怎么样与他人和谐相处呢？这就要求我们在社会交往中，善待亲人，以构建和谐家庭关系；善待他人，以构建和谐人际关系；善待万物，以形成和谐自然生态。只要我们真诚、友善地对待他人，在他人犯错时不斤斤计较，并且能够心平气和地对待他人，接受他们的错误，就一定会得到相应的回报，这就对人与人之间的和谐相处起到了很大的作用。

二、差评撤销分析

（一）如何让顾客撤销差评

（1）和顾客协商，在最大限度内寻求让客户满意的解决方法，让顾客撤销差评；

（2）面对恶意差评，寻求电商平台客服帮助，由电商平台的客服删除恶意差评。

（二）淘宝卖家如何申诉恶意差评

（1）保存跟对方的聊天记录，尤其保存涉及以下内容的聊天记录：对方有侮辱人格的言词、对方承认自己也有过失、对方承认自己是恶意差评。

（2）写申诉要注意以下几点：

① 对买家使用尊称，以此作为投诉信的开始；

② 跟买家道歉，对买家致以诚挚的歉意；

③ 简单介绍纠纷，要确保自己并无违反淘宝网的规定，承认自己的过失，承担属于自己的责任；

④ 在卖家的能力范围内对买家做出承诺；

⑤ 卖家应提前准备好一份申诉信函模板，以应对其他类型的申诉。

三、卖家服务评价分析

卖家服务评价是消费者对卖家，特别是客服提供的服务的总体评分指标，是衡量卖家提供的服务水平的关键考核因素。因此，在店铺DSR动态评分中，这个因素也是最难管理的因素，原因是这涉及服务过程中的多个方面。

首先，服务评价中占很大比重的是买家对卖家售前客服的评价，这是对售前客服咨询的总体评价。

其次，服务评价中另一个主要部分就是售后服务。在很多订单运作的过程中，买家都会向商家咨询售后问题，而售后问题通常都是充斥着负面能量的一个环节，因此，卖家要想管理好这个环节，绝非易事。

为了同时做好售前和售后的服务，建议卖家以下面标准为行为准则：

（一）售前客服"万人迷"

（1）把客户当作朋友，真诚、耐心地关心他们；

（2）具有产品、服务及规则的专业性；

（3）具有销售商品的积极性和热情；

（4）具有个性化、创新性，给客户有趣的体验。

（二）售后服务"小天使"

（1）把客户当成朋友，真诚、有耐心地关心他们，富有同理心；

（2）具有熟悉产品、服务及规则的专业性；

（3）及时、积极、明确地解决问题；

（4）具有个性化、创新性，给客户有趣的体验。

直通职场
淘宝客服应具备哪些优秀的素质

客服是买家在售后给予评价时考虑的关键因素，淘宝客服起到拉近消费者与店铺、产品之间关系的作用，优秀的淘宝客服会为淘宝店带来良好的口碑以及可观的利润。那淘宝客服应具备哪些优秀的素质呢？

首先要态度热情，淘宝本身就是一个服务行业，最看重的就是服务态度，当顾客对宝贝有明显的购物意向的时候，就会来咨询淘宝客服，这时候，淘宝客服就需要具备热情的态度，将宝贝的优势功能细心、耐心、热情地讲解给客户。以服饰作为例子来说，淘宝服饰有一个最大的局限性，那就是不能试穿，所以，作为淘宝客服，一定要主动询问顾客的喜好及身材比例，全方面地了解顾客，这样做会让顾客打消后顾之忧，同时也让顾客对网店的印象好感瞬时提升，大大增加下单购买的概率。

其次是认真细心地处理订单事务。优秀的淘宝客服一定要养成每天打开计算机先看看网店各项的正常运行操作是否正常，该推的产品有没有上架，促销的活动套餐有没有到期等，同时还要查看订单处理的进程，千万不要让顾客看到交易状态一直停留在"买家已付款，等待卖家发货"的状态，这样顾客会认为卖家迟迟没有发货，卖家的信誉度也会随之降低。发货时也要注意服装的款式、尺码、颜色等问题，最忌讳发错货物。好的客服总是会注重这些细节，让买家的体验感非常好。

最后要有专业的售后处理能力。好的客服应该具备良好的心态和超强的与人沟通的能力。做生意总会出现纠纷，如果处理不好的话，就会导致生意受损，甚至还可能失去一些老客户的信任。对于售后服务，客服更加需要投入更多的专业精神并以谦和态度去帮助客户解决问题，多站在顾客的角度考虑问题，不让客户造成损失。以服饰为例，如果顾客反映上身尺码不合适，客服就要尽快拿出解决方案，根据实际情况采取退换措施，如需另外支付费用，也要合情合理，如果处理不好，就很容易引起买家反感，一定要想办法解决存在的问题，尽量做到让每一个客户都满意。

四、物流服务评价分析

物流是电子商务中必不可少的一个环节，任何商品要从卖家送达买家手里，都需要通过物流来实现，物流服务对消费者产生的体验便不容忽视。

一般情况下，消费者对物流的评价会从以下三个维度出发：发货速度、揽收速度和配送速度。

当然，这些物流服务的节点只是对消费者关于物流服务评价的瞬时感受，最能影响消费者对物流评价产生差异的始终是从下单开始至包裹到达的时长、包裹到达的状态（是否有损坏）。

为了提高物流服务的评价，可以从以下四个方面着手：

（1）认真对比主流物流公司的发货速度，在符合预算的前提下，首选发货速度最快的物流公司，可以在一段时间内对不同的物流公司进行合作和比较，最后确定一家最适合的物流公司；

（2）发货和到货时用短信等通信工具提醒客户，给客户营造一种发货很快的印象，尽量在客户下单后的24小时内发货；

（3）不要轻易对客户做出具体到货时间的承诺；

（4）当包裹出现异常时，请主动联系客户解决，不要等客户找上门才帮忙解决问题；

行业观察
如何看待客服被机器人取代——思考客服行业的发展前景

"人工智能"对大众而言已经不再陌生，它不再只是人们口中喊出来的高科技口号，它确实对人们的工作和生活产生了影响。根据经济学家达伦·阿西莫格鲁（Daron Acemoglu）和帕斯卡尔·雷斯特雷珀（Pascual Restrepo）的一项新研究，如果为每1 000名工人配备一个机器人，将导致6名工人失业，工资下降3/4，此研究可以得出结论：机器人会替代一部分人力，对机械性重复工作从业者造成经济上的冲击，甚至是取代。

那么，作为客服行业未来真的会被机器人所代替吗？行业的发展前景如何？未来客服行业的状态？

客服团队人员普遍年龄较小，身上都有着现代年轻人的特性，个性独立、性格张扬是他们的优点，但同时又具有抗压能力低、情绪化等特点，管理难度大，人员流动性强，招聘成本和培训成本随之提高。

因此，管理人员的价值应该体现在对团队的不断升级和改造、传授新知识上，而不该把大量时间耗在机械性的工作上。

（资料来源：大麦电商）

五、商品评价分析

商品评价是消费者对于商品本身给予的综合评价。一般而言，对于商品的评价也是消费者最关注的衡量购物体验好坏的指标之一。一旦商品本身不符合预期，对消费者带来的负面感受是极其强烈的。

为了提升消费者对商品的评价，可以从以下方面下工夫：

（1）通过提高商品质量来取得消费者的青睐；

（2）制定合适的价格体系，提高商品的性价比；

（3）在商品的设计上融入对消费者的关怀；

（4）包装设计超乎客户的想象；

（5）宝贝描述切记言过其实。

任务实施
对店铺 DSR 动态评分进行分析

步骤一：分析目标。

（1）发现店铺评分低的指标。

（2）改善店铺评分。

步骤二：分析原理。

（1）通过店铺与行业指标比较分析得出优劣状况。

（2）对卖家服务指标进行统计。

（3）对物流服务指标进行统计。

（4）对商品评价指标进行统计。

步骤三：实施准备。

（1）从店铺后台下载店铺 DSR 动态评分数据，如表 9-1 所示。

表 9-1　店铺 DSR 动态评分

店铺动态评分项目	1月	2月	3月	4月	5月	6月
店铺宝贝与描述相符	4.930	4.929	4.896	4.896	4.858	4.858
店铺卖家的服务态度	4.907	4.907	4.888	4.889	4.879	4.879
店铺卖家的发货速度	4.898	4.898	4.885	4.885	4.864	4.865

（2）从生意参谋下载行业 DSR 平均评分数据，如表 9-2 所示。

表 9-2　行业 DSR 动态平均评分

店铺动态评分项目	1月	2月	3月	4月	5月	6月
行业宝贝与描述相符	4.89	4.89	4.89	4.89	4.89	4.89
行业卖家的服务态度	4.70	4.70	4.70	4.70	4.70	4.70
行业卖家的发货速度	4.88	4.88	4.88	4.88	4.88	4.88

步骤四：实施过程。

（1）对宝贝与描述相符程度数据，就行业平均分与店铺评分，插入折线图，如图 9-2 所示。

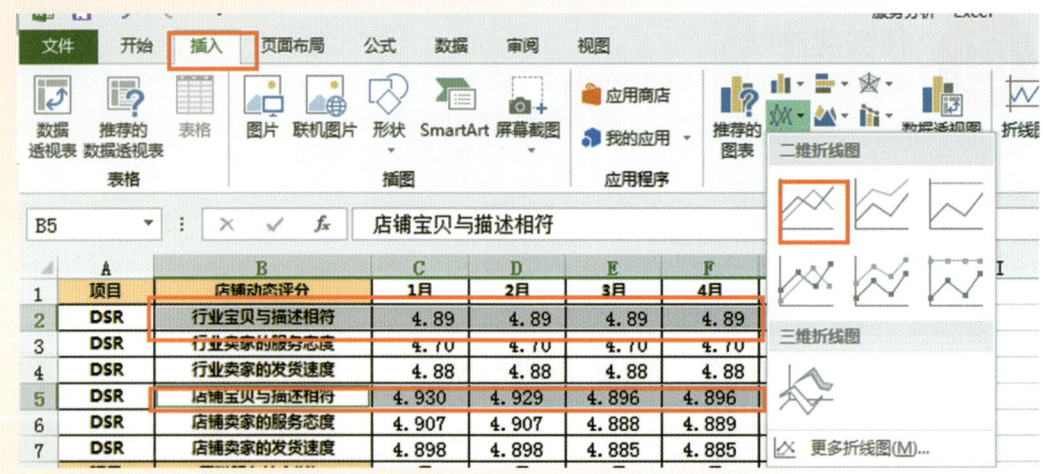

图9-2 对DSR评分插入折线图

（2）对卖家服务态度，插入同样折线图。

（3）对卖家发货速度，插入同样折线图。

步骤五：数据可视化与分析结果。

（1）对宝贝与描述相符程度，就行业平均评分与店铺评分对比，如图9-3所示。

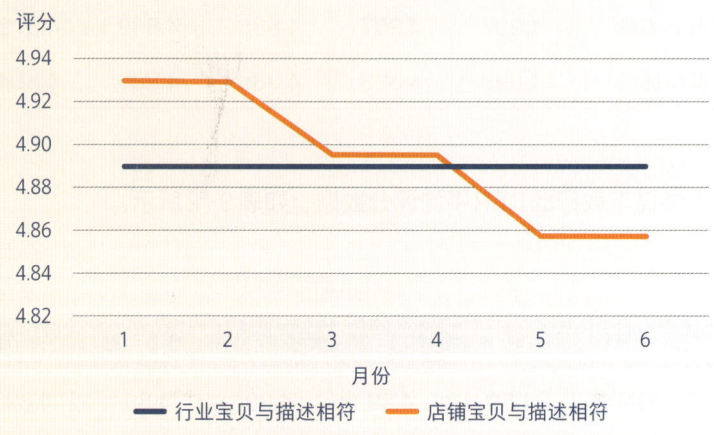

图9-3 宝贝与描述相符程度

（2）对卖家服务态度，就行业平均评分与店铺评分对比，如图9-4所示。

（3）对卖家发货速度，就行业平均评分与店铺评分对比，如图9-5所示。

（4）通过以上分析，可以得出以下分析结果：

① 从宝贝与商品描述的相符程度来看，店铺在行业平均值附近徘徊，仍有改善的空间；

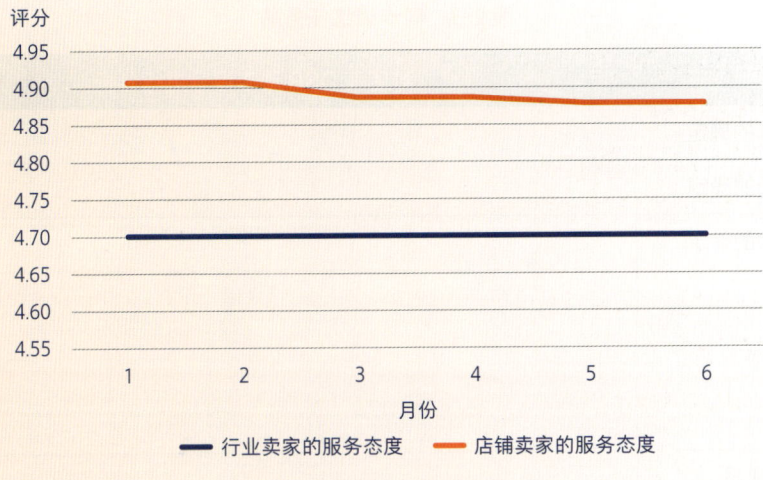

评分

图9-4　宝卖家服务态度

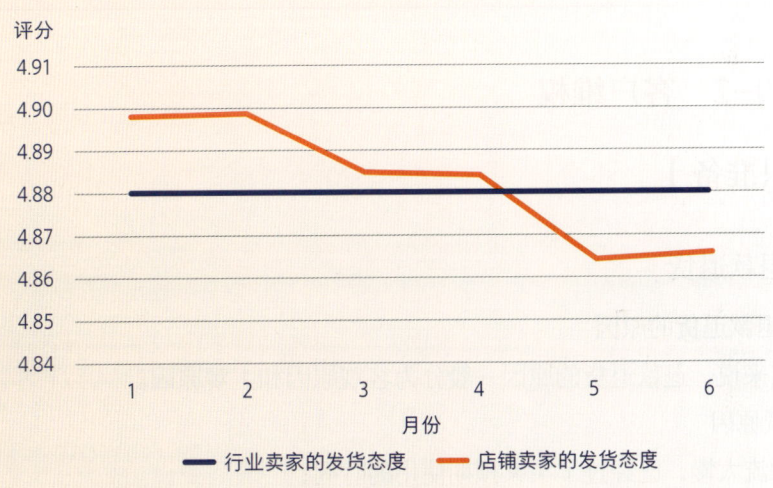

评分

图9-5　卖家发货速度

② 从卖家服务评价维度来看，店铺始终高于行业平均值，应继续保持；

③ 从商品评价维度来看，在行业平均值上下徘徊，仍有可以改善的空间。

请根据以上内容，完成如表9-3所示的同步训练任务书。

表9-3 同步训练任务书

项目	对店铺 DSR 动态评分进行分析
构建背景的确定	
构建原因的确定	
构建目的的确定	
截图	
小组成员	
小组成员分工	

任务9-2 客户维权

【知识准备】

一、退款退货

（一）退款退货的原因

对买家来说，退款退货的原因一般分为客观原因和主观原因。

1. 客观原因

（1）物流太慢，已经过了买家预期使用的时间；

（2）货物有质量问题或者在运输期间出现破损等情况。

2. 主观原因

（1）买家对该商品无目标性地购买，在下单后后悔；

（2）买家在购买商品后，在后续对商品的跟踪追问中，对卖家客服人员的服务态度不满意；

（3）买家购买后，对比发现同类商品中有更好更实惠的。

（二）退货退款规则

在进行网上交易时，买卖双方都需要了解电商平台的退货退款条款，可参考淘宝网七天无理由退款规则，如图9-6所示。了解规则，对买卖双方来讲，都能更好地维护自身的权益。

图9-6　淘宝消费者保障权益中有关七天无理由退款退货规则

（三）退款退货类型

买家的退款退货一般分为以下几种类型：

1. 买家已经付款，但是卖家尚未处理订单

这种情况在电商中属于比较常见的，买家在刚下完单可能就申请取消订单，要求退款。由于卖家对于这类订单尚未处理，这种情况就不涉及售后服务，所以只需要买家提起退款申请，填写退款的原因，由卖家进行审核是否同意退款，如图9-7所示。

（1）同意退款：卖家审核成功，款项将在指定时间内退还到买家账户上，如图9-8所示。

（2）拒绝退款：卖家需要填写拒绝退款的原因并告知用户，后续用户可跟卖家进行电话沟通。

图9-7　淘宝退款页面

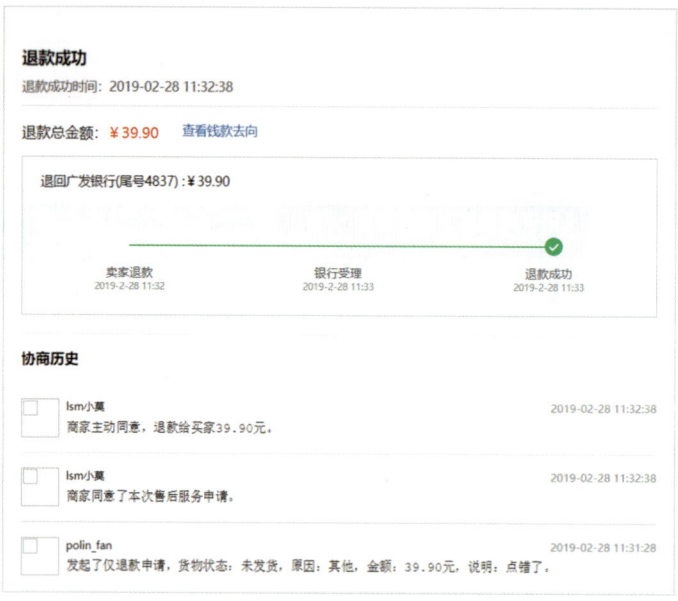

图9-8　退款成功页面

这种情况的整个退款流程如图9-9所示。

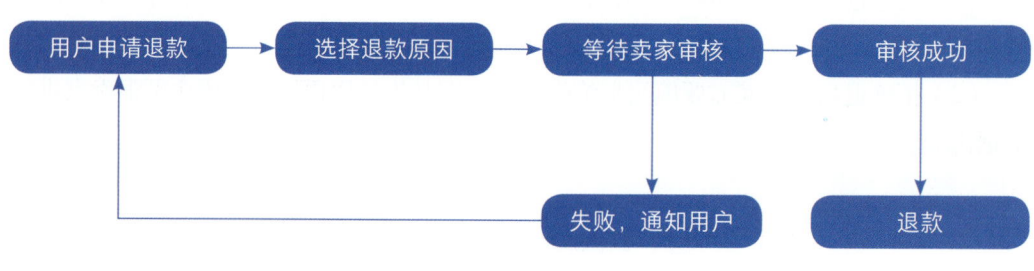

图9-9　退款流程

2. 订单已经发货，买家申请退款

卖家在收到订单后已经发货，但此时买家申请退款，其退款流程如图9-10所示，主要分为以下两种情况：

（1）卖家在后台系统中填写了该订单物流单号发货，但实际上该商品尚未出库。买家提交退款，卖家在确认商品是否尚未出库，同意申请后，撤回物流发送，款项在指定时间内会退还到买家账户上；若拒绝买家的退款申请（商品实际已经出库），卖家填写拒绝原因，并与买家协商收到商品后，再申请退货退款流程。

（2）买家已经收货，然后申请退货退款。买家发起退款申请，填写具体退款原因，等待卖家进行审核。

① 审核通过：买家根据卖家提供的退货地址等信息，寄回商品给卖家后，在系统填写对应的物流单号和快递公司，等待卖家签收确认，卖家确认无误后，款项将在指定时间内退还至买家账户上。

② 审核不通过：填写拒绝退货的原因并返回给用户（注：商品在被人为破坏或者不符合退货规则的情况下，卖家有理由拒绝商品的退款申请）。

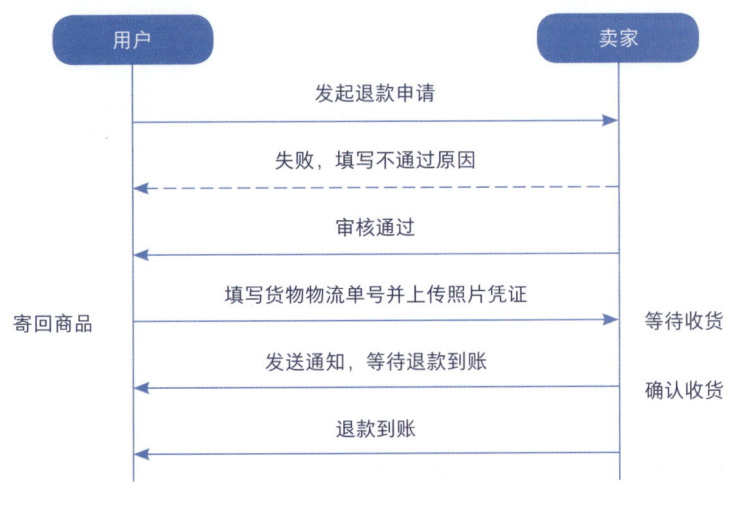

图9-10　退款流程

（3）买家仅换货，不退款。这种情况一般是指商品出现质量问题（非人为损坏）需要进行换货，买家发起换货申请，填写换货原因并上传图片凭证，等待卖家进行审核。

① 审核通过：买家将商品寄回卖家的售后地址，卖家确认签收商品后，向买家再次发新的商品；

② 审核不通过：卖家确认商品非质量问题或者人为损坏的，将其原因写入系统并告知买家。

3. 其他虚拟商品退款退货

（1）虚拟商品不存在质量问题，所以不会有换货的服务；

（2）虚拟商品使用后（例如话费已充值、影片购买等），一经发货充值后，不予退款；

（3）若订单商品尚未发货（提供服务）时，买家可发起退款申请，由卖家确认审核后，审核通过则进行退款，反之把拒绝原因通知买家。

诚信是什么？从道德范畴来讲，诚信即待人诚恳、处事真诚、讲求信誉，言必信、行必果，一言九鼎，一诺千金。《史记》中记载，秦末，楚人季布，性情耿直，为人侠义好助。只要他答应过别人的事，无论多难，都设法办到。同乡曹邱生，爱巴结权势，季布看不起他。一次，曹来看望季布，说："听说楚地流传你的事，都说'得到黄金千两，不如得到季布一诺'，你一句承诺这么厉害，我要广做宣传啊！"季布见其真诚，就以礼相待，视若上宾。"一诺千金"自此流传。

"一诺千金"要建立在"诚信"的基础之上。

"诚"，是儒家为人之道的中心思想，我们立身处世，当以诚信为本。宋代理学家朱熹认为："诚者，真实无妄之谓。""诚"是一种真实不欺的美德，要求人们修德做事，必须做到真实可信。说真话，做实事，反对欺诈、虚伪。

"信"，《说文解字》认为"人言为信"，程颐认为："以实之谓信。"可见，"信"不仅要求人们说话诚实可靠，切忌大话、空话、假话，而且要求做事也要诚实可靠。而"信"的基本内涵也是信守诺言、言行一致、诚实不欺。

诚信是一种人人必需的优良品格，一个人讲诚信，就代表了他是一个讲文明、讲诚信的人，处处受欢迎；不讲诚信的人，人们会忽视他的存在。所以，我们每个人都要讲诚信。

诚信是立人之本。子曰："人而无信，不知其可也"。认为人若不讲信用，在社会上就无立足之地，什么事情也做不成。

诚信是齐家之道。唐代著名大臣魏征说："夫妇有恩矣，不诚则离。"只要夫妻、父子和兄弟之间以诚相待，诚实守信，就能和睦相处，达到"家和万事兴"之目的。若家人彼此缺乏忠诚、互不信任，家庭便会逐渐崩溃。

诚信是交友之基。只有"与朋友交，言而有信"，才能达到"朋友信之"、推心置腹、互相帮助的目的。否则，朋友之间充满虚伪、欺骗，就绝不会有真正的朋友，真正的朋友只能建立在诚信的基础之上。

诚信是为政之法。《左传》云："信，国之宝也。"指出诚信是治国的根本法宝。孔子在"足食""足兵""民信"三者中，宁肯"去兵""去食"，也要坚持保留"民信"。因为孔子认为"民无信不立"，如果人民不信任统治者，国家朝政根本立不住脚。因此，统治者必须"取信于民"，正如王安石所言："自古驱民在信诚，一言为重百金轻。"

诚信是经商之魂。在现代社会，商人在签订合约时，都期望对方信守合约。诚信更是各种商业活动的最佳竞争手段，是市场经济的灵魂，是企业家的一张真正的"金质名片"。

讲诚信，古人尚且如此，今人更不应该只是说说而已，但是很多人还是说起来容易做起来难。这大概就是人真而不诚、诚而难信的缘故，他们以利益确定诚信，以自私和贪婪玩弄诚信。

近年来，地沟油、毒火锅、苏丹红、瘦肉精、三聚氰胺、香精大米、染色馒头……触目惊心的事件，无不真实反映了在现实社会生活里，人们做人做事缺的是诚信。有的人只是要求别人讲诚信，而自己就很难用诚信来对待他人。

因此在当今的中国更有必要大力提倡诚信为本、一诺千金。希望我们每个公民、每个企业都要三思而后"诺"。

二、客户投诉

按客户投诉的性质，可分为产品投诉、物流投诉、服务投诉。

以淘宝为例，三种类型的投诉分别就体现在宝贝描述、服务、物流三个评分上，如图9-11所示。

图9-11　淘宝评分

（一）产品投诉

主要针对产品本身质量问题，抑或是产品本身与店铺所描述的不一致的问题，可以通过以下两种方法解决：

（1）对产品进行优化，更换供应商；

（2）店铺对产品的描述不要夸大其词，以免造成客户收货之后形成心理落差。

（二）物流投诉

主要针对发货前后的问题，在出货前出现发少件、错件、出货时间晚，发货后物流时间长，到货后出现货物破损等情况。可以通过以下方法解决：

（1）发货前核对好商品及数量，严格执行店铺承诺的发货时间。

（2）严格执行店铺承诺的到货时间，若因物流公司原因导致到货时间晚，可向物流公司投诉或更换物流公司。

（3）对于到货时货物出现破损情况，首先应当给客户换件或退款，后续如果是因为物流原因导致，可要求物流公司赔偿；如果因店铺本身原因，则需要在发货前确认货物是否已经包裹严实。

（三）客服投诉

主要是客户对客服回复、问题处理方式的不满意，以及客户与客服间产生冲突，可以通过以下两种方式解决：

（1）提高客服的专业素质，对客服进行必要的专业培训。

（2）切记避免与客户产生冲突，对客户做到耐心对待。

（四）客户投诉分析

客户投诉分析主要是统计客户投诉的内容，再针对投诉的具体内容提出具体的改善方案，并追踪后续改善情况，以提升店铺的服务质量。

对客户的投诉主要归纳为产品投诉、物流投诉、客服投诉三类，有时也可能有包装或价格等因素，可以统计各类投诉的占比，根据优先次序改善客户服务水准。

任务实施
客户服务分析

步骤一：分析目的。

分析店铺在客户服务方面存在的问题，针对问题进行相应的改善。

步骤二：分析原理。

（1）通过客户投诉（退款、退货）的评价，判定服务分类；

（2）统计与包装、服务、价格、服务、质量有关的投诉次数，判断处理优先级。

步骤三：实施准备。

（1）通过平台后台，以周为单位，导出客户评价明细，并将其归类在5类投诉问题中，同时判断负面评价的等级，以高负面、中负面、低负面三个等级划分，如表9-4所示。

表9-4　差评统计

问题分类	问题类型	详细内容
低负面	质量问题	虽然说不知道产品有没有效果，但是价格比较便宜，但是瓶身真的很脏，不知道是什么原因造成的
低负面	质量问题	不好喝
低负面	物流问题	物流时间有点长，不过没关系，感冒的时候天天泡一杯来喝，味道还可以，有点像汽水，但是没汽水好喝
低负面	质量问题	不好喝
中负面	价格问题	还没吃，挺小一盒，还不知道它贵在哪里，一片还挺大的，目前还没泡，还不知道味道如何，感觉价格有点贵

问题分类	问题类型	详细内容
低负面	质量问题	便宜是有原因的，难喝
低负面	包装问题	没见过这样的，全是黄色脏脏的，毕竟是入口的东西，不太敢吃，不知道是不是因为用了优惠券太便宜
高负面	质量问题	给大人吃的，产品不新鲜
低负面	物流问题	宝贝收到货有点慢，从香港发货，全英文看不懂，不知道怎么使用，还好看评价才知道泡水
低负面	质量问题	没有效果，因为是天猫店也不能差评，买了还降价了，退货又扣税又扣手续费，算了，花钱买教训的
低负面	物流问题	泡腾片味道还可以，物流慢了点，基本没毛病，就这样
低负面	服务好评	卖家服务好，不多话，但做事，物流有点小问题，马上就给解决了。钙片还没吃，希望效果好
高负面	质量问题	不喜欢喝，味道很奇怪
中负面	质量问题	不好喝，难喝
低负面	质量问题	不好喝是真的
低负面	质量问题	不好喝
低负面	质量问题	不好喝
高负面	质量问题	味道老难喝了
低负面	服务好评	冲泡喝了一杯，感觉味道不错，这种泡腾片真的超级方便，价格也很实惠，可以补充维生素C，提高免疫力，预防感冒，包装严实，发货速度很快，客服的服务态度很热情
高负面	质量问题	包装是真的丑，然后泡腾片泡出来是白色的水，有点不想喝，泡300毫升之后杯底就有白色沉淀物。也不是很好喝，真的失望
中负面	物流问题	物流特别慢，或者店家发货太慢了吧。8日拍下，店家9日出的单号，但是一直没有物流，16日收到。很少买泡腾片，这次遇上特价就买了。第一次水放得太多了，没有什么味道
低负面	服务好评	客服特别好！秒回和有耐心，哈哈哈！我不会看日期，还没吃呢！过段时间再回复。每次确定收货后，我都会默认好评接着把星星填满，我觉得这是个好习惯，每当看到：亲，您的评价对别的买家有很大帮助时，我就发誓一定要做个好评专业户去好好帮助别的买家。给好评的买家都是好买家。老板，临走之前再悄悄告诉你一个小秘密，我已经把你的店铺收藏起来啦！如果别的买家因此而找不到，你可不要怪我哟
低负面	服务好评	卖家发货很及时，快递运送速度很快。快递员服务态度良好。收到后目测外包装完好无挤压。产品包装十分漂亮，质量很好！比在实体店便宜很多哦！非常满意的一次网购。很好，很好！客服很热情

问题分类	问题类型	详细内容
低负面	物流问题	就那样吧，好难喝，气泡也不多，物流也很慢，不过唯一的优点就是便宜吧。头脑一发热就买了。整体还可以，毕竟要补充维生素。还是不错了，给店家五星好评
低负面	质量问题	便宜，不好喝
高负面	质量问题	味道怪怪的，不怎么好喝
低负面	物流问题	物流有点慢，虽然拍下来就发货了。店家很贴心，包装得很严实，已经推广了。很棒，一片可以泡一大杯子，很棒，很甜，就喜欢泡腾片在水里沸腾。促销买的，觉得很划算，太棒了吧。祝店家大卖哟，下次有需要还会来的
低负面	服务好评	药品刚开始吃，有没有效果还不知道，但是客服很热情，关于药品的使用、注意事项，都提醒得很到位
低负面	服务好评	客服还不错，收货有点小问题，很有耐心地给我一一解决了，自己还在怀孕中，给老公买的，期待效果
低负面	服务好评	客服很好，刚收到货有点小问题，很有耐心地给我一一解决了，东西也不错，自己怀着宝宝吃不了，给老公买的，期待效果
低负面	质量问题	不好喝
低负面	质量问题	不好喝
低负面	质量问题	我的妈呀，没打开盒子还挺好的呢，有股淡淡的橘子香味，可是打开盖子一看，为啥有黄色的、脏的印记？
高负面	质量问题	买了4瓶，可以吃400天，不过明年8月过期！什么意思？那半瓶就是买来扔的吗？
中负面	质量问题	难喝，真的特别难喝。我自己不喜欢这个味道。怪怪的。有点反胃。不知道是什么原因。真的好难啊喝。浪费了钱
低负面	质量问题	不好喝，浪费钱
低负面	质量问题	日期一般
低负面	服务好评	蛮不错的，客服态度也挺好的
低负面	服务好评	东西很好，我父母吃了这个说很好，让我回购，遇到些问题，不过都很愉快地解决了，很棒，客服都很好
低负面	价格问题	这次买的比上次贵了50元，已经是第二次给母亲买了，母亲说管用，吃了2个月都说不是很痛了
低负面	价格问题	泡了，很好喝，就是买贵了
低负面	服务好评	不得不说东西真的很赞，先不说货到的很快，重点是我看不懂英文，根本不用担心看不懂，因为客服很贴心（先给客服点个赞）。对于第一次大规模购买这种保健品的我来说，服务态度已经让我很满意了，之前买过红瓶，确实有效！很好的一次购物体验

问题分类	问题类型	详细内容
低负面	物流问题	快递虽久，货好是关键，运输途中没有受伤，小小一支装很方便，味道是小时候的橙汁儿味，但带点咸，不酸，较甜，当饮料喝不错
低负面	服务好评	产品新鲜，客服很周到，泡了杯味道还可以
低负面	服务好评	非常好的卖家，很热情啊，下次还会来的，宝贝很不错
低负面	质量问题	很便宜，但是真的不好喝
高负面	质量问题	绝对的假货，味道全是酒精的味道，不管用，太伤心了，两瓶都是假的，便宜的东西必然有假货
低负面	质量问题	收到了，有瓶开了一次后就再也打不开了，砸开的
低负面	质量问题	真假不知，但是驱蚊效果不错，喷头喷后总是漏水呢
中负面	包装问题	包装有点小变形，而且外包和国内的有点不一样，国内的一般都是在外包有层透明薄膜，这个产品就没有，可能是美国人对这方面不太讲究吧。还有就是也没有说明书，虽然我看不懂，但好歹也放一张进去啊
高负面	质量问题	一开始喷出来味道真的很重，忍过一小会儿就没了，感觉驱蚊效果一般吧，喷了整腿还是有蚊子咬
低负面	服务好评	卖家服务态度好，收货挺快，还没吃，吃了以后再来评价
中负面	质量问题	味道特别冲，如果碰到皮肤破损的地方还会很疼。刚开始喷的时候捂住宝宝的嘴，她还喊着好呛啊，还不停咳嗽。但是效果好像蛮不错，几乎没被咬到。最后为了不呛，直接喷到手心然后抹在宝宝身上。最担心的还是这个味道，又冲又呛，朋友推荐的时候也这么说，但同时也说驱蚊效果好。反正用了这么多驱蚊产品，味道淡的没有味道重的效果好，二者不可兼具
低负面	质量问题	和我去年在澳大利亚买的包装有细微差别，看那个红色原点，这家提供的没有黑色的圈。调解到天猫客服也不给退，这种产品很难辨明真伪，只能认了。关键是没有驱蚊效果，三个大人三个小孩喷后登香山，每人都被咬了一身包
低负面	质量问题	第一次买，分不清真伪，这个喷了味道挺呛人的，但是过一会味道就没了，驱蚊效果还是有一点的，但是还有几次喷了也被咬了
高负面	质量问题	效果不好，喷头还漏，没上海那个好用，这个不怎么样
低负面	服务好评	客服很有耐心，暂时还没用，给男朋友买的
低负面	包装问题	效果是很不错，就是那个包装，容我吐槽一下，发过来就是扁的，里面是有泡沫防撞，但是用的这瓶喷口还是劈了点，喷的时候会漏，不严重，但是希望以后店家可以在包装上下点功夫，因为快递靠不住
低负面	价格问题	喷完以后被咬得更厉害，而且价格降得太快了

问题分类	问题类型	详细内容
低负面	价格问题	很耐用的驱蚊液，去年买了一瓶都还没用完。暑假回家忘带了，只好再到网上买。这次比上次入手价要略贵一些，不过刚需也还是比较划算的。棒棒哒
高负面	质量问题	不好，酒精味很浓，不太适合孩子用，慎拍！不好，酒精味很浓，不太适合孩子用，慎拍
低负面	质量问题	味道稍微有点呛人，防蚊效果还可以
低负面	质量问题	效果确实很好，蚊子不叮咬，缺点是太刺激，味道太大，熏得很，大人都打了好几个喷嚏，建议在户外使用或者在客厅喷好再进卧室，否则小朋友难以忍受味道。
高负面	质量问题	不好用，一样被蚊咬
低负面	价格问题	价格很不稳哦
低负面	质量问题	收到，包装得很好，但是还是有点渗液，重点是标签上的膜居然一搓就掉了，不知道是不是真品，给女儿喷了但是没被咬，还是得自己试试再追评吧
低负面	质量问题	喷头容易坏，味道相比另一个牌子刺鼻性较轻，效果还可以，就是持续时间不是很长，要补喷
低负面	质量问题	一点都不驱蚊好么，喷哪哪被咬！一开始我以为自己喷得少，都快拿它来洗澡了，还是满身包，我同桌用的六神都没被咬！然后我眼睁睁地看着蚊子落在了驱蚊水喷口休息，又飞走了，呵呵呵呵
低负面	质量问题	酒精味太浓，刺鼻子，效果还行，邮到家有点用不上了，过季了
高负面	质量问题	一股子的酒精味，很呛鼻，总觉得宝宝闻了不好
低负面	质量问题	什么都好，就是喷头太难用，每次用都非常费劲
低负面	质量问题	很好用，就是有点刺鼻，蚊子也不叮了
低负面	质量问题	不是太好用，因为还是被蚊子咬了，想哭
低负面	质量问题	就是味道刺鼻。一直用，管用。活动时买划算
高负面	价格问题	价格比较贵，驱蚊效果不是很好，喷了还是有蚊子叮，不会回购
低负面	质量问题	气味比较大，喷出来那一会特别呛，和朋友买的不一样，人家的味道很小，不知道为啥嘛
低负面	价格问题	价格实在是变动的大，一开始还以为买得很优惠了，哪想还有更优惠的
低负面	质量问题	给孩子涂得像洗澡一样，还是被蚊子咬了七个大包！干了之后像一层洗衣粉似的，跟在别家全球购买的都不一样
低负面	质量问题	不要买，好大的酒精味道

问题分类	问题类型	详细内容
低负面	价格问题	东西是好的，就是刚买完，就有第二件半价的活动，价格没有保障，好无语
低负面	质量问题	真的挺呛人的
低负面	质量问题	味道太大了，而且觉得味道很难闻，宝宝用了起红点，不适合我家宝宝用
低负面	质量问题	很好，跟我之前买的一样，应该是正品，作为一个非常招惹蚊子的人来说，简直是救星！很有效，喷了之后很防蚊，美中不足的就是酒精味有点浓，喷的时候如果不小心会被呛到
低负面	质量问题	第二次购买了，防蚊效果还是很好的。就是喷的瞬间有点呛，要注意防止孩子误吸
低负面	质量问题	这个防蚊液蛮有效果的，女儿喷了之后，夏天晚上出门溜达散步不会被蚊子咬。就是气味稍微有点呛，总体还是不错
中负面	质量问题	搞活动的时候买的，90元4瓶，味道不好闻，酒精味好重，喷头不好按，也是听人推荐才买的，暂时还没有用
高负面	质量问题	味道呛鼻而且没有效果，根本不管用
低负面	质量问题	严重怀疑品质，呛得要命，这样的东西谁敢给孩子用
低负面	服务好评	一直都是在这家旗舰店买蚊虫水，专门给宝宝喷的，效果很不错，气味不大，而且主要是防蚊虫，喜欢。客服服务不错，所有问题都很耐心地回答，特别是售后；之前拍了两件跟现在的价格有点出入，跟钢铁侠沟通后马上退了差价，很不错，表扬一下
高负面	质量问题	买了4瓶，太多了，喷出来的时候特别刺鼻，别说蚊子了，人都要跑，不过后面确认有点用处，但是蚊子防不胜防，还是会被咬
低负面	质量问题	不知道是我这里的蚊子太厉害还是怎么的，喷了去上厕所，屁股上还是被叮了两个包。这蚊子，真是太厉害了。还是风油精比较好用，实惠啊
高负面	物流问题	有一点刺鼻的酒精味，不过一会就好了。具体好不好用不知道，先用几天再来追加评论，快递非常差！包装盒都烂了
低负面	质量问题	即便无味，喷完仍然很呛，不适合小孩
低负面	质量问题	除了酒精味道刺鼻，会打喷嚏，其他满分
低负面	服务好评	客服钢铁侠人非常好五颗星必须要给是我这一两年来最负责的客服了，好评！！感谢！！
高负面	质量问题	味道太刺鼻
低负面	服务好评	还没开始使用，但运输过程中货物损坏导致液体流出，联系了客服，客服积极处理，没有推卸责任说不负责，服务满分

（2）从差评统计中筛选出"高负面"的评价，作为处理的第一优先级，筛选出来的评价详情如表9-5所示。

表9-5 高负面差评统计

问题分类	问题类型	详细内容
高负面	质量问题	给大人吃的，产品不新鲜
	质量问题	不喜欢喝，味道很奇怪
	质量问题	味道老难喝了
	质量问题	包装是真丑，然后泡腾片泡出来是白色的水，有点不想喝。泡300毫升之后杯底就有白色沉淀物。也不是很好喝，真的失望
	质量问题	味道怪怪的，不怎么好喝
	质量问题	买了4瓶，可以吃400天，不过明年8月过期！什么意思？那半瓶就是买来扔的吗
	质量问题	绝对的假货，味道全是酒精的味道，不管用，太伤心了。两瓶都是假的，便宜的东西必然有假货
	质量问题	一开始喷出来味道很重，忍过一小会儿就没了，感觉驱蚊效果一般吧，喷了整腿还是有蚊子咬
	质量问题	效果不好，喷头还漏，没日本那个好用，这个不怎么样
	质量问题	个好，酒精味很浓，不太适合孩子用，慎拍
	质量问题	不好用，一样不蚊咬
	质量问题	一股子酒精味，很呛鼻，总觉得宝宝闻了不好
	价格问题	价格比较贵，驱蚊效果不是很好，喷了还是有蚊子叮，不会回购
	质量问题	味道呛鼻而且没有效果，根本不管用
	质量问题	买了4瓶，太多了，喷出来的时候特别刺鼻，别说蚊子了，人都要跑，不过后面确认有点用处，但是蚊子防不胜防，还是会被咬
	物流问题	有一点刺鼻的酒精味，不过一会就好了。具体好不好还不知道，先用几天再来追加评论，快递非常差！包装盒都烂了
	质量问题	味道太刺鼻

步骤四：实施过程。

（1）根据整理完成的高负面评价表数据插入数据透视表，如图9-12所示。

（2）统计三个问题类型的投诉数量，如图9-13所示。

（3）"投诉类型及次数"的统计结果如表9-6所示。

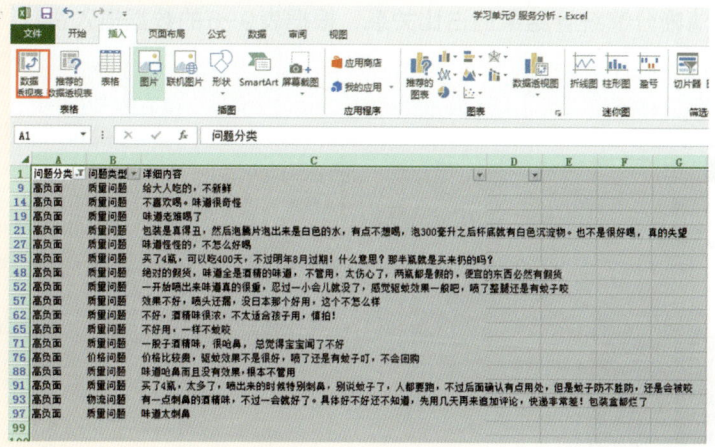

图9-12　插入透视表

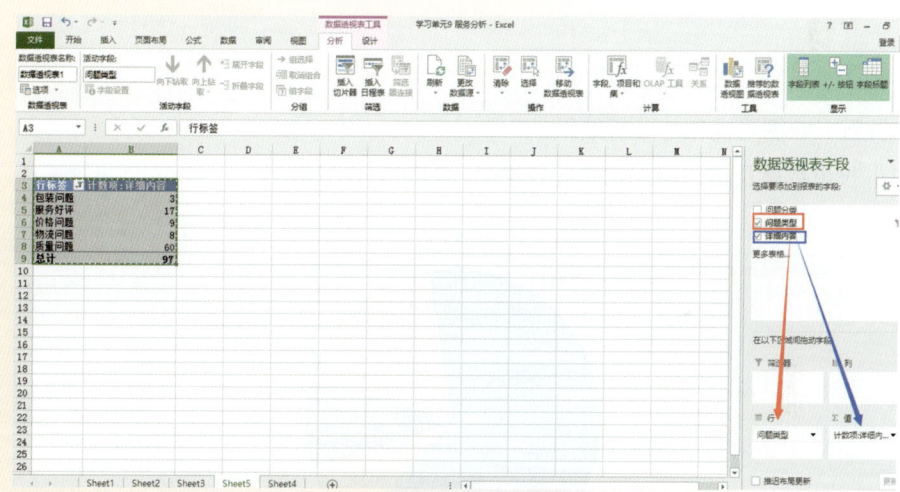

图9-13　统计投诉类型及次数

表9-6　投诉类型及次数

投诉类型	投诉次数 / 次
包装问题	3
服务好评	17
价格问题	9
物流问题	8
质量问题	60
总计	97

（4）为了清晰分清统计结果的占比关系，根据表9-6的数据插入饼状图，如图9-14所示。

图9-14　插入饼状图

步骤五：数据可视化与分析结果。

（1）投诉数量及占比可视化展现效果图，如图9-15所示。

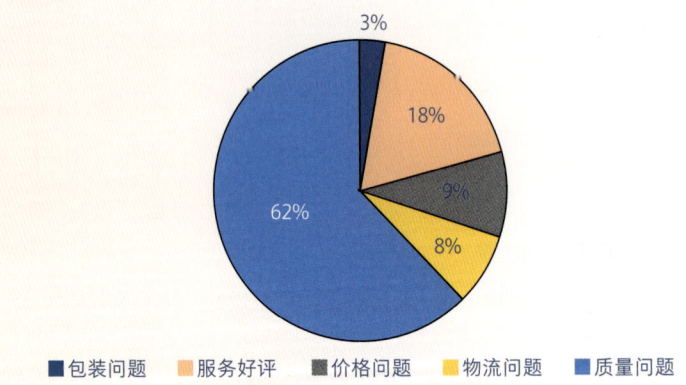

图9-15　投诉数量占比

（2）由以上数据分析，可以清晰地得出以下结论：

① 62%的投诉与产品质量相关，店铺应该重视产品的质量问题，从源头提高产品本身的质量。

② 服务好评问题是仅次于质量问题的投诉，虽然占比远比质量问题要小，但是也应该引起足够的重视。

同步训练任务书

请根据以上内容，完成如表9-7所示的同步训练任务书。

表9-7 同步训练任务书

项目	客户服务分析
步骤划分	
各部分主要内容	
撰写训练报告	
小组成员	
小组成员分工	
教师点评	

同步检测

一、单项选择题

1. 下面属于淘宝的评价显示规则的是（　　）。

　A. 买的宝贝数量越多越靠前　　　　B. 买的宝贝价格越贵越靠前

　C. 评价越精简越靠前　　　　　　　D. 评价越详细越靠前

2. 下列不属于物流评价的维度的是（　　）。

　A. 发货速度　　　　　　　　　　　B. 揽收速度

　C. 配送速度　　　　　　　　　　　D. 物流公司

3. 退款退货的原因不包括（　　）。

　A. 物流速度　　　　　　　　　　　B. 卖家反悔

　C. 商品破损　　　　　　　　　　　D. 买家对售后态度不满

4. 有关虚拟商品说法正确的是（　　　）。

   A. 虚拟商品可以换货

   B. 卖家发货后可申请退款

   C. 卖家未发货可申请退款

   D. 买家无法对虚拟商品评价

5. 买家对差评正确的做法是（　　　）。

   A. 与客户协商，最大限度地给予客户满意的答案

   B. 电话骚扰

   C. 对给予差评的买家言语攻击

   D. 不予理睬

二、多项选择题

1. 淘宝上商品的评价一般包括（　　　　）。

   A. 宝贝描述　　　　　　　　B. 物流速度

   C. 客服态度　　　　　　　　D. 点赞

2. 退货退款包含以下（　　　　　）情况。

   A. 买家已经付款，但是卖家尚未处理订单的

   B. 订单已经发货，买家申请退款的

   C. 买家已经收货，申请退货退款的

   D. 仅换货，不退款的

3. 卖家客服要做到（　　　　　）。

   A. 把客户当朋友，真诚、耐心地关心他们

   B. 具有销售商品的积极和热情

   C. 具有熟悉产品、服务及规则的专业性

   D. 及时、积极、明确地解决问题

4. 可在以下（　　　　　　）方面进行店铺DSR动态评分分析。

   A. 行业宝贝与描述相符度　　　B. 行业卖家发货速度

   C. 店铺卖家服务态度　　　　　D. 店铺卖家发货速度

5. 为提高整体服务水平，应做到（　　　　）。

    A. 为赚取更多的利润不择手段

    B. 友善对待每位买家

    C. 恶意攻击同行

    D. 诚信为本

三、判断题

1. 评分低的宝贝一般伴随着投诉。（　　　）

2. 对于恶意差评，卖家应本着多一事不如少一事的原则去处理。（　　　）

3. 对于无理取闹的客户，客服可不予理睬。（　　　）

4. 物流速度的快慢与卖家无关。（　　　）

5. 淘宝上，买家可七天无理由退货。（　　　）

主编简介

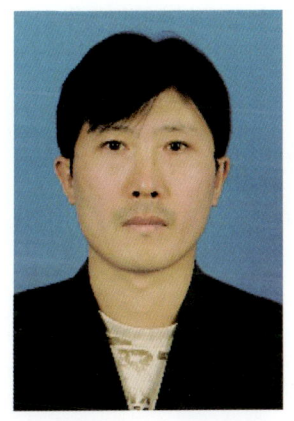

　　吴洪贵教授，江苏省有突出贡献的中青年专家，江苏省特色、省示范、省品牌A类、国家骨干校重点建设电子商务专业带头人，国家级电子商务专业优秀教学团队、国家级职业教育移动商务专业教学资源库执行主持人，省级优秀科技创新团队带头人，江苏省流通现代化传感网工程技术研发中心主任。主持国家精品在线开放课程，主编"十一五""十二五"国家级规划教材共2部，并获得国家级精品教材称号，主持省级重点建设教材3部。

郑重声明

高等教育出版社依法对本书享有专有出版权。任何未经许可的复制、销售行为均违反《中华人民共和国著作权法》，其行为人将承担相应的民事责任和行政责任；构成犯罪的，将被依法追究刑事责任。为了维护市场秩序，保护读者的合法权益，避免读者误用盗版书造成不良后果，我社将配合行政执法部门和司法机关对违法犯罪的单位和个人进行严厉打击。社会各界人士如发现上述侵权行为，希望及时举报，我社将奖励举报有功人员。

反盗版举报电话　（010）58581999　58582371

反盗版举报邮箱　dd@hep.com.cn

通信地址　北京市西城区德外大街4号　高等教育出版社法律事务部

邮政编码　100120

读者意见反馈

为收集对教材的意见建议，进一步完善教材编写并做好服务工作，读者可将对本教材的意见建议通过如下渠道反馈至我社。

咨询电话　400-810-0598

反馈邮箱　gjdzfwb@pub.hep.cn

通信地址　北京市朝阳区惠新东街4号富盛大厦1座

　　　　　高等教育出版社总编辑办公室

邮政编码　100029

防伪查询说明

用户购书后刮开封底防伪涂层，使用手机微信等软件扫描二维码，会跳转至防伪查询网页，获得所购图书详细信息。

防伪客服电话　（010）58582300

网络增值服务使用说明

授课教师如需获取本书配套教辅资源，请登录"高等教育出版社产品信息检索系统"（http://xuanshu.hep.com.cn/），搜索本书并下载资源。首次使用本系统的用户，请先注册并进行教师资格认证。

高教社高职电子商务专业教师交流及资源服务QQ群：218668588

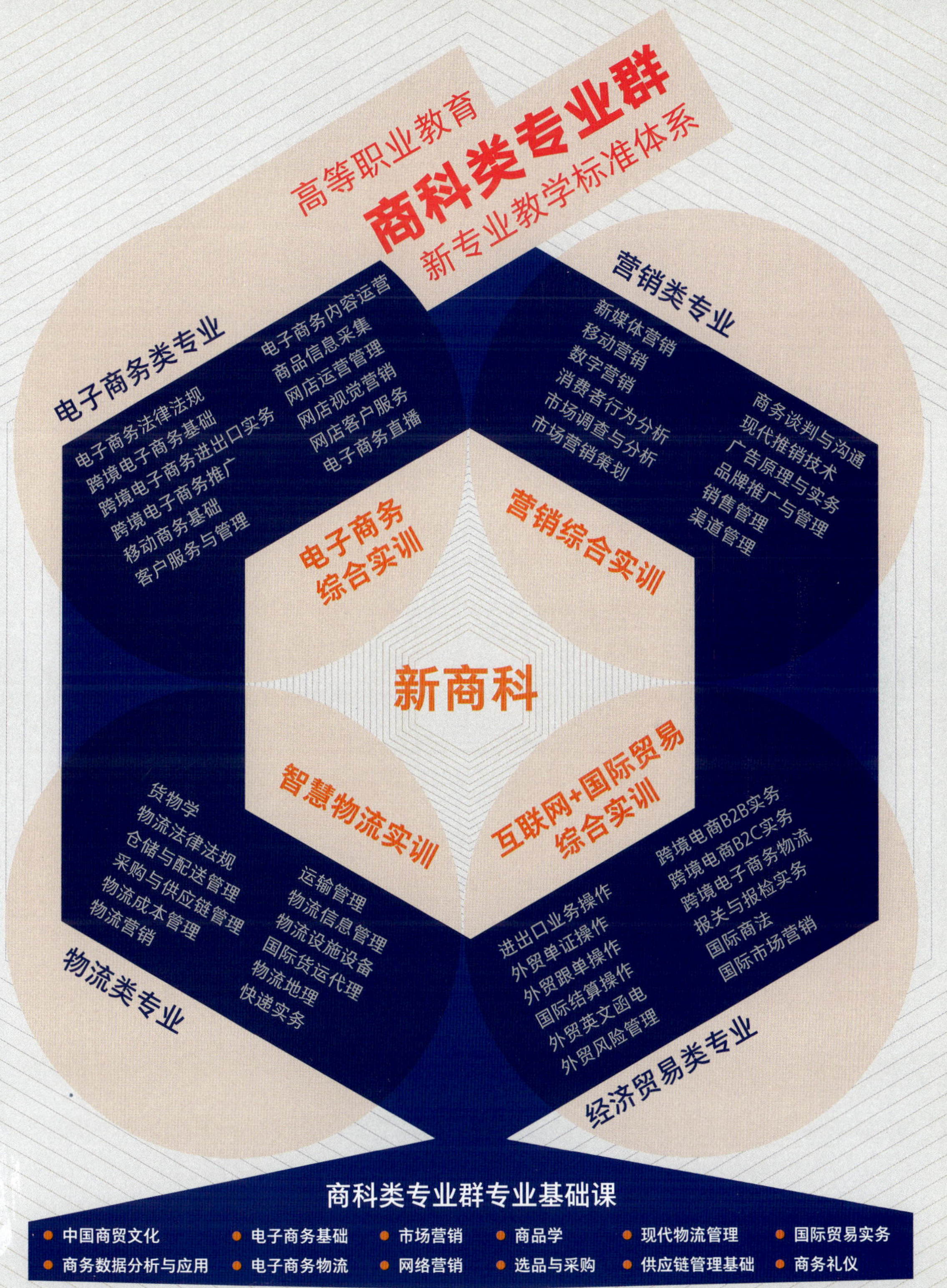

高等职业教育
商科类专业群
新专业教学标准体系
电子商务类专业
电子商务法律法规
跨境电子商务基础
跨境电子商务进出口实务
跨境电子商务推广
移动商务基础
客户服务与管理
电子商务内容运营
商品信息采集
网店运营管理
网店视觉营销
网店客户服务
电子商务直播
营销类专业
新媒体营销
移动营销
数字营销
消费者行为分析
市场调查与分析
市场营销策划
商务谈判与沟通
现代推销技术
广告原理与实务
品牌推广与管理
销售管理
渠道管理
电子商务综合实训
营销综合实训
新商科
智慧物流实训
互联网+国际贸易综合实训
物流类专业
货物学
物流法律法规
仓储与配送管理
采购与供应链管理
物流成本管理
物流营销
运输管理
物流信息管理
物流设施设备
国际货运代理
物流地理
快递实务
经济贸易类专业
进出口业务操作
外贸单证操作
外贸跟单操作
国际结算操作
外贸英文函电
外贸风险管理
跨境电商B2B实务
跨境电商B2C实务
跨境电子商务物流
报关与报检实务
国际商法
国际市场营销
商科类专业群专业基础课
中国商贸文化
商务数据分析与应用
电子商务基础
电子商务物流
市场营销
网络营销
商品学
选品与采购
现代物流管理
供应链管理基础
国际贸易实务
商务礼仪

跨境电子商务基础
市场营销
商务数据分析与应用
现代物流管理
进出口业务操作

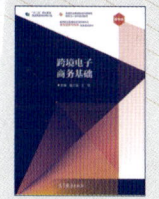

电子商务类专业　营销类专业　新商科　物流类专业　经济贸易类专业

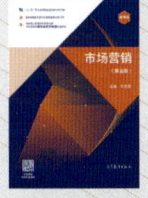

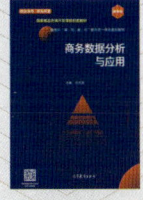

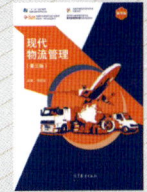

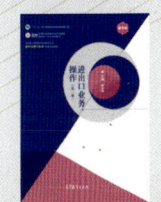